普通高等教育经管类专业“十三五”规划教材

用友U8财务管理系统原理与实验

（U8 V10.1）微课版

王新玲 主编　闫广峰 副主编

清华大学出版社
北京

内 容 简 介

本书兼顾原理阐释与实践应用，以简明原理、突出实战为主导思想，以一个企业单位的经济业务为原型，重点介绍了用友U8财务管理系统主要子系统的主要功能、业务处理流程和业务处理方法。书中为读者贴身定做了十几个实验并提供了实验准备账套和结果账套，每个实验既环环相扣，又可以独立运作，适应了不同层次教学的需要。

本书共分为8章，第1章和第2章介绍了用友U8 V10.1管理软件的使用基础——系统管理和基础设置；第3～8章分别介绍了用友U8财务管理系统中最重要和最基础的总账、UFO报表、薪资管理、固定资产、应收款管理和应付款管理6个模块的基本功能，并以实验的形式介绍了6个模块的使用方法。

本书是用友ERP认证系列实验用书，可以用作普通高等院校本科和专科会计以及经济管理等相关专业的教学实验用书。

图书在版编目(CIP)数据

用友U8财务管理系统原理与实验：U8 V10.1：微课版 / 王新玲　主编. —北京：清华大学出版社，2017（2019.7重印）

(普通高等教育经管类专业“十三五”规划教材)

ISBN 978-7-302-47161-5

Ⅰ. ①用…　Ⅱ. ①王…　Ⅲ. ①财务软件　Ⅳ. ①F232

中国版本图书馆CIP数据核字(2017)第096309号

责任编辑：刘金喜
封面设计：常雪影
版式设计：思创景点
责任校对：成凤进
责任印制：沈　露

出版发行：清华大学出版社
　网　　址：http://www.tup.com.cn，http://www.wqbook.com
　地　　址：北京清华大学学研大厦A座　　**邮　　编**：100084
　社 总 机：010-62770175　　**邮　　购**：010-62786544
　投稿与读者服务：010-62776969，c-service@tup.tsinghua.edu.cn
　质 量 反 馈：010-62772015，zhiliang@tup.tsinghua.edu.cn
印 装 者：北京国马印刷厂
经　　销：全国新华书店
开　　本：185mm×260mm　　**印　　张**：22.75　　**字　　数**：539千字
版　　次：2017年6月第1版　　**印　　次**：2019年7月第3次印刷
定　　价：59.00元

产品编号：073529-02

前　　言

信息化时代，财务人员若不掌握信息化管理工具，其未来的职业发展必将受到影响。“会计信息化”已经成为会计专业的核心专业课程之一。会计信息化是企业信息化的起点，也是企业信息化普及面最广的一项应用。为会计信息化培养合格的应用人才，使其理解会计信息化的原理，熟悉财务管理各子系统的业务操作，正是本书编写的初衷。

全书共分为 8 章和 2 个附录，分别是系统管理、企业应用平台、总账、UFO 报表、薪资管理、固定资产、应收款管理和应付款管理，涵盖了 U8 财务应用的主要内容。每一章均按学习目标、案例导入、理论认知、实践应用和巩固提高展开。

本书每章逻辑结构说明如下。

每章结构项	子　项	作　用
学习目标		明确学员学习本章后应掌握的知识和应学会的技能
案例导入		以企业最为关注的问题作为切入点，引导出本章内容
理论认知	了解系统	阐释本章所介绍子系统的主要功能、数据关系和应用流程
	系统初始化	系统初始化的主要内容及设置方法
	系统日常业务处理	系统主要业务类型及业务处理方法
	重点、难点解析	对本章中不易理解的重点和难点问题加以辅导
实践应用	系列实验设计	以企业案例作为实验资料，通过详细的操作指导引导学员完成业务处理
巩固提高		以客观题和实操题两种类型的题型检验本章内容掌握程度

从以上逻辑框架可以看出，从案例导入、理论认知到实践应用和巩固提升形成了一个完整的闭环，从多个层面支持了学习者对原理的基本把握、对整体流程的掌控和实践能力的提升。

本书提供丰富的教学资源，主要包括三部分内容：用友 U8 V10.1 教学版安装程序、实验账套和微课视频。

本书既可以用作用友 ERP 认证培训教材，又可以用作普通高等院校本科和专科会计专业所开设的会计信息系统的主教材或实验用书。还可供希望了解会计信息化的广大企业的业务人员参考。

本书由王新玲(天津财经大学)担任主编，闫广峰担任副主编。其中王新玲编写了第 1～5 章，闫广峰编写了第 6～8 章，参加编写的人员还有汪刚、李天宇、李冬梅、王晨、王贺雯、石焱、吕志明、康丽、张霞、宋郁、吴彦文、辛德强、陈利霞、张冰冰、王腾、房琳琳、张恒嘉等。本书在编写过程中得到了新道科技股份有限公司的大力支持，在此表示衷心的感谢。

服务邮箱：wkservice@vip.163.com。

编　者

2017 年 1 月

教学资源使用说明

欢迎使用《用友 U8 财务管理系统原理与实验(U8 V10.1)(微课版)》。

为便于教学和自学，本教程提供了以下资源：

- 用友 U8 V10.1 软件(教学版)
- 实验账套备份
- 微课操作视频
- PPT 教学课件

上述资源分两部分存放在百度网盘上(均为压缩文件)，读者可通过 http://www.tupwk.com.cn/downpage，输入书名或书号搜索到具体网盘链接地址，也可以手工输入链接地址，具体如下：

- 第一部分：http://pan.baidu.com/s/1o7ZhEm2
- 第二部分：http://pan.baidu.com/s/1pLg7l0J

实验账套备份所用数据库版本为 SQL Server 2000。

微课视频可通过浏览器(htm 格式文件)或 Flash 播放器播放(swf 文件)。

读者还可通过扫描下方二维码下载 PPT 课件和微课视频。

读者若因链接问题出现资源无法下载等情况，请致电 010-62784096，也可发邮件至服务邮箱 wkservice@vip.163.com。

任课老师可加入“会计信息化教师俱乐部”QQ 群(群号 228595923)，进行会计信息化教学交流。

目 录

第 1 章

系 统 管 理

学习目标

知识目标：

- 了解 U8 系统管理的作用和主要功能
- 理解角色、用户的作用及其相互关系
- 理解账套、账套库的作用及其相互关系
- 区分系统管理员和账套主管的工作性质及权限
- 了解系统管理中系统安全管理的相关内容
- 掌握企业建账的工作过程

能力目标：

- 掌握如何建立企业核算账套
- 掌握增加用户及为用户设置权限
- 掌握如何进行账套的输出和引入

案例导入

北京华兴电子有限责任公司(简称：华兴电子)是一家专业从事平板电脑的研究、开发、制造和销售的高科技企业，主要产品有平板电脑和智能电话两大产品系列。公司位于北京市海淀区花园路甲 1 号，法人代表为杨文。

企业管理层通过商议，决定通过企业信息化提升企业的管理水平，进而提升企业的竞争力。根据拟定的企业信息化规划，首先从财务信息化入手。经过慎重选型，华兴电子购买了用友网络科技股份有限公司 U8 V10.1(以下简称用友 U8)总账、UFO 报表、薪资管理、计件工资、固定资产、应收款管理、应付款管理 7 个模块，并准备于 2018 年 1 月 1 日正式启用 U8 系统进行财务核算。

目前用友服务人员已经在华兴电子的服务器和客户端中安装了用友 U8 系统，并做好了客户端和服务器之间的配置连接。

理论知识

1.1 了解用友 U8 系统

用友网络科技股份有限公司是亚太地区领先的企业管理软件提供商，提供面向不同企业规模、不同行业的信息化解决方案。用友 U8 是面向中型及成长型企业的互联网应用平台，能够帮助企业实现精细化管理，实现产业链协同。

用友 U8 提供财务管理、供应链管理、生产管理、客户关系管理、人力资源管理、办公自动化和商业智能集成化功能。总体框架如图 1-1 所示。

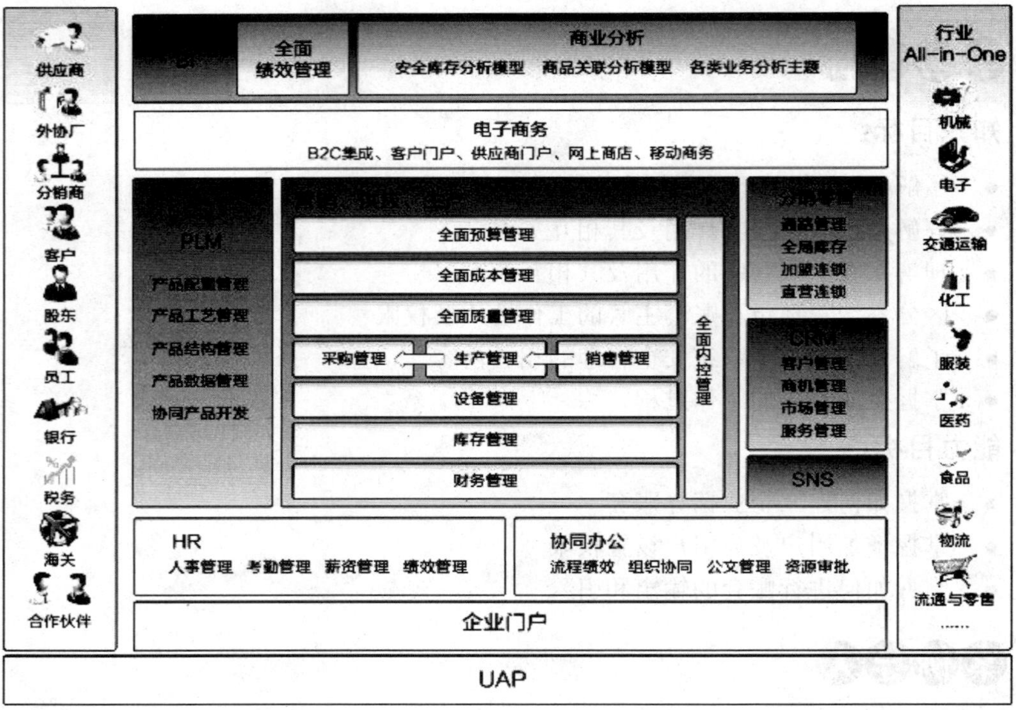

图 1-1 用友 U8 总体框架

1.1.1 用友 U8 各模块的主要功能

华兴电子选购的总账、UFO 报表、薪资管理、计件工资、固定资产、应收款管理、应付款管理这 7 个模块的功能各不相同，在此先简单介绍各模块的主要功能，以建立初步印象，各模块的详细功能将在后续章节中逐一介绍。

用友 U8 中的总账能够完成从填制凭证、审核到记账、结账完整的账务处理过程，输出各种总分类账、日记账、明细账和有关辅助账。

UFO 报表能够从总账及其他模块中获取数据，生成对外财务报告和制作内部管理报表。

薪资管理和计件工资可以采用计时工资和计件工资两种方式核算职工薪酬，对工资费用进行分摊，处理与职工薪酬相关的其他费用，将分摊结果形成凭证传递给总账。

固定资产系统管理企业固定资产的增减、变动、折旧计算，并将业务变动及折旧计算结果形成凭证传递给总账。

应收款管理系统主要处理企业与客户之间业务往来账款的核算与管理，形成凭证传递给总账。

应付款管理系统主要处理企业与供应商之间业务往来账款的核算与管理，形成凭证传递给总账。

1.1.2 用友 U8 各模块之间的相互联系

用友 U8 中各个子系统服务于企业的不同层面，为不同的管理需要服务。子系统本身既具有相对独立的功能，彼此之间又具有紧密的联系。

以上 7 个模块之间的联系如图 1-2 所示。

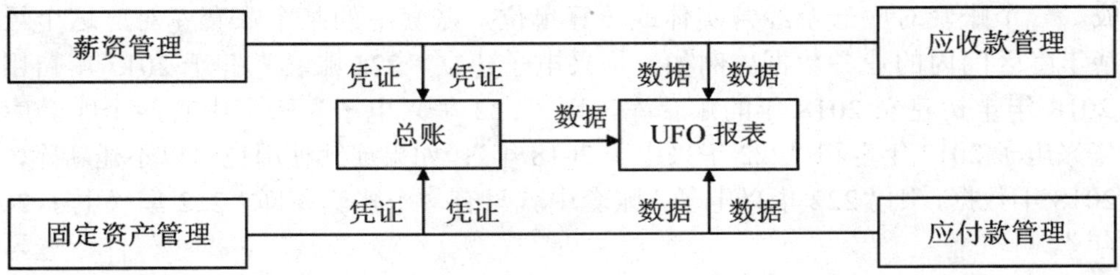

图 1-2 U8 财务管理各模块间的数据关系

1.1.3 企业的应用模式

以上各个模块既可以独立应用，也可以与其他模块集成使用。举例来说，如果只购买了总账模块，那么企业可以在总账系统中通过填制凭证来处理与职工薪酬、固定资产核算、应收应付等相关的业务。如果企业既购买了总账，也购买了应收款管理系统，那么所有与客户相关的应收与收款业务均在应收款管理系统中处理，总账不再处理这类业务，应收款管理系统处理的结果会生成相应的业务凭证传递给总账。

1.2 系统管理概述

系统管理是用友 U8 中一个特殊的模块。如同建造高楼大厦要预先打牢地基一样，系统管理模块的作用是对整个 U8 系统的公共任务进行统一管理，U8 中任何其他模块的运行都必须以此为基础。因此，华兴电子财务信息化也必须以此为起点。

1.2.1 系统管理的主要功能

系统管理的主要功能包括以下几个方面。

1．账套管理

账套是一组相互关联的数据。每一个独立核算的企业都有一套完整的账簿体系，把这样一套完整的账簿体系建立在计算机系统中就是一个账套。每一个企业也可以为其每一个独立核算的下级单位建立一个核算账套。换句话讲，在用友 U8 中，可以为多个企业(或企业内多个独立核算的部门)分别立账，且各账套数据之间相互独立、互不影响，从而使资源得到充分的利用，系统最多允许建立 999 个企业账套。

账套管理功能一般包括建立账套、修改账套、删除账套、引入/输出账套等。

2．账套库管理

账套库和账套是两个不同的概念。账套是账套库的上一级，账套由一个或多个账套库组成。一个账套对应一个经营实体或核算单位，账套中的某个账套库对应这个经营实体的某年度区间内的业务数据。例如，华兴电子建立“222 账套”并于 2017 年启用，然后在 2018 年年初建立 2018 年的账套库，则“222 华兴电子”账套中有两个账套库，即“222 华兴电子 2017 年”和“222 华兴电子 2018 年”；如果连续使用也可以不建新库，直接录入 2018 年数据，则“222 华兴电子”账套中就只有一个账套库即“222 华兴电子 2017～2018 年”。

设置账套和账套库两层结构方式的好处是：第一，便于企业的管理，如进行账套的上报，跨年度区间的数据管理结构调整，等等；第二，方便数据备份输出和引入；第三，减少数据的负担，提高应用效率。

账套库管理包括账套库的建立、引入、输出，账套库初始化和清空账套库数据。

3．用户及权限管理

为了保证系统及数据的安全，系统管理提供了权限管理功能。通过限定用户的权限，一方面可以避免与业务无关的人员进入系统，另一方面可以对 U8 系统所包含的各个模块的操作进行协调，以保证各负其责，流程顺畅。

用户及权限管理包括设置角色、设置用户及为用户分配功能权限。

4．系统安全管理

对企业来说，系统运行安全、数据存储安全是非常重要的，U8 系统管理中提供了 3 种安全保障机制。①在系统管理界面，可以监控整个系统运行情况、随时清除系统运行过程中的异常任务和单据锁定；②可以设置备份计划让系统自动进行数据备份，当然在账套管理和账套库管理中可以随时进行人工备份；③可以管理上机日志，上机日志对系统所有操作都进行了详细记录，为快速定位问题原因提供了线索。

1.2.2 系统管理的应用流程

为了帮助大家快速掌握系统管理的应用，我们以图示的方式总结初次使用系统管理的应用流程，如图 1-3 所示。

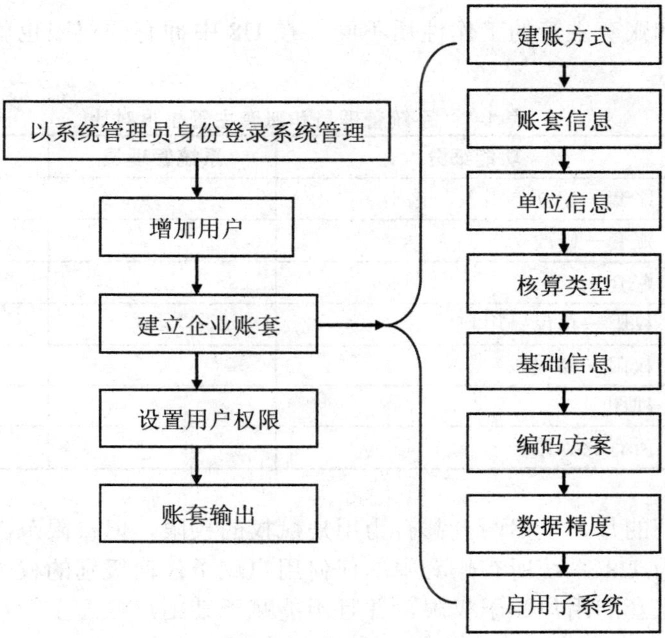

图 1-3 初次使用系统管理的应用流程

1.3 重点难点解析

1.3.1 谁能使用系统管理

鉴于系统管理模块在用友 U8 中的重要地位，因此对系统管理模块的使用，系统予以严格控制。系统仅允许以两种身份注册进入系统管理。一种是以系统管理员的身份，另一种是以账套主管的身份。系统管理员和账套主管无论是工作职责还是在 U8 中的权限都是不同的。

1. 系统管理员和账套主管的职责

在企业中，系统管理员主要负责信息系统安全，具体包括数据存储安全、系统使用安全和系统运行安全。对应的具体工作包括监控系统日常运行、网络及系统维护、防范安全风险、数据备份、系统用户权限管理等内容。系统管理员工作性质偏技术，他不能参与企业实际业务处理工作。

账套主管是企业中某业务领域的业务主管，如财务主管。他要根据企业发展需要及业务现状，确定企业会计核算的规则、U8 各个子系统参数的设置、组织企业业务处理按规范流程运行。账套主管是 U8 中权限最高的用户，拥有所有子系统的操作权限。

2. 系统管理员和账套主管在 U8 中的权限

系统管理员和账套主管的工作性质不同，在 U8 中拥有的权限也就不同。两者权限对比如表 1-1 所示。

表 1-1　系统管理员和账套主管权限对比

U8 中系统	功能细分	系统管理员	账套主管
系统管理	账套—建立、引入、输出	√	
	账套—修改		√
	账套库		√
	权限—角色、用户	√	
	权限—权限	√	√
	视图	√	
企业应用平台	所有业务系统		√

需要特别强调的是，虽然两者都有为用户赋权的权限，但权限范围上有很大差别。系统管理员可以为 U8 系统所有账套中的任何用户赋予任何级别的权限；而账套主管只能对其所登录的账套的用户赋予权限，并且不能赋予某用户账套主管权限。

3. 如何登录系统管理

无论登录用友 U8 中的哪个模块，其登录界面都是相同的，如图 1-4 所示。

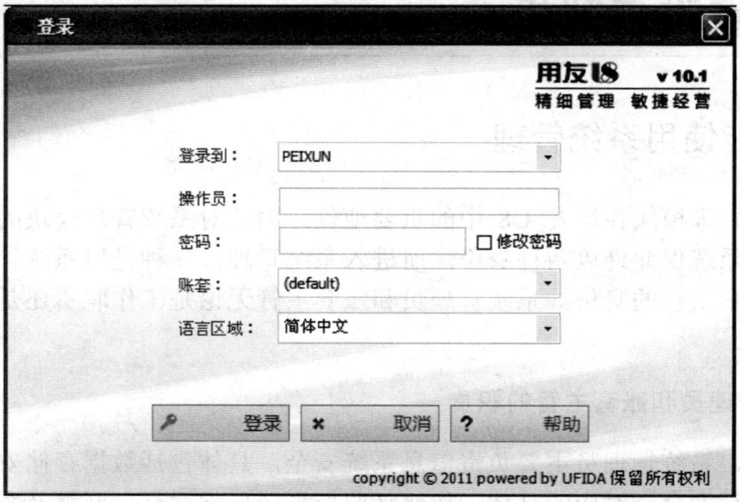

图 1-4　登录界面

从图 1-4 中可见，登录系统时，要回答这样几个问题。

(1) 登录到哪个应用服务器？

“登录到”后面的文本框中为 U8 应用服务器的名称或 IP 地址。在教学环境中以单机方式应用时，应用服务器即为本机；企业信息化应用模式下，U8 安装完成后要进行应用服务器和数据服务器、客户端和应用服务器的互联。

(2) 什么人登录系统？

与手工方式下通过签字盖章等方式明确责任人的方式不同，在信息系统中是通过登录系统时的“操作员+密码”来认定用户身份的，因此在登录界面的“操作员”后的文本框中需要输入在系统中已经预先建立的操作员编号或操作员姓名和对应密码，当该操作员在系统中进行业务处理时，系统会自动记录其姓名，以此明确经济责任。

(3) 登录到哪个企业账套？

因为 U8 系统支持多账套，每一个账套都代表不同的企业，因此操作员登录时需要从“账套”下拉列表中选择自己所属的企业。

1.3.2 角色与用户

企业开始应用 U8 管理业务之前，首先要确定企业中哪些人员可以操作系统，并对操作人员的操作权限进行限定，以避免无关人员对系统进行非法操作。同时也可以对系统所包含的各个功能模块的操作进行协调，使得流程顺畅，并保证整个系统和会计数据的安全。

1. 角色管理

角色是指在企业管理中拥有某一类职能的组织，这个组织可以是实际的部门，也可以是由拥有同一类职能的人构成的虚拟组织。例如实际工作中最常见的会计和出纳两个角色，他们既可以是同一个部门的人员，也可以分属不同的部门，但工作职能是一样的。我们在设置了角色后，就可以定义角色的权限，当用户归属某一角色后，就相应地拥有了该角色的权限。设置角色的优点在于可以根据职能统一进行权限的划分，方便授权。

2. 用户管理

用户是指有权登录系统，并对系统进行操作和查询的企业人员，即通常意义上的“操作员”。每次注册登录系统，都要进行用户身份的合法性检查。用户和角色的设置可以不分先后顺序，但对于自动传递权限来说，应该首先设定角色，然后分配权限，最后进行用户的设置。这样在设置用户的时候，选择其归属哪一个角色，其就会自动拥有该角色的权限(包括功能权限和数据权限)。一个角色可以拥有多个用户，一个用户也可以分属于多个不同的角色。

1.3.3 如何建立企业核算账套

为了方便操作，用友 U8 中设置了建账向导，用来引导用户完成建账。建立企业账套时，需要向系统提供以下表征企业特征的信息，归类如下。

1. 账套信息

账套信息包括账套号、账套名称、账套启用日期及账套路径。

用友 U8 支持建立多个企业账套，因此必须设置账套号作为区分不同账套数据的唯一标识。

账套名称一般用来描述账套的基本特性，可以用核算单位简称或该账套的用途来命名。账套号与账套名称是一一对应的关系，共同代表特定的核算账套。

账套路径用来指明账套在计算机系统中的存放位置，为方便用户，应用系统中一般预设一个存储位置，称其为默认路径，但允许用户更改。

账套启用日期用于规定该企业用计算机进行业务处理的起点，一般要指定年、月。启用日期在第一次初始设置时设定，一旦启用便不可更改。在确定账套启用日期的同时，一般还要设置企业的会计期间，即确认会计月份的起始日期和结账日期。

2. 单位信息

核算单位的基本信息包括企业的名称、简称、地址、邮政编码、法人、通信方式等。

在以上各项信息中，单位全称是必填项，因为发票打印时要使用企业全称，其余情况则全部使用企业的简称。

3. 核算信息

账套基本信息包括记账本位币、行业性质、企业类型、账套主管、编码方案、数据精度等。

记账本位币是企业必须明确指定的，通常系统默认为人民币，很多软件也提供以某种外币作为记账本位币的功能。为了满足多币种核算的要求，系统都提供设置外币及汇率的功能。

企业类型是区分不同企业业务类型的必要信息，选择不同的企业类型，系统在业务处理范围上会有所不同。

行业性质表明企业所执行的会计制度。从方便使用出发，系统一般内置不同行业的一级科目供用户选择，在此基础上，用户可以根据本单位的实际需要增设或修改必要的明细核算科目。

4. 编码方案

编码方案是对企业关键核算对象进行分类级次及各级编码长度的指定，以便于用户进行分级核算、统计和管理。可分级设置的内容一般包括科目编码、存货分类编码、地区分类编码、客户分类编码、供应商分类编码、部门编码和结算方式编码等。编码方案的设置取决于核算单位经济业务的复杂程度以及其核算与统计要求。

5. 数据精度

数据精度是指定义数据的小数保留位数。在会计核算过程中，由于各企业对数量、单价的核算精度要求不一致，有必要明确定义主要数量、金额的小数保留位数，以保证数据处理的一致性。

以上账套参数确定后，应用系统会自动建立一套符合用户特征要求的账簿体系。

1.3.4 如何保证数据安全

所有输入用友 U8 系统中的数据都存储在 SQL Server 数据库管理系统中。

企业实际运营中，存在很多不可预知的不安全因素，如火灾、计算机病毒、误操作、人为破坏等，任何一种情况的发生对系统及数据安全的影响都是致命性的。如何在意外发生时将企业损失降至最低，是每个企业共同关注的问题。因此，系统必须提供一个保存机内数据的有效方法，可以定期将机内数据备份出来存储到不同的介质上。备份数据一方面用于意外发生时恢复数据之用，另一方面，对于异地管理的公司，还可以解决审计和数据汇总的问题。

用友 U8 提供了两种方式用于备份数据，设置自动备份计划和账套输出。

1. 设置自动备份计划

设置自动备份计划是一种自动备份数据的方式。利用该功能，可以实现定时、自动输出多个账套的目的，有效地减轻了系统管理员的工作量，保障了系统数据的安全。

以系统管理员或账套主管的身份登录系统管理，执行“系统”|“设置备份计划”命令即可。系统管理员既可以对账套设置自动备份计划，也可以对年度账设置自动备份计划。账套主管只能对年度账设置自动备份计划。

2. 输出账套

账套输出是一种人工备份数据的方式。只有系统管理员具有账套输出的权限。账套输出之后在指定路径下形成两个文件：UFDATA.BAK 和 UfErpAct.Lst。这两个文件不能直接打开，只能通过系统管理中的账套引入功能引入 U8 中，才能正常查询。

实践应用

实验一 系统管理

实验目的

1. 理解用友 U8 系统管理的主要功能。
2. 掌握企业建账的工作过程。
3. 熟练掌握增加用户、建立账套、为用户设置权限、输出和引入账套的操作。

实验内容

1. 增加用户
2. 建立企业账套
3. 设置用户权限
4. 修改账套
5. 输出账套
6. 引入账套

实验准备

已正确安装用友 U8 V10.1 软件。

实验资料

1. 用户信息

华兴电子财务部目前设置 3 个岗位，周健为财务主管，王东是会计岗，张平是出纳岗。根据华兴电子目前的岗位分工情况，按照 U8 对用户信息的具体要求，整理企业用户信息如表 1-2 所示。

表 1-2　用户信息

编　　号	姓　　名	用户类型	认 证 方 式	口　　令	所 属 部 门	所属角色
001	周健	普通用户	用户+口令(传统)	1	财务部	账套主管
002	王东	普通用户	用户+口令(传统)	2	财务部	
003	张平	普通用户	用户+口令(传统)	3	财务部	

2. 账套相关资料

(1) 账套信息

账套号：222；账套名称：华兴电子；采用默认账套路径；启用会计期：2018 年 1 月 1 日；会计期间：默认。

(2) 单位信息

单位名称：北京华兴电子有限责任公司

单位简称：华兴电子

单位地址：北京市海淀区花园路甲 1 号

法人代表：杨文

税号：100011010266888

(3) 核算类型

企业记账本位币：人民币(RMB)；企业类型：工业；行业性质：2007年新会计制度科目；账套主管：001 周健；选中“按行业性质预置科目”复选框。

(4) 基础信息

企业无外币业务，由于业务需要，需要对存货、客户进行分类。

(5) 分类编码方案

科目编码级次：422

客户分类编码级次：12

部门编码级次：12

存货分类编码级次：122

收发类别编码级次：12

结算方式编码级次：12

其他默认。

(6) 数据精度

企业确定数据精度均为2。

3. 权限分配

根据华兴电子内部控制要求，按照U8权限设置的具体要求，整理用户权限如表1-3所示。

表1-3 用户权限

用户编号及姓名	所属角色	赋予权限
001 周健	账套主管	自动拥有U8中所有账套的操作权限
002 王东		财务会计中的总账、应收款管理、应付款管理、固定资产权限
003 张平		总账中的凭证下的出纳签字、查询凭证权限及总账中的出纳权限

4. 修改账套信息

考虑到不久的将来企业可能会拓展业务到海外市场，因此希望设置该账套有外币核算业务。由账套主管进行账套信息修改，增加“有外币核算”基础信息设置。

5. 账套输出

将账套输出至“D:\222 账套备份\1-1 系统管理”中。

6. 账套引入

试一试将输出的账套再次引入U8系统中。

实验要求

1. 以系统管理员Admin的身份，进行增加用户、建立账套、权限分配、输出及引入账套操作。

2. 以账套主管的身份，进行账套修改的操作。

操作指导

1. 以系统管理员的身份登录系统管理　　(微课视频：WZ010101.htm)

① 执行“开始”|“所有程序”|“用友 U8 V10.1”|“系统服务”|“系统管理”命令，进入“用友 U8[系统管理]”窗口。

② 执行“系统”|“注册”命令，打开“登录”系统管理对话框。

③ 系统中预先设定了一个系统管理员 admin，系统管理员初始密码为空，选择账套“(default)”。单击“登录”按钮，以系统管理员的身份进入系统管理。系统管理界面最下行的状态栏中显示当前操作员[admin]，如图 1-5 所示。系统管理界面中显示为黑色的菜单项即为系统管理员在系统管理中可以执行的操作。

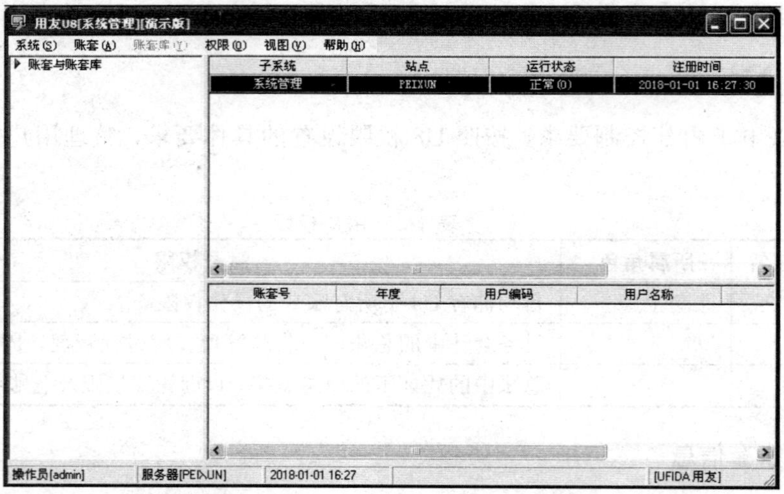

图 1-5　以系统管理员身份进入系统管理

提示：

系统管理员的初始密码为空。为保证系统运行的安全性，在企业实际应用中应及时为系统管理员设置密码。设置系统管理员密码为“super”的操作步骤是：在系统管理员登录系统管理对话框中选中“修改密码”复选框，单击“登录”按钮，打开“设置操作员密码”对话框，在“新密码”和“确认新密码”文本框中均输入“super”。最后单击“确定”按钮，返回系统管理。在教学过程中，由于多人共用一套系统，为了避免由于他人不知道系统管理员密码而无法以系统管理员身份进入系统管理的情况出现，建议不要给系统管理员设置密码。

2. 增加用户　　(微课视频：WZ010201.htm)

只有系统管理员才能进行增加用户的操作。

① 以系统管理员的身份登录系统管理，执行“权限”|“用户”命令，打开“用户管理”对话框。

② 单击“增加”按钮，打开“操作员详细情况”对话框，如图 1-6 所示。

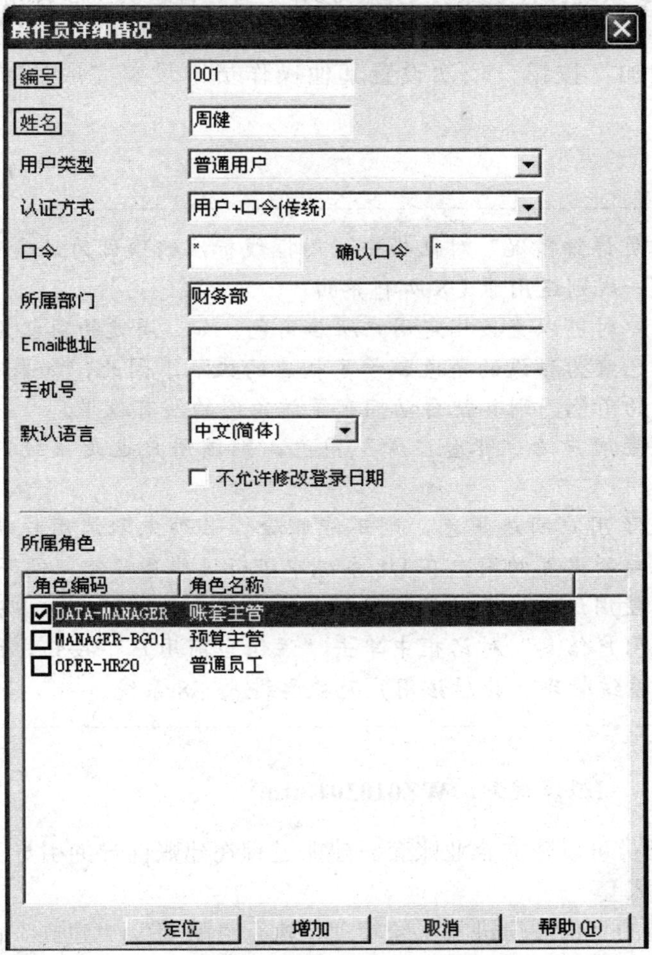

图 1-6　增加用户

各选项介绍如下。

- 编号：用户编号在 U8 系统中必须唯一，即使是不同的账套，用户编号也不能重复。本例输入“001”。
- 姓名：准确输入该用户的中文全称。用户登录 U8 进行业务操作时，此处的姓名将会显示在业务单据上，以明确经济责任。本例输入“周健”。
- 用户类型：有普通用户和管理员用户两种。普通用户指登录系统进行各种业务操作的人；管理员用户的性质与 admin 相同，他们只能登录系统管理进行操作，不能接触企业业务。本例选择“普通用户”。

- 认证方式：提供用户+口令(传统)、动态密码、CA 认证、域身份验证 4 种认证方式。用户+口令(传统)是 U8 默认的用户身份认证方式，即通过系统管理中的用户管理来设置用户的安全信息。本例采取系统默认。
- 口令：设置操作员口令时，为保密起见，输入的口令字在屏幕上以“*”号显示。本例设置口令为“1”。
- 所属角色：系统预置了账套主管、预算主管、普通员工 3 种角色。可以执行“权限”|“角色”命令增加新的角色。本例选择所属角色为“账套主管”。

③ 单击“增加”按钮，依次设置其他操作员。设置完成后单击“取消”按钮退出。

提示：

- 在“操作员详细情况”对话框中，用框线标注的项目为必输项，其余项目为可选项。这一规则适用于 U8 所有界面。
- 在增加用户时可以直接指定用户所属角色。如：周健的角色为“账套主管”。由于系统中已经为预设的角色赋予了相应的权限，因此，如果在增加用户时就指定了相应的角色，则其就自动拥有了该角色的所有权限。
- 如果已设置用户为“账套主管”角色，则该用户也是系统内所有账套的账套主管。
- 如果定义了用户所属角色，则不能删除。必须先取消用户所属角色才能删除用户。只要所设置的用户在 U8 系统中进行过业务操作，便不能被删除。
- 如果用户使用过系统又被调离单位，应在用户管理窗口中单击“修改”按钮，在“修改用户信息”对话框中单击“注销当前用户”按钮，最后单击“修改”按钮返回系统管理。此后该用户无权再进入 U8 系统。

3. 建立账套　(微课视频：WZ010301.htm)

只有系统管理员可以建立企业账套。建账过程在建账向导的引导下完成。

(1) 新建空白账套

以系统管理员的身份注册进入系统管理，执行“账套”|“建立”命令，打开“创建账套—建账方式”对话框。选择“新建空白账套”，单击“下一步”按钮，打开“账套信息”对话框。

(2) 账套信息

已存账套：系统将已存在的账套以下拉列表框的形式显示，用户只能查看，不能输入或修改，目的是避免重复建账。

账套号：账套号是该企业账套的唯一标识，必须输入，且不得与机内已经存在的账套号重复。可以输入 001～999 之间的 3 个字符，本例输入账套号 222。

账套名称：账套名称可以输入核算单位的简称，必须输入，进入系统后它将显示在正在运行的软件界面上。本例输入“华兴电子”。

账套语言：系统默认选中“简体中文”选项。从系统提供的选项中可以看出，U8还支持繁体中文和英文作为账套语言，但简体中文为必选。

账套路径：用来确定新建账套将要被放置的位置，系统默认的路径为“C:\U8SOFT\Admin”，用户可以人工更改，也可以单击“…”按钮进行参照选择输入。

启用会计期：指开始使用U8系统进行业务处理的初始日期。必须输入。系统默认为计算机的系统日期，更改为“2018年1月”。系统自动将自然月份作为会计核算期间。

是否集团账套：不选择。

建立专家财务评估数据库：不选择。

输入完成后，如图1-7所示。单击“下一步”按钮，打开“创建账套—单位信息”对话框。

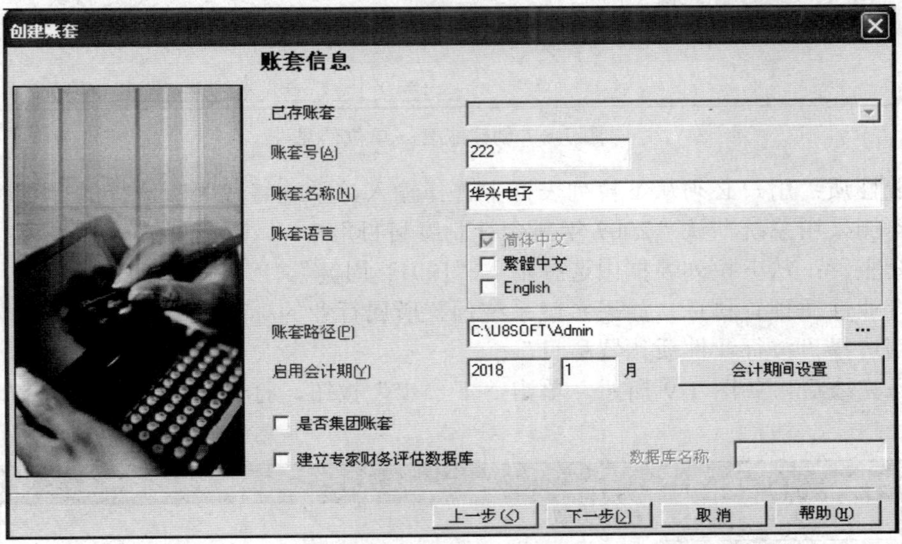

图1-7 创建账套—账套信息

(3) 单位信息

单位名称：必须输入企业的全称。企业全称在正式发票中使用，其余情况全部使用企业简称。本例输入“北京华兴电子有限责任公司”。

单位简称：用户单位的简称，最好输入。本例输入“华兴电子”。

其他栏目都属于任选项，参照所给资料输入即可。

输入完成后，如图1-8所示。单击“下一步”按钮，打开“账套信息—核算类型”对话框。

(4) 核算类型

本币代码：必须输入。本例采用系统默认值“RMB”。

本币名称：必须输入。本例采用系统默认值“人民币”。

企业类型：系统提供了工业、商业、医药流通3种类型。如果选择“工业”，则系统不能处理受托代销业务；如果选择“商业”，则系统不能处理产成品入库、材料领用出库业务。本例采用系统默认“工业”。

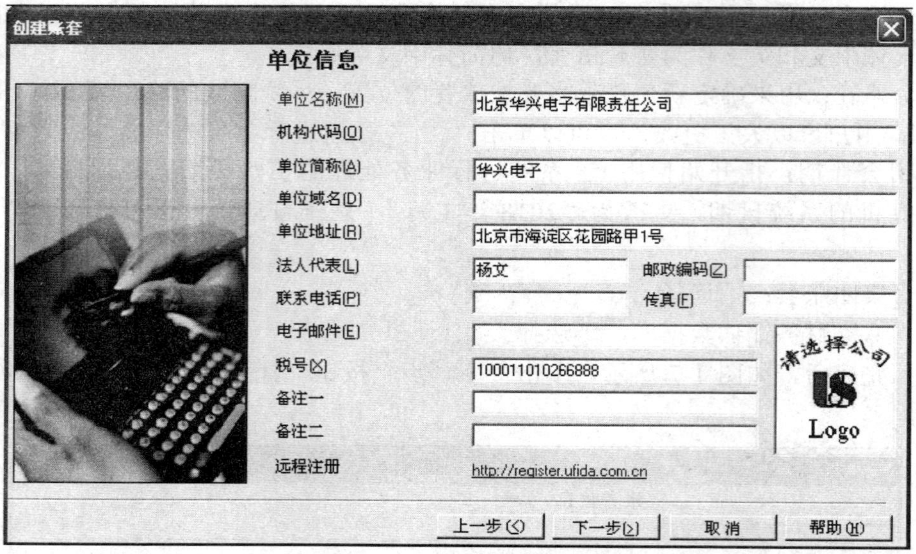

图 1-8　创建账套—单位信息

行业性质：用户必须从下拉列表框中选择输入，系统将按照所选择的行业性质预置科目。本例采用系统默认“2007 年新会计制度科目”。

账套主管：从下拉列表框中选择输入“[001] 周健”。

按行业性质预置科目：如果希望系统预置所属行业的标准一级科目，则选中该复选框。本例选择“按行业性质预置科目”。

输入完成后，如图 1-9 所示。单击“下一步”按钮，打开“创建账套—基础信息”对话框。

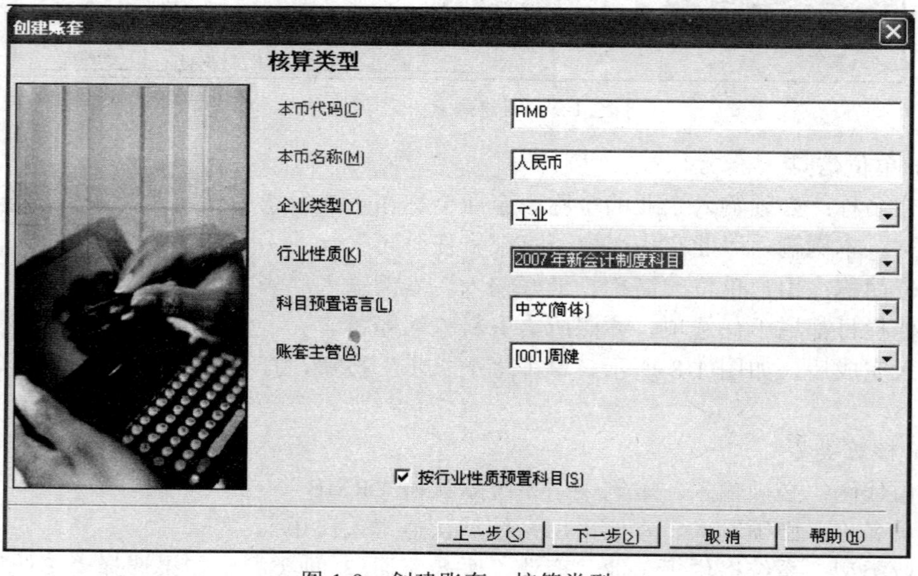

图 1-9　创建账套—核算类型

提示：

- 行业性质将决定系统预置科目的内容，必须选择正确。
- 如果事先增加了用户，则可以在建账时选择该用户为该账套的账套主管。如果建账前未设置用户，建账过程中可以先选一个操作员作为该账套的主管，待账套建立完成后再到“权限”功能中进行账套主管的设置。
- 如果选择了按行业性质预置科目，则系统根据您所选择的行业类型自动装入国家规定的一级科目及部分二级科目。

(5) 基础信息

如果单位的存货、客户、供应商相对较多，可以对它们进行分类核算。如果此时不能确定是否进行分类核算，也可以建账完成后由账套主管在“修改账套”功能中重新设置。

按照本例要求，选中“存货是否分类”“客户是否分类”两个复选框，如图 1-10 所示。单击“下一步”按钮，打开“创建账套—准备建账”对话框。

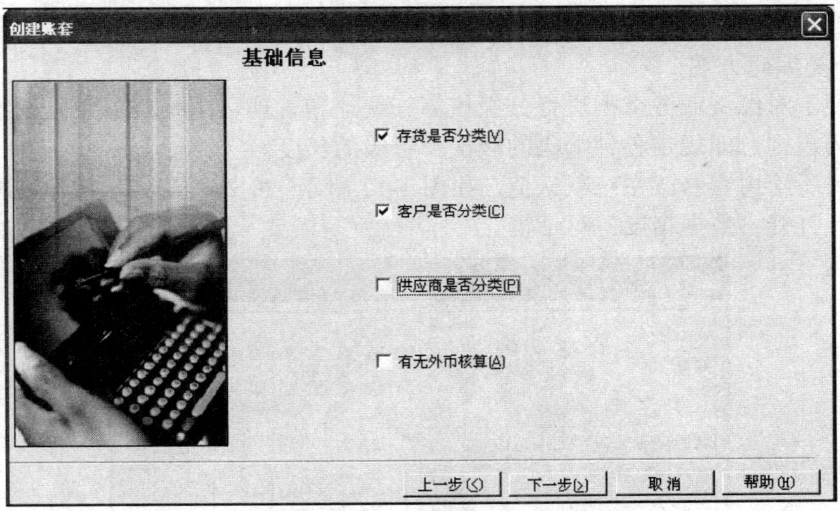

图 1-10 创建账套—基础信息

提示：

- 是否对存货、客户及供应商进行分类将会影响其档案的设置。有无外币核算将会影响基础信息的设置及日常能否处理外币业务。
- 如果基础信息设置错误，可以由账套主管在修改账套功能中进行修改。

(6) 准备建账

单击“完成”按钮，弹出系统提示“可以创建账套了么？”，如图 1-11 所示。单击“是”按钮，系统依次进行初始化环境、创建新账套库、更新账套库、配置账套信息等工作，所以需要一段时间才能完成，要耐心等待。完成以上工作后，打开“编码方案”对话框。

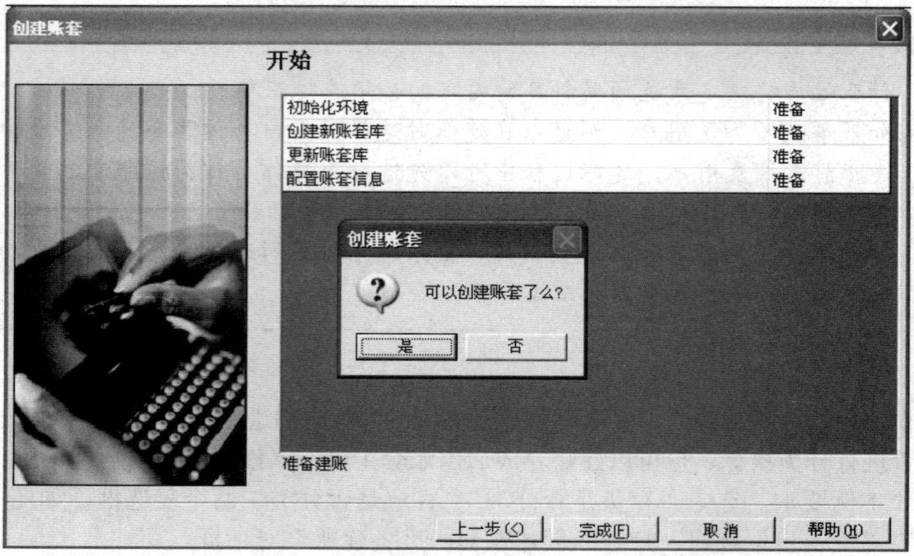

图 1-11　创建账套—准备建账

(7) 分类编码方案

为了便于对经济业务数据进行分级核算、统计和管理，系统要求预先设置某些基础档案的编码规则，即规定各种编码的级次及各级的长度。

按资料所给内容修改系统默认值，如图 1-12 所示，单击“确定”按钮，再单击“取消”按钮，打开“数据精度”对话框。

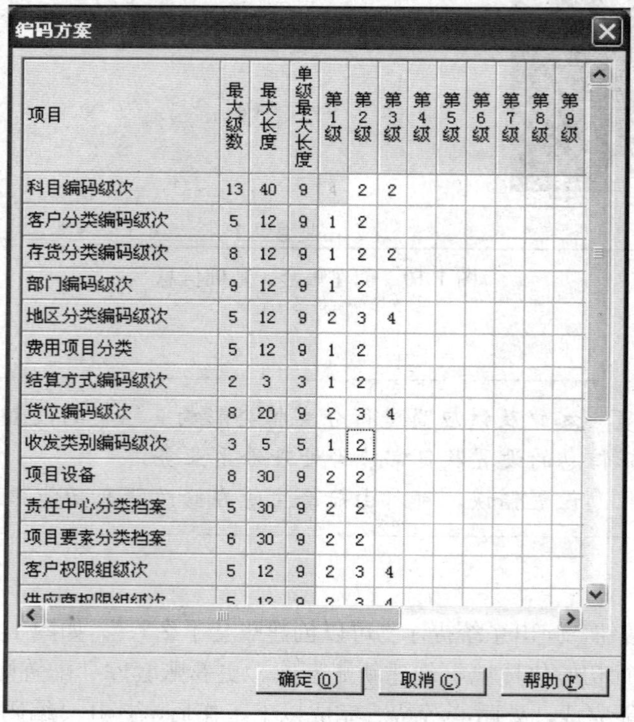
编码方案
项目 最大级数 最大长度 单级最大长度 第1级 第2级 第3级 第4级 第5级 第6级 第7级 第8级 第9级
科目编码级次 13 40 9 4 2 2
客户分类编码级次 5 12 9 1 2
存货分类编码级次 8 12 9 1 2 2
部门编码级次 9 12 9 1 2
地区分类编码级次 5 12 9 2 3 4
费用项目分类 5 12 9 1 2
结算方式编码级次 2 3 3 1 2
货位编码级次 8 20 9 2 3 4
收发类别编码级次 3 5 5 1 2
项目设备 8 30 9 2 2
责任中心分类档案 5 30 9 2 2
项目要素分类档案 6 30 9 2 2
客户权限组级次 5 12 9 2 3 4
确定(O)
取消(C)
帮助(F)

图 1-12　编码方案

提示：

- 编码方案的设置，将会直接影响基础信息设置中相应内容的编码级次及每级编码的位长。
- 科目编码级次中第 1 级科目编码长度根据建账时所选行业性质自动确定，此处显示为灰色，不能修改，只能设定第 1 级之后的科目编码长度。
- 删除编码级次时，必须从最后一级向前依次删除。

(8) 数据精度定义

数据精度涉及核算精度问题。涉及购销存业务环节时，会输入一些原始单据，如发票、出入库单等，需要填写数量及单价，数据精度定义是确定有关数量及单价的小数位数的。本例采用系统默认。单击“确定”按钮，系统显示“正在更新单据模板，请稍等”信息提示。

(9) 完成建账

完成单据模板更新后，系统弹出建账成功信息提示，如图 1-13 所示。单击“否”按钮，系统弹出“请进入企业应用平台进行业务操作！”信息提示框，单击“确定”按钮，再单击“退出”按钮，返回系统管理。

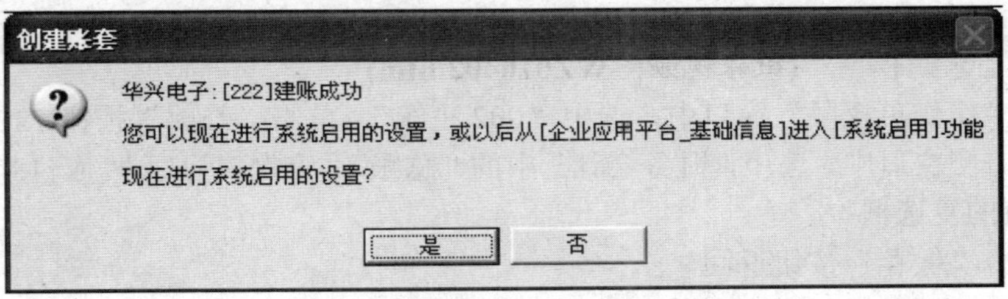

图 1-13　建账成功信息提示

提示：

- 如果选择“是”按钮，则可以直接进行“系统启用”的设置；也可以单击“否”按钮后先结束建账过程，再在企业应用平台的基础信息中进行系统启用设置。
- 建账完成后，编码方案、数据精度、系统启用项目可以由账套主管在“企业应用平台”|“基础设置”|“基本信息”选项中进行修改。

4. 设置用户权限

设置用户权限的工作应由系统管理员或该账套的账套主管在系统管理的权限功能中完成。在权限功能中既可以对角色赋权，也可以对用户赋权。如果在设置账套时已经选择了该账套的主管，则此时可以查看；否则，可以在权限功能中设置账套主管。如果在设置用户时已经指定了该用户的所属角色，并且该角色已经被赋权，则该用户已经拥有了与所选角色相同的权限；如果在设置用户时并未指定该用户所属的角色，或虽已指定该用户所属的角色，但该角色并未进行权限设置，则该用户的权限应直接在权限功能中进行设置，或者应先设置角色的权限再设置用户并指定该用户所属的角色，则角色的权限就自动传递给用户了。

(1) 查看周健是否是 222 账套的账套主管　　**(微课视频：WZ010401.htm)**

① 在系统管理中，执行"权限"|"权限"命令，打开"操作员权限"对话框。

② 在"账套主管"右边的下拉列表框中选中"[222]华兴电子"账套。

③ 在左侧的操作员列表中，选中"001 周健"，查看账套主管复选框是否为选中状态。

提示：

- 只有系统管理员才有权设置或取消账套主管。而账套主管只有权对所辖账套的操作员进行权限设置。
- 设置权限时应注意分别选中"账套"及相应的"用户"。
- 如果此时查看到 222 账套主管前的复选框为未选中状态，则可以单击该复选框将其选中，设置该用户为 222 账套的账套主管。
- 账套主管拥有该账套的所有权限，因此无须为账套主管另外赋权。
- 一个账套可以有多个账套主管。

(2) 为王东赋权　　**(微课视频：WZ010402.htm)**

① 在"操作员权限"窗口中，选中"002 王东"。单击"修改"按钮。

② 在右侧窗口中，选中"财务会计"中的"总账""应收款管理""应付款管理""固定资产"前的复选框。

③ 单击"保存"按钮返回。

(3) 为张平赋权　　**(微课视频：WZ010403.htm)**

① 在操作员权限窗口中，选中"003 张平"，从右侧窗口中可以看出，张平此时没有任何权限。

② 单击"修改"按钮。

③ 单击"总账"前的"+"标记，依次展开"总账""凭证"前的"+"号标记。

④ 单击选中"出纳签字""查询凭证"前的复选框，再单击选中"出纳"前的复选框。

⑤ 单击"保存"按钮，如图 1-14 所示。

5. 修改账套　　**(微课视频：WZ010501.htm)**

修改账套的工作应由账套主管在系统管理中的"账套"|"修改"功能中完成。

① 执行"系统"|"注册"命令，打开"登录"系统管理对话框。

提示：

如果此时 admin 注册了系统管理，则应先通过执行"系统"|"注销"命令注销当前操作员，然后再由账套主管重新注册。

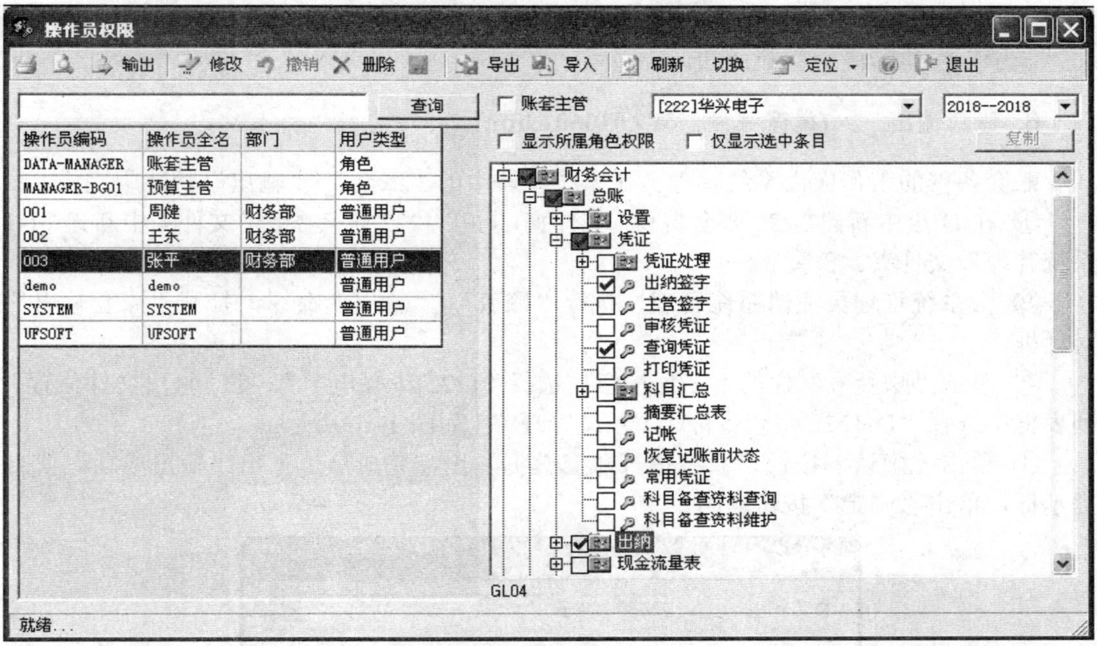

图 1-14　为出纳赋权

② 录入操作员“001”(或周健)，密码“1”，单击“账套”栏的下三角按钮，选择“[222] (default)华兴电子”，如图 1-15 所示。单击“登录”按钮，以账套主管的身份登录系统管理。

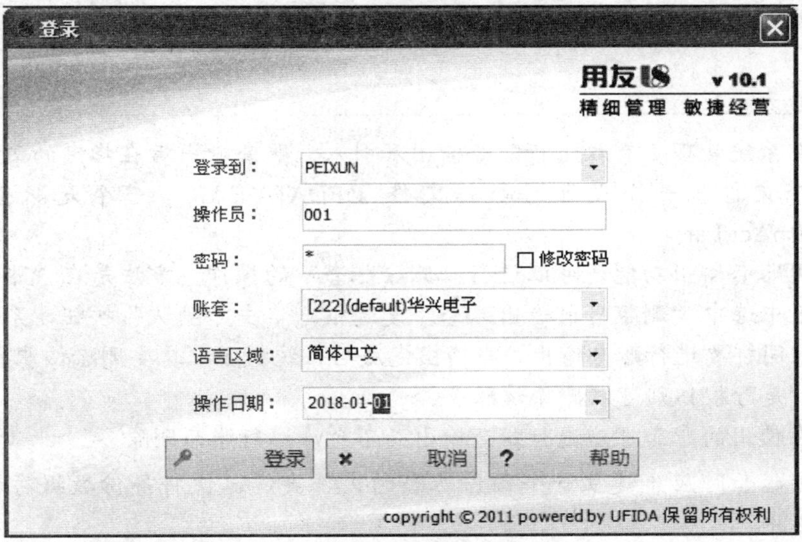

图 1-15　以账套主管身份登录系统管理

③ 执行“账套”|“修改”命令，打开“修改账套”对话框。通过单击“下一步”按钮，找到“基础信息”对话框。单击选中“有无外币核算”前的复选框。单击“完成”按钮，系统弹出提示“确认修改账套了么？”。

④ 单击“是”按钮，并在“编码方案”和“数据精度”窗口中分别单击“取消”和“确定”按钮后确定修改成功。

6. 账套输出　　(微课视频：WZ010601.htm)

账套备份的工作应由系统管理员在系统管理中的“账套”|“输出”功能中完成。

① 在 D:盘中新建“222 账套备份”文件夹，再在“222 账套备份”文件夹中新建“1-1 系统管理”文件夹。

② 由系统管理员注册系统管理，执行“账套”|“输出”命令，打开“账套输出”对话框。

③ 单击“账套号”栏的下三角按钮，选择“[222]华兴电子”，在“输出文件位置”列表框中选择“D: \222 账套备份\1-1 系统管理\”，如图 1-16 所示。

④ 单击“确认”按钮，系统进行账套数据输出，完成后，弹出“输出成功”信息提示框，单击“确定”按钮返回。

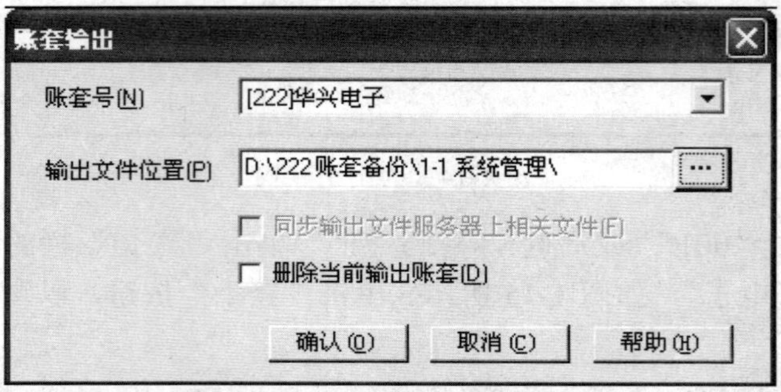

图 1-16　账套输出

提示：

- 只有系统管理员有权进行账套输出和引入。账套输出后在指定的文件夹内输出两个文件，一个是账套数据文件 UFDATA.BAK，一个是账套信息文件 UfErpAct.Lst。
- 利用账套输出功能还可以进行“删除账套”的操作。方法是在“账套输出”对话框中选中“删除当前输出账套”复选框，单击“确认”按钮，系统在删除账套前同样要进行账套输出，当输出完成后系统提示“真要删除该账套吗？”，单击“是”按钮则可以删除该账套。
- 正在使用的账套可以进行账套输出而不允许进行账套删除。
- 备份账套时应先建立一个备份账套的文件夹，以便将备份数据存放在目标文件夹中。

7. 账套引入　　(微课视频：WZ010701.htm)

账套引入的工作应由系统管理员在系统管理中的“账套”|“引入”功能中完成。

① 由系统管理员注册系统管理，执行“账套”|“引入”命令，打开“请选择账套备份文件”对话框。

② 选择“D: \222 账套备份\1-1 系统管理\UfErpAct.Lst”文件。

③ 单击“确定”按钮，系统弹出“请选择账套引入的目录...”信息提示框。

④ 单击“确定”按钮，打开“请选择账套引入的目录”对话框，弹出系统提示“此操作将覆盖[222]账套当前的信息，继续吗？”。

⑤ 单击“是”按钮，系统自动进行引入账套的工作。

⑥ 完成后，弹出系统提示“账套[222]引入成功！……”，单击“确定”按钮返回。

巩固提高

判断题：

1. 数据库管理系统是运行 U8 系统必需的系统软件。 (　　)
2. 必须先建立角色，再建立用户。 (　　)
3. 账套主管只能在建立账套时由系统管理员指定。 (　　)
4. 只有以账套主管的身份登录系统管理才能进行创建账套的工作。 (　　)
5. 从系统安全考虑，操作员应定期通过系统管理员更改自己的密码。 (　　)
6. 一个账套，可以指定多个账套主管。 (　　)

选择题：

1. 系统管理员无权进行以下哪种操作？(　　)
   A．建立账套　B．修改账套　C．删除账套　D．引入账套
2. 以下哪一项是区分不同账套的唯一标识？(　　)
   A．账套号　B．账套名称　C．单位名称　D．账套主管
3. 关于输出账套，以下说法错误的是(　　)。
   A. 必须选择要备份的账套　B. 必须由系统管理员登录系统管理
   C. 本月所有系统必须已结账　D. 必须选择输出的路径
4. 增加操作员时，必须输入的项目包括(　　)。
   A．操作员编号　B．操作员姓名
   C．操作员口令　D．操作员所属部门
5. 关于账套主管，以下说法正确的是(　　)。
   A．可以增加用户　B．可以为本账套的用户设置权限
   C．自动拥有本账套所有权限　D．可以删除自己所管辖的账套
6. 如果要给王莉赋账套主管，以下哪种方法是可行的？(　　)
   A．在建立用户时由系统管理员指定王莉为账套主管角色
   B．由王莉建立账套便自动成为该账套的账套主管
   C．在建立账套时由系统管理员指定王莉为该账套的账套主管
   D．在权限中由系统管理员指定王莉为该账套的账套主管

问答题：

1. 系统管理中有哪些主要功能？
2. 能登录系统管理的人员有哪些？
3. 账套和账套库之间有何联系？
4. 角色和用户之间有何关联？
5. U8 系统提供了哪些保障系统安全的手段？
6. 系统管理员都有哪些权限？账套主管有哪些权限？

实操题：

1. 以系统管理员的身份设置自动备份计划。

相关信息如下：

计划编号：2018-1	计划名称：222 账套备份
备份类型：账套备份	发生频率：每周
发生天数：1	开始时间：18:00
有效触发：2	保留天数：0

备份路径：C:\账套备份

路径提示：系统—设置备份计划

账套：222 华兴电子

2. 以系统管理员的身份查看当日上机日志的内容。

路径提示：视图—上机日志

第 2 章

企业应用平台

学习目标

知识目标：

- 了解企业应用平台的作用和主要功能
- 理解系统启用的含义及基本要求
- 了解基础设置包括哪些内容
- 理解各项基础档案的意义
- 理解数据权限与功能权限的区别

能力目标：

- 掌握在企业应用平台中启用 U8 子系统的方法
- 能够根据企业实际情况，整理并建立各项基础档案，包括机构设置、财务信息设置、往来单位设置等

案例导入

华兴电子购买了 U8 总账、UFO 报表、固定资产、应收款管理、应付款管理、薪资管理和计件工资共 7 个模块。由于财务部日常工作就很忙碌，另外新系统的学习和熟练使用也需要一段时间，因此决定先使用总账、UFO 报表，待熟悉之后再使用其他系统。

正式开始使用总账之前，需要在 U8 中输入业务处理时必须用到的一些基础档案，如部门、人员、客户、供应商、凭证类别、会计科目等。这些基础档案不仅总账模块要使用，其他模块也要使用。

企业目前的财务核算比较粗放，在将手工会计核算向信息化平台迁移的过程中，华兴电子希望能够借助信息系统的固有优势细化核算，为管理提供更多有价值的信息。

综上所述，华兴电子迫切需要了解：需要整理并录入哪些基础档案；转换过程中需要注意哪些问题。

理论知识

2.1 了解企业应用平台

顾名思义，企业应用平台是用友 U8 的集成应用平台，是用户、合作伙伴访问 U8 系统的唯一入口。

按照不同的用途，在企业应用平台中划分了 3 个功能组：系统服务、基础设置和业务工作。将这 3 个功能组的主要功能展开如图 2-1 所示。

图 2-1　企业应用平台主要功能

2.2.1 系统服务

系统服务主要是为系统安全正常运行而设，主要包括系统管理、服务器配置、工具和权限。

系统管理提供了从企业应用平台启动系统管理模块的通道；服务器配置用于配置 U8 应用服务器的位置；工具为 U8 与外部系统接口、U8 数据传输提供了便捷的处理方式；权限中可以对数据权限进行控制设置、数据权限和金额权限的分配、功能权限转授和工作任务委托。

2.2.2　基础设置

基础设置主要是设置用友 U8 各模块公用的基本信息、基础档案、单据设置等。

1. 基本信息

在基本信息中可以对企业建账过程中设定的会计期间、编码方案和数据精度进行修改，还可以进行 U8 子系统的启用设置。

系统启用是指设定在用友 U8 中各个子系统开始使用的日期。只有设置为启用的子系统才可以登录。

2. 基础档案

每个企业选购的是 U8 中不同的子系统，这些子系统共享基础档案信息，基础档案是 U8 系统运行的基石。企业在启用新账套之始，应根据本单位的实际情况及业务需求，进行基础档案的整理工作，并正确地录入系统。

设置基础档案的前提是先确定基础档案的分类编码方案。基础档案的设置必须要遵循分类编码方案中所设置的级次及各级编码长度的规定。按照基础档案的用途不同，系统将基础档案划分为机构人员、客商信息、存货、财务、收付结算等类。本章先介绍机构人员、客商信息和存货几类，财务及收付结算信息在总账初始化一节中介绍。

由于企业基础数据之间存在前后承接关系(如必须在设置客户分类的基础上再设置客户档案)，因此，基础档案的设置应遵从一定的顺序。

3. 单据设置

单据是企业经济业务发生的证明，如代表货物发出的销售发货单、代表材料入库的采购入库单、还有购销业务中的专用发票等。单据设置包括单据格式设置、单据编号设置和单据打印控制。

不同企业各项业务处理中使用的单据可能存在细微的差别，用友 U8 管理软件中预置了常用的单据模板，允许用户对各单据类型的多个显示模板和多个打印模板进行设置，以满足企业个性化的单据格式需求。单据编号是单据的标识，U8 系统默认单据采取流水编号。如果企业根据业务需要有特定的编号规则，可以设置为手工编号方式。

2.2.3　业务工作

业务工作中集成了登录用户拥有操作权限的所有功能模块，它们分类归属于各功能组中。企业应用平台为企业用户提供了进入用友 U8 的唯一入口。

本章主要讲述基础设置。基础设置中重点讲述基础档案设置。

2.2 基础设置概述

2.2.1 系统启用

1. 理解系统启用

系统启用是指设定在 U8 中各个子系统开始使用的日期。用友 U8 管理软件分为财务会计、管理会计、供应链、生产制造、人力资源、集团应用、决策支持和企业应用集成等功能组，每个功能组中又包含若干模块，它们中大多数既可以独立运行，又可以集成使用，但两种用法的数据流程是有差异的。一方面企业可以按照企业信息化规划及本身的管理特点选购不同的子系统；另一方面企业也可以采取循序渐进的策略有计划地先启用一些模块，一段时间之后再启用另外一些模块。系统启用为企业提供了选择的便利性，它可以表明企业在何时点、启用了哪些子系统。只有设置了系统启用的模块才可以登录。

2. 系统启用的方法

系统启用有两种方法。一是由系统管理员在系统管理中创建企业账套完成时进行系统启用的设置；二是如果在建立账套时未设置系统启用，则由账套主管在企业应用平台基本信息中进行系统启用的设置。

2.2.2 基础档案

1. 基础档案的作用

企业建账完成后只是在数据库管理系统中为华兴电子建立了一个新的数据库，用来存放企业即将录入的各种业务数据。当经济业务发生时，企业要进行正确的记录和计量，就要用到很多的基础档案信息，如收款要涉及客户、报销要涉及部门和人员、录入凭证要用到凭证类型和会计科目等。因此，必须事先将这些公共的基础信息建立到企业账套中，才能开始日常业务的处理。

2. 基础档案的整理

结合企业的业务实际和 U8 软件的要求，财务信息化需要准备的基础档案如表 2-1 所示。

表 2-1 基础档案的整理

基础档案分类	基础档案目录	档案用途	前提条件
机构人员	部门档案	设置与企业财务核算及管理有关的部门	先设置部门编码方案
	人员类别	按人员类别设置工资分摊、费用分配的对应科目	

(续表)

基础档案分类	基础档案目录	档案用途	前提条件
机构人员	人员档案	设置企业职工信息	先设置部门档案和人员类别
客商信息	客户分类	便于进行业务数据的统计、分析	先确定对客户分类，然后确定编码方案
	客户档案	便于进行客户管理和业务数据的录入、统计、分析	先建立客户分类档案
	供应商分类	便于进行业务数据的统计、分析	先确定对供应商分类，然后确定编码方案
	供应商档案	便于进行供应商管理和业务数据的录入、统计、分析	先建立供应商分类档案
	地区分类	针对客户/供应商所属地区进行分类，便于进行业务数据的统计、分析	
存货	存货分类	便于进行企业存货的录入、统计、分析	先确定对存货分类，然后确定编码方案
	计量单位	对存货的计量单位进行设置	
	存货档案	便于存货核算、统计、分析和实物管理	先确定对存货分类，然后确定编码方案
财务	会计科目	设置企业核算的科目目录	先设置科目编码方案及外币
	凭证类别	设置企业核算的凭证类型	
	外币设置	设置企业用到的外币种类及汇率	
	项目目录	设置企业需要对其进行核算和管理的对象、目录	可将存货、成本对象、现金流量直接作为核算的项目目录
收付结算	结算方式	资金收付业务中用到的结算方式	
	付款条件	设置企业与往来单位协议规定的收、付款折扣优惠方法	
	本单位开户银行	设置企业在收付结算中对应的开户银行信息	
其他	常用摘要	设置填制凭证时常用的经济业务说明	

本章先介绍机构人员、客商信息、存货、收付结算几项基本档案。

2.3　重点难点解析

2.3.1　手工状态基础档案与 U8 中基础档案比较

相对于手工管理环境，作为一个财务与业务集成管理的信息系统，U8 中的基础档案包含了更为丰富的管理信息。以客户档案为例简要说明。

客户档案是企业的一项重要资源，手工管理方式下，客户信息一般散落在业务员手中，业务员所掌握的客户信息一般包括客户名称、联系人、电话等基本信息。企业建立会计信息系统时，需要全面整理客户资料并录入系统，以便有效地管理客户、服务客户。客户信息包括以下几个方面的内容。

- 基本信息：包括客户编码、客户名称、客户简称、税号、开户银行、银行账号等。
- 联系信息：包括地址、邮编、联系人、电话、发货地址、发货方式、发货仓库等。
- 信用信息：包括价格级别、信用等级、信用额度、付款条件、应收余额等。
- 其他信息：包括分管部门、分管业务员、停用日期等。

我们看到，与客户相关的信用等级、信用额度是与赊销管理相关的控制信息；发货仓库、发货方式是销售发货必需的信息；客户银行、银行账号和税号是给客户开具销售发票必需的基本信息。

2.3.2 计量单位及其换算率

在企业实际的经营活动中，不同部门对某种存货会采用不同的计量方式，例如大家熟悉的可口可乐，销售部对外发货时用箱计量，听装的每箱有 24 听，2L 瓶装的每箱有 12 瓶。

U8 中的计量单位组类别包括 3 种：无换算率、固定换算率和浮动换算率。

- 无换算率计量单位组中的计量单位都以单独形式存在，即相互之间没有换算关系，全部为主计量单位。
- 固定换算率计量单位组中可以包括多个计量单位：一个主计量单位、多个辅计量单位。主辅计量单位之间存在固定的换算率。如：1 箱=24 听。
- 浮动换算率计量单位组中只能包括两个计量单位：一个主计量单位、一个辅计量单位。主计量单位作为财务上的计量单位，换算率自动设置为 1。每个辅计量单位都可和主计量单位进行换算。数量(按主计量单位计量)＝件数(按辅计量单位计量)*换算率。

2.3.3 功能权限、数据权限与金额权限

用友 U8 中，提供了 3 种不同性质的权限管理：功能权限、数据权限和金额权限。

1. 功能权限

功能权限是设定每个用户对 U8 中哪些子系统或子系统中的哪些功能具有操作权限。用户登录 U8 系统后只能看到自己有权限操作的子系统或子系统中的某些功能。

功能权限在系统管理中由系统管理员或账套主管进行设置。

2. 数据权限

企业输入 U8 中的数据存储在数据库管理系统中，不同性质的数据存放在不同的表

中，以“222 华兴电子”2018 年企业账套为例，其在数据库管理系统中的存储形式如图 2-2 所示。

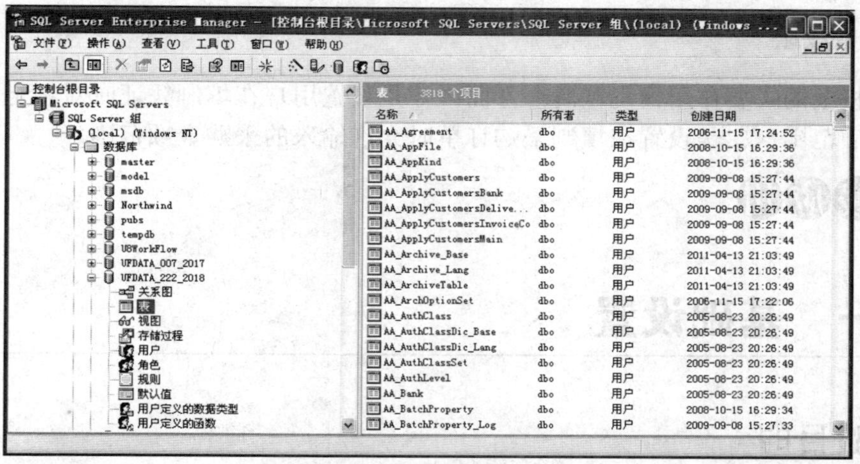

图 2-2　企业账套数据存储形式

很多情况下，不同的用户对数据的访问权限是不同的。例如，客户是企业的一项重要资源，手工管理方式下，客户信息一般散落在业务员手中，每个业务员掌握数量不等的客户信息资源。业务员一旦离开企业，极易造成客户资源的流失，给企业带来损失。企业建立会计信息系统时，需要全面整理客户资料并录入系统，以便有效地管理客户、服务客户。但是，如此全面的客户信息存储在系统中，是否容易造成客户信息泄露呢？因此，从信息安全的角度，企业的需求为：不同管理岗位其所能接触和管理的客户范围和客户内容是不同的，如：限定销售员刘红只能查看和管理自己辖区的客户，而无权查阅企业其他的客户；数据录入员关小小参照客户时只能看到客户编码、客户名称几项基本内容，不能看到客户联系人、信用情况等信息。

假设客户档案在数据库中存放形式如图 2-3 所示。

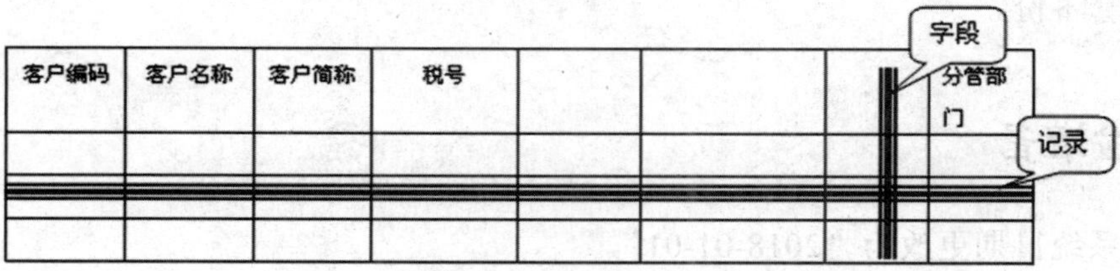

图 2-3　客户档案在数据库中的存放形式

在“客户”这张二维表中，一行是一个客户的完整信息，称之为记录，一列代表了客户某一方面的属性，称之为字段，对应地数据权限分为记录级权限控制和字段级权限控制。这样我们就把上述需求表述成：销售员刘红仅对客户表中的某些记录有查询和录入权限，而数据录入员关小小仅对客户表中的某些字段有查看权限。

U8 系统中提供了对部门、科目、客户档案等 20 余项目进行数据权限的设置。企业可以根据实际业务需求，选择需要进行数据权限控制的业务对象。因此进行数据权限设置的前提是进行数据权限控制的设置。

数据权限是针对业务对象进行的控制，可以选择对特定业务对象的某些项目和某些记录进行查询和录入的权限控制。

3. 金额权限

金额权限的主要作用体现在两个方面：一是设置用户在填制凭证时对特定科目允许输入的金额范围；二是设置在填制采购订单时允许输入的采购金额范围。

实践应用

实验一　基础设置

实验目的

1. 理解用友 U8 中基础档案的作用。
2. 掌握系统启用的方法。
3. 掌握各类基础档案的设置方法。
4. 掌握数据权限的设置方法。

实验内容

1. 启用 U8 总账子系统。
2. 设置基础档案。
3. 数据权限设置。
4. 账套备份。

实验准备

1. 将系统日期更改为“2018-01-01”。
2. 引入“1-1 系统管理”账套数据。

实验资料

1. 启用总账系统

由账套主管启用总账子系统，启用日期为 2018-01-01。

2. 基础档案

(1) 部门档案(如表 2-2 所示)

表 2-2 部门档案

部 门 编 码	部 门 名 称	部门负责人
1	企管部	
2	财务部	周健
3	采购部	
4	销售部	
401	销售一部	
402	销售二部	
5	生产部	

(2) 人员类别

企业在职人员分为如表 2-3 所示的 4 种类别。

表 2-3 企业在职人员类别

人员类别编码	人员类别名称
1011	企业管理人员
1012	销售人员
1013	车间管理人员
1014	生产工人

(3) 人员档案(如表 2-4 所示)

表 2-4 人员档案表

人员编码	人员姓名	性别	人 员 类 别	行政部门	雇佣状态	是否操作员	是否业务员
101	杨文	男	企业管理人员	企管部	在职	是	是
201	周健	男	企业管理人员	财务部	在职		
202	王东	男	企业管理人员	财务部	在职		
203	张平	女	企业管理人员	财务部	在职		是
301	李明	男	企业管理人员	采购部	在职		是
401	刘红	女	销售人员	销售一部	在职		是
402	韩乐乐	男	销售人员	销售二部	在职		是
501	刘伟	男	车间管理人员	生产部	在职		
502	齐天宇	男	生产工人	生产部	在职		

(4) 客户分类(如表 2-5 所示)

表 2-5 客户分类表

类别编码	类别名称
1	北京地区
2	上海地区
3	华北地区
4	西北地区

(5) 客户档案(如表 2-6 所示)

表 2-6 客户档案表

客户编码	客户名称	客户简称	所属分类	税号	分管部门	专管业务员	开户银行	银行账号
01	北京天益有限责任公司	天益	1	110320104320012	销售一部	刘红	工行亦庄支行	1010101010101010101
02	北京大地科技有限公司	大地	1	110433249543899	销售一部	刘红		
03	上海邦立有限责任公司	邦立	2	210003232432247	销售一部	刘红		
04	上海明兴股份有限公司	明兴	2	210854987043340	销售一部	刘红		
05	石家庄伟达有限责任公司	伟达	3	320854584389288	销售二部	韩乐乐		
06	陕西光华有限责任公司	光华	4	559438888288425	销售二部	韩乐乐		

(6) 供应商档案(如表 2-7 所示)

表 2-7 供应商档案表

供应商编码	供应商名称	供应商简称	所属分类	税号	分管部门	分管业务员
01	北京无忧有限责任公司	无忧	00	110435845278434	采购部	李明
02	辽宁大为有限责任公司	大为	00	430455882395738	采购部	李明
03	天津杰信科技有限公司	杰信	00	120885694387622	采购部	李明

(7) 计量单位组及计量单位(如表 2-8 所示)

表 2-8　计量单位组及计量单位

计量单位组编号	计量单位组名称	计量单位组类别	计量单位编号	计量单位名称
01	基本计量单位	无换算率	01	个
			02	部
			03	千米

(8) 存货分类(如表 2-9 所示)

表 2-9　存货分类

存货类别编码	存货类别名称
1	原材料
2	产成品
3	应税劳务

(9) 存货档案(如表 2-10 所示)

表 2-10　存货档案

存货编码	存货名称	规格	计量单位	所属分类	进项及销项税率/%	存 货 属 性
1001	芯片		个	1	17	外购、生产耗用
1002	显示屏 9	9.7 英寸	个	1	17	外购、生产耗用
1003	显示屏 7	7.9 英寸	个	1	17	外购、生产耗用
1004	机壳		个	1	17	外购、生产耗用
1005	摄像头		个	1	17	外购、生产耗用
2001	华星	9.7 英寸	个	2	17	内销、自制
2002	华晨	7.9 英寸	个	2	17	内销、自制
2003	华卫		部	2	17	内销、外购、自制
3001	运费 11		千米	3	11	内销、外购、应税劳务

(10) 结算方式(如表 2-11 所示)

表 2-11　结算方式

结算方式编码	结算方式名称	是否票据管理	对应票据类型
1	现金结算		
2	支票结算		

(续表)

结算方式编码	结算方式名称	是否票据管理	对应票据类型
201	现金支票	是	现金支票
202	转账支票	是	转账支票
3	电汇		
4	商业汇票		商业汇票
401	银行承兑汇票		
402	商业承兑汇票		

3. 数据权限设置

设置操作员王东有权对张平及周健所填制的凭证进行查询、删改、审核、弃审以及撤销操作的权限。

4. 账套输出

全部完成后，将账套输出至“2-1 基础设置”。

实验要求

以账套主管“001 周健”的身份进行系统启用、基础档案设置和数据权限设置。

操作指导

1. 以账套主管身份登录企业应用平台，启用总账系统　(微课视频：WZ020101.htm)

① 执行“开始”|“所有程序”|“用友 U8 V10.1”|“企业应用平台”命令，打开“登录”对话框。

② 录入操作员“001”(或周健)，密码“1”，单击“账套”栏的下三角按钮，选择“[222] (default)华兴电子”，如图 2-4 所示。单击“登录”按钮，进入“企业应用平台”窗口。

③ 在“基础设置”选项卡中，执行“基本信息”|“系统启用”命令，打开“系统启用”对话框。

④ 选中“GL 总账”前的复选框，弹出“日历”对话框。选择“日历”对话框中的“2018 年 1 月 1 日”。如图 2-5 所示。

⑤ 单击“确定”按钮，系统弹出“确实要启用当前系统吗？”信息提示框，单击“是”按钮，完成总账系统的启用。

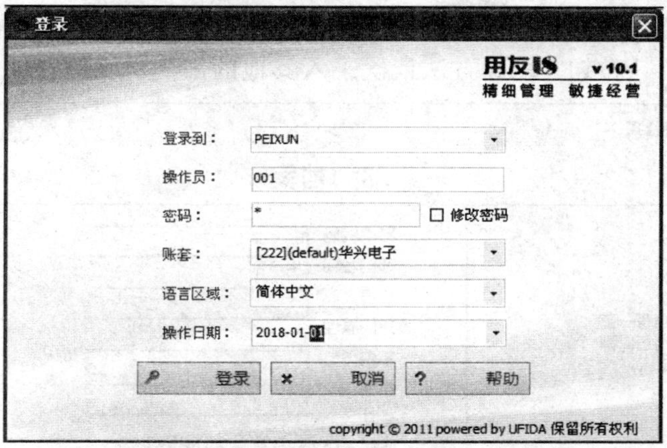

图 2-4　以账套主管身份登录企业应用平台

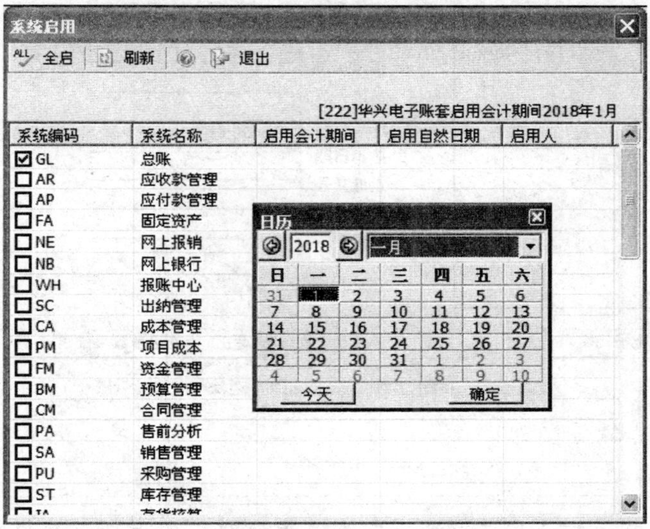

图 2-5　启用总账系统

提示：

- 只有账套主管才有权在企业应用平台中进行系统启用。
- 各系统的启用时间必须大于或等于账套的启用时间。

2. 基础档案设置

(1) 设置部门档案　　**(微课视频：WZ020201.htm)**

在会计核算中，通常会将数据按部门逐级进行分类和汇总，下一级将自动向有隶属关系的上一级进行汇总。部门档案就是设置会计科目中要进行部门核算时的部门名称，以及要进行个人往来核算的职员所属的部门。

① 在“基础设置”选项卡中，执行“基础档案”|“机构人员”|“部门档案”命令，进入“部门档案”窗口。

② 单击“增加”按钮，录入部门编码“1”、部门名称“企管部”。

③ 单击“保存”按钮。以此方法依次录入其他的部门档案。完成后，如图 2-6 所示。

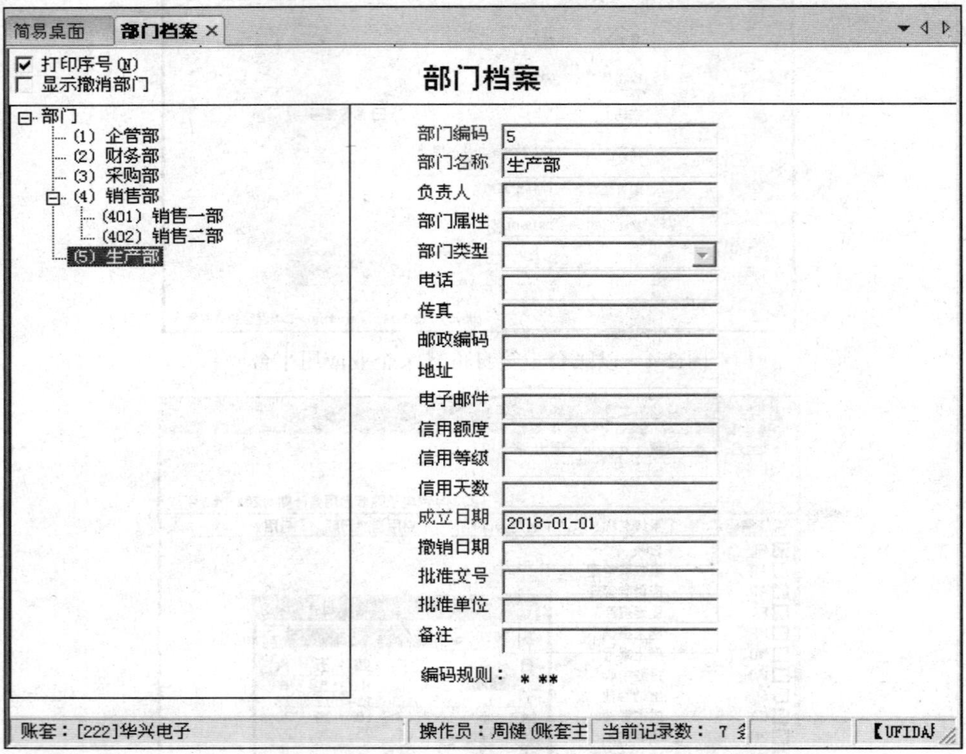

图 2-6　录入部门档案

提示：

- 部门档案窗口下方显示“* **”表示在编码方案中设定部门编码为 2 级，第 1 级 1 位，第 2 级 2 位。输入部门编码时需要遵守该规定。
- 由于此时还未设置“人员档案”，因此部门中的“负责人”暂时不能设置。如果需要设置，必须在完成“人员档案”设置后，再回到“部门档案”中以修改的方式补充设置。

(2) 设置人员类别　　**(微课视频：WZ020202.htm)**

人员类别与工资费用的分配、分摊有关，工资费用的分配及分摊是薪资管理系统的一项重要功能。人员类别设置的目的是为工资分摊凭证设置相应的入账科目，可以按不同的入账科目需要设置不同的人员类别。

人员类别是人员档案中的必选项目，需要在人员档案建立之前设置。

① 在“基础设置”选项卡中，执行“基础档案”|“机构人员”|“人员类别”命令，进入“人员类别”窗口。

② 单击“增加”按钮，按实验资料在正式工下增加人员类别。如图 2-7 所示。

图 2-7　增加人员类别

提示：

- 人员类别是人员档案中的必选项目，需要在人员档案建立之前设置。
- 人员类别名称可以修改，但已使用的人员类别名称不能删除。

(3) 设置人员档案　　**(微课视频：WZ020203.htm)**

人员档案主要用于记录本企业职工的个人信息。设置人员档案的作用一是为总账中个人往来核算和管理提供基础档案；二是为薪资管理系统提供人员基础信息。企业全部的人员均需在此建立档案。

① 在“基础设置”选项卡中，执行“基础档案”|“机构人员”|“人员档案”命令，进入“人员列表”窗口。

② 单击左侧窗口中“部门分类”下的“企管部”。单击“增加”按钮，按实验资料输入人员信息，如图 2-8 所示。单击“保存”按钮。

③ 同理依次输入其他人员档案。

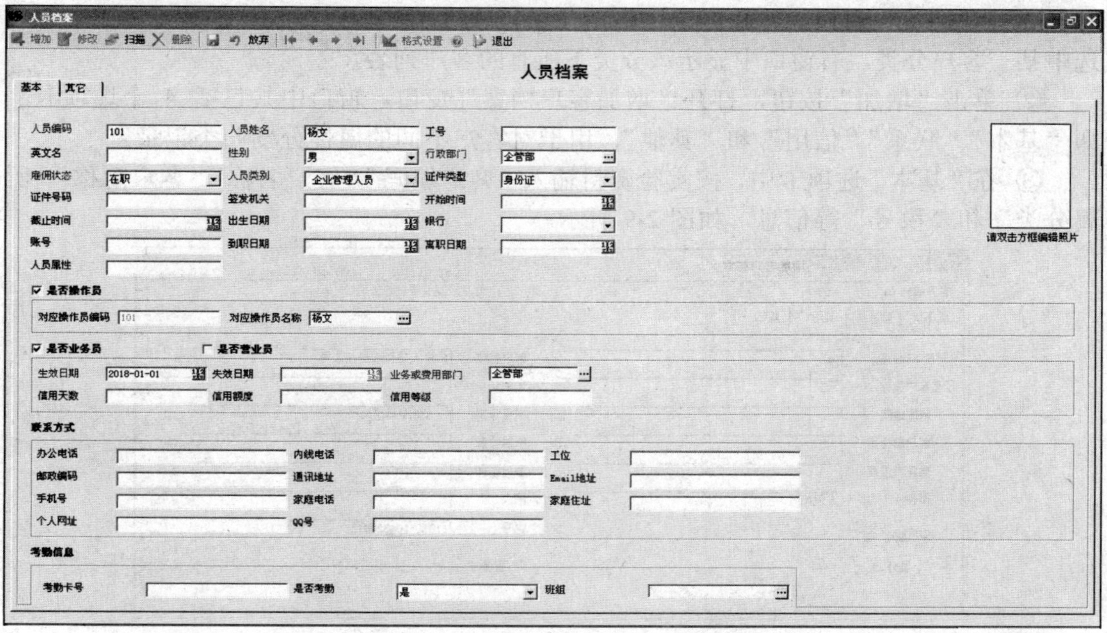

图 2-8　设置人员档案

提示：

- 人员编码必须唯一，行政部门只能是末级部门。
- 如果该员工需要在其他档案或单据的“业务员”项目中被参照，需要选中“是否业务员”选项。
- 是否操作员是设定该人员是否可操作 U8 产品。有两种可能，一种是在系统管理中已经将该人员设置为用户，此处无须再选中该选项。另一种情况是该人员没有在系统管理中设置为用户，那么此处可以选中“是否操作员”复选框，系统将该人员追加在用户列表中，人员编码自动作为用户编码和用户密码，所属角色为普通员工。
- 人员档案建立完成后，再次打开部门档案补充部门负责人信息。

(4) 设置客户分类　　**(微课视频：WZ020204.htm)**

① 在“基础设置”选项卡中，执行“基础档案”|“客商信息”|“客户分类”命令，进入“客户分类”窗口。

② 单击“增加”按钮，按实验资料输入客户分类信息。单击“保存”按钮。

③ 同理依次录入其他的客户分类。

提示：

客户是否需要分类应在建立账套时确定。

(5) 设置客户档案　　**(微课视频：WZ020205.htm)**

① 在“基础设置”选项卡中，执行“基础档案”|“客商信息”|“客户档案”命令，打开“客户档案”窗口。窗口分为左右两部分，左窗口显示已经设置的客户分类，单击选中某一客户分类，右窗口中显示该分类下所有的客户列表。

② 单击“增加”按钮，打开“增加客户档案”窗口。窗口中共包括 4 个选项卡，即“基本”“联系”“信用”和“其他”，用于对客户不同的属性分别归类记录。

③ 在“基本”选项卡中，按实验资料输入“客户编码”“客户名称”“客户简称”“所属分类”和“税号”等信息，如图 2-9 所示。

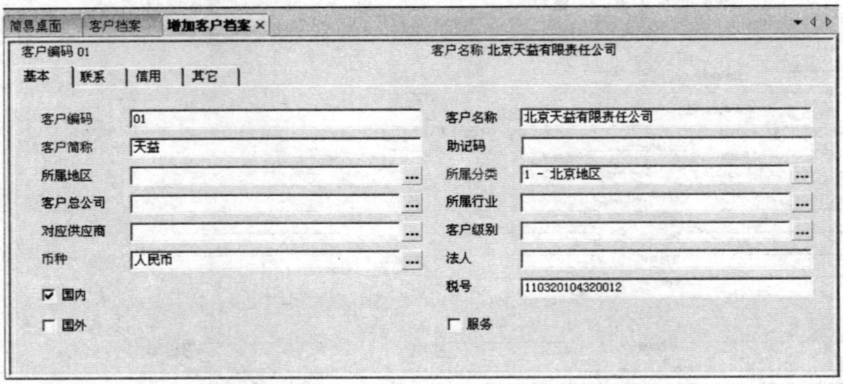

图 2-9　客户档案“基本”选项卡

④ 在“联系”选项卡中，输入“分管部门”和“专管业务员”信息。

⑤ 单击“银行”按钮，打开“客户银行档案”对话框。录入客户开户银行信息，如图 2-10 所示。

⑥ 单击“保存”按钮。以此方法依次录入其他的客户档案。

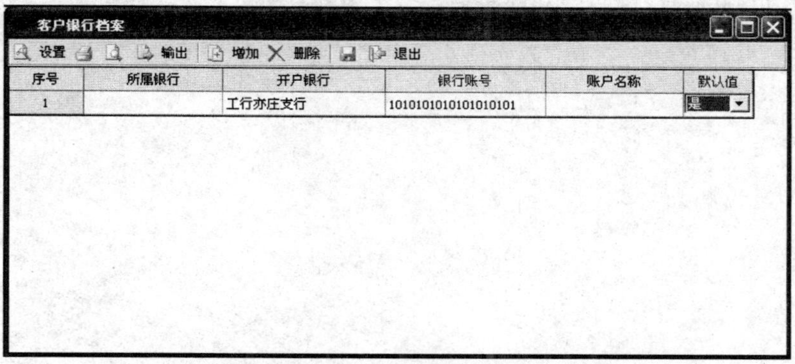

图 2-10　客户银行档案

提示：

- 如果此处不输入税号，之后无法向该客户开具增值税专用发票。
- 之所以设置“分管部门”“专管业务员”，是为了在应收应付款管理系统填制发票等原始单据时能自动根据客户显示部门及业务员信息。
- 企业使用金税系统时，因为由 U8 系统传入金税系统的发票不允许修改客户的银行信息，所以需要在 U8 客户档案中正确录入客户银行信息。

(6) 设置供应商档案　**(微课视频：WZ020206.htm)**

由于企业只有几个少数供应商，因此建立企业账套时并未对供应商进行分类，因此供应商档案所属分类为无分类。

操作指导略。

提示：

- 在录入供应商档案时，供应商编码及供应商简称必须录入。
- 供应商是否分类应在建立账套时确定，此时不能修改，如若修改只能在未建立供应商档案的情况下，在系统管理中以修改账套的方式修改。

(7) 设置计量单位组及计量单位　**(微课视频：WZ020207.htm)**

① 在企业应用平台基础设置中，执行“基础档案”|“存货”|“计量单位”命令，打开“计量单位”对话框。

② 单击“分组”按钮，打开“计量单位组”对话框。

③ 单击“增加”按钮，录入计量单位组编码“01”，录入计量单位组名称“基本计量单位”，单击“计量单位组类别”栏的下三角按钮，选择“无换算率”，如图 2-11 所示。

④ 单击“保存”按钮，再单击“退出”按钮。

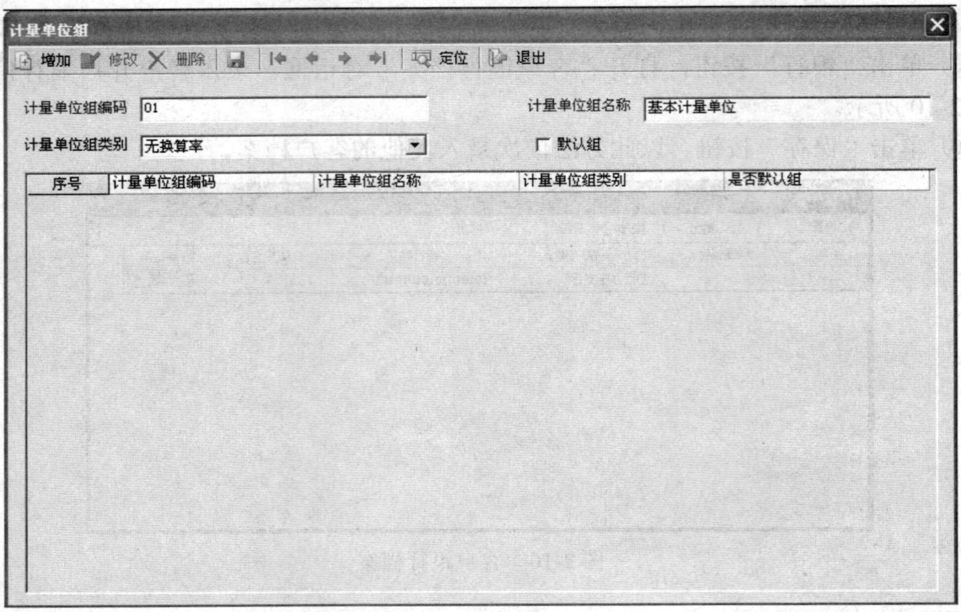

图 2-11　增加计量单位组

⑤ 单击“单位”按钮，打开“计量单位”对话框。

⑥ 单击“增加”按钮，录入计量单位相关信息，如图 2-12 所示。

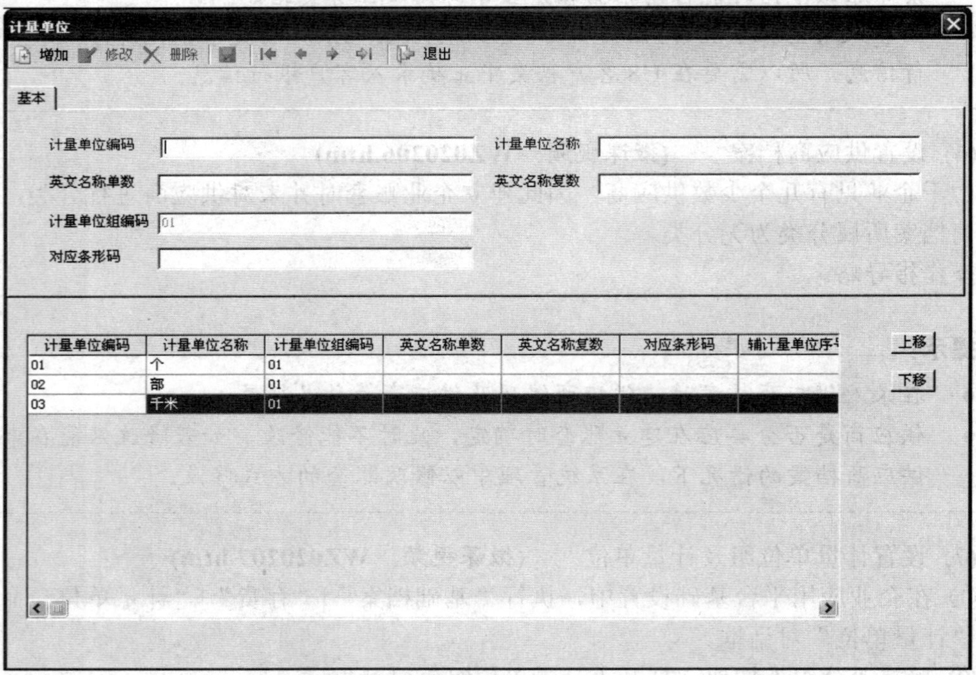

图 2-12　增加计量单位

(8) 存货分类　**(微课视频：WZ020208.htm)**

在企业日常购销业务中，经常会发生一些劳务费用，如运输费、装卸费等，这些费用也是构成企业存货成本的一个组成部分，并且它们可以拥有不同于一般存货的税率。为了能够正确反映和核算这些劳务费用，一般我们在存货分类中单独设置一类，如“应税劳务”或“劳务费用”。

操作指导略。

(9) 存货档案　　**(微课视频：WZ020209.htm)**

① 在企业应用平台基础设置中，执行“基础档案”|“存货”|“存货档案”命令，进入“存货档案”窗口。

② 单击“增加”按钮，打开“增加存货档案”对话框。在“基本”选项卡中按实验资料输入各项信息，如图 2-13 所示。单击“保存”按钮。

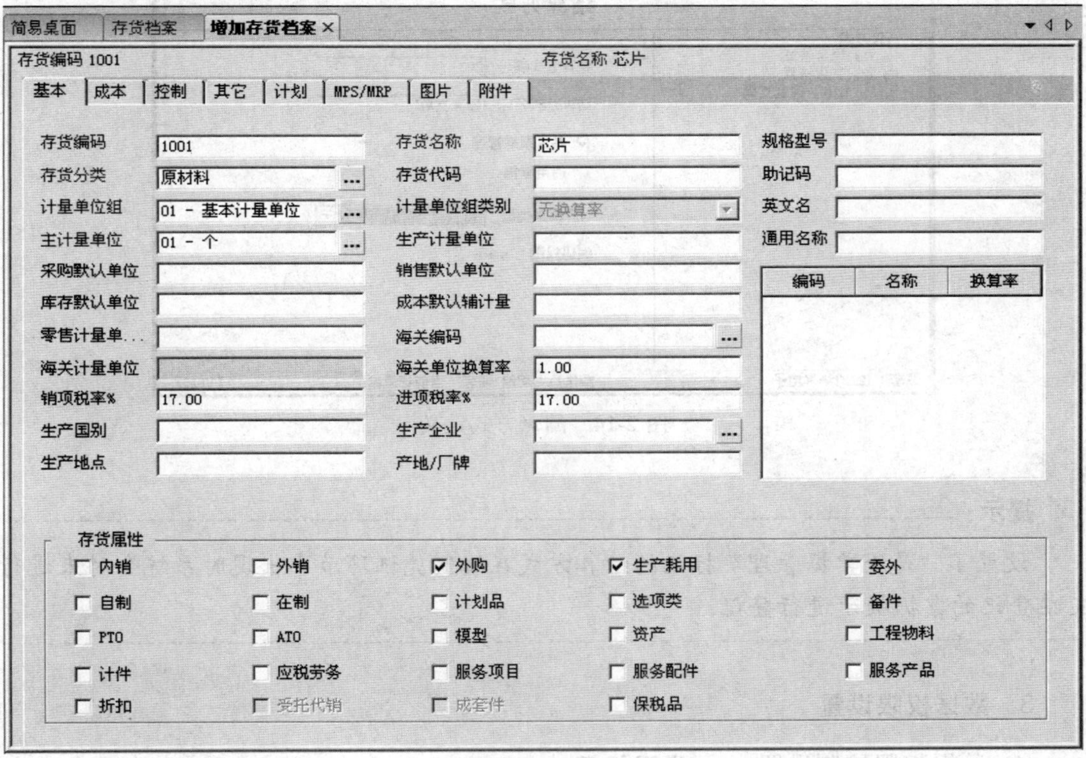

图 2-13　增加存货档案

提示：

- U8 中存货属性是对存货的一种分类。标记了“外购”属性的存货将在入库、采购发票等单据中被参照，标记了“销售”属性的存货将在发货、出库、销售发票等单据中被参照，这样便大大缩小了查找范围。
- 目前，交通运输业已全部完成营业税改增值税改革。改革后交通运输业一般纳税人增值税率为 11%，小规模纳税人增值税税率为 3%。为了区别发票来源不同造成的税率差异，在存货档案中可以分别设置 11%的运费和 3%的运费，本例只以设置一种为例。

(10) 结算方式　　**(微课视频：WZ020210.htm)**

结算方式用来建立和管理用户在经营活动中对外进行收付结算时所使用的结算方式。它与财务结算方式一致。银企对账时，结算方式也是系统自动对账的一个重要参数。

① 在企业应用平台基础设置中，执行“基础档案”|“收付结算”|“结算方式”命令，进入“结算方式”窗口。

② 按要求输入企业常用结算方式，如图 2-14 所示。

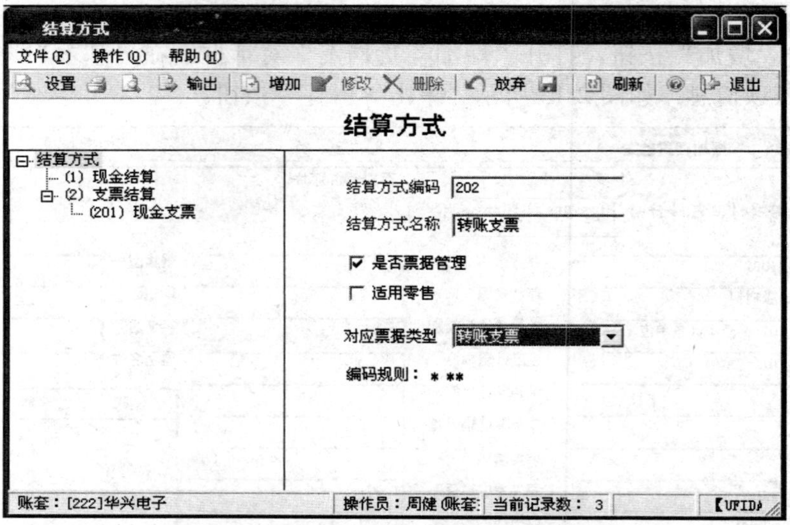

图 2-14　结算方式定义

提示：

设置了“是否票据管理”标记的结算方式在填制凭证环节中出现时系统会对未进行支票登记的票据提示进行登记。

3. 数据权限设置

(1) 数据权限控制设置　　**(微课视频：WZ020301.htm)**

在进行数据权限设置之前，需要首先在系统管理中设置用户王东的功能权限。前期在系统管理中已授予王东总账子系统的全部功能权限。现在需要对“用户”进行数据权限控制设置。

① 在“系统服务”选项卡中，执行“权限”|“数据权限控制设置”命令，打开“数据权限控制设置”窗口。

② 在“记录级”选项卡中，选中“用户”复选框，如图 2-15 所示。

③ 单击“确定”按钮返回。

(2) 数据权限授权　　**(微课视频：WZ020302.htm)**

① 在“系统服务”选项卡中，执行“权限”|“数据权限分配”命令，进入“权限浏览”窗口。

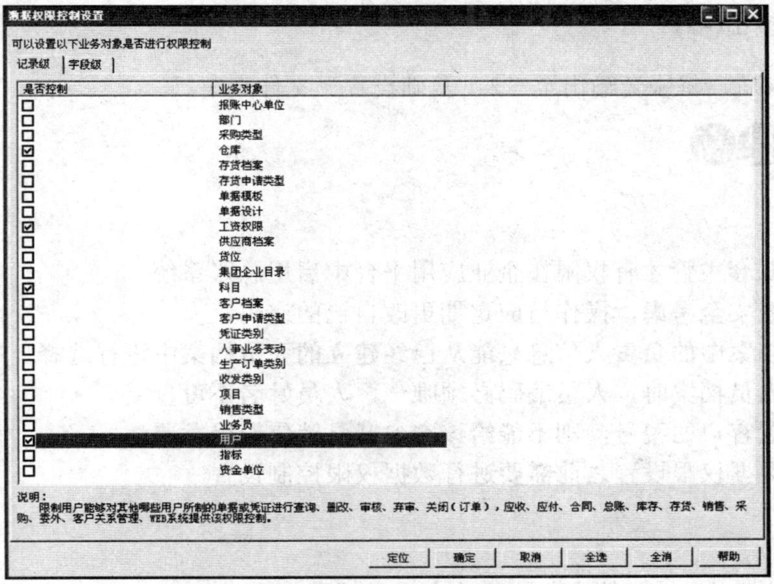

图 2-15　数据权限控制设置—记录级

② 在左侧的“用户及角色”列表中选择“002 王东”，再单击“授权”按钮，打开“记录权限设置”对话框。

③ 单击“业务对象”栏的下三角按钮，选择“用户”。

④ 单击“>”按钮将“003 张平”从“禁用”列表中选择到“可用”列表中，以此方法选择“001 周健”。

⑤ 单击“保存”按钮，系统弹出“保存成功”信息提示框，如图 2-16 所示。单击“确定”按钮。

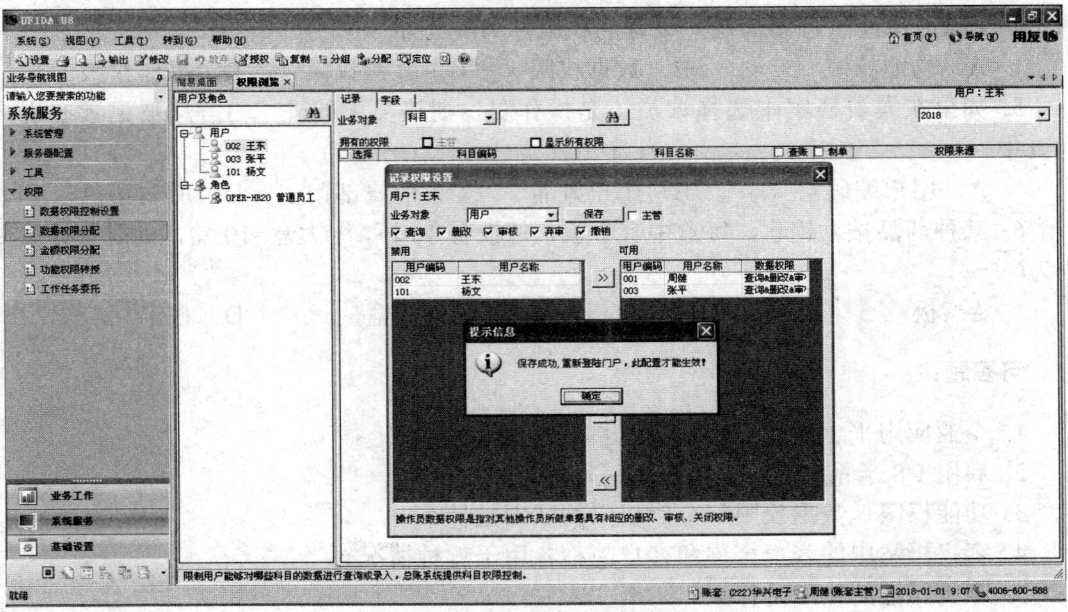

图 2-16　数据权限授权

4. 账套输出(略)

全部完成后，将账套输出至“2-1 基础设置”文件夹中。

巩固提高

判断题：

1. 只有账套主管才有权限在企业应用平台中启用总账系统。 ( )
2. 从系统安全考虑，操作员应定期更改自己的密码。 ( )
3. 部门档案中的负责人信息只能从已经建立的人员档案中进行选择。 ( )
4. 建立人员档案时，人员编码必须唯一，人员姓名不可重复。 ( )
5. 不设置客户的税号，则不能给该客户开具销售专用发票。 ( )
6. 进行数据权限设置之前需要进行数据权限控制设置。 ( )

选择题：

1. 必须先建立( )档案，才能建立人员档案。
   A．本单位信息　B．部门档案　C．职务档案　D．岗位档案
2. 在企业应用平台中，可以对( )账套信息进行修改。
   A．会计期间　B．编码方案　C．账套主管　D．数据精度
3. 关于总账的启用日期，以下哪一种说法是正确的？( )
   A．总账启用会计期必须小于等于账套的启用日期
   B．总账启用会计期必须小于等于系统日期
   C．总账启用会计期必须大于等于账套的启用日期
   D．总账启用会计期必须大于等于系统日期
4. 在 U8 系统管理中为用户设置的权限称为( )。
   A．功能权限　B．数据权限　C．金额权限　D．操作权限
5. 如果在人员档案中选择该员工是操作员，则该员工的( )信息被记录在用户列表中。
   A．用户编码　B．用户姓名　C．所属部门　D．所属角色
6. 某种药品按盒销售，每盒中有 2 板，每板有 16 粒，1 大盒=10 盒，则财务计量单位为( )。
   A．板　B．盒　C．大盒　D．粒

问答题：

1. 企业应用平台的作用是什么？
2. 启用 U8 子系统有哪些方法？
3. 功能权限、数据权限和金额权限的区别是什么？
4. 客户档案中的客户全称和客户简称各用于哪种情况？
5. 存货属性的作用是什么？
6. 为什么要单独设置应税劳务存货分类？

实操题：

1. 市面上售卖的香烟，1 条=10 包，如何设置计量单位组和计量单位，体现这种换算关系？

2. 设置销售一部刘红只能查看销售一部管理的客户档案，不能查看销售二部管理的客户档案。

第 3 章

总　账

学习目标

知识目标：

- 了解 U8 总账子系统的主要功能
- 理解科目辅助核算的含义
- 理解总账选项的含义
- 理解总账期初数据和辅助账期初数据的关联
- 掌握总账账务处理流程
- 理解计算机账务处理与手工账务处理的差别
- 理解自动转账的含义
- 学会定义各类转账凭证

能力目标：

- 能结合企业实际情况，进行总账参数设置、会计科目设置、期初数据录入
- 能结合企业实际情况，进行日常业务处理。包含填制凭证、修改凭证、审核凭证、凭证记账、账簿查询、出纳管理等操作
- 能结合企业实际情况，进行自动转账以及结账操作

案例导入

在正式开始使用总账之前，用友顾问对华兴电子相关人员进行了为期 3 天的培训，通过培训，掌握了总账系统的主要功能、理解了信息化环境与手工环境的差异。为了充分发挥 U8 的优势，华兴电子根据企业目前的内部会计制度梳理出 U8 总账应用的要点、重点如下。

1. 会计科目设置

(1) 手工环境下设置的会计科目

手工环境下，华兴电子会计核算采用三级明细科目。应收账款、应收票据、预收账款按客户设置二级明细科目；应付账款、应付票据、预付账款按供应商设置二级明细科目。

库存商品、主营业务收入、主营业务成本科目按具体产品设置明细科目进行核算。

管理费用科目按照费用项目设置二级明细科目。

(2) 信息化环境下的科目设置

会计信息化不是简单地把手工核算迁移到信息化平台上，而是要根据企业的管理需求、结合会计信息化平台的功能特点，重新梳理、优化企业的科目体系、业务流程，建立适合信息化环境的内部控制，提升管理效率，增强企业竞争力，这也是企业信息化的意义所在。

按照用友 U8 的特性，华兴电子将上述科目设置为：

将应收账款、应收票据、预收账款科目设置为“客户往来”。

将应付账款、应付票据和预付账款设置为“供应商往来”。

将库存商品、主营业务收入、主营业务成本科目设置为“项目核算”。

为了细化核算，将管理费用科目下的二级明细科目设置为“部门核算”，以分析每个部门的费用发生情况。

2. 账务处理程序

华兴电子会计工作采用集中核算的形式，账务处理程序采用科目汇总表账务处理程序，按旬登记总账。其账务处理的数据流程如图 3-1 所示。

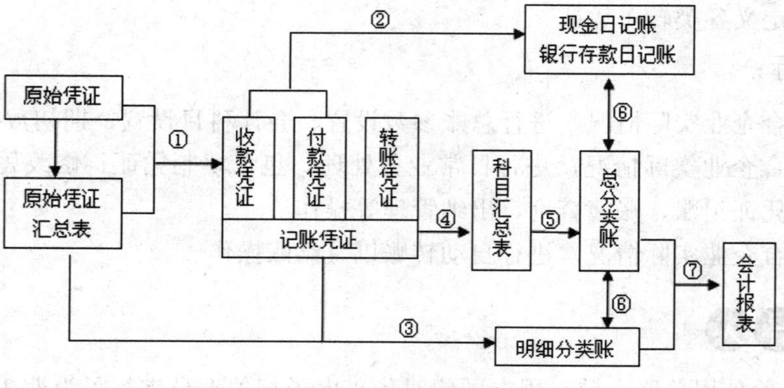

图 3-1　科目汇总表账务处理程序

用友 U8 中，账务处理分为输入—处理—输出 3 个环节，其账务处理程序如图 3-2 所示。

所有输入 U8 系统中的数据都存储在数据库中，在计算机环境下，记账凭证是所有账簿的唯一数据来源，只有记账凭证是手工录入的，经过审核后，由计算机自动记账，生成总账、明细账、日记账。由于数出一源，因此只需要控制好凭证输入环节，后续的数据处理不会发生偏差。手工环境下的账账核对失去了本来的意义。

会计报表的编制可以预先定义好取数公式，由计算机从指定的数据来源获取数据，方便、快捷。

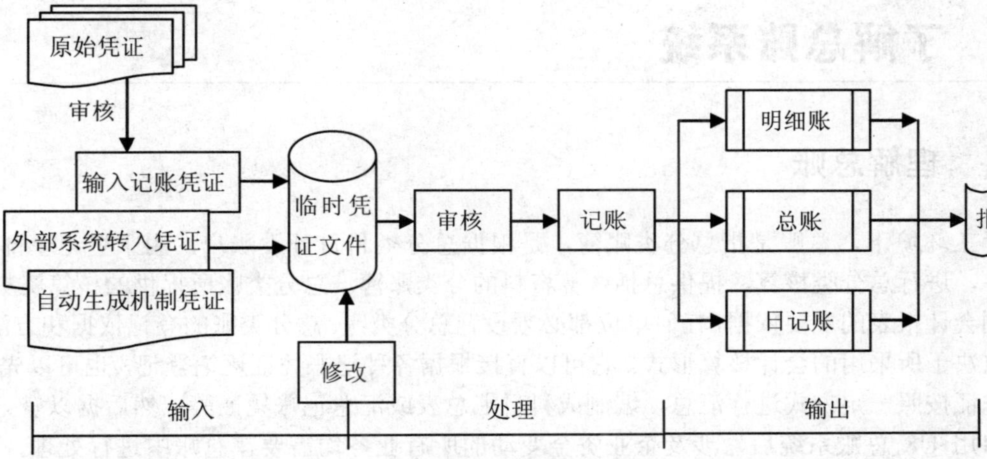

图 3-2 计算机账务处理程序

3. 会计核算方法

(1) 会计核算的基本规定：华兴电子采用收款、付款、转账三类凭证格式填制凭证。收付款凭证必须由出纳签字，所有凭证必须审核才能记账。

(2) 货币资金的核算方法：每日终了，对库存现金进行实地盘点，确保现金账面余额与实际库存相符。出纳每月必须进行一次银行对账。若发现不符，及时查明原因，做出处理。公司采用的结算方式包括现金、现金支票、转账支票、银行汇票、银行承兑汇票、电汇等。

(3) 职工薪酬的核算方法：公司按照有关规定由单位承担并缴纳的养老保险、医疗保险、失业保险、住房公积金分别按照上年度缴费职工月平均工资(上年度缴费职工月平均工资与本月应发工资数相同)的20%、10%、1%、12%计算；职工个人承担的养老保险、医疗保险、失业保险、住房公积金分别按照本人上月平均工资总额的8%、2%、0.2%、12%计算。单位代扣个人所得税，其扣除标准为3500元，附加费用为1300元。职工工资由中国工商银行北京市朝阳支行代发。职工薪酬及五险一金均为本月计算，下月缴纳。

(4) 固定资产的核算方法：公司的固定资产包括房屋及建筑物、机器设备、交通运输设备和电子设备，均为在用状态；按照企业会计制度规定，按月计提折旧，当月增加的固定资产，自下月开始计提，当月减少的固定资产，当月照提折旧；公司采用年数总和法计提折旧。

(5) 坏账损失的核算方法：除应收账款外，其他的应收款项不计提坏账准备。每年年末，按应收账款余额百分比法计提坏账准备，提取比例为期末余额的0.5%。

(6) 财产清查的要求：公司每年年末对存货及固定资产进行清查，根据盘点结果编制“盘点表”，并与账面数据进行比较，报经主管领导审批后进行处理。

(7) 账结法：月末将各损益类账户余额转入本年利润账户。

理论知识

3.1 了解总账系统

3.1.1 理解总账

手工环境下，总账是指总分类账簿，是根据总分类科目开设账户，用来登记全部经济业务，进行总分类核算，提供总括核算资料的分类账簿。总分类账所提供的核算资料，是编制会计报表的主要依据，任何单位都必须设置总分类账。总分类账的登记依据和方法，主要取决于所采用的会计核算形式。它可以直接根据各种记账凭证逐笔登记，也可以先把记账凭证按照一定方式进行汇总，编制成科目汇总表或汇总记账凭证等，然后据以登记。

启用 U8 总账系统后，涉及企业资金变动的所有业务均需要在总账中进行处理，经济业务发生时，只需根据原始凭证在 U8 中填制记账凭证，再根据内部控制要求由他人对凭证进行审核，之后记账由系统自动完成。由于计算机系统运算速度快，数出一源，记账准确，可以将财务人员从繁重的核算工作中解放出来，将精力更多地投放在财务管理工作中。

3.1.2 总账系统的基本功能

总账系统的基本功能就是利用建立的会计科目体系，输入和处理各种记账凭证，完成记账、结账以及对账的工作，输出各种总分类账、日记账、明细账和有关辅助账。总账是 U8 财务会计最核心的一个子系统，是企业财务信息化的起点，也是编制对外财务报告的数据基础。

总账系统的主要功能包括总账系统初始化、凭证管理、出纳管理、账簿管理、辅助核算管理及月末处理。

1. 总账初始化

总账初始化是由企业用户根据自身的行业特性和管理需求，将通用的总账管理系统设置为适合企业自身特点的专用系统的过程。总账初始化主要包括系统选项设置和期初数据录入两项内容。

2. 凭证管理

凭证是记录企业各项经济业务发生的载体，凭证管理是总账系统的核心功能，主要包括填制凭证、出纳签字、审核凭证、记账、查询打印凭证等。凭证是总账系统数据的唯一来源，为严把数据源的正确性，总账系统设置了严密的制单控制以保证凭证填制的正确性。另外，总账系统还提供了资金赤字控制、支票控制、预算控制、外币折算误差控制、凭证类型控制、制单金额控制等功能，以加强对业务的及时管理和控制。

3. 出纳管理

资金收付的核算与管理是企业的重要日常工作，也是出纳的一项重要工作内容。总账系统中的出纳管理为出纳人员提供了一个集成办公环境，可完成现金日记账、银行存款日记账的查询和打印，随时出最新资金日报表，进行银行对账并生成银行存款余额调节表。

4. 账簿管理

总账系统提供了强大的账证查询功能。可以查询打印总账、明细账、日记账、发生额余额表、多栏账、序时账等。不仅可以查询到已记账凭证的数据，而且查询的账表中也可以包含未记账凭证的数据；可以轻松实现总账、明细账、日记账和凭证的联查。

5. 辅助核算管理

为了细化企业的核算与管理，总账系统提供了辅助核算管理功能。辅助类型主要包括以下几种：客户往来核算、供应商往来核算、项目核算、部门核算和个人往来核算。利用辅助核算功能，可以简化会计科目体系，使查询专项信息更为便捷。

6. 月末处理

总账系统月末处理主要包括自动转账凭证的定义、自动转账凭证的生成、对账和结账等内容。

3.1.3 总账系统与其他子系统的数据关系

总账是用友 U8 财务管理最核心的一个系统。它既可以独立运行，也可以同其他系统集成使用，集成应用下总账子系统与其他子系统之间的数据关系如图 1-2 所示。

总账系统需要的基础数据在企业应用平台中统一设置。

在总账与应收款管理集成应用模式下，应收款管理系统向总账系统传递销售过程中形成的应收凭证及收款结算形成的收款凭证。

在总账与应付款管理集成应用模式下，应付款管理系统向总账系统传递采购过程中形成的应付凭证及付款结算形成的付款凭证。

薪资管理系统将工资分摊及费用分配的结果形成的凭证传递给总账系统。

固定资产系统将固定资产增加、减少、计提折旧等业务处理产生的凭证传递给总账，通过对账保持固定资产明细记录与总账记录之间的平衡。

编制报表时可以从总账系统各类账簿中提取数据。

各子系统传递到总账中的凭证，需要在总账系统中继续进行审核、记账处理。

3.1.4 总账系统的应用流程

总账系统的应用流程指示了正确使用总账管理子系统的操作顺序，有助于企业实现快速应用。一般来讲，各业务系统的应用大都划分为 3 个阶段：系统初始化、日常业务处理和月末处理。总账系统也遵循这一规律。总账系统的应用流程如图 3-3 所示。

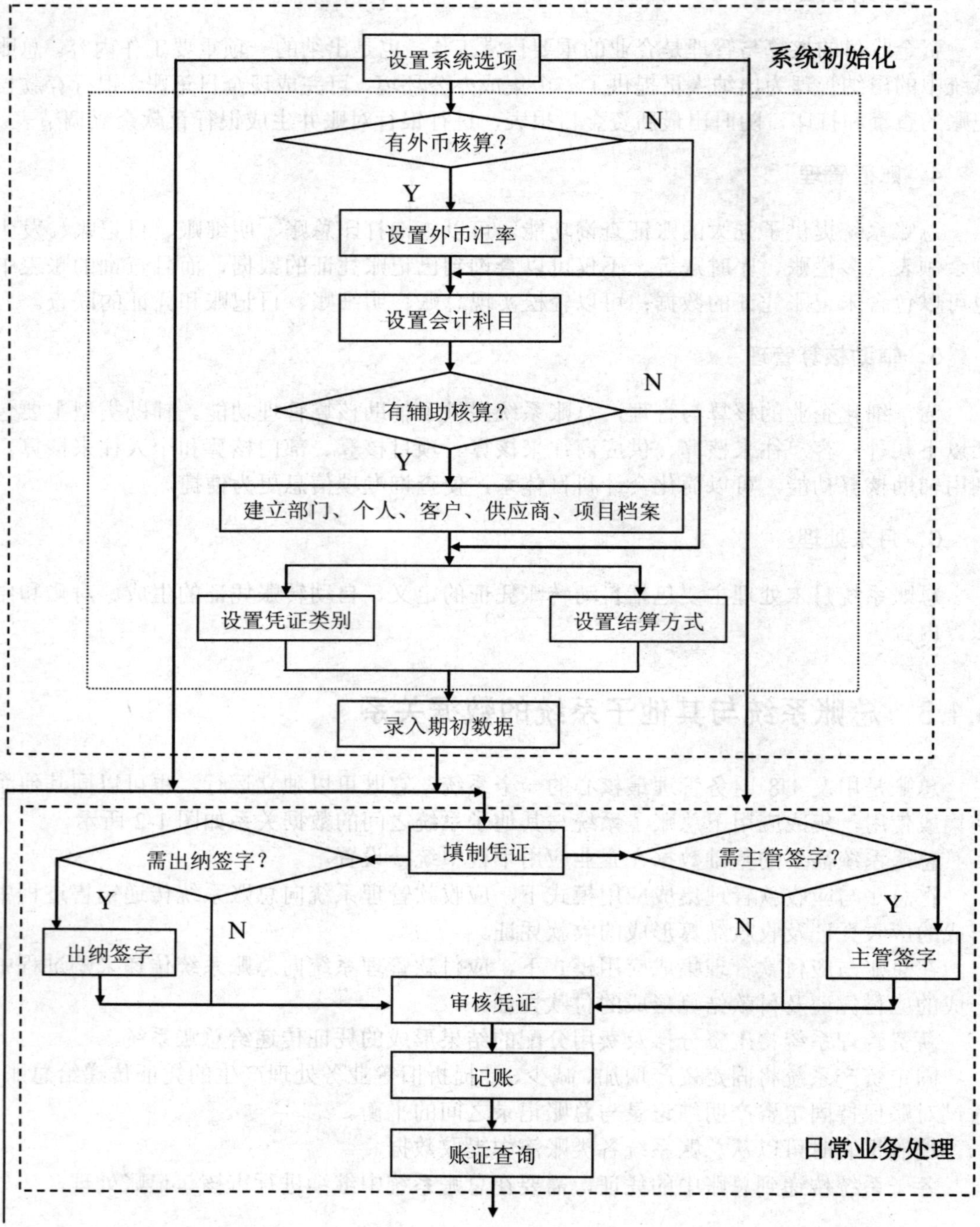

图 3-3　总账子系统的应用流程

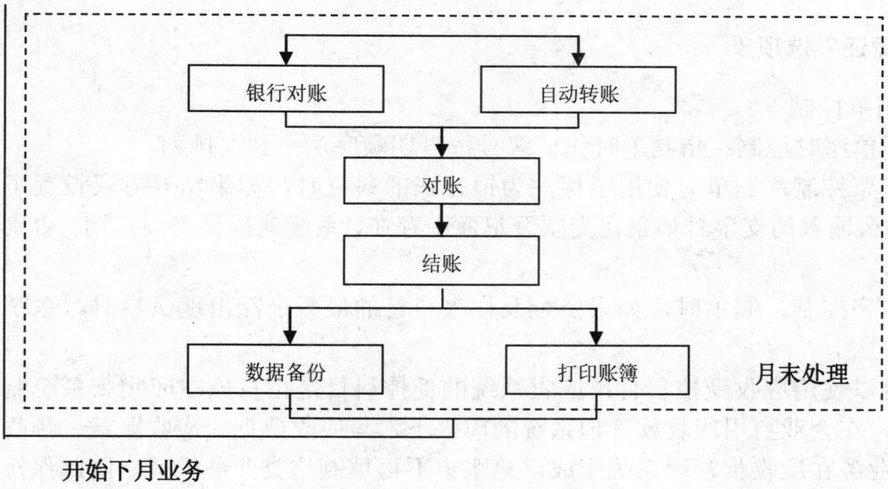

图 3-3 (续)

对于图 3-3，需要说明的有两点：

(1) 系统初始化阶段，与总账相关的基础档案(内框包含的部分)在企业应用平台中进行设置，此处仅为列示，以保证体系的完整性。

(2) 如果在总账选项中设置了出纳凭证必须由出纳和主管签字，那么在凭证处理流程中就必须经过出纳签字、主管签字环节。出纳签字、主管签字与凭证审核没有先后次序之分。

3.2 总账初始化

U8 是通用企业管理软件，而每个企业都有自身的行业特征和个性化管理需求。总账初始设置是由企业根据自身的行业特性和管理需求，将通用的总账管理系统设置为适合企业自身特点的个性化系统的过程，通常也称为总账初始化。

U8 总账初始化的主要内容包括选项设置、基础档案设置和科目期初余额设置。

3.2.1 设置总账选项

为了最大范围地满足不同企业用户的信息化应用需求，总账作为通用商品化管理软件的核心子系统，是通过内置大量的选项也称参数来提供面向不同企业应用的解决方案的。企业可以根据自身的实际情况进行选择，以确定符合企业个性特点的应用模式。

软件越通用，意味着系统内置的参数越多，系统参数的设置决定了企业的应用模式和应用流程。为了明确各项参数的适用对象，软件一般将参数分门别类进行管理。

总账选项分为“凭证”“账簿”“凭证打印”“预算控制”“权限”“会计日历”“其他”和“自定义项核算”几个选项卡存放。

1.“凭证”选项卡

(1) 制单控制

① 制单序时控制：指制单时凭证编号按日期顺序从小到大排列。

② 支票控制：制单时使用了标注为银行账的科目时，如果结算方式设置了“票据管理”，那么输入的支票号如果在支票登记簿中存在，系统就提供支票报销；否则就提供支票登记。

③ 赤字控制：制单时，如果资金及往来科目的最新余额出现负数时，系统及时予以提示。

④ 可以使用应收受控科目：应收系统的受控科目是指只能在应收款系统制单时使用的科目，在企业启用应收款管理系统的前提下，与应收票据、应收账款、预收账款科目相关的业务在应收款管理系统生成，总账中不再填制这类业务凭证，因此保持此项为不选状态。目前为了全面学习总账功能，暂不启用应收款系统，因此涉及客户往来管理的业务需要在总账中处理，需要选中该项，否则在总账中不能使用这些科目制单。

提示：

选择“可以使用应收受控科目”选项时，系统弹出“受控科目被其他系统使用时，会造成应收系统与总账对账不平”信息提示框，单击“确定”按钮返回即可。

(2) 凭证控制

① 现金流量科目必录现金流量项目：在会计科目中指定了现金流量科目的前提下，选中该项，在填制凭证时使用了现金流量科目，必须输入现金流所属的现金流量项目，否则凭证不能保存。

② 自动填补凭证断号：选择凭证编号为系统编号，则在新增凭证时，系统按凭证类别自动查询本月的第一个断号作为本次新增凭证的凭证号。

③ 凭证录入时结算方式及票据必录：在填制凭证时如果使用了银行科目，则必须录入结算方式及票据号。

(3) 凭证编号方式

系统提供自动编号和手工编号两种凭证编号方式。选择系统编号，系统按照凭证类别按月顺序编号。

2.“账簿”选项卡

用来设置各种账簿的输出方式和打印要求等。

3.“凭证打印”选项卡

用来设置凭证的输出方式和打印要求等。主要包括以下几项。

(1) 合并凭证显示、打印

选择此项，在填制凭证、查询凭证、出纳签字和凭证审核时，凭证按照“按科目、摘要相同方式合并”或“按科目相同方式合并”合并显示，在明细账显示界面中提供是否“合并显示”的选项。

(2) 打印凭证页脚姓名

决定在打印凭证时，是否自动打印制单人、出纳、审核人、记账人的姓名。

4.“预算控制”选项卡

根据预算管理系统或财务分析系统设置的预算数对业务发生进行控制。

5.“权限”选项卡

选项中的权限提供了更为明细的权限划分，包括以下几项。

(1) 权限控制

① 制单权限控制到科目

如果希望限定每个制单人制单时所使用的会计科目，则选中该项。然后再在数据权限分配中授权制单人所能使用的科目。使用该功能的前提是在数据权限控制设置中已选择对“科目”业务对象进行控制。

② 制单权限控制到凭证类别

限定制单人制单时可使用的凭证类别。其他原理同上。

③ 操作员进行金额权限控制

限定不同级别的人员制单时金额。此项对机制凭证和外来凭证无效。

④ 凭证审核控制到操作员

限定具有凭证审核权限的人只能对某些制单人填制的凭证行审核。

⑤ 出纳凭证必须经由出纳签字

出纳凭证是指凭证上包含指定为现金科目或银行存款科目的凭证。如果企业需要关注涉及现金收付的业务，可以选择该选项。

⑥ 凭证必须经由主管会计签字

选中该项，所有凭证必须由主管会计签字。

(2) 允许作废、修改他人填制的凭证

审核人员在审核凭证的过程中发现凭证有误，是否可以作废和修改取决于该选项是否为选中状态。“控制到操作员”可以细化到允许修改、作废哪些制单人填制的凭证。

(3) 可查询他人凭证

是否可以查看他人填制的凭证。“控制到操作员”可以细化到可以查看哪些制单人填制的凭证。

(4) 制单、辅助账查询控制到辅助核算

是否需要限定制单或辅助账查询时能查看到哪些辅助核算类型。

(5) 明细账查询权限控制到科目

是否需要限定有账簿查询权限的人可以查看哪些科目的明细账。

6.“会计日历”选项卡

在会计日历选项卡中，包括以下几项内容。

(1) 可查看各会计期间的起始日期与结束日期，以及启用会计年度和启用日期。此处仅能查看，不能修改。

(2) 可以查看企业建账时的部分信息，包括账套名称、单位名称、账套路径、行业性质、科目级长等。

(3) 可以修改数量小数位、单价小数位和本位币精度。

7.“其他”选项卡

在“其他”选项卡中可以设置以下内容。

(1) 外币核算方式

如果企业有外币业务，那么可以在此选择是采用“固定汇率”核算还是采用“浮动汇率”核算。

(2) 排序方式

以参照部门目录、查询部门辅助账时，可以指定查询列表的内容是按编码顺序显示，还是按名称顺序显示。对个人往来辅助核算和项目核算也可以进行设置。

3.2.2 财务基础档案

1. 外币设置

企业如果有外币核算业务，需要事先进行外币及汇率的设置。此后，在填制凭证时如果使用了外币核算科目，系统会自动调用在此处设置的汇率，既避免了用户重复录入汇率的工作量，也有效避免了差错的发生。

外币设置时需要定义以下项目。

① 币符及币名：即定义外币的表示符号及其中文名称。

② 汇率小数位：定义外币的汇率小数位数。

③ 折算方式：分为直接汇率与间接汇率两种。直接汇率即“外币×汇率=本位币”，间接汇率即“外币÷汇率=本位币”。

④ 外币最大误差：在记账时，如果外币×(或÷)汇率-本位币>外币最大误差，则系统会给予提示。系统默认最大折算误差为0.00001，即不相等时就提示。

⑤ 固定汇率与浮动汇率：对于使用固定汇率(即使用月初或年初汇率)作为记账汇率的用户，在填制每月的凭证前，应预先在此录入该月的记账汇率，否则在填制该月外币凭证时，将会出现汇率为零的错误。对于使用变动汇率(即使用当日汇率)作为记账汇率的用户，在填制凭证的当天，应预先在此录入该天的记账汇率。

提示：

- 这里的汇率管理只提供录入汇率的功能，而制单时是使用固定汇率还是浮动汇率则取决于总账系统选项的定义。
- 如果使用固定汇率，则应在每月月初录入记账汇率(即期初汇率)，月末计算汇兑损益时录入调整汇率(即期末汇率)；如果使用浮动汇率，则应每天在此录入当日汇率。

2. 会计科目

设置会计科目是会计核算方法之一，它用于分门别类地反映企业经济业务，是登记账簿、编制会计报告的基础。用友 U8 中预置了现行会计制度规定的一级会计科目，企业可根据本单位实际情况修改科目属性并补充明细科目。

(1) 会计科目设置的原则

设置会计科目时应注意：

① 会计科目的设置必须满足会计报表编制的要求，凡是报表所用数据，需从系统取数的，必须设立相应的科目。

② 会计科目要保持相对稳定。

③ 设置会计科目时要考虑各子系统的衔接。在总账系统中，只有末级会计科目才允许有发生额，才能接收各子系统转入的数据，因此，要将各子系统中的核算科目设置为末级科目。

(2) 会计科目设置的内容

① 科目编码：应是科目全编码，各级科目编码必须唯一，且必须按其级次的先后次序建立，即先有上级科目，然后才能建立下级科目。科目编码的一级科目编码必须符合现行的会计制度。

② 科目名称：是指本级科目名称，科目中文名称必须录入。

③ 科目类型：是指会计制度中规定的科目类型，按照科目编码的第 1 位数字系统自动判断：1—资产，2—负债，3—共同，4—权益，5—成本，6—损益。

④ 账页格式：定义科目在查询及打印时的格式。系统提供金额式、外币金额式、数量金额式、外币数量式供选择。

⑤ 助记码：用于帮助记忆科目。

⑥ 外币核算：选中该选项，代表该科目核算外币，必须从币种下拉列表中选择外币种类。

⑦ 数量核算：选中该选项，代表该科目核算数量，需要人工输入数量计量单位。

⑧ 科目性质：指科目的余额方向。只能为一级科目设置余额方向，下级科目的余额方向与上级科目保持一致。

⑨ 辅助核算：是否对该科目设置部门核算、客户往来、供应商往来、个人核算和项目核算。

⑩ 其他核算。

- 日记账：是否需要对该科目记日记账。库存现金科目需要选中该项。其他科目若有必要，也可以设置序时登记。
- 银行账：是否需要对该科目进行对账管理。银行存款科目需要选中日记账和银行账。

(3) 会计科目辅助核算设置

一般来说，为了充分体现计算机管理的优势，应在企业原有的会计科目基础上，对以往的一些科目结构进行优化调整，而不是完全照搬照抄。如当企业规模不大，往来业务较少时，可采用和手工方式一样的科目结构及记账方法，即通过将往来单位、个人、部门、项目设置明细科目来进行核算管理；而对于一个往来业务频繁、清欠和清理工作量大、核算要求严格的企业来说，应该采用总账系统提供的辅助核算功能进行管理，即将这些明细科目的上级科目设为末级科目，并设为辅助核算科目，并将这些明细科目设为相应的辅助核算目录。一个科目设置了辅助核算后，它所发生的每一笔业务都将会登记在总账和辅助明细账上。

例如，未使用辅助核算功能时，可将科目设置为：

科目编码	科目名称
1122	应收账款
112201	天益
112202	伟达
……	
1221	其他应收款
122101	差旅费应收款
12210101	杨文
12210102	刘红
……	
6001	主营业务收入
660101	华星
660102	华晨
……	
6602	管理费用
660201	办公费
66020101	企管部
66020102	财务部
……	

启用总账系统的辅助核算功能进行核算时，可将科目设置为：

科目编码	科目名称	辅助核算
1122	应收账款	客户往来
1221	其他应收款	
122101	差旅费应收款	个人往来
6601	主营业务收入	项目核算
6602	管理费用	
660201	办公费	部门核算

一个科目设置了辅助核算后，它发生的每一笔业务都将会登记在总账和辅助明细账上。

(4) 指定会计科目

指定会计科目是指定出纳的专管科目，一般指现金科目和银行存款科目。指定科目后才能执行出纳签字，从而实现现金、银行管理的保密性，才能查看现金、银行存款日记账。

3. 凭证类别

在手工环境下，企业多采用收、付、转三类凭证或银、现、转三类凭证，还有划分为银收、银付、现收、现付、转五类凭证的，当然，还有更复杂的分类。为什么要对凭证分类呢？其深层原因在于不同类别的凭证可以印制成不同的颜色，这样有些凭证只需要填写对方科目即可，节省了书写的工作量；另一个原因是便于分类统计汇总。仔细探究这两个原因不难看出，转换到计算机环境后，以上两个问题已经不是问题了，因此不再需要对凭证进行分类。

在信息化环境下，如果有多种凭证分类，为了防止填制凭证时将凭证类别选错，系统一般都会提供限制类型及限制科目功能，如借方必有、贷方必有、凭证必有、凭证必无、借方必无、贷方必无等。对于收款凭证可以设置为“借方必有 1001、1002”；付款凭证可以设置为“贷方必有 1001、1002”；转账凭证可以设置为“凭证必无 1001、1002”；现金凭证可以设置为“凭证必有 1001”；银行凭证可以设置为“凭证必有 1002”。

4. 项目目录

项目可以是工程、订单或产品，总之，我们可以把需要单独计算成本或收入的这样一种对象都视为项目。在企业中通常存在多种不同的项目，对应地，在软件中可以定义多类项目核算，并可将具有相同特性的一类项目定义为一个项目大类。为了便于管理，还可以对每个项目大类进行细分类，在最末级明细分类下再建立具体的项目档案。为了在业务发生时将数据准确归入对应的项目，需要在项目和已设置为项目核算的科目间建立对应关系。只要遵循以下的提示就可以快速建立项目档案。

(1) 定义项目大类。定义项目大类包括指定项目大类名称、定义项目级次和定义项目栏目三项工作。项目级次是该项目大类下所管理的项目的级次及每级的位数。项目栏目是针对项目属性的记录。如定义项目大类“工程”，工程下又分了一级，设置 1 位数字即可，工程要记录的必要内容如“工程号”“工程名称”“负责人”“开工日期”“完工日期”等可作为项目栏目。

(2) 指定核算科目。指定设置了项目辅助核算的科目具体要核算哪一个项目，建立项目与核算科目之间的对应关系。

(3) 定义项目分类。如将工程分为“自建工程”和“外包工程”。

(4) 定义项目目录。定义项目目录是将每个项目分类中所包含的具体项目录入系统。具体每个项目录入哪些内容取决于项目栏目的定义。

3.2.3 录入期初数据

企业账套建立之后，需要在系统中建立各账户的初始数据，才能接续手工业务处理进程。各账户余额数据的准备与总账启用的会计期间相关。

1. 准备期初数据

为了保持账簿资料的连续性，应该将原有系统下截止到总账启用日的各账户年初余额、累计发生额和期末余额输入计算机系统中。但因为它们之间存在这样的关系：如果某账户余额在借方，则年初余额+本年累计借方发生额－本年累计贷方发生额=期末余额；如果某账户余额在贷方，则年初余额+本年累计贷方发生额－本年累计借方发生额=期末余额。因此一般只需要向计算机输入其中 3 个数据，另外一个可以根据上述关系自动计算。

选择年初启用总账和选择年中启用总账需要准备的期初数据是不同的。如果选择年初建账，只需要准备各账户上年年末的余额作为新一年的期初余额，且年初余额和月初余额是相同的。如某企业选择 2017 年 1 月启用总账系统，则只需要整理该企业 2016 年 12 月末各账户的期末余额作为 2017 年 1 月初的期初余额，因为本年没有累计数据发生，因此月初余额同时也是 2017 年年初余额。如果选择年中建账，不仅要准备各账户启用会计期间上一期的期末余额作为启用期的期初余额，而且还要整理自本年度开始截止至启用期的各账户累计发生数据。例如，某企业 2017 年 8 月开始启用总账系统，那么，应将该企业 2017 年 7 月末各科目的期末余额及 1～7 月的累计发生额整理出来，作为计算机系统的期初数据录入总账系统中，系统将自动计算年初余额。

如果科目设置了某种辅助核算，那么还需要准备辅助项目的期初余额。如应收账款科目设置了客户往来辅助核算，除了要准备应收账款总账科目的期初数据外，还要详细记录这些应收账款是哪些客户的销售未收，因此要按客户整理详细的应收余额数据。

2. 录入期初数据

期初余额录入时，根据科目性质不同，分为以下几种情况。

(1) 末级科目的余额可以直接输入。

(2) 非末级科目的余额数据由系统根据末级科目数据逐级向上汇总而得。

(3) 科目有数量外币核算时，在输入完本位币金额后，还要在下面一行输入相应的数量和外币信息。

(4) 科目有辅助核算时，不能直接输入该账户的期初余额，而是必须输入辅助账的期初余额。辅助账余额输入完毕后，自动带回总账。

3. 进行试算平衡

期初数据输入完毕后应进行试算平衡。如果期初余额试算不平衡，可以填制、审核凭证，但不能进行记账处理。因为企业信息化时，初始设置工作量大，占用时间比较长，为了不影响日常业务的正常进行，故允许在初始化工作未完成的情况下进行凭证的填制。

凭证一经记账，期初数据便不能再修改。

提示：

- 系统只能对月初余额的平衡关系进行试算，而不能对年初余额进行试算。
- 如果期初余额不平衡，可以填制凭证但是不允许记账。
- 凭证记账后，期初余额变为只读状态，不能再修改。

3.3 总账日常业务处理

总账初始设置完成后，就可以开始进行日常业务处理。总账日常业务的处理主要包括以下几项工作：凭证管理、出纳管理和账证查询。

3.3.1 凭证管理

凭证是记录企业各项经济业务发生的载体，凭证管理是总账系统的核心功能，主要包括填制凭证、出纳签字、审核凭证、记账、查询打印凭证等。凭证是总账系统数据的唯一来源，为严把数据源的正确性，总账系统设置了严密的制单控制以保证凭证填制的正确性。另外，总账系统还提供了资金赤字控制、支票控制、预算控制、外币折算误差控制、凭证类型控制、制单金额控制等功能，以加强对业务的及时管理和控制。

1. 填制凭证

记账凭证按其编制来源可分为两大类：手工填制凭证和机制凭证。机制凭证包括利用总账系统自动转账功能生成的凭证以及在其他子系统中生成传递到总账的凭证。本节主要介绍手工填制凭证。

手工填制凭证也分为两种方式：一种是根据审核无误的原始凭证直接在总账系统中填制记账凭证；另一种是先在手工方式下填制好记账凭证而后再集中输入总账系统中。企业可以根据实际情况选择适合自己的方式。

填制凭证时各项目应填制的内容及注意事项如下。

(1) 凭证类别

填制凭证时可以直接选择所需的凭证类别。如果在设置凭证类别时设置了凭证的限制类型，那么必须符合限制类型的要求，否则系统会给出错误提示。例如，假定企业选择了“收、付、转”三类凭证，且设置了收款凭证的限制类型为“借方必有”科目“1001，1002”，如果企业发生了“销售产品，货款未收”的业务，应借记应收账款科目，贷记主营业务收入科目，如果用户误选择了“收款凭证”类别，保存时系统会提示“不满足借方必有条件”。

(2) 凭证编号

如果选择“系统编号”方式，凭证按凭证类别按月自动顺序编号。如果选择“手工编号”方式，需要手工输入凭证号，但应注意凭证号的连续性、唯一性。

(3) 凭证日期

填制凭证时，日期一般自动取登录系统时的业务日期。选择“制单序时控制”的情况下，凭证日期应大于等于该类凭证最后一张凭证日期，但不能超过机内系统日期。

(4) 附单据数

记账凭证打印出来后，应将相应的原始凭证粘附其后，这里的附单据数就是指将来该记账凭证所附的原始单据数。

(5) 摘要

摘要是对经济业务的概括说明。因为计算机记账时是以记录行为单位，因此每行记录都要有摘要，不同记录行的摘要可以相同也可以不同，每行摘要将随相应的会计科目在明细账、日记账中出现。可以直接输入，如果定义了常用摘要的话，也可以调用常用摘要。

(6) 会计科目

填制凭证时，要求会计科目必须是末级科目。可以输入科目编码、科目名称、科目助记码。

如果输入的是银行科目，一般系统会要求输入有关结算方式的信息，此时最好输入，以方便日后银行对账；如果输入的科目有外币核算，系统会自动带出在外币中已设置的相关汇率，如果不符还可以修改，输入外币金额后，系统会自动计算出本币金额；如果输入的科目有数量核算，应该输入数量和单价，系统会自动计算出本币金额；如果输入的科目有辅助核算，应该输入相关的辅助信息，以便系统生成辅助核算信息。

(7) 金额

金额可以是正数或负数(即红字)，但不能为零。凭证金额应符合“有借必有贷，借贷必相等”原则，否则将不能保存。

另外，如果设置了常用凭证，可以在填制凭证时直接调用常用凭证，从而增加凭证录入的速度和规范性。

2. 复核凭证

为了保证会计事项处理正确和记账凭证填制正确，需要对记账凭证进行复核。凭证复核包括出纳签字、主管签字和审核凭证。

(1) 出纳签字

由于出纳凭证涉及企业资金的收支，所以应加强对出纳凭证的管理。出纳签字功能使得出纳可以对涉及现金、银行存款的凭证进行核对，以决定凭证是否有误。如果凭证正确无误，出纳便可签字，否则必须交由制单人进行修改后再重新核对。

出纳凭证是否必须由出纳签字取决于系统参数的设置，如果选择了“出纳凭证必须由出纳签字”选项，那么出纳凭证必须经过出纳签字才能够记账。

(2) 主管签字

为了加强对会计人员制单的管理，有的企业所有的凭证都需要由主管签字，为了满足这一应用需求，总账系统提供了主管签字功能。但凭证是否需要主管签字才能记账，取决于系统参数的设置。

(3) 审核凭证

审核凭证是审核人员按照相关规定，对制单人填制的记账凭证进行检查核对，如是否与原始凭证相符，会计分录是否正确，等等。凭证审核无误后，审核人便可签字，否则必须交由制单人进行修改后再重新审核。

所有凭证必须审核后才能记账。注意审核人与制单人不能是同一人。

如果设置了凭证审核明细权限的话，审核凭证还会受到明细权限的制约。

3．凭证记账

记账凭证经过审核签字后，便可以记账了。记账时可以选择要记账的凭证范围。计算机系统中，记账是由计算机自动进行的。如果记账后发现输入的记账凭证有错误要进行修改，需要人工调用“恢复记账前状态”功能。系统提供了两种恢复记账前状态方式：将系统恢复到最后一次记账前状态和将系统恢复到月初状态。只有主管才能选择将数据“恢复到月初状态”。

如果期初余额试算不平衡，则不能记账。如果上月未结账，则本月不能记账。

4．修改凭证

如果发生凭证填制错误的情况，就涉及如何修改凭证。在信息化方式下，凭证的修改分为有痕迹修改和无痕迹修改。

(1) 无痕迹修改

无痕迹修改，是指系统内不保存任何修改线索和痕迹。对于尚未审核和签字的凭证可以直接进行修改；对于已经审核或签字的凭证应该先取消审核或签字，然后才能修改。显然，这两种情况下，都没有保留任何审计线索。

(2) 有痕迹修改

有痕迹修改是指系统通过保存错误凭证和更正凭证的方式而保留修改痕迹，因而可以留下审计线索。对于已经记账的错误凭证，一般应采用有痕迹修改。具体方法是采用红字更正法或补充更正法。前者适用于更正记账金额大于应记金额的错误或者会计科目的错误，后者适用于更正记账金额小于应记金额的错误。

能否修改他人填制的凭证，将取决于系统参数的设置。其他子系统生成的凭证，只能在账务系统中进行查询、审核、记账，不能修改和作废，只能在生成该凭证的原子系统中进行修改和删除，以保证记账凭证和原子系统中的原始单据相一致。

修改凭证时，一般而言凭证类别及编号是不能修改的。修改凭证日期时，为了保持序时性，日期应介于前后两张凭证日期之间，同时日期月份不能修改。

5．删除凭证

在 U8 系统中，没有直接删除凭证的功能。如果需要删除凭证，要分为两步。对于尚未审核和签字的凭证，如果不需要的话，可以直接将其作废，作废凭证仍保留凭证内容及编号，仅显示“作废”字样。作废凭证不能修改、不能审核，但应参与记账，否则月末无法结账。记账时不对作废凭证进行数据处理，相当于一张空凭证。账簿查询时，查不到作废凭证的数据。

与作废凭证相对应，系统也提供对作废凭证的恢复，将已标识为作废的凭证恢复为正常凭证。如果作废凭证没有保留的必要时，可以通过“整理凭证”彻底将其删除。

6．冲销凭证

冲销凭证是针对已记账凭证而言的。红字冲销可以采用手工方式也可以由系统自动进行。如果采用自动冲销，只要告知系统要被冲销的凭证类型及凭证号，系统便会自动生成一张与该凭证相同只是金额为红字(负数)的凭证。

7. 凭证查询

查询是计算机系统较手工方式的优势之一。既可以查询已记账凭证也可以查询未记账凭证；既可以查询作废凭证也可以查询标错凭证；既可以按凭证号范围查询也可以按日期查询；既可以按制单人查询，也可以按审核人或出纳员查询；通过设置查询条件，可以按科目、摘要、金额、外币、数量、结算方式或各种辅助项查询，快捷方便。

8. 凭证汇总

凭证汇总时，可按一定条件对记账凭证进行汇总并生成凭证汇总表。进行凭证汇总的凭证可以是已记账凭证，也可以是未记账凭证，可供财务人员随时查询凭证汇总信息，及时了解企业的经营状况及其他财务信息。

9. 设置常用凭证

企业发生的经济业务都有其规律性，有些业务在一个月内会重复发生若干次，因而在填制凭证的过程中，经常会有许多凭证完全相同或部分相同，因而可以将这些经常出现的凭证进行预先设置，以便将来填制凭证时随时调用，简化凭证的填制过程，这就是常用凭证。

10. 设置常用摘要

由于经济业务的重复性，在日常填制凭证的过程中，经常会反复用到许多相同的摘要，为了提高凭证的录入速度，可以将这些经常使用的摘要预先设置下来，而在填制凭证时可以随时调用这些摘要，这样就会提高我们处理业务的效率。

3.3.2 出纳管理

资金收付的核算与管理是企业的重要日常工作，也是出纳的一项重要工作内容。总账系统中的出纳管理为出纳人员提供了一个集成办公环境，可完成现金日记账、银行存款日记账的查询和打印，随时出最新资金日报表，进行银行对账并生成银行存款余额调节表。

出纳管理是总账系统为出纳人员提供的一套管理工具和工作平台，主要包括现金和银行存款日记账的查询打印、资金日报、支票登记簿以及银行对账。

需要说明的是，如果企业在总账选项中选中了“出纳凭证必须经由出纳签字”，那么当凭证上使用了指定为库存现金或银行存款属性的科目，需要出纳对该类业务进行确认。出纳签字在凭证管理中已有介绍，此处不再赘述。

1. 现金日记账和银行日记账的查询打印

现金日记账和银行存款日记账不同于一般科目的日记账，是属于出纳管理的，因此将其查询和打印功能放置于出纳管理平台上。

现金、银行日记账一般可按月或按日查询，查询时也可以包含未记账凭证在内。

2. 资金日报

资金日报表可以反映现金和银行存款的日发生额及余额情况。手工环境下，资金日报表由出纳员逐日填写，以反映当天营业终了时的现金、银行存款的收支情况及余额。在计算机系统中，资金日报表可由总账系统根据记账凭证自动生成，及时掌握当日借/贷金额合计、余额以及当日业务量等信息。资金日报表既可以根据已记账凭证生成，也可以根据未记账凭证生成。

3. 支票登记簿

加强支票的管理对企业来说非常重要，因此总账系统提供了支票登记簿功能，以供出纳员详细登记支票领用及报销情况，如领用日期、领用部门、领用人、支票号、用途、预计金额、报销日期、实际金额、备注等。

一般而言，使用支票登记簿时，应注意以下问题。

(1) 只有在总账系统的初始设置选项中已选择“支票控制”，并在结算方式设置中已设置“票据结算”标志，在“会计科目”中已指定银行账的科目，才能使用支票登记簿。

(2) 领用支票时，银行出纳必须据实填写领用日期、领用部门、领用人、用途、预计金额、备注等信息。

(3) 支票支出后，经办人持原始单据报销，会计人员据此填制记账凭证，在录入该凭证时，系统要求录入结算方式和支票号，填制完凭证后，在采用支票控制的方法下，系统自动在支票登记簿中将该支票填上报销日期，表示该支票已报销，否则出纳员需要自己填写报销日期。

4. 银行对账

银行对账是出纳在月末应进行的一项工作，企业为了了解未达账项的情况，通常都会定期与开户银行进行对账。在信息化方式下，银行对账的流程如下。

(1) 录入银行对账期初数据

在第一次利用总账系统进行银行对账前，应该录入银行启用日期时的银行对账期初数据。银行对账的启用日期是指使用银行对账功能前最后一次手工对账的截止日期，银行对账不一定和总账系统同时启用，银行对账的启用日期可以晚于总账系统的启用日期。

银行对账期初数据包括银行对账启用日的单位方银行日记账与银行方银行对账单的调整前余额，以及启用日期之前的单位日记账和银行对账单的未达账项。

录入期初数据后，应保证银行日记账的调整后余额等于银行对账单的调整后余额，否则会影响以后的银行对账。

(2) 录入银行对账单

在开始对账之前，需将银行开出的银行对账单录入系统中，以便将其与企业银行日记账进行核对。有些系统还提供了银行账单导入的功能，避免了烦琐的手工录入过程。

(3) 银行对账

银行对账可采用自动对账和手工对账相结合的方式，先进行自动对账，然后在此基础上，再进行手工对账。

自动对账是指系统根据设定的对账依据，将银行日记账(银行未达账项文件)与银行对账单进行自动核对和核销。对于已核对上的银行业务，系统将自动在银行日记账和银行对账单双方打上两清标志，视为已达账项，否则视为未达账项。

对账依据可由用户自己设置，但“方向+金额”是必要条件，通常可设置为“结算方式+结算号+方向+金额”。

采用自动对账后，可能还有一些特殊的已达账项没有对上而被视为未达账项，为了保证对账的彻底性和正确性，在自动对账的基础上还要进行手工补对。例如，自动对账只能针对“一对一”的情况进行对账，而对于“一对多”“多对一”或“多对多”的情况，只能由手工对账来实现。

(4) 输出余额调节表

在进行对账后，系统会根据对账结果自动生成银行存款余额调节表，以供用户查询打印或输出。

对账后，还可以查询银行日记账和银行对账单对账的详细情况，包括已达账项和未达账项。

(5) 核销银行账

为了避免文件过大，占用磁盘空间，可以利用核销银行账功能将已达账项删除。对于企业银行日记账已达账项的删除不会影响企业银行日记账的查询和打印。

(6) 长期未达账项审计

有的软件还提供长期未达账项审计的功能。通过设置截止日期以及至截止日期未达天数，系统可以自分理处将至截止日期未达账项中未达天数超过指定天数的所有未达账项显示出来，以便企业了解长期未达账项的情况，从而采取措施对其追踪、加强监督，避免不必要的损失。

3.3.3 账簿管理

总账系统提供了强大的账证查询功能。可以查询打印总账、明细账、日记账、发生额余额表、多栏账、序时账等。不仅可以查询到已记账凭证的数据，而且查询的账表中也可以包含未记账凭证的数据；可以轻松实现总账、明细账、日记账和凭证的联查。

总账中的辅助核算，不仅可以使业务得到全面、详细的记录，而且还提供各种维度的辅助信息查询功能，为管理人员提供了多方位的管理信息。

1. 基本会计账簿查询

基本会计账簿就是手工处理方式下的总账、明细账、日记账、多栏账等。凭证记账后，所有的账簿资料自动生成。

(1) 总账

查询总账时，显示指定查询科目的年初余额、各月累计发生额合计、全年累计发生额和月末余额。

(2) 发生额余额表

发生额余额表可以显示全部科目的期初余额、本期发生额、累计发生额和期末余额。

(3) 明细账

明细账以凭证为单位显示各账户的明细发生情况，包括日期、凭证号、摘要、借方发生额、贷方发生额和余额。

明细账的格式包括金额式、数量金额式、外币金额式、数量外币式。

(4) 序时账

序时账根据记账凭证以流水账的形式反映各账户的信息，包括日期、凭证号、摘要、方向、数量、外币及金额。

(5) 日记账

手工状态下，限于会计人员的劳动强度及科目重要性，一般只对库存现金和银行存款科目记日记账。信息化环境下，记账工作不再成为负担，只要有必要，只需在会计科目界面选中“日记账”选项，就可以对任何需要的科目记日记账。

日记账的内容包括日期、凭证号、摘要、对方科目、借方发生额、贷方发生额和余额。

(6) 多栏账

在查询多栏账之前，必须先定义多栏账的格式。多栏账格式设置可以有两种方式：自动编制栏目和手工编制栏目。

2. 辅助核算账簿查询

辅助账在手工环境下一般作为备查账存在。信息化环境下，设置了辅助核算的科目可以查询其相应的辅助账。

(1) 个人核算

个人核算主要进行个人借款、还款管理工作，及时地控制个人借款，完成清欠工作。个人核算可以提供个人往来明细账、催款单、余额表、账龄分析报告及自动清理核销已清账等功能。

(2) 部门核算

部门核算主要为了考核部门收支的发生情况，及时地反映控制部门费用的支出，对各部门的收支情况加以比较分析，便于部门考核。部门核算可以提供各级部门的总账、明细账，以及对各部门收入与费用进行部门收支分析等功能。

(3) 项目核算

项目核算用于收入、成本、在建工程等业务的核算，以项目为中心为使用者提供各项目的成本、费用、收入、往来等汇总与明细信息，以及项目计划执行报告等。

(4) 客户核算和供应商核算

客户核算和供应商核算主要进行客户和供应商往来款项的发生、清欠管理工作，及时掌握往来款项的最新情况。可以提供往来款的总账、明细账、催款单、对账单、往来账清理、账龄分析报告等功能。如果用户启用了应收款管理系统和应付款管理系统的话，可以分别在这两个系统中对客户往来款和供应商往来款进行更为详细的核算与管理。

3.4 总账期末业务

总账系统月末处理主要包括自动转账凭证的定义、自动转账凭证的生成、对账和结账等内容。

3.4.1 自动转账

1. 转账的分类

转账分为内部转账和外部转账。外部转账是指将其他专项核算子系统自动生成的凭证转入总账系统，如：工资系统有关工资费用分配的凭证，固定资产系统有关固定资产增减变动及计提折旧的凭证，应收款管理系统有关应收账款发生、收回及坏账准备的凭证，应付款管理系统有关应付账款发生及偿还的凭证，等等。而内部转账就是我们这里所讲的自动转账，是指在总账系统内部通过设置凭证模板而自动生成相应的记账凭证。一些期末业务具有较强的规律性，而且每个月都会重复发生，例如费用的分配、费用的分摊、费用的计提、税金的计算、成本费用的结转、期间损益的结转等。这些业务的凭证分录是固定的，金额来源和计算方法也是固定的，因而可以利用自动转账功能将处理这些经济业务的凭证模板定义下来，期末时通过调用这些模板来自动生成相关凭证。

2. 定义自动转账

用友 U8 中提供了自定义转账、对应结转、销售成本结转、售价结转、汇兑损益结转、期间损益结转、自定义比例转账、费用摊销和预提几种类型的转账定义。

(1) 自定义转账

自定义转账指由用户自己来定义转账凭证模板，定义内容包括转账序号、凭证类型、摘要、科目、借贷方向和金额公式。其中，金额公式需要利用 U8 提供的账务函数从总账或其他子系统中提取。

自定义转账设置具有通用性，下面介绍的另外几种类型的转账都是自定义转账对应于某种具体应用的特殊情况。

(2) 对应结转

对应结转是将某科目的余额按一定比例转入其他一个或多个科目。可一对一结转，也可一对多结转。对应结转只能结转期末余额。

(3) 销售成本结转

销售成本结转，是将月末商品(或产成品)销售数量乘以库存商品(或产成品)的平均单价计算各类商品销售成本并进行结转。销售成本结转只需告知系统库存商品科目、主营业务收入科目和主营业务成本科目，系统将销售成本结转凭证定义为：

借：主营业务成本　　(库存商品余额/库存商品数量)*销量

　　贷：库存商品　　　　(库存商品余额/库存商品数量)*销量

库存商品科目、主营业务收入科目、主营业务成本科目及下级科目的结构必须相同，并且辅助账类必须完全相同。

(4) 汇兑损益结转

汇兑损益结转用于期末自动计算外币账户的汇兑损益，并在转账生成中自动生成汇兑损益转账凭证。

(5) 期间损益结转

期间损益结转用于在一个会计期间终了将损益类科目的余额结转到本年利润科目中，从而及时反映企业利润的盈亏情况。

3. 生成转账凭证

凭证模板定义好以后，当每个月发生相关经济业务时可不必再通过手工录入凭证，可以直接调用已定义好的凭证模板来自动生成相关的记账凭证。

利用凭证模板生成记账凭证需要各月重复进行。

一般而言，只有在凭证记账后，账务函数才能取出相关数据。所以利用自动转账生成凭证时，一定要使得相关凭证已经全部记账，这样才能保证取出完整的数据。例如定义了一张根据本期利润计提所得税的凭证，那么要生成该张凭证，必须保证有关利润的凭证已经全部记账，否则，要么不能取出相应数据而导致金额为零而不能生成凭证，要么取出的数据不完整而导致所得税计提错误。

利用自动转账生成的凭证属于机制凭证，它仅仅代替了人工查账和填制凭证的环节，自动转账生成的凭证仍然需要审核记账。

4. 注意自动转账凭证生成顺序

定义转账凭证时，一定要注意这些凭证的生成顺序。例如，定义了结转销售成本、计算汇兑损益、结转期间损益、计提所得税、结转所得税等五张自动转账凭证。因为销售成本、汇兑损益是期间损益的一部分，所以一定要先生成结转销售成本、计算汇兑损益的凭证并复核记账后，才能生成结转期间损益的凭证；因为要依据本期利润计提所得税，所以一定要先生成结转期间损益的凭证并复核记账后，才能生成计提所得税的凭证；因为有了所得税费用才能结转所得税至本年利润，所以一定要先生成计提所得税的凭证并复核记账后才能生成结转所得税的凭证。故此，这五张凭证的顺序是结转销售成本、计算汇兑损益—结转期间损益—计提所得税—结转所得税，并且前一张凭证必须复核记账后才能继续生成后一张凭证。

3.4.2 对账

对账是对账簿数据进行核对，以检查记账是否正确，是否账账相符。对账包括总账与明细账、总账与辅助账的核对。试算平衡时系统会将所有账户的期末余额按会计平衡公式“借方余额=贷方余额”进行平衡检验，并输出科目余额表。正常情况下，系统自动记账后，应该是账账相符的，账户余额也是平衡的。但由于非法操作或计算机病毒等原因有时可能会造成数据被破坏，因而引起账账不符，为了检查是否账证相符、账账相符以及账户余额是否平衡，应经常使用对账及试算平衡功能。结账时，一般系统会自动进行对账和试算平衡。

3.4.3 结账

每月工作结束后，月末都要进行结账。结账前最好要进行数据备份。

本月结账时，系统会进行下列检查工作。

(1) 检查本月业务是否已全部记账，有未记账凭证时不能结账。

(2) 检查上月是否已结账，上月未结账，则本月不能结账。实际上，上月未结账的话，本月也不能记账，只能填制、复核凭证。

(3) 核对总账与明细账、总账与辅助账，账账不符不能结账。

(4) 对科目余额进行试算平衡，试算结果不平衡将不能结账。

(5) 损益类账户是否已结转至本年利润。

(6) 当各子系统集成应用时，总账系统必须在其他各子系统结账后才能最后结账。

结账后，当月不能再填制凭证，并终止各账户的记账工作。同时，系统会自动计算当月各账户发生额合计及余额，并将其转入下月月初。

3.5 重点难点解析

3.5.1 理解受控科目

总账选项设置中提到了 3 种受控科目：应收受控科目、应付受控科目和存货受控科目，仅以应收受控科目为例阐释受控科目的意义。

应收系统的受控科目是指只能在应收款管理系统制单使用的科目。在总账系统与应收款管理系统集成应用的前提下，企业与客户之间的往来业务均在应收款管理系统处理，业务处理的结果通过自动凭证机制生成凭证传递给总账。涉及客户往来业务处理的科目包括应收票据、应收账款和预收账款科目，既然与此相关的业务在应收款管理系统生成，那么总账中不再填制这类业务凭证，否则业务处理就重复了。这几个科目也称为应收受控科目。

3.5.2 关于损益类科目金额的填制

填制涉及损益类科目的凭证时需要注意，如果科目发生额与科目余额方向相反，需要将科目发生额以红字记录与科目余额方向保持一致。如，本月正常销售 10 000 元，后发生销售退货 500 元，一般会记录借主营业务收入 500 元，这里建议在主营业务收入科目的贷方记录红字金额-500 元。原因何在呢？企业账务处理的最终结果要编制对外财务报告，其中利润表反映了企业一定会计期间的经营成果，利润表模板中的公式默认按照科目的余额方向取科目发生额。按照第一种记录方式，利润表中的主营业务收入会取到 10 000 元，没有包括销售退回的 500 元；按照第二种方式记录，可以取到正确的主营业务收入 9 500 元。

实践应用

实验一　总账初始化

实验目的

1. 理解总账初始化的意义。
2. 掌握总账选项的设置。
3. 掌握财务基础档案的设置。
4. 掌握期初余额的录入。

实验内容

1. 设置总账选项。
2. 设置外币。
3. 设置凭证类别。
4. 设置会计科目：增加会计科目、修改会计科目、指定会计科目。
5. 设置项目目录。
6. 输入期初余额并试算平衡。
7. 账套备份。

实验准备

1. 将系统日期更改为“2018-01-01”。
2. 引入“2-1 基础设置”账套数据。

实验资料

1. 222 账套总账选项

需要设置以下总账选项(如表 3-1 所示)，其他选项保持系统默认。

表 3-1　总账选项

选 项 卡	选 项 设 置
凭证	支票控制 可以使用应收受控科目、可以使用应付受控科目 取消“现金流量科目必录现金流量项目”
权限	凭证审核控制到操作员 出纳凭证必须经由出纳签字 不允许修改、作废他人填制的凭证
会计日历	数量小数位和单价小数位设为 2 位
其他	部门、个人、项目按编码方式排序

2. 财务基础档案

(1) 外币设置

本企业采用固定汇率核算外币，外币只涉及美元一种，美元币符假定为“$”，2018 年 1 月初汇率为 6.55。

(2) 会计科目

本企业常用会计科目如表 3-2 所示。

表 3-2　会计科目

科目编码	科目名称	币别/计量单位	辅 助 核 算	方向	备注
1001	库存现金		日记账	借	修改
1002	银行存款		日记账、银行账	借	修改
100201	工行人民币户		日记账、银行账	借	新增
100202	中行美元户	美元	日记账、银行账	借	新增
1121	应收票据		客户往来	借	修改
1122	应收账款		客户往来	借	修改
1123	预付账款		供应商往来	借	修改
1221	其他应收款			借	
122101	应收职工借款		个人往来	借	新增
1403	原材料			借	
140301	芯片	个		借	新增
140302	显示屏 9	个		借	新增
140303	显示屏 7	个		借	新增
140304	机壳	个		借	新增
140305	摄像头	个		借	新增
1405	库存商品		项目核算	借	修改
1901	待处理资产损溢			借	

(续表)

科目编码	科目名称	币别/计量单位	辅助核算	方向	备注
190101	待处理流动资产损溢			借	新增
190102	待处理固定资产损溢			借	新增
2201	应付票据		供应商往来	贷	修改
2202	应付账款		供应商往来	贷	修改
2203	预收账款		客户往来	贷	修改
2211	应付职工薪酬			贷	
221101	应付工资			贷	新增
221102	职工福利			贷	新增
221103	社会保险			贷	新增
221104	住房公积金			贷	新增
2221	应交税费			贷	
222101	应交增值税			贷	新增
22210101	进项税额			贷	新增
22210105	销项税额			贷	新增
222102	未交增值税			贷	新增
4104	利润分配				
410415	未分配利润				新增
5001	生产成本			借	
500101	直接材料		项目核算	借	新增
500102	直接人工			借	新增
500103	制造费用			借	新增
5101	制造费用			借	
510101	工资			借	新增
510102	折旧费			借	新增
6001	主营业务收入		项目核算	贷	修改
6401	主营业务成本		项目核算	借	修改
6602	管理费用			借	
660201	办公费		部门核算	借	新增
660202	差旅费		部门核算	借	新增
660203	薪资		部门核算	借	新增
660204	福利费		部门核算	借	新增
660205	招待费		部门核算	借	新增
660206	折旧费		部门核算	借	新增

要求：增加表中备注栏标注为“新增”的科目；修改表中备注栏标注为“修改”的科目；指定“1001 库存现金”为现金总账科目、“1002 银行存款”为银行总账科目。

(3) 凭证类别

凭证类别如表3-3所示。

表3-3 凭证类别

类别名称	限制类型	限制科目
收款凭证	借方必有	1001,1002
付款凭证	贷方必有	1001,1002
转账凭证	凭证必无	1001,1002

(4) 项目目录

项目大类：产品

项目分类：1—平板电脑；2—智能电话

项目目录：如表3-4所示

表3-4 项目目录

项目编号	项目名称	所属分类码
01	华星	1
02	华晨	1
03	华卫	2

按产品大类核算的会计科目：1405库存商品、500101生产成本/直接材料、6001主营业务收入、6401主营业务成本。

3. 期初余额

(1) 期初余额(如表3-5所示)

表3-5 期初余额

科目编号及名称	辅助核算	方向	币别/计量	期初余额	备注
库存现金(1001)	日记账	借		8 000	
银行存款(1002)	日记账、银行账	借		222 000	
工行人民币户(100201)	日记账、银行账	借		222 000	
应收票据(1121)	客户往来	借		12 870	见辅助账明细
应收账款(1122)	客户往来	借		16 480	见辅助账明细
预付账款(1123)	供应商往来	借		20 000	见辅助账明细
其他应收款(1221)		借		6 000	
应收职工借款(122101)	个人往来	借		6 000	见辅助账明细
原材料(1403)		借		246 000	
芯片(140301)	数量核算	借	220个	110 000	
显示屏9(140302)	数量核算	借	165个	36 300	
显示屏7(140303)	数量核算	借	300个	42 000	
机壳(140304)	数量核算	借	290个	14 500	
摄像头(140305)	数量核算	借	480个	43 200	

(续表)

科目编号及名称	辅助核算	方向	币别/计量	期初余额	备注
库存商品(1405)		借		1 848 000	华星 1 160 000 华晨 480 000 华卫 208 000
固定资产(1601)		借		707 500	
累计折旧(1602)		贷		122 094	
短期借款(2001)		贷		200 000	
应付票据(2201)	供应商往来	贷		23 400	见辅助账明细
应付账款(2202)	供应商往来	贷		49 842	见辅助账明细
预收账款(2203)	客户往来	贷		30 000	见辅助账明细
应付职工薪酬(2211)		贷			
应付工资(221101)		贷		220 000	
应交税费(2221)		贷			
应交增值税(222101)		贷			
进项税额(22210101)		贷		−38 320	
销项税额(22210105)		贷		120 000	
长期借款(2501)		贷		500 000	
实收资本(4001)		贷		1 000 000	
资本公积(4002)		贷		500 000	
利润分配(4104)		贷		359 834	
未分配利润(410415)		贷		359 834	

(2) 辅助账期初明细

应收票据明细：1121 应收票据　　余额：借 12 870 元

日期	凭证号	客户	业务员	摘要	方向	金额	票号
2017-11-22	转-175	大地	刘红	期初	借	12 870	78 989

应收账款明细：1122 应收账款　　余额：借 16480 元

日期	凭证号	客户	业务员	摘要	方向	金额	票号
2017-11-12	转-89	天益	刘红	期初	借	6 552	78 987
2017-11-18	转-135	明兴	刘红	期初	借	9 828	78 988
2017-11-22	转-170	明兴	刘红	代垫运费	借	100	

预付账款明细：1123 预付账款　　余额：借 20 000 元

日期	凭证号	供应商	业务员	摘要	方向	金额	票号
2017-11-23	转-175	无忧	李明	期初	借	20 000	

其他应收款明细：122101　应收职工借款　　余额：借 6 000 元

日　期	凭 证 号	部　门	个　人	摘　要	方　向	金　额
2017-12-19	付-98	采购部	李明	出差借款	借	6 000

应付票据明细：2201 应付票据　　余额：贷 23 400 元

日　期	凭 证 号	供 应 商	业 务 员	摘　要	方　向	金　额
2017-11-23	转-178	大为	李明	期初	贷	23 400

应付账款明细：2202 应付账款　　余额：贷 49 842 元

日　期	凭 证 号	供 应 商	业 务 员	摘　要	方　向	金　额
2017-11-15	转-101	无忧	李明	期初	贷	39 312
2017-11-18	转-132	杰信	李明	期初	贷	10 530

预收账款明细：2203 预收账款　　余额：贷 30 000 元

日　期	凭 证 号	客　户	业 务 员	摘　要	方　向	金　额
2017-11-26	转-197	伟达	韩乐乐	期初	贷	30 000

4. 期初余额试算平衡

5. 备份账套

实验要求

以账套主管“001 周健”的身份进行总账初始化操作。

实验指导

1. 设置系统参数　　(微课视频：WZ030101.htm)

① 在企业应用平台的“业务工作”选项卡中，执行“财务会计”|“总账”命令，打开总账系统。

② 在总账系统中，执行“设置”|“选项”命令，打开“选项”对话框。

③ 单击“编辑”按钮，进入修改状态。

④ 在“凭证”选项卡中，按照实验资料的要求进行相应的设置，如图 3-4 所示。

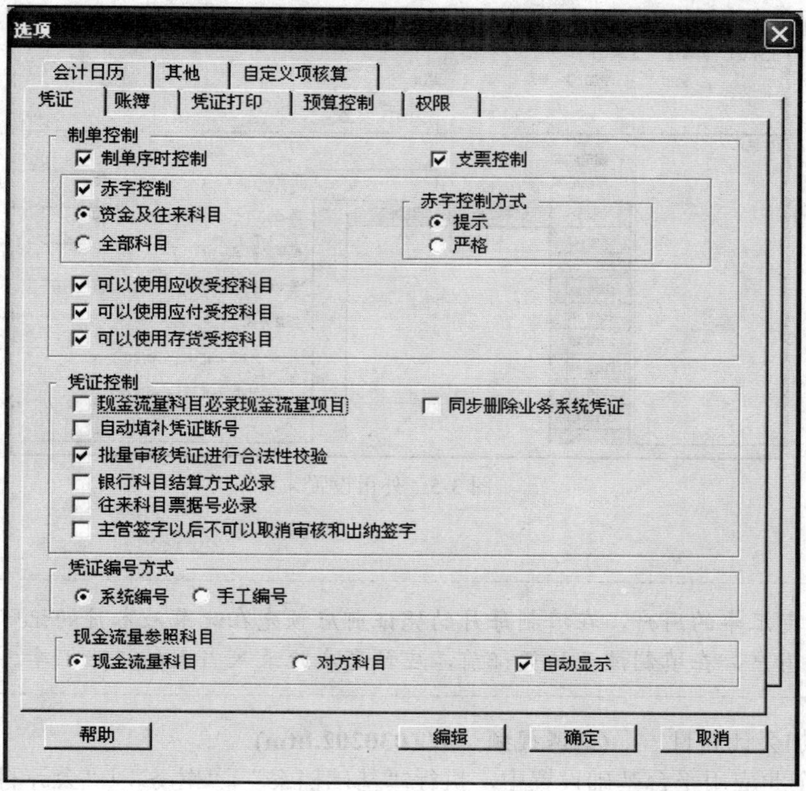

图 3-4 “凭证”选项卡

提示：

选择“可以使用应收受控科目”选项时，系统弹出“受控科目被其他系统使用时，会造成应收系统与总账对账不平”信息提示框，单击“确定”按钮返回即可。

⑤ 在“权限”选项卡中选中“凭证审核控制到操作员”“出纳凭证必须由出纳签字”复选框，取消选中“允许修改、作废他人填制的凭证”复选框。

⑥ 单击“会计日历”选项卡，按照实验资料的要求进行相应的设置。

⑦ 单击“其他”选项卡，按照实验资料的要求进行相应的设置。

⑧ 单击“确定”按钮保存并返回。

2. 设置财务基础档案

(1) 外币设置　**(微课视频：WZ030201.htm)**

① 在企业应用平台基础设置中，执行“基础档案”|“财务”|“外币设置”命令，进入“外币设置”窗口。

② 输入币符“$”，币名“美元”，其他项目采用默认值，单击“确认”按钮。

③ 输入 2018.01 月份的记账汇率为 6.55，按 Enter 键确认，如图 3-5 所示。

④ 单击“退出”按钮，完成外币设置。

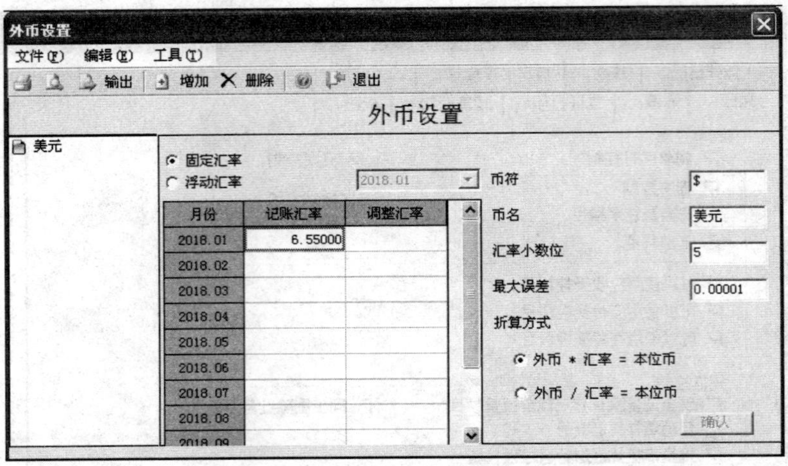

图 3-5　外币设置

提示：

使用固定汇率的用户，在填制每月的凭证前应预先在此录入本月的记账汇率；使用浮动汇率的用户，在填制该天的凭证前，应预先在此录入当天的记账汇率。

(2) 增加会计科目　**(微课视频：WZ030202.htm)**

① 在企业应用平台基础设置中，执行“基础档案”|“财务”|“会计科目”命令，进入“会计科目”窗口。

② 单击“增加”按钮，打开“新增会计科目”对话框，如图 3-6 所示。

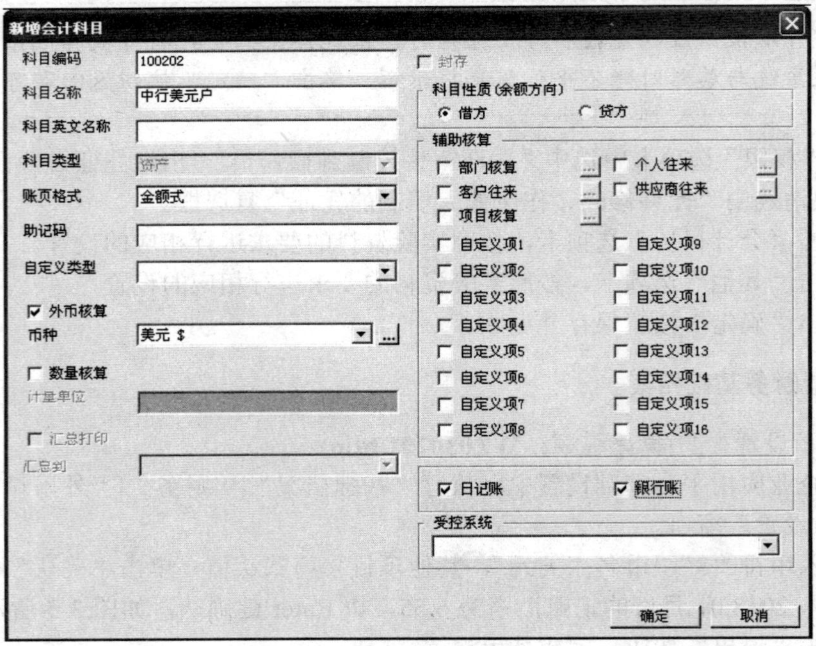

图 3-6　增加会计科目

③ 按实验资料会计科目表输入备注栏标注为“新增”的会计科目，单击“确定”按钮保存。

(3) 修改会计科目 **(微课视频：WZ030203.htm)**

① 在“会计科目”窗口中，将光标定位在“库存现金”科目，单击“修改”按钮，打开“会计科目_修改”对话框。

② 单击“修改”按钮，选中“日记账”复选框，如图 3-7 所示。单击“确定”按钮。

③ 对会计科目表备注栏中所有标注为“修改”的科目进行修改。

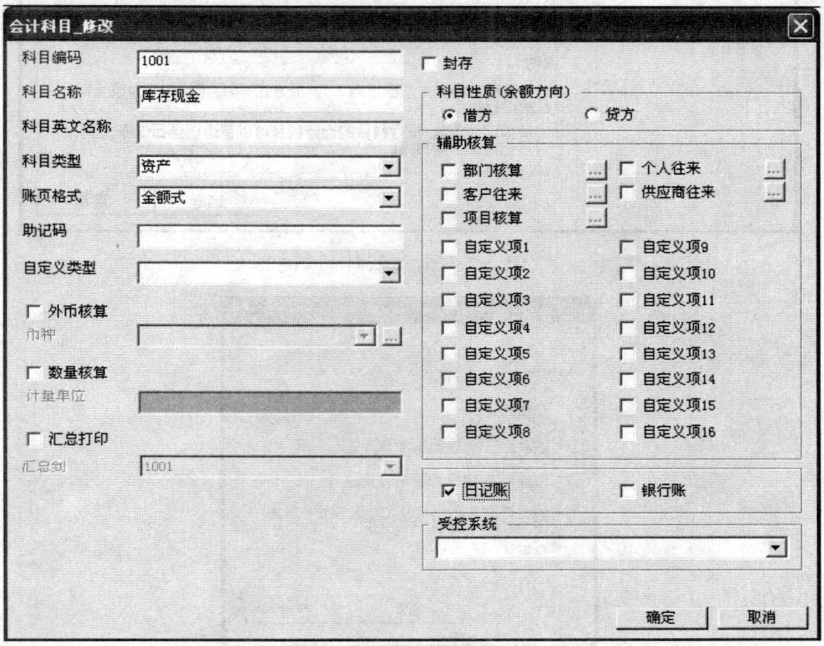

图 3-7 修改会计科目

(4) 指定会计科目 **(微课视频：WZ030204.htm)**

① 在会计科目窗口中，执行“编辑”|“指定科目”命令，打开“指定科目”对话框。

② 单击选中“现金科目”选项，从待选科目列表框中选择“1001 库存现金”科目，单击“>”按钮，将“库存现金”科目添加到已选科目列表中。

③ 同理，将“银行存款”科目设置为银行科目，如图 3-8 所示。

④ 单击“确定”按钮，保存。

(5) 凭证类别 **(微课视频：WZ030205.htm)**

① 在企业应用平台基础设置中，执行“基础档案”|“财务”|“凭证类别”命令，打开“凭证类别预置”对话框。

② 单击选中“收款凭证 付款凭证 转账凭证”选项，如图 3-9 所示。

③ 单击“确定”按钮，进入“凭证类别”窗口。

④ 单击“修改”按钮，双击收款凭证后的限制类型，出现下拉箭头，选择“借方必有”，选择或输入限制科目“1001,1002”，如图 3-10 所示。

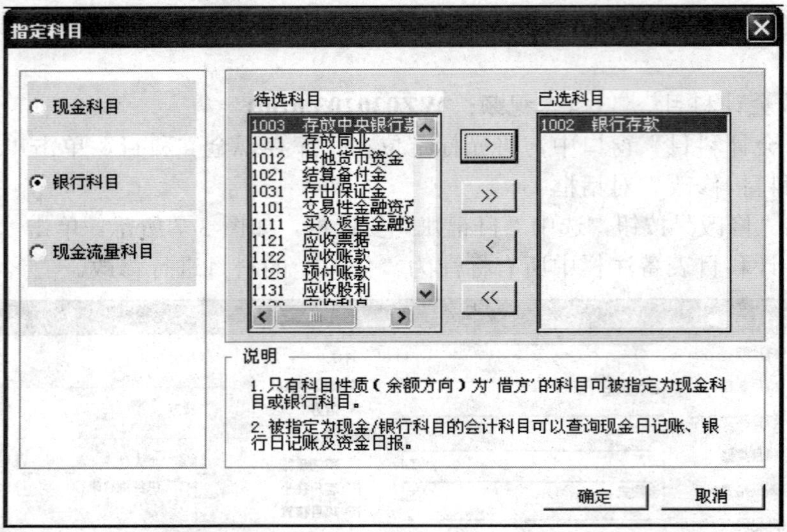

图 3-8　指定会计科目

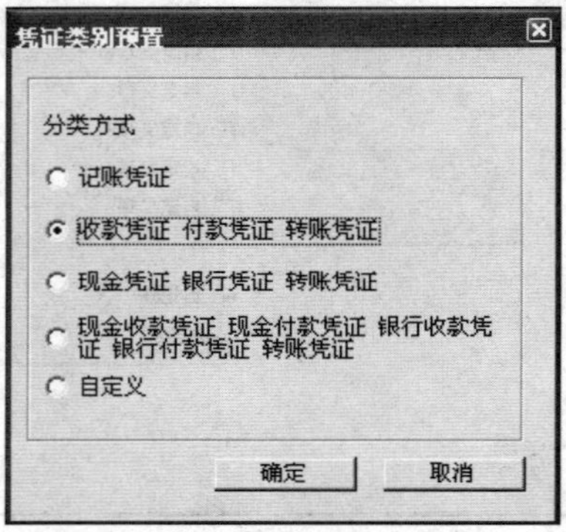

图 3-9　凭证类别预置

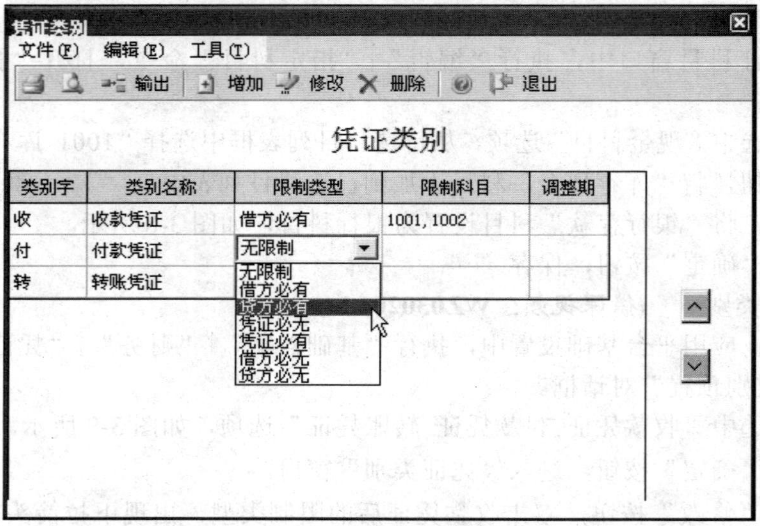

图 3-10　凭证类别设置

提示：

- 已使用的凭证类别不能删除，也不能修改类别字。
- 如果收款凭证的限制类型为借方必有“1001，1002”，则在填制凭证时系统要求收款凭证的借方一级科目至少有一个是“1001”或“1002”，否则，系统会判断该张凭证不属于收款凭证类别，不允许保存。付款凭证及转账凭证也应满足相应的要求。
- 如果直接录入科目编码，则编码间的标点符号应为英文状态下的标点符号，否则系统会提示科目编码有错误。

⑤ 同样，设置其他限制类型和限制科目。

(6) 项目目录

■ **新增项目大类　　(微课视频：WZ030206.htm)**

① 在企业应用平台基础设置中，执行“基础档案”|“财务”|“项目目录”命令，打开“项目档案”对话框。

② 单击“增加”按钮，打开“项目大类定义_增加”对话框。

③ 输入新项目大类名称为“产品”，选择新增项目大类的属性为“普通项目”，如图 3-11 所示。

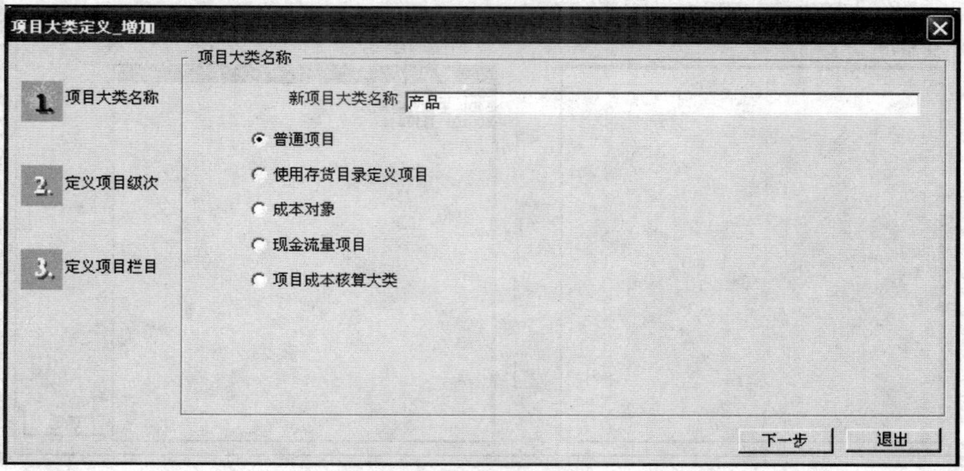

图 3-11　新增项目大类

④ 单击“下一步”按钮，打开“定义项目级次”窗口，设定项目级次：一级 1 位，如图 3-12 所示。

⑤ 单击“下一步”按钮，打开“定义项目栏目”对话框，取系统默认，不做修改。

⑥ 单击“完成”按钮，返回“项目档案”界面。

■ **指定项目核算科目　　(微课视频：WZ030207.htm)**

① 单击“项目大类”栏的下三角按钮，选择“产品”项目大类。

② 单击“核算科目”选项卡，单击“»”按钮将全部待选科目选择为按产品项目大类核算的科目，如图 3-13 所示。

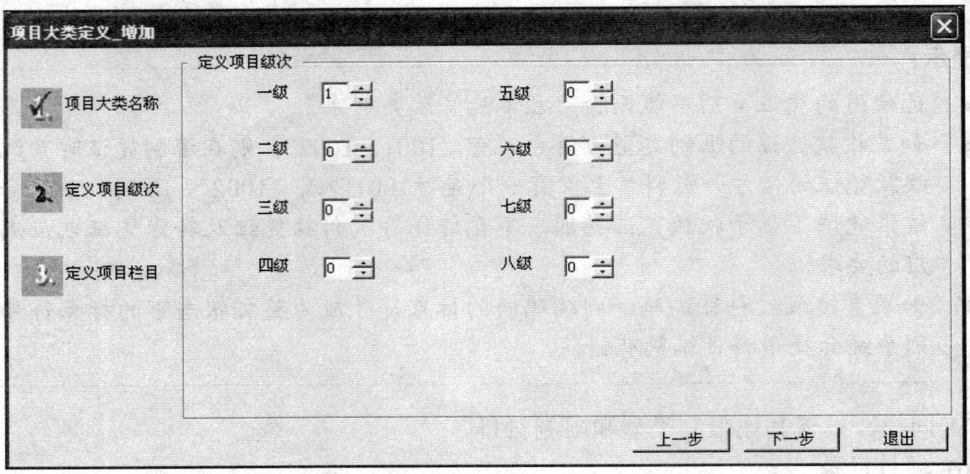

图 3-12　定义项目级次

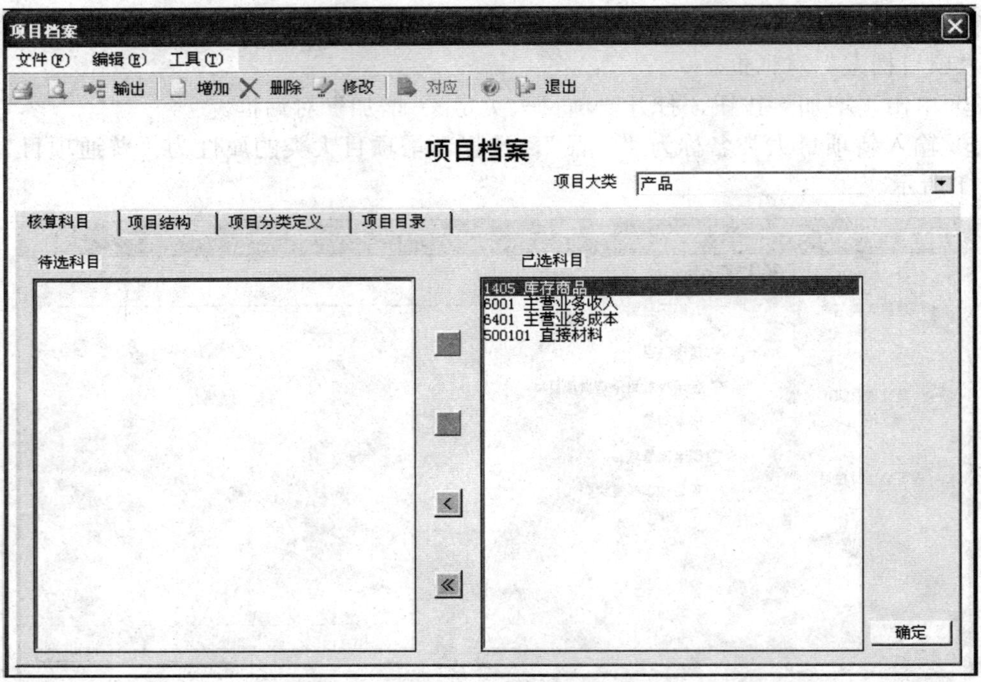

图 3-13　选择项目核算科目

③ 单击“确定”按钮保存。

■　进行项目分类定义　　**(微课视频：WZ030208.htm)**

① 单击“项目分类定义”选项卡。

② 输入分类编码为“1”，分类名称为“平板电脑”，单击“确定”按钮。

③ 同理，输入其他项目，如图 3-14 所示。

■　项目目录维护　　**(微课视频：WZ030209.htm)**

① 单击“项目目录”选项卡，单击“维护”按钮，进入“项目目录维护”窗口。

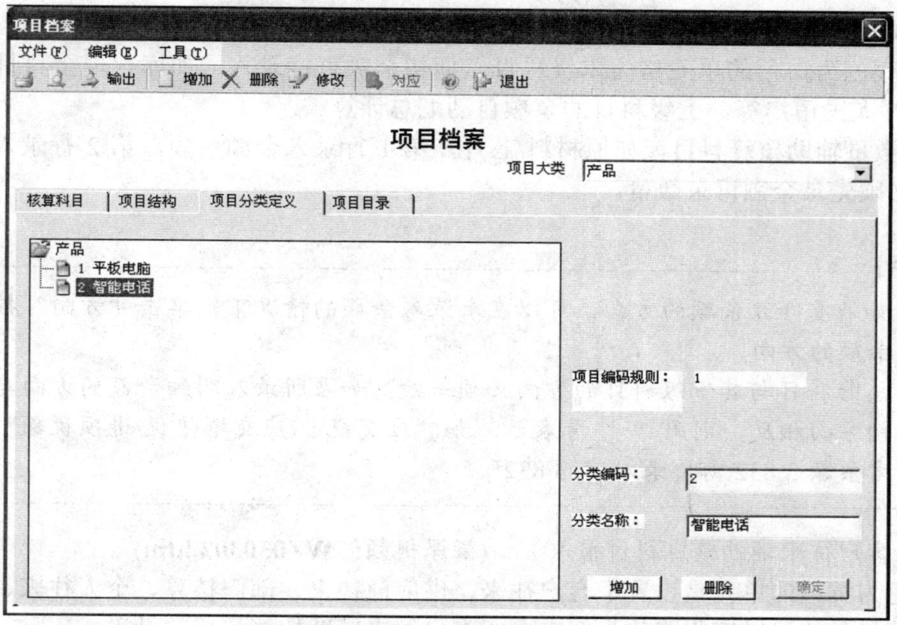

图 3-14 项目分类定义

② 单击“增加”按钮，输入项目编号及名称为“01 华星”，所属分类码为“1”，同理增加其他项目，如图 3-15 所示。

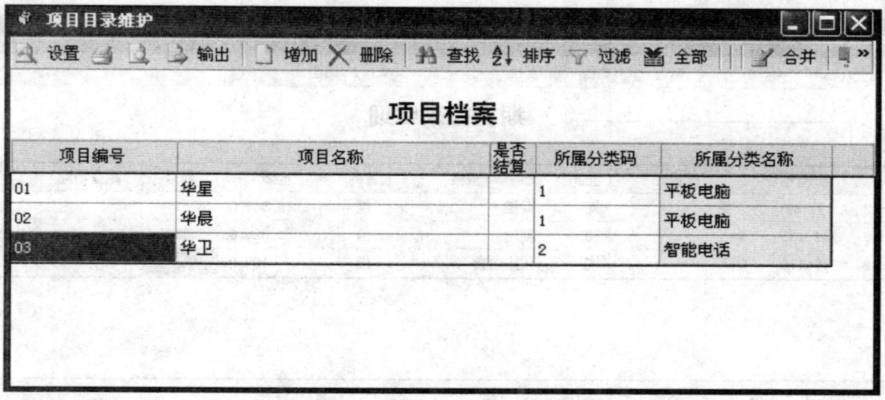

项目编号	项目名称	是否结算	所属分类码	所属分类名称
01	华星		1	平板电脑
02	华晨		1	平板电脑
03	华卫		2	智能电话

图 3-15 项目目录维护

提示：

- 一个项目大类可以指定多个科目，一个科目只能属于一个项目大类。
- 在每年年初应将已结算或不用的项目删除。结算后的项目将不能再使用。

3. 录入期初余额

(1) 无辅助核算的科目余额录入 **(微课视频：WZ030301.htm)**

① 在总账系统中，执行“设置”|“期初余额”命令，进入“期初余额录入”窗口。

期初余额列底色有 3 种颜色。

② 底色为白色的单元格为末级科目，期初余额直接录入，如库存现金科目、银行存款\工行人民币户等，上级科目的余额自动汇总计算。

③ 数量辅助核算科目，如原材料/芯片，第 1 行录入金额余额，第 2 行录入数量余额，且必须先录金额再录数量。

提示：

- 如果要修改余额的方向，可以在未录入余额的情况下，单击“方向”按钮改变余额的方向。
- 总账科目与其下级科目的方向必须一致。如果所录入明细余额的方向与总账余额方向相反，则用“-”号表示。如“应交税金/应交增值税/进项税额”科目借方余额 3 832 需要录入“-3 832”。

(2) 客户往来辅助核算科目录入　　**(微课视频：WZ030302.htm)**

底色为黄色的单元是设置了客户往来、供应商往来、部门核算、个人往来、项目核算的核算科目的。以应收账款为例来介绍客户往来辅助核算科目的录入。

① 双击应收账款科目期初余额栏，进入“辅助期初余额”窗口。

② 单击“往来明细”按钮，进入“期初往来明细”窗口。

③ 单击“增行”按钮，按资料录入应收账款往来明细，如图 3-16 所示。

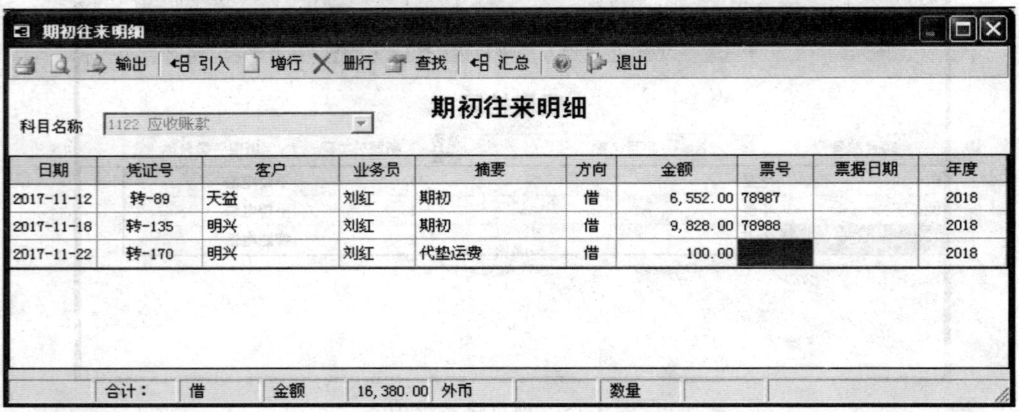
期初往来明细
输出 引入 增行 删行 查找 汇总 退出
期初往来明细
科目名称 1122 应收账款
日期 凭证号 客户 业务员 摘要 方向 金额 票号 票据日期 年度
2017-11-12 转-89 天益 刘红 期初 借 6,552.00 78987 2018
2017-11-18 转-135 明兴 刘红 期初 借 9,828.00 78988 2018
2017-11-22 转-170 明兴 刘红 代垫运费 借 100.00 2018
合计： 借 金额 16,380.00 外币 数量

图 3-16　期初往来明细

④ 单击“汇总”按钮，系统自动汇总并弹出“完成了往来明细到辅助期初表的汇总！”信息提示框，单击“确定”按钮。

⑤ 单击“退出”按钮，返回到辅助期初余额界面，如图 3-17 所示。

⑥ 单击“退出”按钮，返回期初余额录入界面，应收账款科目余额已自动生成。

同理录入其他应收款科目、应付款科目期初余额。

(3) 项目核算科目期初余额录入　　**(微课视频：WZ030303.htm)**

项目辅助核算期初余额录入与其他辅助核算不同，以库存商品为例介绍如下。

① 双击库存商品科目期初余额栏，进入“辅助期初余额”窗口。

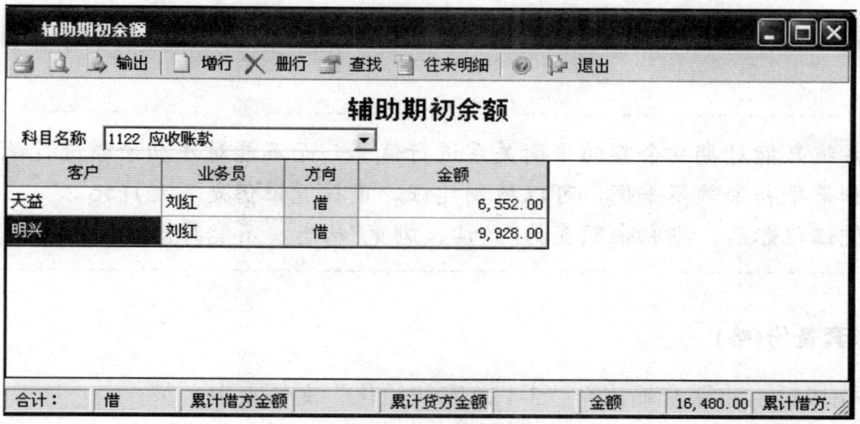

图 3-17　辅助期初余额

② 单击“增行”按钮，按项目录入期初余额，如图 3-18 所示。

③ 单击“退出”按钮，返回期初余额窗口，库存商品科目余额已自动生成。

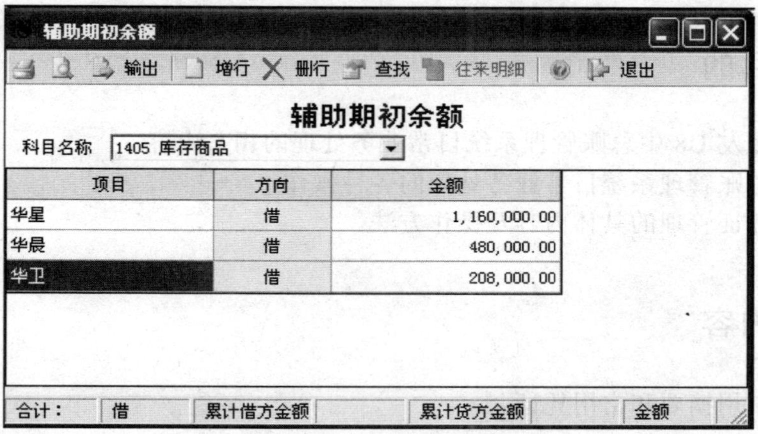

图 3-18　项目核算科目期初余额录入

(4) 试算平衡　**(微课视频：WZ030304.htm)**

① 输入完所有科目余额后，单击“试算”按钮，打开“期初试算平衡表”对话框，如图 3-19 所示。

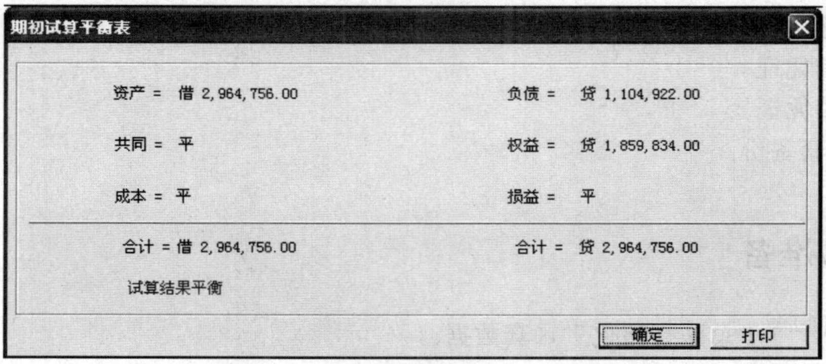

图 3-19　“期初试算平衡表”对话框

② 若期初余额不平衡，则修改期初余额；若期初余额试算平衡，则单击“确定”按钮。

提示：

- 系统只能对期初余额的平衡关系进行试算，而不能对年初余额进行试算。
- 如果期初余额不平衡，可以填制凭证、审核凭证但是不允许记账。
- 凭证记账后，期初余额变为“只读、浏览”状态，不能再修改。

4. 账套备份(略)

全部完成后，将账套输出至“3-1 总账初始化”文件夹中。

实验二　总账系统日常业务处理

实验目的

1. 掌握用友 U8 中总账管理系统日常业务处理的相关内容。
2. 熟悉总账管理系统日常业务处理的各种操作。
3. 掌握凭证管理的具体内容及操作方法。

实验内容

1. 设置常用摘要和常用凭证。
2. 填制凭证。
3. 审核凭证。
4. 出纳签字。
5. 记账。
6. 修改凭证。
7. 删除凭证。
8. 查询凭证。
9. 冲销凭证。
10. 账套备份。

实验准备

1. 引入“3-1 总账初始化”账套数据。
2. 将系统日期更改为“2018-01-31”。

实验资料

1. 常用摘要(如表 3-6 所示)

表 3-6 常用摘要

摘 要 编 码	摘 要 内 容
1	购置办公用品
2	职工出差借款

2. 常用凭证

编码：1；摘要：从工行提现金；凭证类别：付款凭证；科目编码：1001 和 100201。

3. 填制凭证

(1) 增加凭证

2018 年 1 月发生的经济业务

① 1 月 8 日，销售部报销餐费 600 元，以现金支付。

借：销售费用 600

  贷：库存现金 600

② 1 月 8 日，财务部张平持现金支票(票号 8356)从工行提取备用金 10 000 元。调用常用凭证完成。

借：库存现金 10 000

  贷：银行存款——工行存款 10 000

③ 1 月 12 日，销售给光华公司一批华星平板电脑，货税款 93 600 元(货款 80 000 元，税款 13 600 元)尚未收到。

借：应收账款(光华公司) 93 600

  贷：主营业务收入 80 000

    应交税费——增值税——销项税额 13 600

④ 1 月 15 日，收到李明偿还借款 3 000 元。

借：库存现金 3000

  贷：其他应收款——应收职工借款(李明) 3 000

⑤ 1 月 17 日，向杰信公司采购摄像头 200 个，无税单价 80 元，货款 16 000 元，进项税 2720 元，以转账支票支付，票号为 8201。

借：原材料 16 000

  应交税费——增值税——进项税额 2 720

  贷：银行存款——工行存款 18 720

⑥ 1 月 20 日，企管部杨文购置办公用品 400 元，进项税 68 元，以转账支票支付，票号为 8231。

借：管理费用——办公费　　400
　　应交税费——增值税——进项税额　　68
　　贷：银行存款——工行存款　　468

(2) 修改凭证

经查，12 日销售的平板电脑为“华晨”而非“华星”，需要改正。

(3) 删除凭证

8 日，销售部报销的餐费属个人消费行为，不允许报销，现金已追缴。

4. 出纳签字

5. 审核凭证

6. 记账

7. 冲销凭证

(1) 冲销 1 月 20 日购置办公用品的凭证。
(2) 练习删除红字冲销凭证。

8. 查询凭证

查询 2018 年 1 月份“转-0001”号凭证。

9. 账簿查询

(1) 查询“6602 管理费用”总账，并联查明细账和凭证。
(2) 查询发生额及余额表并联查专项资料。
(3) 定义并查询“应交增值税”多栏账。
(4) 查询客户往来明细账。
(5) 进行部门收支分析。

10. 账套备份

实验要求

1. 以“001 周健”的身份设置常用摘要、常用凭证，进行凭证审核、记账、查询等操作。
2. 以“002 王东”的身份进行填制凭证、修改凭证、删除凭证、红字冲销等操作。
3. 以“003 张平”的身份进行出纳签字

操作指导

1. 设置常用摘要　　(微课视频：WZ030401.htm)

以“001 周健”身份登录企业应用平台，设置常用摘要。

① 在企业应用平台“基础设置”选项卡中，执行“基础档案”|“其他”|“常用摘要”命令，打开“常用摘要”对话框。

② 单击“增加”按钮，按实验资料录入常用摘要，如图 3-20 所示。

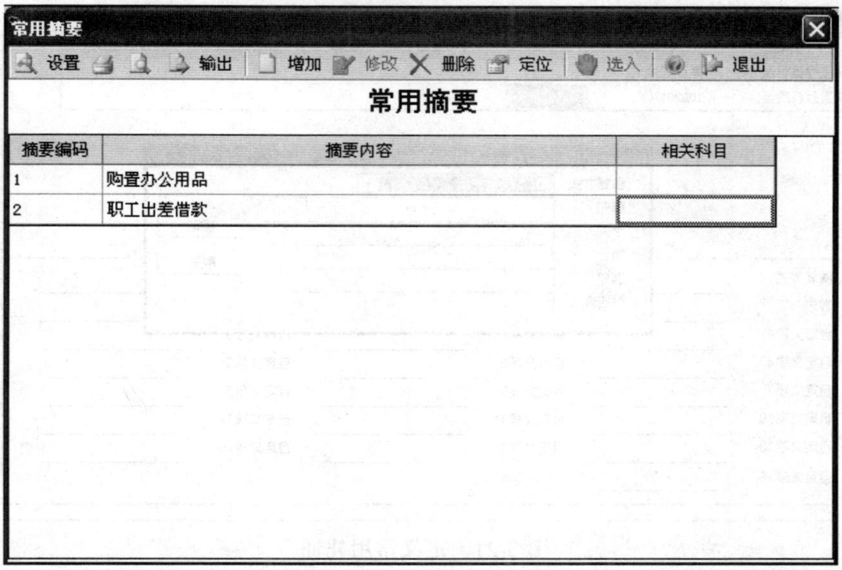

摘要编码	摘要内容	相关科目
1	购置办公用品	
2	职工出差借款	

图 3-20 常用摘要

提示：

- 设置常用摘要后可以在填制凭证时调用。
- 常用摘要中的“相关科目”是指使用该摘要时通常使用的相关科目。如果设置相关科目，则在调用该常用摘要时系统会将相关科目一并列出，并可以进行修改。

2. 设置常用凭证 (微课视频：WZ030501.htm)

以“001 周健”身份进入总账，设置常用凭证。

① 执行“凭证”|“常用凭证”命令，打开“常用凭证”对话框。

② 单击“增加”按钮。录入编码“1”，录入说明“从工行提现金”，单击“凭证类别”栏的下三角按钮，选择“付款凭证”。

③ 单击“详细”按钮，进入“常用凭证—付款凭证”窗口。

④ 单击“增分”按钮，在“科目名称”栏录入“1001”；再单击“增分”按钮，在第 2 行“科目名称”栏录入“100201”；选择结算方式“现金支票”，如图 3-21 所示。

⑤ 单击“确定”按钮，再单击“退出”按钮退出。

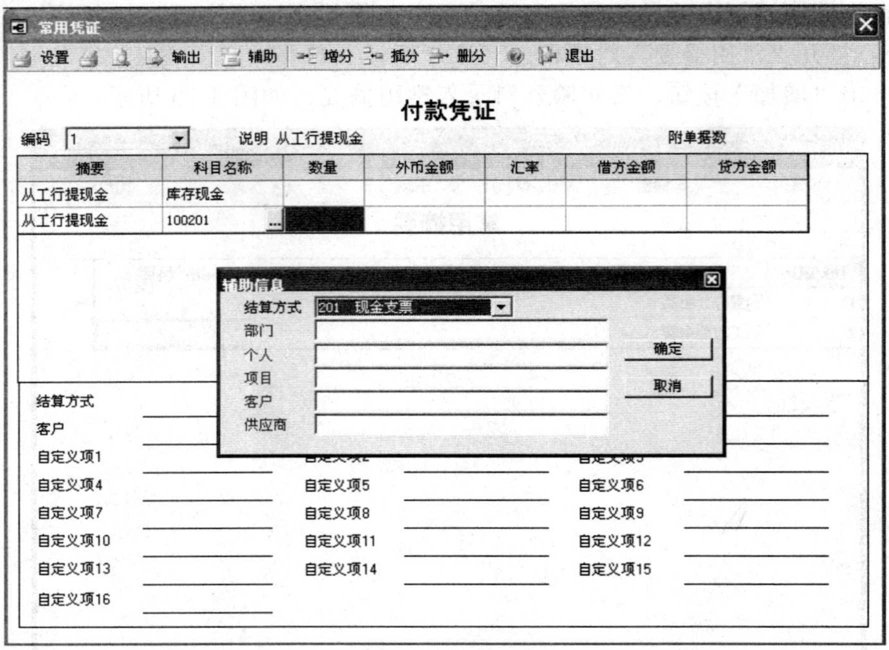

图 3-21 定义常用凭证

提示：

- 在填制凭证时可以执行“常用凭证”|“调用常用凭证”命令，调用事先定义的常用凭证，或在填制凭证功能中按 F4 键调用常用凭证。
- 调用的常用凭证可以修改。

3. 填制凭证

单击“重注册”选项，以“002 王东”的身份登录，增加凭证。

(1) 增加凭证

业务 1：无辅助核算的一般业务　　**(微课视频：WZ030601.htm)**

① 在企业应用平台业务工作中，执行“总账”|“凭证”|“填制凭证”命令，进入“填制凭证”窗口。

② 单击“增加”按钮或者按 F5 键，系统自动增加一张空白收款凭证。

③ 单击凭证类别的“参照”按钮，选择“付款凭证”。按 Enter 键，凭证号 0001 自动产生。

④ 修改凭证制单日期为“2018.01.08”。按照制单序时控制要求，制单日期不能小于上一张同类型凭证的制单日期，且不能大于系统日期。

⑤ 输入附单据数“1”。附单据数是指该记账凭证所附原始单据的张数。

⑥ 在摘要栏直接录入摘要“报销餐费”。按 Enter 键，或单击“科目名称”栏的参照按钮(或按 F2 键)，选择“损益”类科目“6601 销售费用”，或者直接在科目名称栏输入

“6601”。输入录入借方金额“600”。

⑦ 按 Enter 键，系统自动复制上一行的摘要，可以修改。录入贷方金额时，可以在贷方金额处直接按“=”键，系统自动计算目前借贷方差额并放置于当前位置。

⑧ 单击“保存”按钮，系统弹出“凭证已成功保存!”信息提示框，单击“确定”按钮返回，如图 3-22 所示。

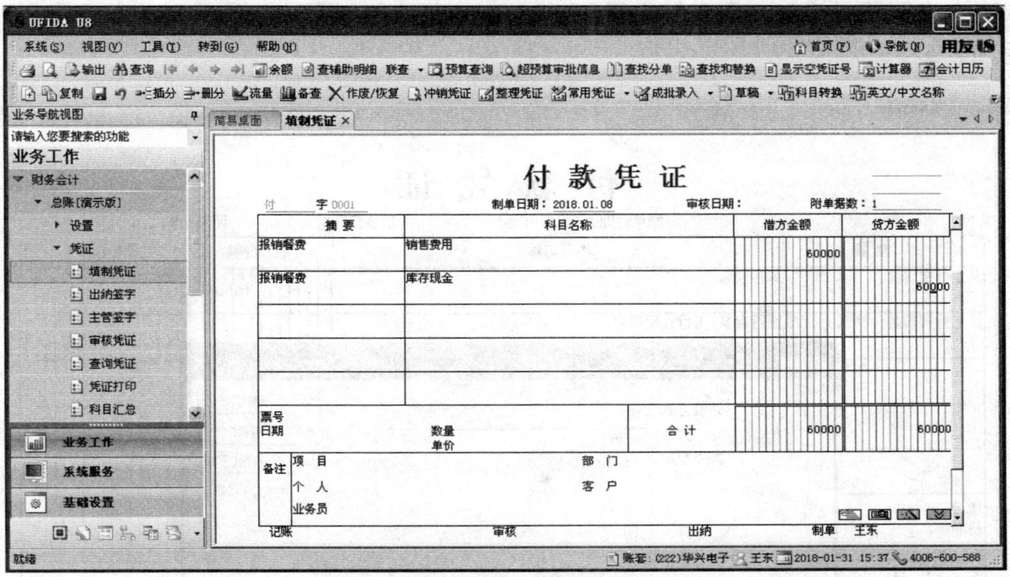

图 3-22　填制凭证—第 1 笔业务

提示：

- 如果在设置凭证类别时已经设置了不同种类凭证的限制类型及限制科目，那么在填制凭证时，若凭证类别选择错误，则在进入新的状态时系统会提示凭证不能满足的条件，且凭证不能保存。
- 若选择了系统编号方式，则凭证编号按凭证类别且按月顺序编号。
- 凭证一旦保存，其凭证类别、凭证编号不能修改。
- 正文中不同分录行的摘要可以相同也可以不同，但不能为空。每行摘要将随相应的会计科目在明细账、日记账中出现。
- 科目编码必须是末级的科目编码。
- 金额不能为“零”；红字以“－”号表示。
- 可“=”键意为取借贷方差额到当前光标位置。每张凭证上只能使用一次。
- 如果凭证的金额录错了方向，可以直接按空格键改变金额方向。
- 凭证填制完成后，可以单击“保存”按钮保存凭证，也可以单击“增加”按钮保存并增加下一张凭证。

业务 2：调用常用凭证。银行账辅助核算科目、使用了需要票据管理的结算方式

(微课视频：WZ030602.htm)

① 在“填制凭证”窗口中，单击“常用凭证”下三角按钮并选择“调用常用凭证”选项，打开“调用常用凭证”对话框。

② 输入常用凭证代号“1”，单击“确定”按钮，屏幕上出现事先定义的常用凭证。

③ 录入“库存现金”借方金额为“10 000”。将光标定位在凭证上的第 2 行，将光标下移至凭证下方票号处，光标变形为黑色“笔状”时双击，打开“辅助项”对话框。输入现金支票票号“8356”和发生日期“2018-01-08”，如图 3-23 所示，单击“确定”按钮返回。

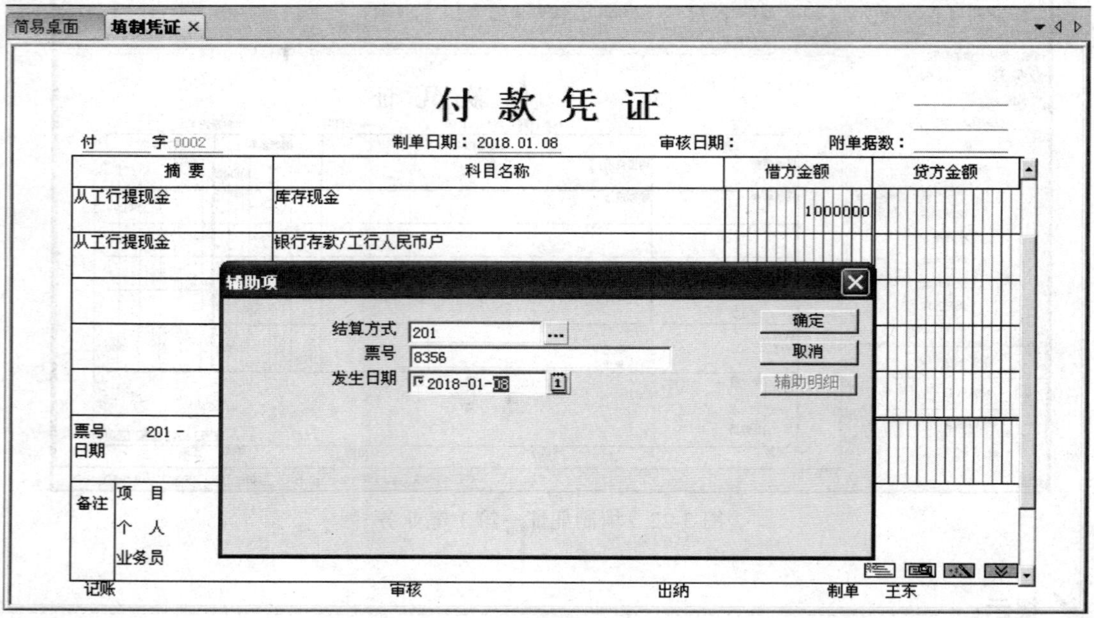

图 3-23 补充录入票号和发生日期

④ 单击“保存”按钮，系统弹出“此支票尚未登记，是否登记？”信息提示框，如图 3-24 所示。

⑤ 单击“是”按钮，弹出“票号登记”对话框，输入各项信息如图 3-25 所示。

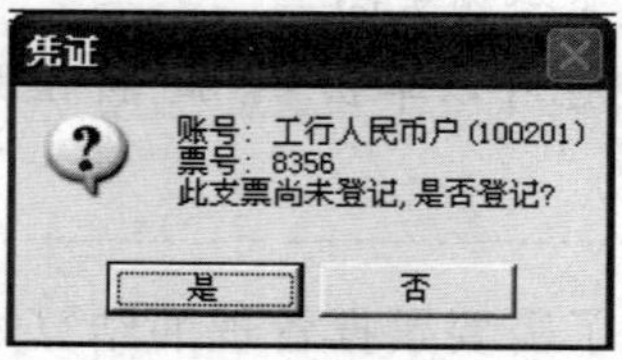

图 3-24 提醒支票登记信息框

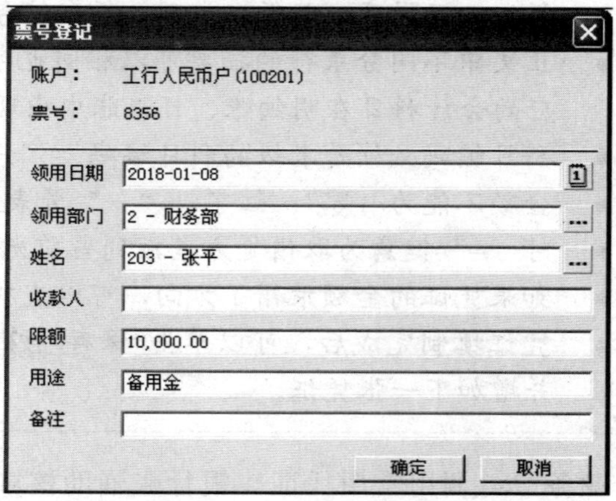

图 3-25 票号登记

⑥ 单击“确定”按钮，弹出信息提示框“凭证已成功保存！”，单击“确定”按钮。

提示：

- 100201 科目设置了银行账辅助核算，凭证中使用银行账辅助核算科目时，银行账辅助信息不能为空，以利于之后的银行对账。
- 若在“总账”选项中选择了“支票控制”，那么在“结算方式”中设置为“票据管理”的结算方式的票号应在支票登记簿中进行登记。

业务 3：客户往来辅助核算、项目核算 **（微课视频：WZ030603.htm）**

① 在填制凭证过程中，输入客户往来科目“1122”，弹出“辅助项”对话框。

② 选择输入客户“光华”，发生日期“2018-01-12”，如图 3-26 所示。

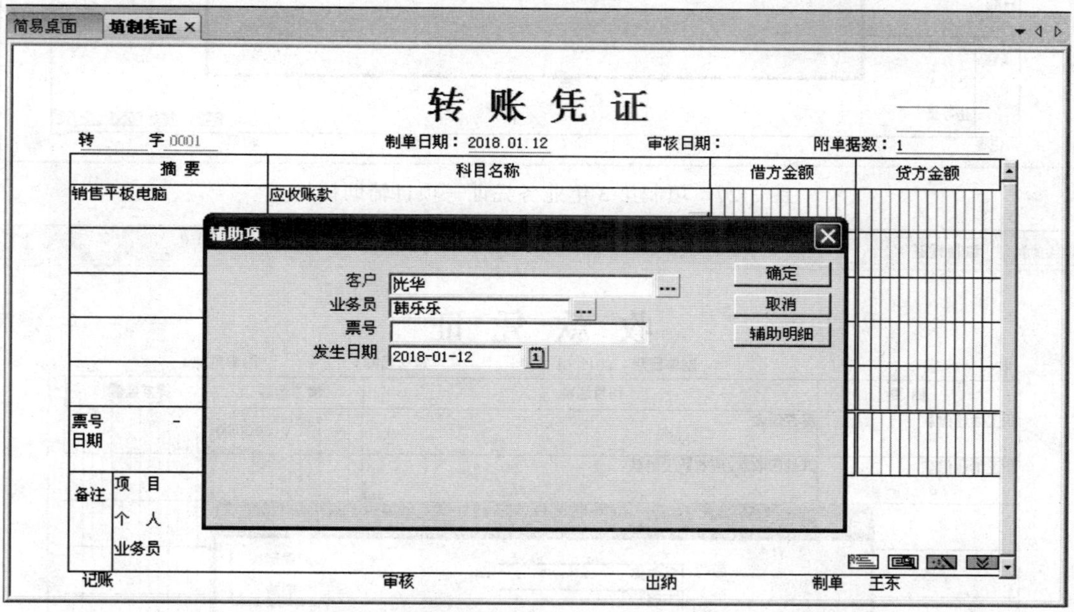

图 3-26 填制第 3 笔业务凭证—客户往来辅助核算

③ 在输入完项目核算科目“6001”后，弹出“辅助项”对话框。选择输入项目名称“华星”，如图 3-27 所示。

④ 单击“确定”按钮。输入凭证的其他信息并保存。

业务 4：个人往来辅助核算 **（微课视频：WZ030604.htm）**

① 在填制凭证过程中，输入个人往来科目“122101”后，弹出“辅助项”对话框。

② 选择输入部门“采购部”，个人“李明”，发生日期“2018-01-15”，如图 3-28 所示。

③ 单击“确定”按钮。

业务 5：数量核算、供应商往来辅助核算 **（微课视频：WZ030605.htm）**

① 在填制凭证过程中，输入数量科目“140305”，弹出“辅助项”对话框。

② 输入数量“200”，单价“80”，如图 3-29 所示，单击“确定”按钮返回。

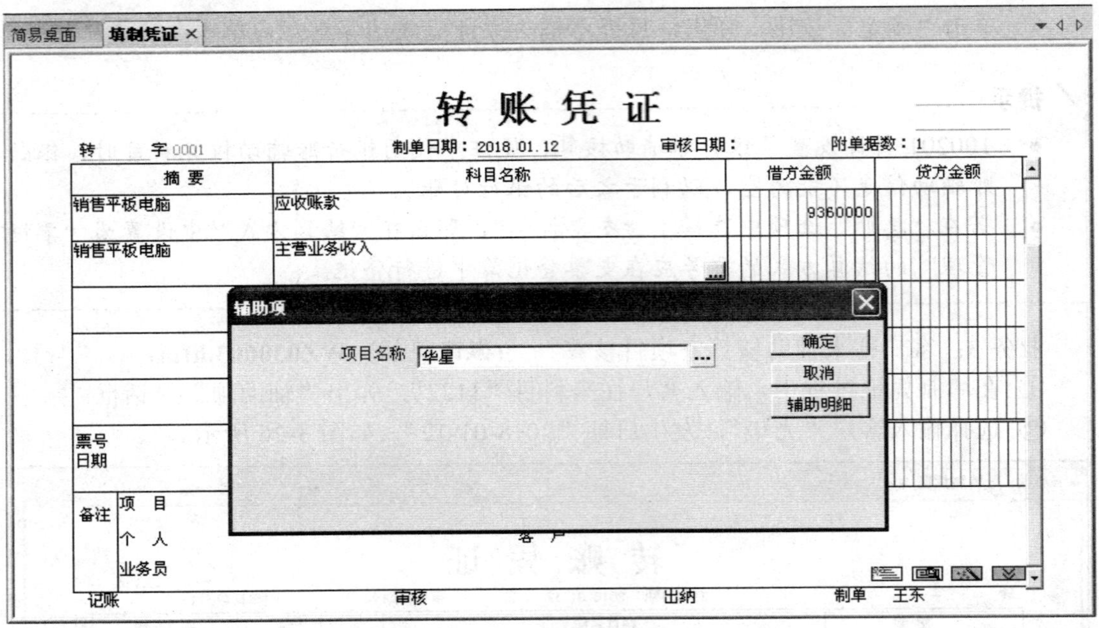

图 3-27 填制第 3 笔业务凭证—项目辅助核算

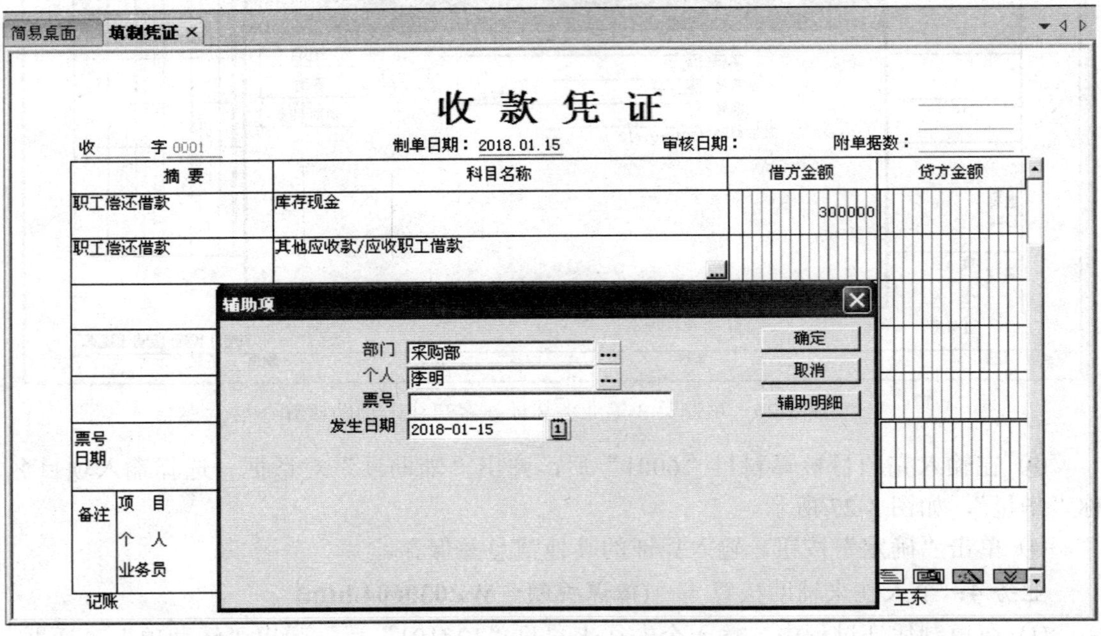

图 3-28 填制第 4 笔业务凭证—个人往来辅助核算

③ 保存凭证时，登记支票登记簿。

业务 6：调用常用摘要、部门辅助核算 **(微课视频：WZ030606.htm)**

① 在填制凭证过程中，在摘要栏输入常用摘要年号“1”即可调出预先设置的常用摘要。输入部门核算科目“660201”后，弹出“辅助项”对话框。

② 选择输入部门“企管部”，单击“确定”按钮，如图 3-30 所示。

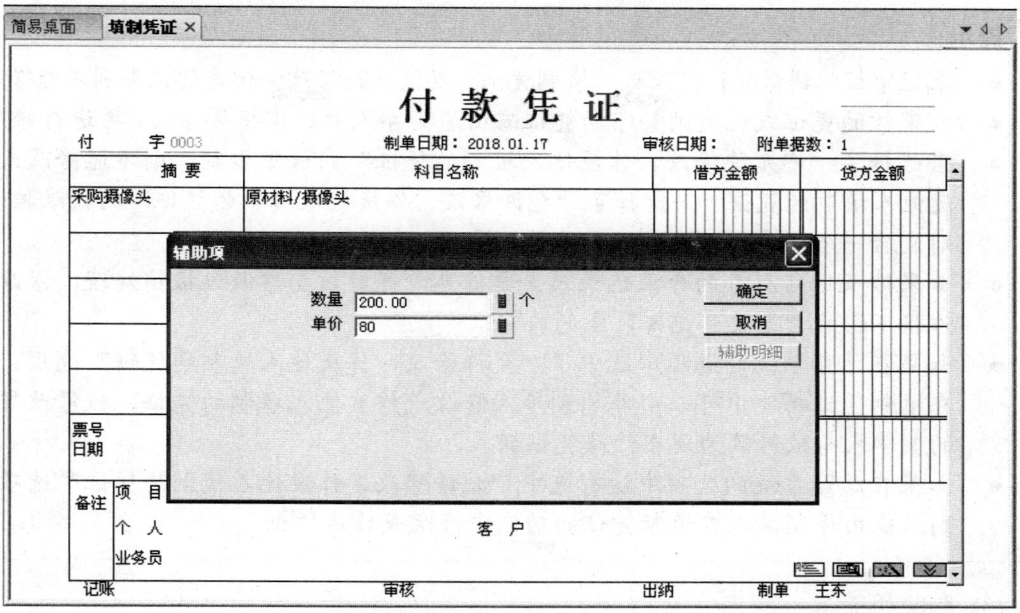

图 3-29 填制第 4 笔业务凭证—数量辅助核算

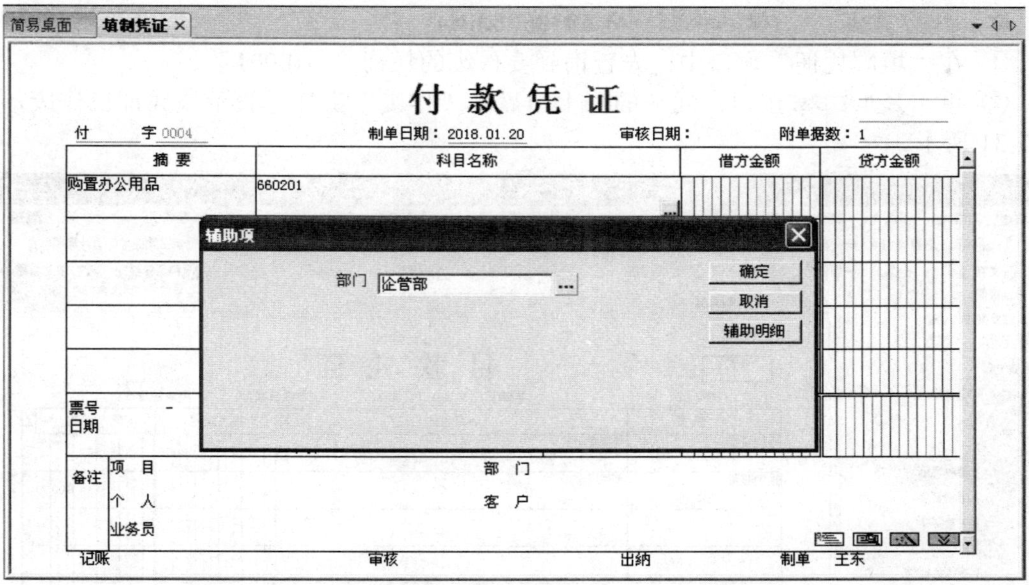

图 3-30 填制第 6 笔业务凭证—部门辅助核算

(2) 修改凭证 **(微课视频：WZ030607.htm)**

① 执行“凭证”|“填制凭证”命令，进入“填制凭证”窗口。

② 单击按钮，找到要修改的“转-0001”凭证。

③ 选中“6001 主营业务收入”辅助核算科目行，然后将光标移动到凭证下方的备注栏，待光标变形为“ ”时双击，弹出“辅助项”对话框。删除已有的“华星”，重新选择“华晨”。

提示：

- 未经审核的错误凭证可通过"填制凭证"功能直接修改；但是凭证类别不能修改。
- 已审核的凭证或已出纳签字的凭证需由原签字人取消审核签字后，再进行修改。
- 若选择了"不允许修改、作废他人填制的凭证"的权限控制，则不能修改或作废他人填制的凭证。若选择了"允许修改、作废他人填制的凭证"的权限控制，则最后一个修改该凭证的人成为该凭证的制单人。
- 如果涉及银行科目的分录已录入支票信息，并对该支票做过报销处理，修改操作将不影响"支票登记簿"中的内容。
- 如果在总账系统的选项中选中了"允许修改、作废他人填制的凭证"选项，则在填制凭证功能中可以由非原制单人修改或作废他人填制的凭证，被修改凭证的制单人将被修改为现在修改凭证的人。
- 如果在总账系统的选项中没有选中"允许修改、作废他人填制的凭证"选项，则只能由原制单人在填制凭证的功能中修改或作废凭证。

(3) 删除凭证

U8 中，删除凭证是通过作废凭证和整理凭证两步实现的。

■ **作废凭证　(微课视频：WZ030608.htm)**

① 在"填制凭证"窗口中，先查询到要作废的凭证"付-0001"。

② 单击 作废/恢复 按钮。凭证的左上角显示"作废"字样，表示该凭证已作废，如图 3-31 所示。

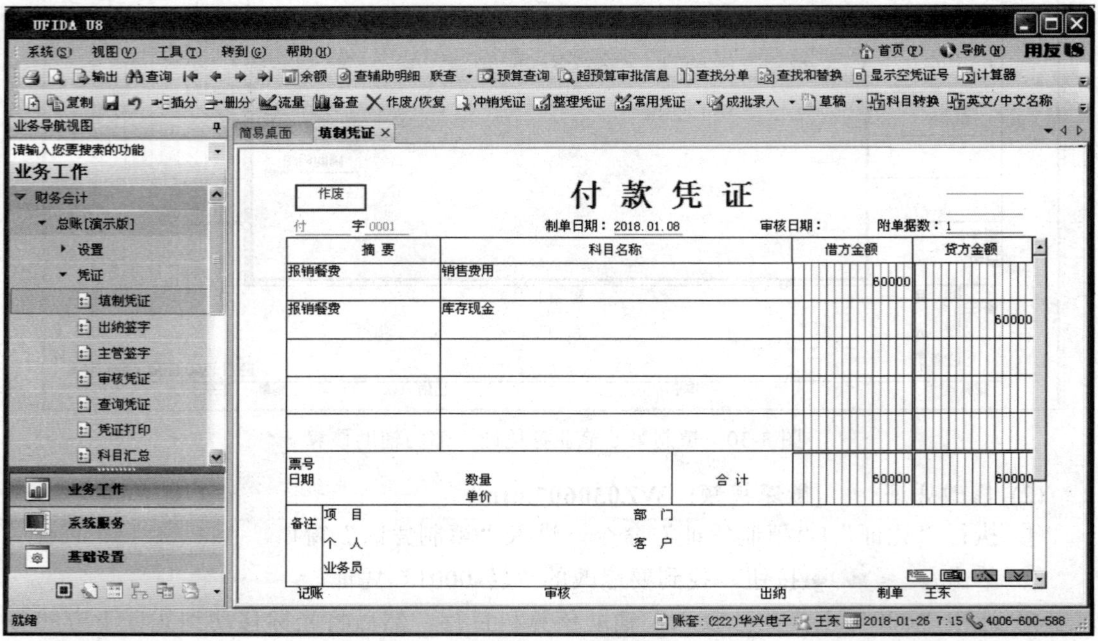

图 3-31　作废凭证

提示：

- 作废凭证仍保留凭证内容及编号，只显示“作废”字样。
- 作废凭证不能修改，不能审核。
- 在记账时，已作废的凭证应参与记账，否则月末无法结账，但不对作废凭证做数据处理，相当于一张空凭证。
- 账簿查询时，查不到作废凭证的数据。
- 若当前凭证已作废，可再次单击“作废/恢复”按钮，取消作废标志，并将当前凭证恢复为有效凭证。

■ **整理凭证** **(微课视频：WZ030609.htm)**

① 在“填制凭证”窗口中，单击“整理凭证”按钮，打开“凭证期间选择”对话框。

② 选择要整理的凭证期间“2018.01”。单击“确定”按钮，打开“作废凭证表”对话框。

③ 单击“全选”按钮或双击要删除的凭证记录行，选择真正要删除的作废凭证，如图 3-32 所示。

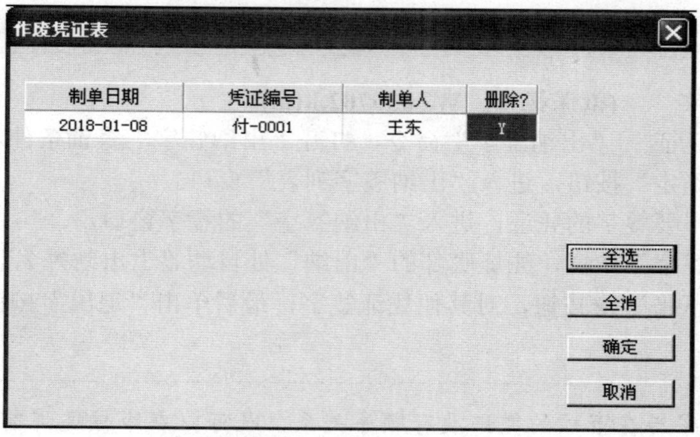

图 3-32 “作废凭证表”对话框

④ 单击“确定”按钮，系统将弹出“是否还需整理凭证断号”信息提示框，如图 3-33 所示。

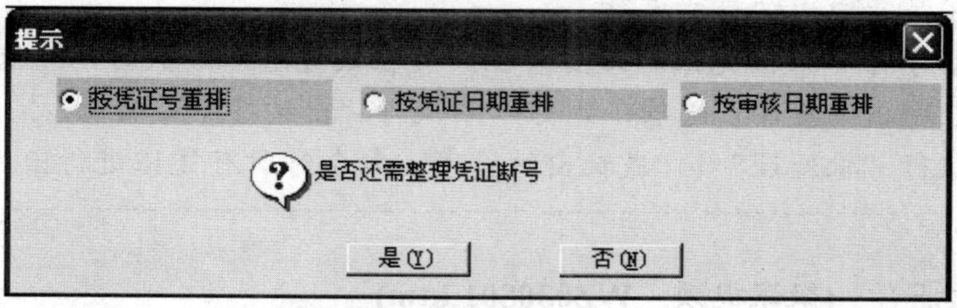

图 3-33 整理凭证号提示

⑤ 单击“是”按钮，系统将这些凭证从数据库中删除并对剩下凭证重新排号。

提示：

- 如果作废凭证不想保留时，则可以通过“整理凭证”功能，将其彻底删除，并对未记账凭证重新编号。
- 只能对未记账凭证的作废凭证做凭证整理。

4. 出纳签字

(1) 更换操作员　**(微课视频：WZ030701.htm)**

① 在企业应用平台界面中，执行“重注册”命令，打开“登录”对话框。

② 以“003 张平”的身份注册，再进入总账系统。以出纳身份登录，在总账系统下只能看到“凭证”和“出纳”两个功能组。

提示：

- 凭证填制人和出纳签字人可以为不同的人，也可以为同一个人。
- 按照会计制度规定，凭证的填制与审核不能是同一个人。
- 在进行出纳签字和审核之前，通常需先更换操作员。

(2) 出纳签字　**(微课视频：WZ030702.htm)**

① 执行“凭证”|“出纳签字”命令，打开“出纳签字”查询条件对话框。

② 单击“确定”按钮，进入“出纳签字列表”窗口。

③ 双击某一要签字的凭证，进入“出纳签字”的签字窗口。

④ 单击“签字”按钮，凭证底部的“出纳”处自动签上出纳姓名。

⑤ 单击“下张”➡按钮，对其他凭证签字，最后单击“退出”按钮退出。

提示：

- 出纳签字与在审核的凭证没有顺序关系，既可以在审核凭证前进行，也可以在审核凭证后进行。
- 涉及指定为现金科目和银行科目的凭证才需出纳签字。
- 凭证一经签字，就不能被修改、删除，只有取消签字后才可以修改或删除，取消签字只能由出纳自己进行。
- 凭证签字并非审核凭证的必要步骤。若在设置总账参数时，不选择“出纳凭证必须经由出纳签字”选项，则可以不执行“出纳签字”功能。
- 可以执行“批处理”|“成批出纳签字”命令对所有凭证进行出纳签字。

5. 审核凭证　**(微课视频：WZ030801.htm)**

① 重新注册，更换操作员为“001 周健”。

② 执行“凭证”|“审核凭证”命令，打开“凭证审核”对话框。

③ 单击“确定”按钮，进入“凭证审核列表”窗口。

④ 双击打开待审核的第 1 号“收款凭证”。

⑤ 单击“审核”按钮(第 1 号收款凭证审核完成后，系统自动翻页到第 2 张待审核的凭证)，再单击“审核”按钮，直到将已经填制的 5 张凭证全部审核签字。如图 3-34 所示。

⑥ 单击“退出”按钮退出。

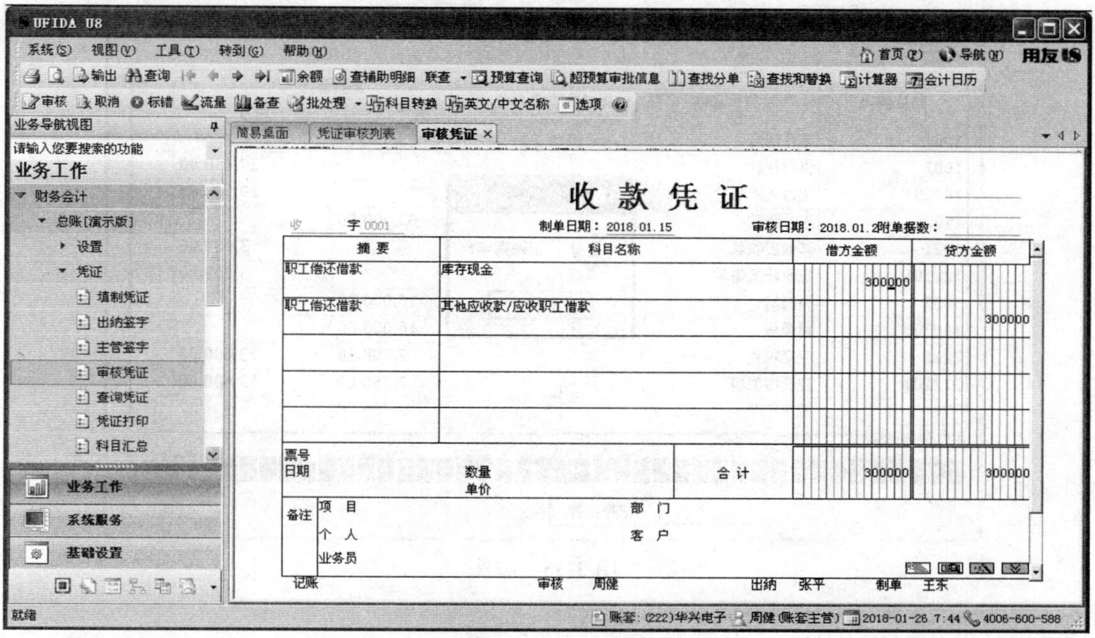

图 3-34 审核凭证

提示：

- 系统要求制单人和审核人不能是同一个人，因此在审核凭证前一定要首先检查一下，当前操作员是否就是制单人，如果是，则应更换操作员。
- 审核日期必须大于等于制单日期。
- 审核中发现凭证错误可以进行“标错”处理，以方便制单人准确定位错误凭证以便修改。
- 作废凭证不能被审核，也不能被标错。
- 凭证一经审核，不能被修改、删除，只有原审核签字人取消审核签字后才可修改或删除。
- 可以执行“批处理”|“成批审核凭证”命令对所有凭证进行审核签字。

6. 记账 **(微课视频：WZ030901.htm)**

① 由操作员“001 周健”执行“凭证”|“记账”命令，打开“记账”对话框。

② 单击“全选”按钮，选择对所有已审核凭证进行记账。

③ 单击“记账”按钮，打开“期初试算平衡表”对话框。单击“确定”按钮，系统自动进行记账，记账完成后，系统弹出“记账完毕！”信息提示框，如图 3-35 所示。

④ 单击“确定”按钮。

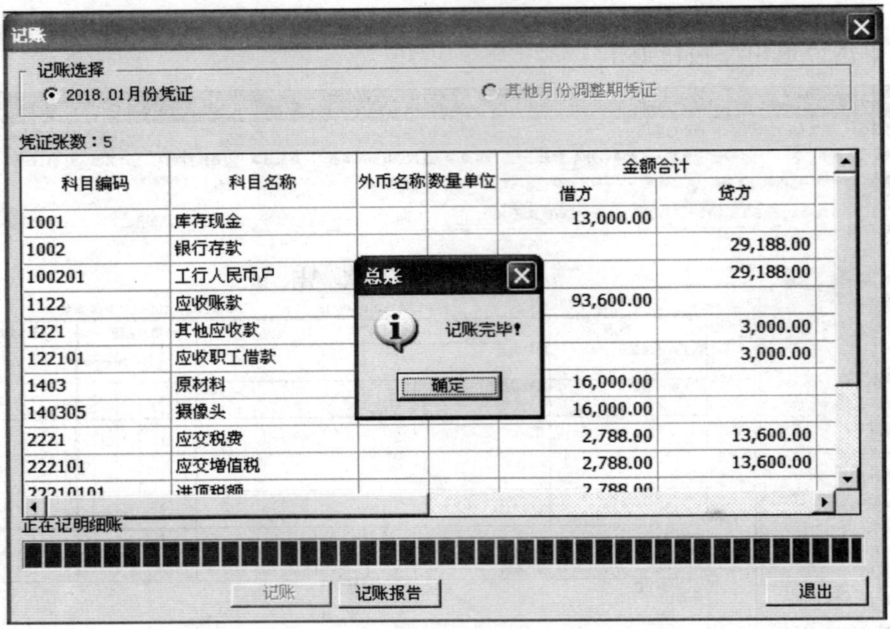

图 3-35　记账

提示：

- 如果期初余额试算不平衡不允许记账。
- 如果有未审核的凭证不允许记账；记账范围应小于等于已审核凭证范围。
- 上月未结账，本月不能记账。
- 如果不输入记账范围，系统默认为所有凭证。
- 记账后不能整理断号。
- 已记账的凭证不能在“填制凭证”功能中查询。
- 作废凭证不需审核可直接记账。
- 记账过程一旦断电或其他原因造成中断后，系统将自动调用“恢复记账前状态”恢复数据，然后再重新记账。

7. 冲销凭证

(1) 以“002 王东”的身份登录总账，冲销 1 月 20 日的购置办公用品凭证　**(微课视频：WZ031001.htm)**

① 在“填制凭证”窗口，单击“冲销凭证”按钮，打开“冲销凭证”对话框。

② 选择输入“月份”“凭证类别”信息；输入“凭证号”信息，如图 3-36 所示。

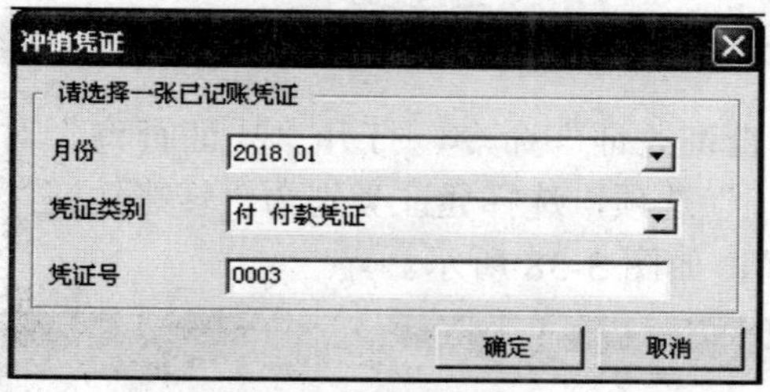

图 3-36　冲销凭证

③ 单击“确定”按钮，系统自动生成一张红字冲销凭证，如图 3-37 所示。

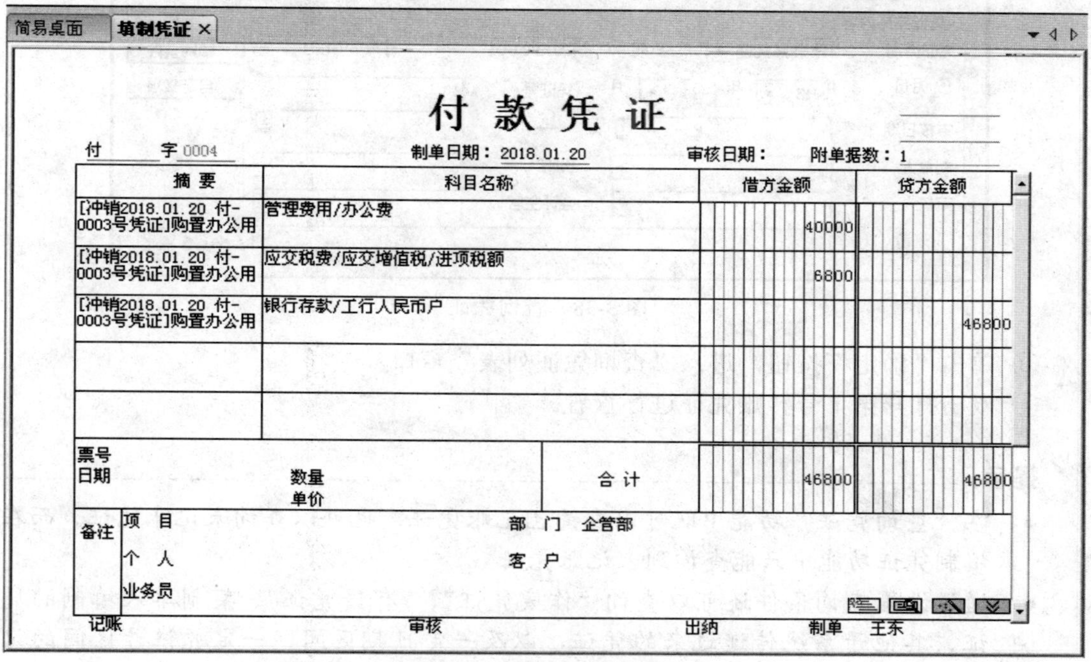

图 3-37　生成红字冲销凭证

提示：

- 冲销凭证相当于填制了一张凭证，不需保存，只要进入新的状态就由系统将冲销凭证自动保存。
- 通过红字冲销法增加的凭证，应视同正常凭证进行保存和管理。
- 红字冲销只能针对已记账凭证进行。
- 红字冲销凭证也可以手工填制。
- 已冲销凭证仍需审核、出纳签字后记账。

(2) 删除红字冲销凭证　　**(微课视频：WZ031002.htm)**

自行练习将红字冲销凭证删除。

8. 查询凭证　　(微课视频：WZ031101.htm)

① 执行“凭证”|“查询凭证”命令，打开“凭证查询”对话框。

② 选择“已记账凭证”选项，选择凭证类别为“转账凭证”，月份为“2018 年 1 月”；在“凭证号”栏录入“1”，如图 3-38 所示。

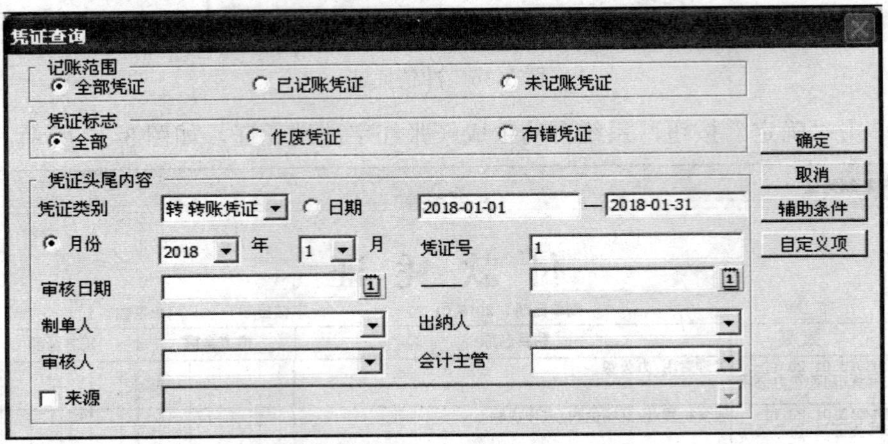

图 3-38　查询凭证

③ 单击“确定”按钮，进入“查询凭证列表”窗口。

④ 双击打开第 1 号转账凭证进行查看。

提示：

- 在“查询凭证”功能中既可以查询已记账凭证，也可以查询未记账凭证。而在填制凭证功能中只能查询到未记账凭证。
- 通过设置查询条件还可以查询“作废凭证”、“有错凭证”、某制单人填制的凭证、其他子系统传递过来的凭证，以及一定日期区间、一定凭证号区间的记账凭证。
- 已记账凭证除了可以在查询凭证功能中查询之外，还可以在查询账簿资料时，以联查的方式查询。
- 在“凭证查询”对话框中，单击“辅助条件”按钮，可以设定更多的查询条件。

9. 账簿查询

(1) 查询“6602 管理费用”总账　　**(微课视频：WZ031201.htm)**

① 在总账系统中，执行“账表”|“科目账”|“总账”命令，打开“总账查询条件”对话框。

② 直接录入或选择科目编码“6602”，单击“确定”按钮，进入“管理费用总账”窗口。如图 3-39 所示。

③ 单击选中“当前合计”栏，单击“明细”按钮，进入“管理费用明细账”窗口，如图 3-40 所示。

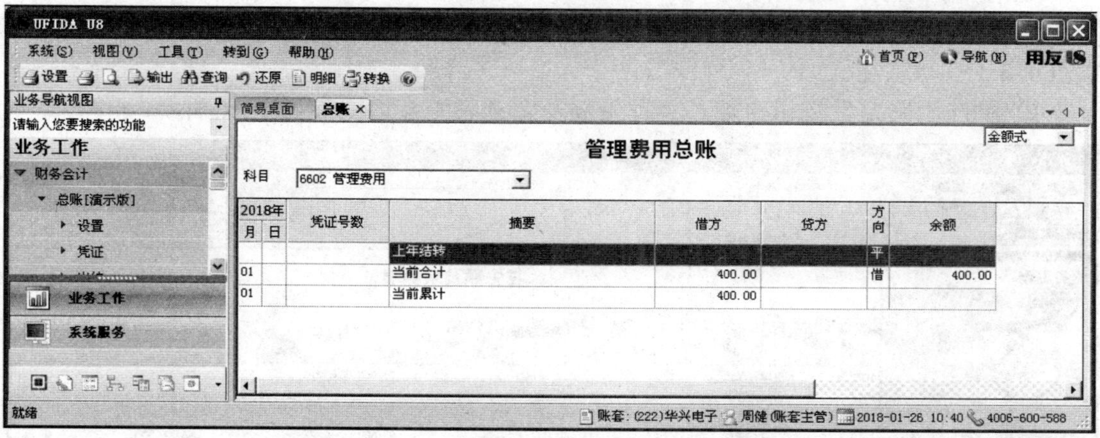

图 3-39 “管理费用总账”窗口

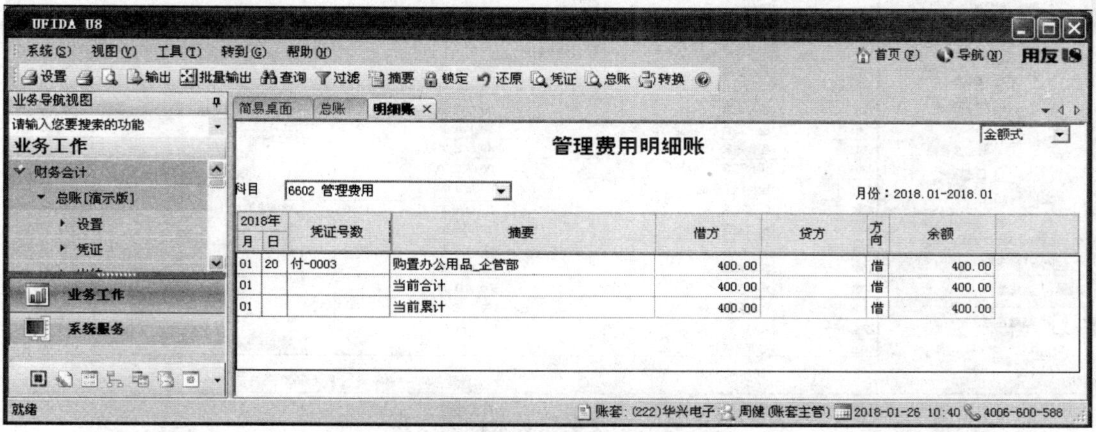

图 3-40 “管理费用明细账”窗口

④ 单击选中“付-0003”所在行，单击“凭证”按钮，打开第 3 号付款凭证。

⑤ 单击“退出”按钮退出。

提示：

- 在总账查询功能中，可以查询到三栏式总账的年初余额、各月发生额合计和月末余额，而且可以查询到二至五级明细科目的年初余额、各月发生额合计和月末余额，还可以查询到明细账中每项明细资料对应的记账凭证。
- 在查询总账时可以在总账条件查询中，通过录入科目范围查询一定科目范围内的总账。
- 在总账查询功能中可以查询“包含未记账凭证”的总账。
- 在明细账窗口，按“摘要”按钮可以设置“摘要选项”。
- 在明细账窗口，按“过滤”按钮可以录入“明细账过滤条件”。

(2) 查询发生额及余额表　　**(微课视频：WZ031202.htm)**

① 在总账系统中，执行“账表”|“科目账”|“余额表”命令，打开“发生额及余额查询条件”对话框。

② 单击“确定”按钮，进入“发生额及余额表”窗口，如图 3-41 所示。

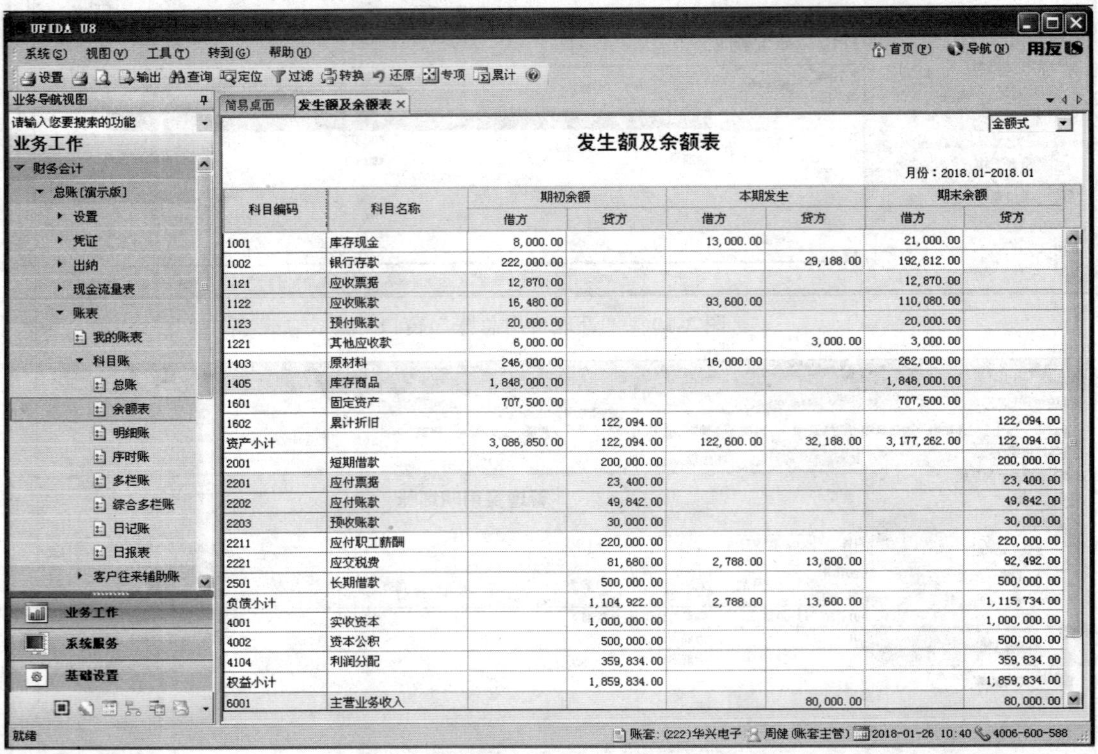

发生额及余额表

月份：2018.01-2018.01

科目编码	科目名称	期初余额		本期发生		期末余额	
		借方	贷方	借方	贷方	借方	贷方
1001	库存现金	8,000.00		13,000.00		21,000.00	
1002	银行存款	222,000.00			29,188.00	192,812.00	
1121	应收票据	12,870.00				12,870.00	
1122	应收账款	16,480.00		93,600.00		110,080.00	
1123	预付账款	20,000.00				20,000.00	
1221	其他应收款	6,000.00			3,000.00	3,000.00	
1403	原材料	246,000.00		16,000.00		262,000.00	
1405	库存商品	1,848,000.00				1,848,000.00	
1601	固定资产	707,500.00				707,500.00	
1602	累计折旧		122,094.00				122,094.00
资产小计		3,086,850.00	122,094.00	122,600.00	32,188.00	3,177,262.00	122,094.00
2001	短期借款		200,000.00				200,000.00
2201	应付票据		23,400.00				23,400.00
2202	应付账款		49,842.00				49,842.00
2203	预收账款		30,000.00				30,000.00
2211	应付职工薪酬		220,000.00				220,000.00
2221	应交税费		81,680.00	2,788.00	13,600.00		92,492.00
2501	长期借款		500,000.00				500,000.00
负债小计			1,104,922.00	2,788.00	13,600.00		1,115,734.00
4001	实收资本		1,000,000.00				1,000,000.00
4002	资本公积		500,000.00				500,000.00
4104	利润分配		359,834.00				359,834.00
权益小计			1,859,834.00				1,859,834.00
6001	主营业务收入				80,000.00		80,000.00

图 3-41　“发生额及余额表”窗口

③ 将光标定位在“1122 应收账款”，单击“专项”按钮，打开余额表中的专项资料，如图 3-42 所示。

④ 单击“退出”按钮退出。

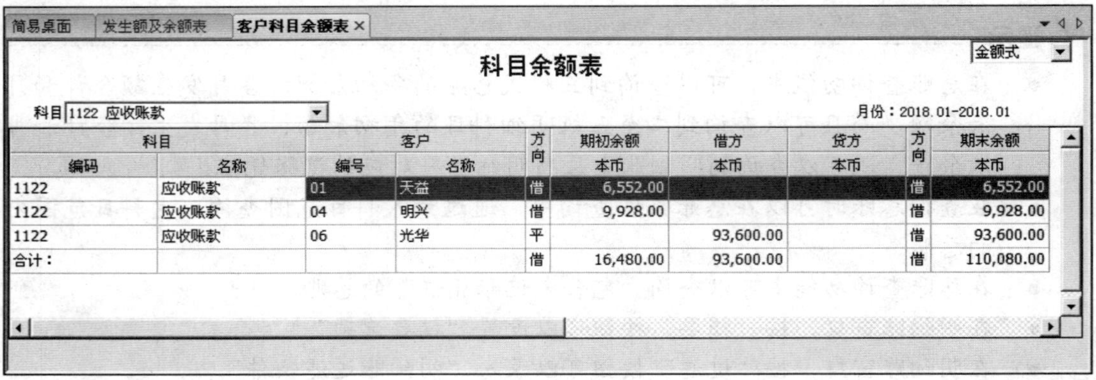

科目余额表

科目 1122 应收账款　　月份：2018.01-2018.01

科目		客户		方向	期初余额	借方	贷方	方向	期末余额
编码	名称	编号	名称		本币	本币	本币		本币
1122	应收账款	01	天益	借	6,552.00			借	6,552.00
1122	应收账款	04	明兴	借	9,928.00			借	9,928.00
1122	应收账款	06	光华	平		93,600.00		借	93,600.00
合计：				借	16,480.00	93,600.00		借	110,080.00

图 3-42　科目余额表

提示：

- 在余额表查询功能中，可以查询各级科目的本月期初余额、本期发生额及期末余额。
- 在发生额及余额表中，单击“累计”按钮，可以查询到累计借贷方发生额。
- 在发生额及余额表中，单击“专项”按钮，可以查询到带有辅助核算内容的辅助资料。
- 可以查询某个余额查询范围内的余额情况。
- 可以查询到包含未记账凭证在内的最新发生额及余额。

(3) 定义并查询“应交增值税”多栏账 **(微课视频：WZ031203.htm)**

① 在总账系统中，执行“账表”|“科目账”|“多栏账”命令，进入“多栏账”窗口。

② 单击“增加”按钮，打开“多栏账定义”对话框。

③ 单击“核算科目”栏的下三角按钮，选择“2221 应交税费”，单击“自动编制”按钮，出现栏目定义的内容，如图 3-43 所示。

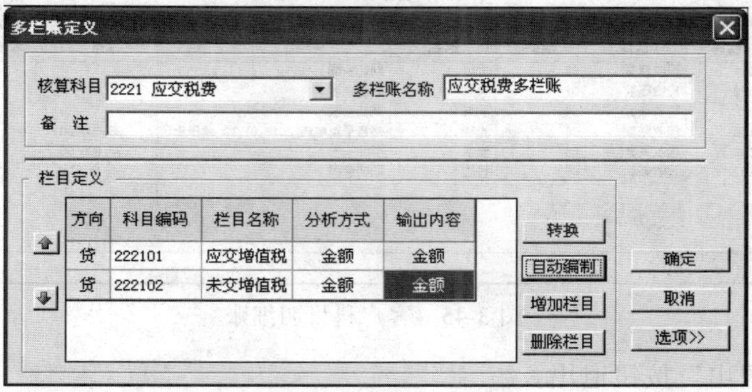

图 3-43 多栏账定义

④ 单击“确定”按钮，完成应交税费多栏账的设置。

⑤ 单击“查询”按钮，打开“多栏账查询”对话框。单击“确定”按钮，显示应交税费多栏账，如图 3-44 所示。

图 3-44 多栏账

提示：

- 多栏账需要先定义再查询，定义是一次性的。
- 在总账系统中，普通多栏账由系统将要分析科目的下级科目自动生成“多栏账”。
- 多栏账的栏目内容可以自定义，可以对栏目的分析方向、分析内容、输出内容进行定义，同时可以定义多栏账格式。
- 自定义多栏账可以根据实际管理需要将不同的科目及不同级次的科目形成新的多栏账，以满足多科目的综合管理。

(4) 查询客户往来明细账中的客户科目明细账　　**(微课视频：WZ031204.htm)**

① 在总账系统中，执行“账表”|“客户往来辅助账”|“客户往来明细账”|“客户科目明细账”命令，打开“查询条件选择”对话框。

② 单击“确定”按钮，进入“客户科目明细账”窗口，如图 3-45 所示。

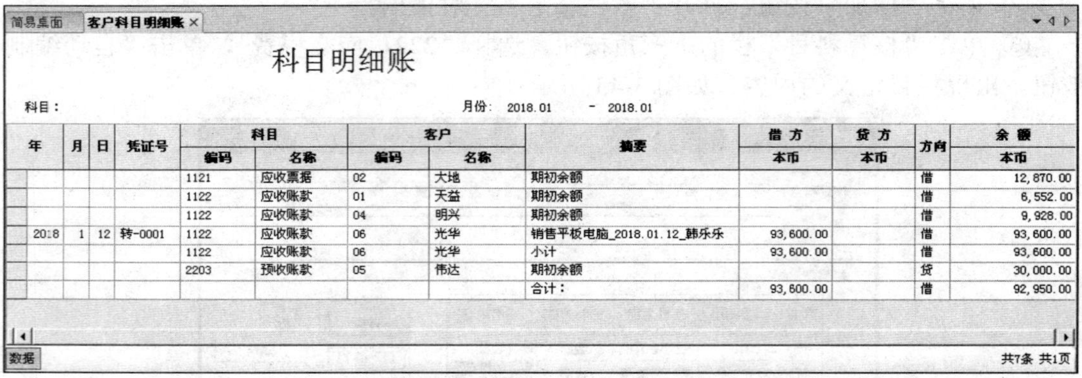

年	月	日	凭证号	科目 编码	科目 名称	客户 编码	客户 名称	摘要	借方 本币	贷方 本币	方向	余额 本币
				1121	应收票据	02	大地	期初余额			借	12,870.00
				1122	应收账款	01	天益	期初余额			借	6,552.00
				1122	应收账款	04	明兴	期初余额			借	9,928.00
2018	1	12	转-0001	1122	应收账款	06	光华	销售平板电脑_2018.01.12_韩乐乐	93,600.00		借	93,600.00
				1122	应收账款	06	光华	小计	93,600.00		借	93,600.00
				2203	预收账款	05	伟达	期初余额			贷	30,000.00
								合计：	93,600.00		借	92,950.00

图 3-45　客户科目明细账

③ 单击“退出”按钮退出。

④ 可以进行客户往来余额、客户往来催款单、客户往来账龄分析等查询。

提示：

- 在“客户科目明细账”功能中，可以查询所有辅助核算内容为“客户往来”的科目明细账。
- 可以查询各个客户、各个月份的客户科目明细账。
- 可以查询包含未记账凭证的客户科目明细账。
- 在科目明细账中，可以联查到总账及凭证的内容，还可以进行摘要内容的设置。
- 客户往来辅助账的查询方式较多，可以根据不同需要在不同的查询功能中查找到有用的数据。

(5) 进行部门收支分析　　**(微课视频：WZ031205.htm)**

① 执行“账表”|“部门辅助账”|“部门收支分析”命令，打开“部门收支分析条件”对话框。

② 选择管理费用下的明细科目作为分析科目，单击“下一步”按钮。

③ 选择“企管部”“财务部”“采购部”作为分析部门，如图 3-46 所示，单击“下一步”按钮。

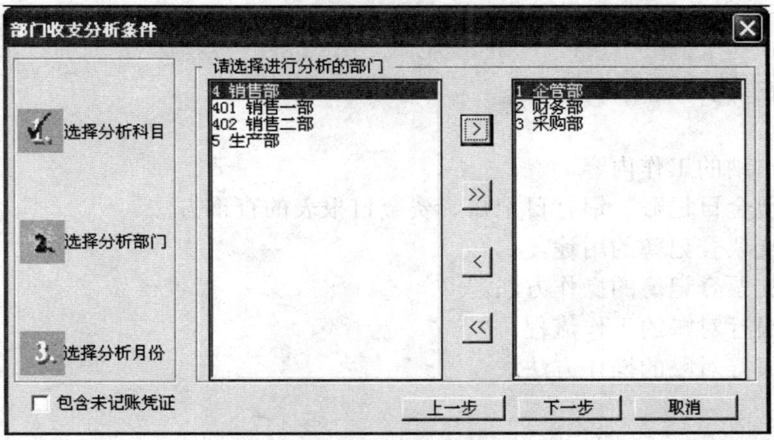

图 3-46 部门收支分析条件

④ 选择“2018.01”作为分析月份，单击“完成”按钮，系统显示部门收支分析表。

⑤ 单击“过滤”按钮，打开“过滤条件”对话框。选中“借方”，单击“确定”按钮，显示几个部门的本期支出情况，如图 3-47 所示。

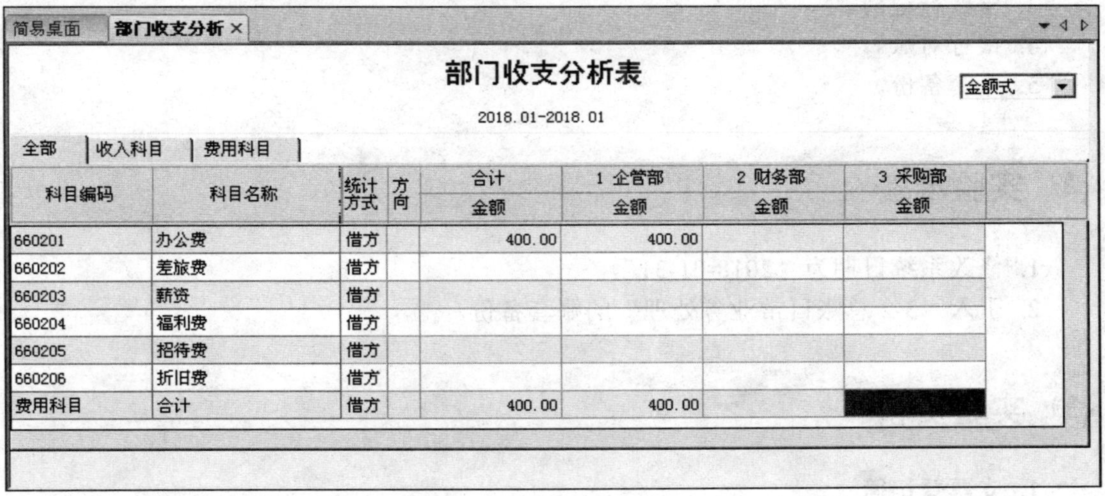

科目编码	科目名称	统计方式	方向	合计	1 企管部	2 财务部	3 采购部
				金额	金额	金额	金额
660201	办公费	借方		400.00	400.00		
660202	差旅费	借方					
660203	薪资	借方					
660204	福利费	借方					
660205	招待费	借方					
660206	折旧费	借方					
费用科目	合计	借方		400.00	400.00		

图 3-47 部门收支分析表

10. 账套备份(略)

全部完成后，将账套输出至“3-2 总账日常业务处理”文件夹中。

实验三　出纳管理

实验目的

1. 了解出纳的工作内容。
2. 掌握现金日记账、银行日记账、资金日报表的查询方法。
3. 理解支票登记簿的用途。
4. 掌握支票登记簿的操作方法。
5. 熟悉银行对账的工作流程。
6. 掌握银行对账的操作方法。

实验内容

1. 查询日记账。
2. 查询资金日报表。
3. 支票登记簿。
4. 银行对账。
5. 账套备份。

实验准备

1. 修改系统日期为“2018-01-31”。
2. 引入“3-2 总账日常业务处理”的账套备份。

实验资料

1. 支票登记簿

1 月 22 日，销售一部刘红领用转账支票(No.1888)支付广告费，限额 20 000 元。出纳登记支票登记簿。

2. 银行对账期初数据

企业日记账余额为 222 000 元，银行对账单期初余额为 220 000 元，有企业已收而银行未收的未达账(2018 年 12 月 20 日)2 000 元。

3. 2018 年 1 月的银行对账单(如表 3-7 所示)

表 3-7 银行对账单

日　期	结算方式	票　号	借方金额	贷方金额	余　额
2018.01.08	现金支票	8356		10 000	210 000
2018.01.18	转账支票	8201		18 720	191 280
2018.01.22	转账支票	8231		468	190 812

4. 备份账套

实验要求

以出纳“003 张平”的身份进行操作。

操作指导

1. 查询现金日记账　(微课视频：WZ031301.htm)

① 执行“出纳”|“现金日记账”命令，打开“现金日记账查询条件”对话框。
② 单击“确定”按钮，进入“现金日记账”窗口，如图 3-48 所示。
③ 单击“退出”按钮退出。

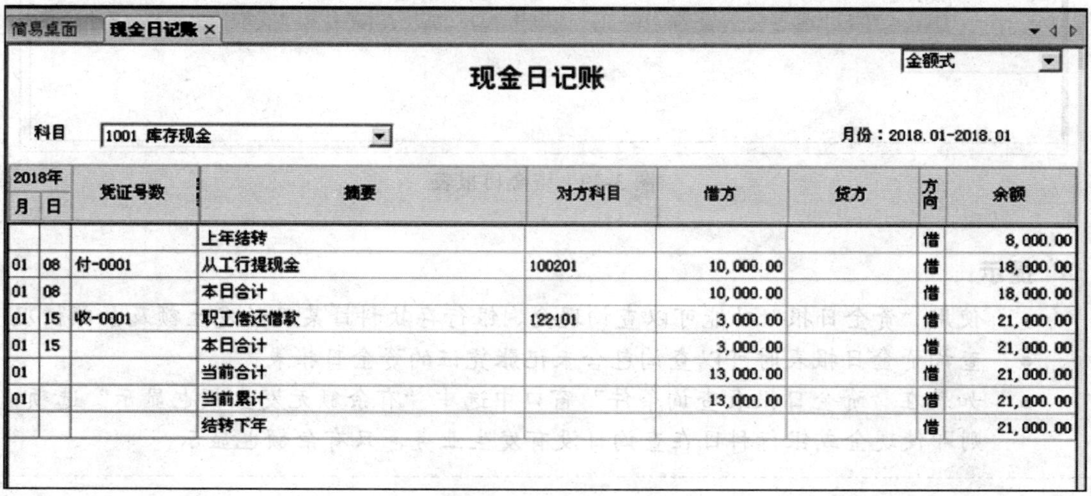

2018年 月	日	凭证号数	摘要	对方科目	借方	贷方	方向	余额
			上年结转				借	8,000.00
01	08	付-0001	从工行提现金	100201	10,000.00		借	18,000.00
01	08		本日合计		10,000.00		借	18,000.00
01	15	收-0001	职工借还借款	122101	3,000.00		借	21,000.00
01	15		本日合计		3,000.00		借	21,000.00
01			当前合计		13,000.00		借	21,000.00
01			当前累计		13,000.00		借	21,000.00
			结转下年				借	21,000.00

图 3-48　现金日记账

提示：

- 只有在“会计科目”功能中使用“指定科目”功能指定“现金科目”及“银行科目”，才能查询“现金日记账”及“银行存款日记账”。
- 既可以按日查询，也可以按月查询现金及银行存款日记账。
- 查询日记账时还可以查询包含未记账凭证的日记账。
- 在已打开的日记账窗口中还可以通过单击“过滤”按钮，输入过滤条件快速查询日记账的具体内容。
- 在已打开的日记账窗口中还可以通过单击“凭证”按钮，查询该条记录所对应的记账凭证。

2. 查询 1 月 8 日的资金日报表　　(微课视频：WZ031401.htm)

① 执行“出纳”|“资金日报”命令，打开“资金日报表查询条件”对话框。

② 选择日期“2018.01.08”，单击“确定”按钮，进入“资金日报表”窗口，如图 3-49 所示。

③ 单击“退出”按钮退出。

简易桌面　资金日报表 ×

资金日报表

日期:2018.01.08

科目编码	科目名称	币种	今日共借	今日共贷	方向	今日余额	借方笔数	贷方笔数
1001	库存现金		10,000.00		借	18,000.00	1	
1002	银行存款			10,000.00	借	212,000.00		1
合计			10,000.00	10,000.00	借	230,000.00	1	1

图 3-49　资金日报表

提示：

- 使用“资金日报”功能可以查询现金、银行存款科目某日的发生额及余额情况。
- 查询资金日报表时可以查询包含未记账凭证的资金日报表。
- 如果在“资金日报表查询条件”窗口中选中“有余额无发生额也显示”选项，则即使现金或银行科目在查询日没有发生业务，只有余额也显示。

3. 登记支票登记簿　　(微课视频：WZ031501.htm)

① 执行“出纳”|“支票登记簿”命令，打开“银行科目选择”对话框。

② 单击“确定”按钮，进入“支票登记簿”窗口。

③ 单击“增加”按钮，录入或选择领用日期“2018.01.22”、领用部门“销售一部”，领用人“刘红”、支票号“1888”、预计金额“20 000”及用途“广告费”，如图 3-50 所示。

④ 单击“保存”按钮并退出。

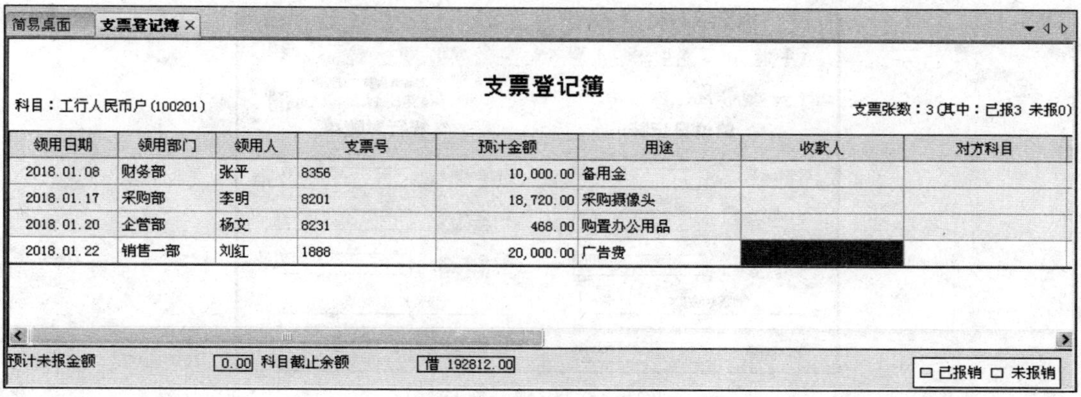

简易桌面
支票登记簿
支票登记簿
科目：工行人民币户(100201)
支票张数：3(其中：已报3 未报0)
领用日期 | 领用部门 | 领用人 | 支票号 | 预计金额 | 用途 | 收款人 | 对方科目
2018.01.08 | 财务部 | 张平 | 8356 | 10,000.00 | 备用金
2018.01.17 | 采购部 | 李明 | 8201 | 18,720.00 | 采购摄像头
2018.01.20 | 企管部 | 杨文 | 8231 | 468.00 | 购置办公用品
2018.01.22 | 销售一部 | 刘红 | 1888 | 20,000.00 | 广告费
预计未报金额
0.00
科目截止余额
借 192812.00
已报销
未报销

图 3-50　支票登记簿

提示：

- 只有在总账系统的初始设置选项中已选择“支票控制”，在结算方式设置中已设置“票据结算”标志，并在“会计科目”中已指定银行账的科目，才能使用支票登记簿。
- 针对不同的银行账户分别登记支票登记簿。
- 当支票登记簿中的报销日期为空时，表示该支票未报销，否则系统认为该支票已报销。
- 当支票支出后，在填制凭证时输入该支票的结算方式和结算号，则系统会自动在支票登记簿中将该号支票写上报销日期，该支票即为已报销。
- 单击“批删”按钮，输入需要删除已报销支票的起止日期，即可删除此期间的已报销支票。
- 单击“过滤”按钮后，即可对支票按领用人或者部门进行各种统计。

4. 银行对账

(1) 录入银行对账期初　　**(微课视频：WZ031601.htm)**

① 执行“出纳”|“银行对账”|“银行对账期初录入”命令，打开“银行科目选择”对话框。

② 选择“100201 工行存款”，单击“确定”按钮，进入“银行对账期初”窗口。

③ 在单位日记账的“调整前余额”栏录入“222 000”，在银行对账单的“调整前余额”栏录入“220 000”。

④ 单击“日记账期初未达项”按钮，进入“企业方期初”窗口。

⑤ 单击“增加”按钮，录入或选择凭证日期“2017-12-20”，在“借方金额”栏录

入“2 000”。

⑥ 单击“保存”按钮，再单击“退出”按钮，返回“银行对账期初”窗口，如图 3-51 所示。

⑦ 单击“退出”按钮退出。

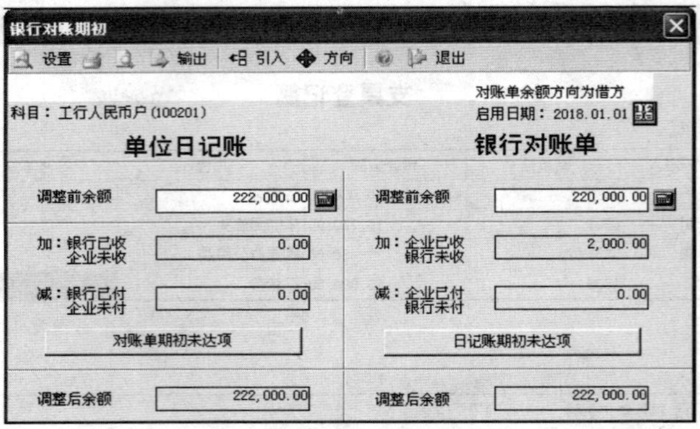

图 3-51 银行对账期初

提示：

- 在第一次使用银行对账功能时，应录入单位日记账及银行对账单的期初数据，包括期初余额及期初未达账项。
- 系统默认银行对账单余额方向为借方，即银行对账单中借方发生额为银行存款增加，贷方发生额为银行存款减少。通过“方向”按钮可以调整银行对账单的余额方向，如果把余额方向调整为贷方，则银行对账单中借方发生额为银行存款的减少，而贷方发生额为银行存款的增加。
- 系统会根据调整前余额及期初未达项自动计算出银行对账单与单位日记账的调整后余额。

(2) 录入银行对账单 **(微课视频：WZ031602.htm)**

① 执行“出纳”|“银行对账”|“银行对账单”命令，打开“银行科目选择”对话框。

② 单击“确定”按钮，进入“银行对账单”窗口。

③ 单击“增加”按钮。按表 3-7 内容录入银行对账单记录，如图 3-52 所示。

简易桌面
银行对账单
银行对账单
科目：工行人民币户(100201)
对账单账面余额:190,812.00
日期 结算方式 票号 借方金额 贷方金额 余额
2018.01.08 201 8356 10,000.00 210,000.00
2018.01.18 202 8201 18,720.00 191,280.00
2018.01.22 202 8231 468.00 190,812.00
已勾对
未勾对

图 3-52 银行对账单

④ 单击“保存”按钮，再单击“退出”按钮退出。

提示：

- 如果企业在多家银行开户，对账单应与其对应账号所对应的银行存款下的末级科目一致。
- 录入银行对账单时，其余额由系统根据银行对账期初自动计算生成。

(3) 银行对账　　**(微课视频：WZ031603.htm)**

① 执行“出纳”|“银行对账”|“银行对账”命令，打开“银行科目选择”对话框。

② 月份输入为“2018.01”—“2018.01”，单击“确定”按钮，进入“银行对账”窗口。

③ 单击“对账”按钮，打开“自动对账”对话框，如图 3-53 所示。

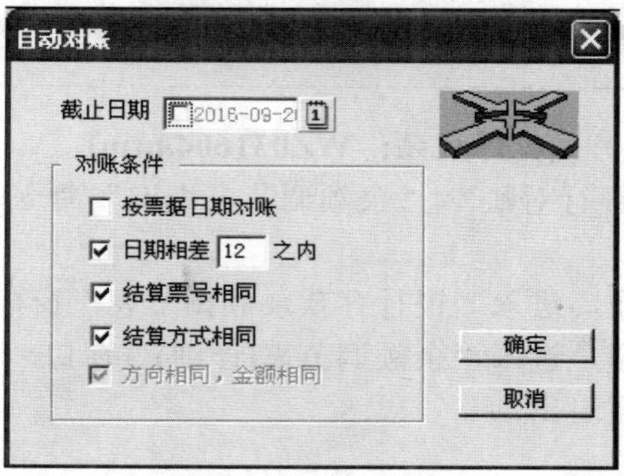

图 3-53　自动对账条件设置

④ 单击“确定”按钮，完成自动对账，如图 3-54 所示。

⑤ 单击“退出”按钮退出。

简易桌面
银行对账
科目：100201 (工行人民币户)
单位日记账
银行对账单
票据日期 结算方式 票号 方向 金额 两清 凭证号数 摘要
日期 结算方式 票号 方向 金额 两清 对账序号
2018.01.08 201 8356 贷 10,000.00 付-0001 从工行提现
2018.01.17 202 8201 贷 18,720.00 付-0002 采购摄像头
2018.01.20 202 8231 贷 468.00 付-0003 购置办公用
2018.01.08 201 8356 贷 10,000.00
2018.01.18 202 8201 贷 18,720.00
2018.01.22 202 8231 贷 468.00

图 3-54　自动对账

提示：

- 如果在银行对账期初中默认银行对账单方向为借方，则对账条件为方向相同、金额相同的日记账与对账单进行勾对。如果在银行对账期初中将银行对账单的余额方向修改成了贷方，则对账条件为方向相反、金额相同的日记账与对账单进行勾对。

- 银行对账包括自动对账和手工对账两种形式。自动对账是系统根据对账依据自动进行核对、勾销，自动对账两清的标志为“○”。手工对账是对自动对账的一种补充，手工对账两清的标志为“Y”。
- 系统默认的自动对账的对账条件为“日期相差 12 天”“结算方式相同”“结算票号相同”，单击每一项对账条件前的复选框可以取消相应的对账条件，即在对账时不考虑相应的对账条件。
- 在自动对账后如果发现一些应勾对而未勾对上的账项，可以分别双击“两清”栏，直接进行手工调整。
- 如果在对账单中有两笔以上的记录同日记账对应，则所有对应的对账单都应标上“两清”标记。
- 如果想取消对账可以采用自动取消和手工取消两种方式。单击“取消”按钮可以自动取消所有的“两清”标记；如果手工取消，则可以双击要取消对账标志业务的“两清”栏，取消“两清”标志。

(4) 输出余额调节表　　**(微课视频：WZ031604.htm)**

① 执行“出纳”|“银行对账”|“余额调节表查询”命令，进入“银行存款余额调节表”窗口。

② 单击“查看”按钮，进入“银行存款余额调节表”窗口。

③ 单击“详细”按钮，进入“余额调节表(详细)”窗口。

④ 单击“退出”按钮退出。

提示：

- 银行存款余额调节表应显示账面余额平衡，如果不平衡应分别查看银行对账期初、银行对账单及银行对账是否正确。
- 在银行对账之后可以查询对账勾对情况，如果确认银行对账结果是正确的，可以使用“核销银行账”功能核销已达账。

5. 账套输出(略)

全部完成后，将账套输出至“3-3 出纳管理”

实验四　总账期末业务处理

实验目的

1. 掌握用友 U8 中总账管理系统月末处理的相关内容。
2. 熟悉总账管理系统月末处理业务的各种操作。

3. 掌握自动转账设置与生成、对账和月末结账的操作方法。

实验内容

1. 定义转账分录。
2. 生成转账凭证。
3. 对账。
4. 结账。
5. 账套备份。

实验准备

1. 将系统日期更改为“2018-01-31”。
2. 引入已完成的“3-3 出纳管理”账套备份数据。

实验资料

1. 自定义转账

按短期借款期末余额的0.2%计提短期借款利息。

2. 对应结转

将“应交税费——应交增值税——销项税额”转入“应交税费——未交增值税”。

3. 期间损益结转

将本月“期间损益”转入“本年利润”。

实验要求

1. 以“002 王东”的身份定义转账凭证，并生成凭证。
2. 以“001 周健”的身份进行凭证审核、记账、对账以及结账操作。

操作指导

1. 转账定义

(1) 设置自定义结转凭证 **(微课视频：WZ031701.htm)**

① 以“王东”的身份注册进入总账系统，执行“期末”|“转账定义”|“自定义转

账”命令，进入“自定义转账设置”窗口。

② 单击“增加”按钮，打开“转账目录”对话框。

③ 输入转账序号“0001”，转账说明“计提短期借款利息”；选择凭证类别“转　转账凭证”，如图 3-55 所示。单击“确定”按钮，返回自定义转账设置窗口。

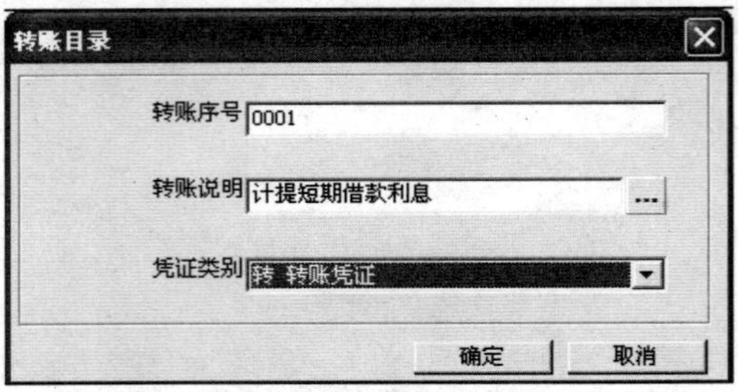

图 3-55　转账目录

④ 单击“增行”按钮，选择科目编码“6603”、方向“借”；双击“金额公式”栏，选择参照按钮，打开“公式向导”对话框。

⑤ 选择“期末余额”函数，如图 3-56 所示。单击“下一步”按钮，继续公式定义。

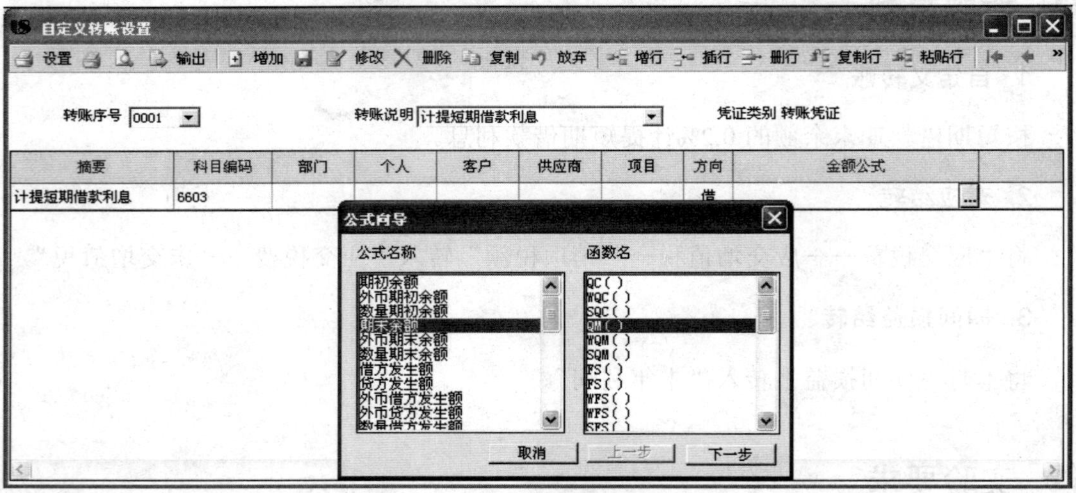

图 3-56　选择“期末余额”函数

⑥ 选择科目“2001”，其他采取系统默认，单击“完成”按钮，金额公式带回自定义转账设置界面。将光标移至末尾，输入“*0.002”，按 Enter 键确认。

⑦ 单击“增行”按钮，确定分录的贷方信息。选择科目编码“2231”、方向“贷”，输入金额公式“JG()”，如图 3-57 所示。

⑧ 单击“保存”按钮。

(2) 设置对应结转凭证　　**(微课视频：WZ031702.htm)**

① 执行“期末”|“转账定义”|“对应结转”命令，进入“对应结转设置”窗口。

② 录入编号“0002”，单击“凭证类别”栏的下三角按钮，选择“转　转账凭证”，

输入摘要“结转销项税额”，在“转出科目”编码栏输入“22210105”或单击参照按钮选择“22210105 应交税费——应交增值税——销项税额”。

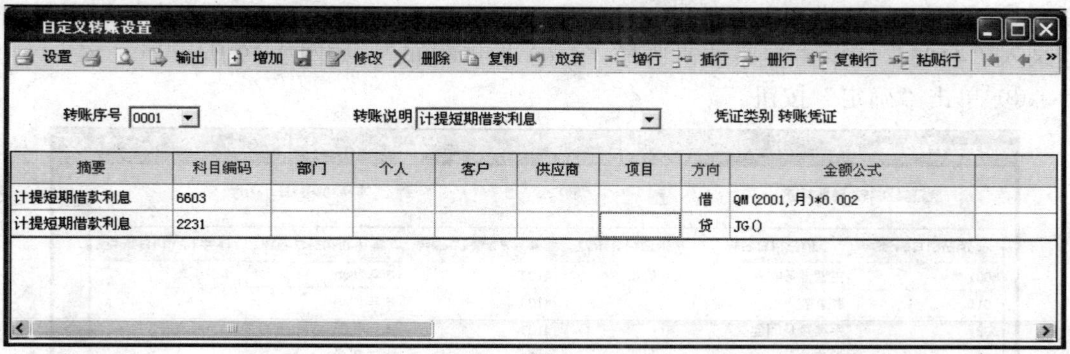

图 3-57　自定义转账设置

③ 单击“增行”按钮，在“转入科目编码”栏输入“222102”或单击参照按钮选择“222102 应交税费——未交增值税”；结转系数为“1”，如图 3-58 所示。

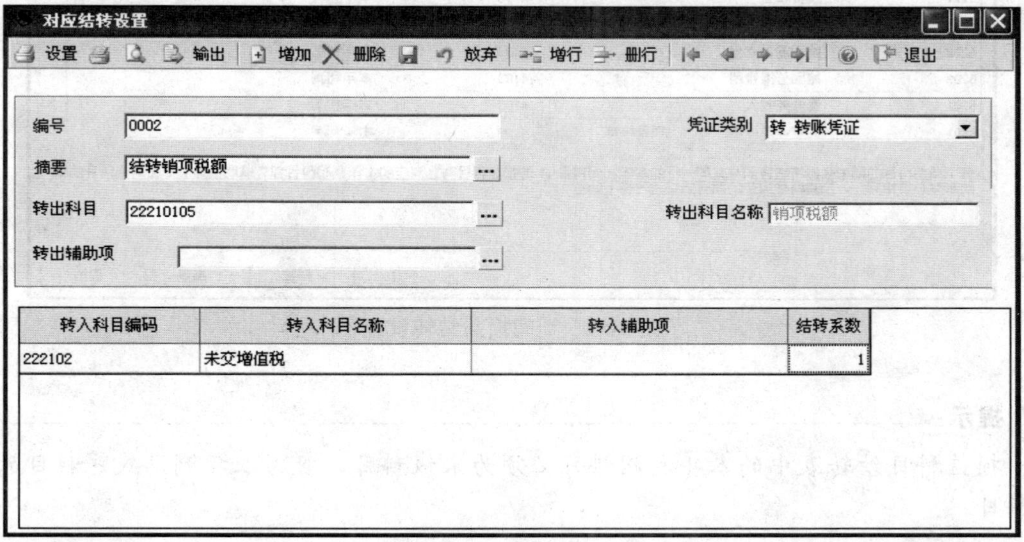

图 3-58　对应结转设置

④ 单击“保存”按钮，单击“退出”按钮退出。

提示：

- 对应结转不仅可以进行两个科目的一对一结转，还可以进行科目的一(一个转出科目)对多(多个转入科目)结转。
- 对应结转的科目可为上级科目，但其下级科目的科目结构必须一致(相同明细科目)，如果有辅助核算，则两个科目的辅助账类也必须一一对应。
- 对应结转只能结转期末余额。

(3) 设置期间损益结转凭证　　**(微课视频：WZ031703.htm)**

① 执行“期末”|“转账定义”|“期间损益”命令，进入“期间损益结转设置”窗口。

② 单击“凭证类别”栏的下三角按钮，选择“转 转账凭证”，在“本年利润科目”栏录入“4103”或单击参照按钮选择“4103 本年利润”，如图 3-59 所示。

③ 单击“确定”按钮。

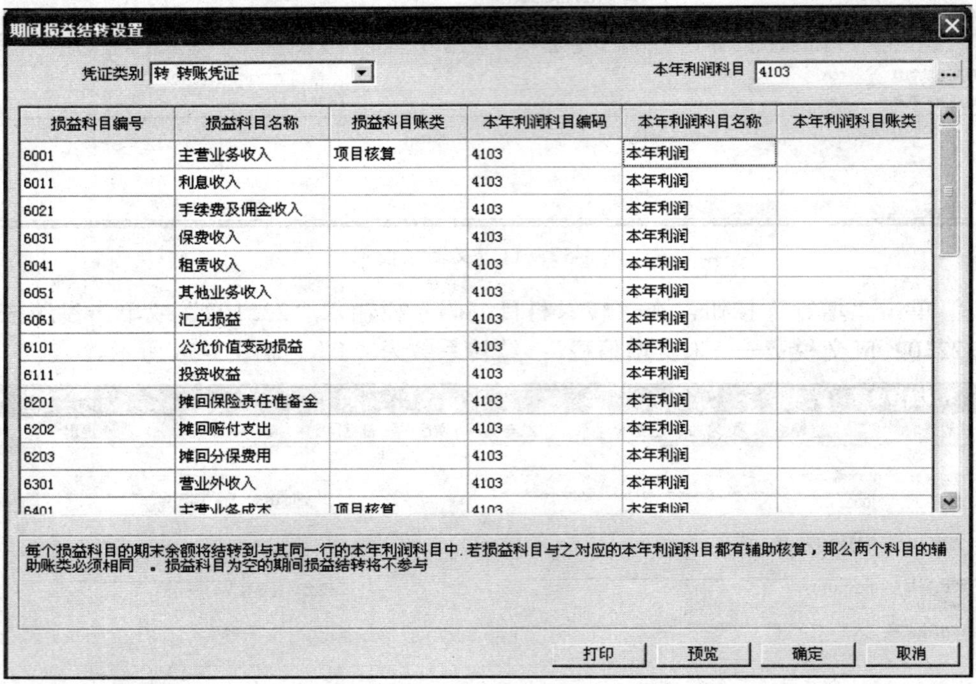

图 3-59　期间损益结转设置

提示：

损益科目结转表中的本年利润科目必须为末级科目，且为本年利润入账科目的下级科目。

2. 生成转账凭证

(1) 生成自定义结转凭证　　**(微课视频：WZ031801.htm)**

① 执行“期末”|“转账生成”命令，打开“转账生成”对话框。

② 选中“自定义转账”单选按钮。单击“全选”按钮(或者选中要结转的凭证所在行)，如图 3-60 所示。

③ 单击“确定”按钮，生成计提短期借款利息的转账凭证。单击“保存”按钮，凭证上出现“已生成”的标志，如图 3-61 所示。

④ 单击“退出”按钮返回“转账生成”对话框。

⑤ 选中“对应结转”单选按钮，单击“全选”按钮，再单击“确定”按钮，系统

弹出“2018.01 月或之前月有未记账凭证，是否继续结转？”信息提示框。

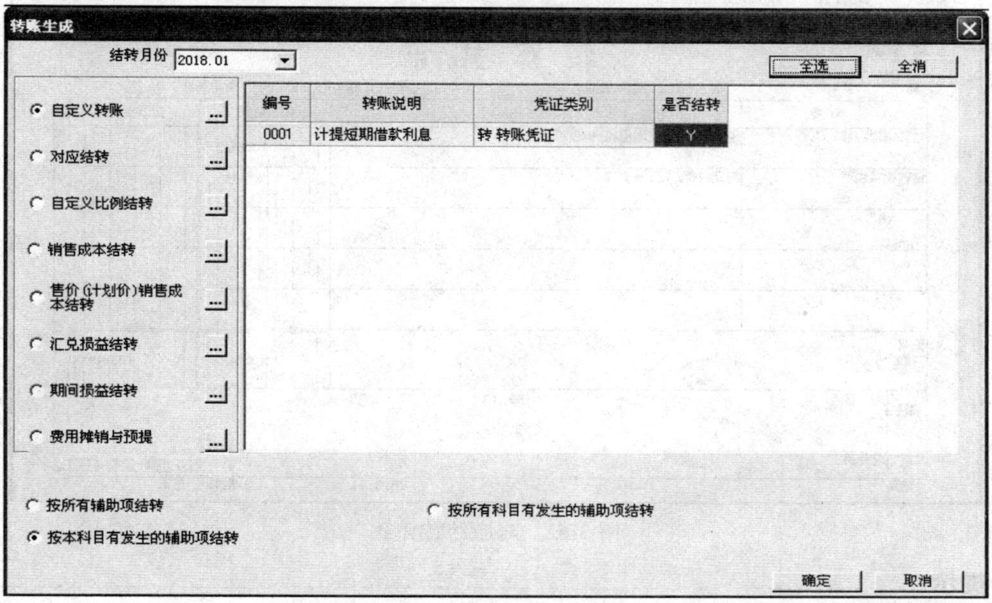

图 3-60　转账生成对话框

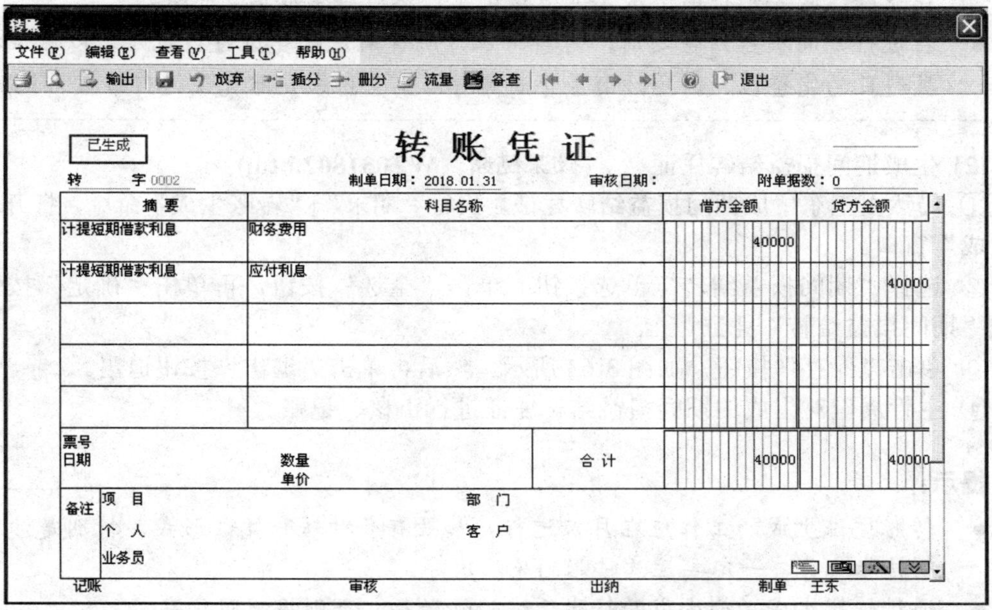

图 3-61　生成自定义转账凭证

⑥ 单击“是”按钮，生成对应结转凭证，保存后，如图 3-62 所示。

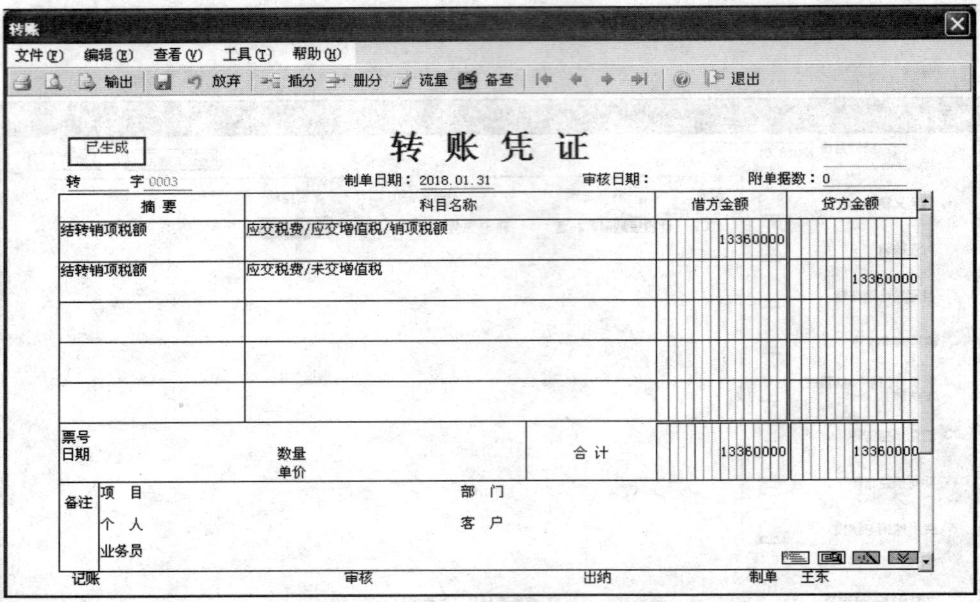

图 3-62 对应结转凭证

提示：

- 由于对应结转凭证和计提短期借款自定义转账凭证之间彼此独立，没有业务关联，因此系统提示本月还有未记账凭证时可以不予理会，如若两张凭证之间存在关联，需要先将第 1 张凭证审核记账，然后再生成第 2 张凭证。
- 在进行期间损益结转之前，需要将本月所有未记账凭证进行记账，以保证损益类科目的完整性。因此，由主管周健对以上 2 张未记账凭证进行审核、记账。

(2) 生成期间损益结转凭证　　**(微课视频：WZ031802.htm)**

① 仍然由王东生成期间损益结转凭证。执行“期末”|“转账生成”命令，打开“转账生成”窗口。

② 选择“期间损益结转”单选按钮。单击“全选”按钮，再单击“确定”按钮，生成“期间损益结转”凭证。

③ 单击“保存”按钮，如图 3-63 所示。然后再单击“退出”按钮退出。

④ 主管周健对生成的期间损益结转凭证进行审核、记账。

提示：

- 转账凭证生成的工作应在月末进行。如果有多种转账凭证形式，特别是涉及多项转账业务，一定要注意转账的先后次序。
- 通过转账生成功能生成的转账凭证必须保存，否则将视同放弃。
- 期末自动转账处理工作是针对已记账业务进行的，因此，在进行月末转账工作之前应将所有未记账的凭证记账。

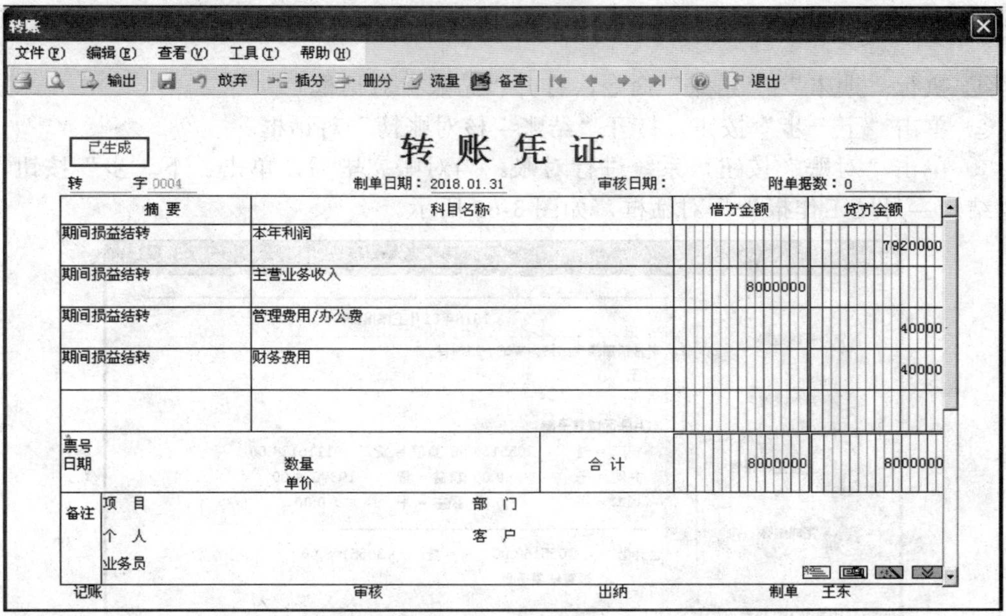

图 3-63　生成期间损益结转凭证

3. 对 2018 年 1 月份的会计账簿进行对账　　**(微课视频：WZ031901.htm)**

① 执行“期末”|“对账”命令，打开“对账”对话框。

② 单击“试算”按钮，出现“2018.01 试算平衡表”窗口。

③ 单击“确定”按钮，再单击“选择”按钮，在“2018.01 是否对账”栏出现“Y”标志，选中要对账的月份。再单击“对账”按钮，系统开始对账，并显示对账结果，如图 3-64 所示。

④ 单击“退出”按钮退出。

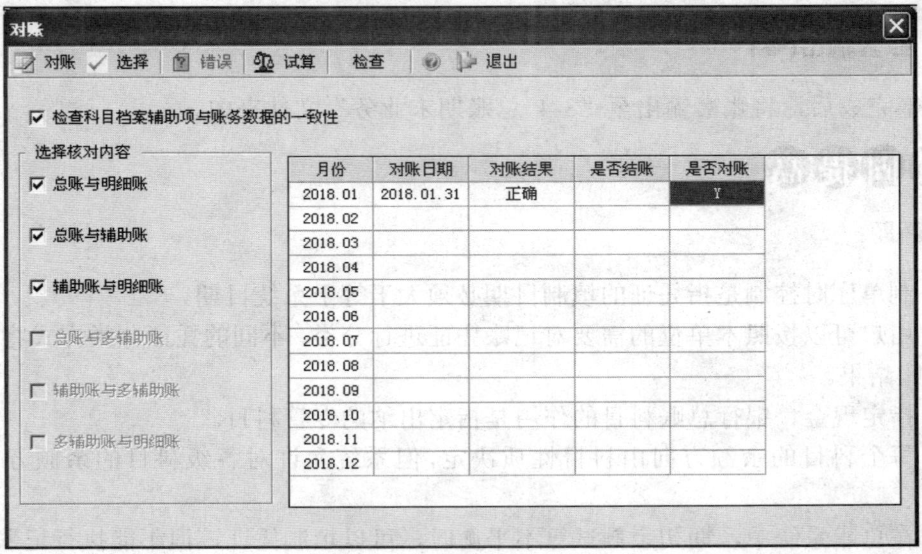

图 3-64　对账

4. 对 2018 年 1 月份进行结账　　**(微课视频：WZ032001.htm)**

① 执行“期末”|“结账”命令，打开“结账”对话框。

② 单击“下一步”按钮，打开“结账—核对账簿”对话框。

③ 单击“对账”按钮，系统进行对账。当对账完毕后，单击“下一步”按钮，打开“结账—月度工作报告”对话框，如图 3-65 所示。

图 3-65　结账—月度工作报告

④ 单击“下一步”按钮，再单击“结账”按钮，完成结账操作。

提示：

- 结账后除查询外，不得再对本月业务进行任何操作。
- 如因某种原因需要取消本月结账，需要账套主管在“结账”界面按“Ctrl+Shift+F6”组合键激活“取消结账”功能；输入口令，即可取消结账标记。

5. 账套输出(略)

全部完成后，将账套输出至“3-4 总账期末业务”文件夹中。

巩固提高

判断题：

1. 制单序时控制是指凭证的填制日期必须大于等于系统日期。　　(　　)

2. 用户可以按照本单位的需要对记账凭证进行分类，不同的凭证分类方式将产生不同的记账结果。　　(　　)

3. 指定现金、银行总账科目的作用是指定出纳的专管科目。　　(　　)

4. 每个科目的余额方向由科目性质决定，但系统允许对各级科目的余额方向进行调整。　　(　　)

5. 在总账系统中，期初余额试算不平衡时，可以填制凭证，但不能执行记账功能。　　(　　)

6. 凭证上的摘要是对本凭证所反映的经济业务内容的说明，凭证上的每个分录行必须有摘要，且同一张凭证上的摘要应相同。 ( )

7. 在填制记账凭证时所使用的会计科目必须是末级会计科目，金额可以为零，红字用"-"号表示。 ( )

8. 在记账时，已作废的凭证将参与记账，否则月末无法结账，但系统不对作废凭证进行处理，即相当于一张空凭证。 ( )

9. 在总账系统中，取消出纳凭证的签字既可由出纳员自己进行，也可由账套主管进行。 ( )

10. 通过总账系统账簿查询功能，既可以实现对已记账经济业务的账簿信息查询，也可以实现对未记账凭证的模拟记账信息查询。 ( )

11. 每个月末，均需要先进行转账定义，再进行转账生成。 ( )

12. 在总账系统中，上月未结账，本月可以先记账，但本月不能结账。 ( )

选择题：

1. 本公司应收款项通过总账系统进行核算，则"应收账款"科目应选择( )辅助核算方式。

A. 部门核算　　B. 个人核算　　C. 客户往来　　D. 供应商往来

2. 关于增加会计科目，以下说法错误的是( )。

A. 必须先建上级科目再建下级科目

B. 会计科目编码的长度及每级位数必须要符合会计科目编码规则的规定

C. 不仅能在本账套内成批复制科目，还可以将科目复制到其他账套

D. 会计科目已经使用后则不能再增加下级科目

3. 关于项目，以下说法错误的是( )。

A. 具有相同特点的一类项目可以定义为一个项目大类

B. 一个项目大类可以核算多个科目

C. 可以定义项目的具体栏目

D. 一个科目也可以对应到不同的项目大类

4. 总账期初余额不平衡，则不能进行( )操作。

A. 填制凭证　　B. 修改凭证　　C. 审核凭证　　D. 记账

5. 在 U8 中，以下哪种描述是正确的？( )

A. 出纳凭证必须经由出纳签字

B. 凭证必须经由会计主管签字

C. 允许修改他人填制的凭证

D. 所有凭证必须经过审核才能记账

6. 凭证一旦保存，则以下哪项内容不能修改？( )

A. 凭证类别　　B. 凭证日期　　C. 附单据数　　D. 凭证摘要

7. 总账系统中取消凭证审核的操作员必须是( )。

A. 该凭证制单人　　B. 有审核权限的人

C. 会计主管　　D. 该凭证审核人

8. 在总账系统中，用户可通过(　　)功能彻底删除已作废记账凭证。
A. 冲销凭证　B. 作废凭证　C. 整理凭证　D. 删除分录
9. 在总账系统中，查询账簿的必要条件是(　　)。
A. 凭证已记账　B. 当月已结账　C. 凭证已审核　D. 凭证已填制
10. 在总账系统中设置自定义转账分录时无须定义以下哪一项内容？(　　)
A. 凭证号　B. 凭证类别　C. 会计科目　D. 借贷方向
11. 关于审核凭证，以下说法正确的是(　　)。
A. 凭证必须审核之后才能记账　B. 审核人与记账人不能为同一人
C. 审核后的凭证不能进行无痕迹修改　D. 取消审核只能由审核人自己进行
12. 关于记账，以下哪些说法是正确的？(　　)
A. 可以选择记账范围
B. 记账只能由账套主管进行
C. 可以选择要记账的账簿，如总账、明细账、日记账、辅助账和多栏账
D. 一个月可以多次记账

问答题：

1. 企业中哪些科目适合设置为部门核算？
2. 目前全民旅游热，对应旅行社来说，在 U8 中如何按每一个旅游团核算收支情况？
3. 在建立结算方式档案时，什么情况下需要选中“票据管理”复选框？
4. 总账系统有哪些主要功能？
5. 总账选项设置的意义是什么？内容是什么？
6. 计算机系统需要哪些期初数据？年初建账和年中建账有何不同？
7. 日常业务处理包括哪些主要内容？
8. 凭证处理的关键步骤是什么？
9. 凭证录入的主要项目包括哪些？系统提供了哪些控制手段？
10. 凭证查询时能查到哪些相关信息？
11. 总账管理系统中包括哪些基本会计核算账簿？
12. 出纳管理包括哪些主要功能？
13. 什么是转账定义？系统提供了哪些转账定义？
14. 如何进行转账定义？需要注意哪些问题？
15. 结账前需要进行哪些检查？
16. 对比手工处理和计算机处理在账务处理上的异同。

实操题：

1. 某会计科目已经使用过，可否在其下再新增明细科目？

2. 小王是刚入职的大学生，主管分配其负责费用报销，能否限定小王制单时只能使用 6601 销售费用、6602 管理费用和 1001 库存现金、1002 银行存款几个科目，且制单金额最高只能到 5 000 元呢？

3. 结账后发现某张凭证有误，还能无痕迹修改吗？试一试。

第 4 章

UFO 报表

学习目标

知识目标：

- 了解 UFO 报表子系统的功能
- 了解 UFO 报表与其他子系统之间的关联
- 掌握自定义报表的流程
- 理解关键字的含义
- 理解格式设计和数据处理两种状态的区别
- 掌握定义单元公式的方法

能力目标：

- 掌握利用报表模板生成报表
- 掌握如何自定义报表

案例导入

企业每月要定期上报财务报表，高层管理人员也经常找财务要各种业务数据，每当月末，财务人员都忙得焦头烂额，加班加点。安装了 U8 系统，是不是账务处理完成之后，报表就能自动生成了？

企业购买了财务软件，相当于购置了一套制作报表的工具，U8 中是不包括各种现成的表格的。企业财务报表分为对外财务报告和对内管理报表。对外财务报告格式由国家统一规定，一般软件中对这些统一格式的报表提供报表模板，企业财务人员可以直接调用，略加调整就可以轻松生成对外财务报告，减轻了财务人员绘制表格的工作量。对于企业内部管理报表，需要根据需要设置相应的会计科目对日常发生的经济业务进行完整的记录，编报时可以设置自定义报表格式，通过设置公式从数据库中读取数据快速生成报表。因此，相比于手工编报，U8 系统从编制报表的及时性、准确性上都有了极大提升。

理论知识

4.1 了解 UFO 报表

4.1.1 UFO 报表的基本功能

UFO 报表系统是报表处理的工具。利用 UFO 报表既可以编制对外报表，又可以编制各种内部报表。报表编制主要分为报表格式设计和报表数据处理。

1. 报表格式设计

我们把一张报表拆分为相对固定的内容和相对变动的内容两部分。相对固定的内容包括报表的标题、表格部分、表中的项目、表中数据的来源等；相对变动的内容主要是报表中的数据。报表格式设计是指在计算机系统中建立一张报表中相对固定的部分，相当于在计算机中建立一个报表模板，供以后编制此类报表时调用。UFO 报表系统提供了丰富的格式设计功能，包括设置报表行列数、定义组合单元、画表格线、定义报表关键字、设置公式等。

UFO 系统中按照会计制度提供了不同行业的标准财务报表模板，简化了用户的报表格式设计工作。如果标准行业报表仍不能满足需要，系统还提供了自定义模板的功能。

2. 报表数据处理

报表数据处理是根据预先设置的报表格式和报表公式进行数据采集、计算、汇总等，生成会计报表。除此以外，UFO 系统还提供了排序、审核、舍位平衡、汇总等功能。

图表具有比数据报表直观的优势。UFO 的图表处理功能能够方便地对报表数据进行图形组织，制作包括直方图、立体图、圆饼图、折线图等多种分析图表，并能编辑图表的位置、大小、标题、字体、颜色等，打印输出各种图表。

3. 文件管理功能

利用文件管理功能可以方便地完成报表文件的创建、保存等一般文件管理功能；能够进行不同文件格式的转换，包括文本文件、*.MDB 文件、Excel 文件等。提供标准财务数据的导入、导出功能。

4.1.2 UFO 报表与 U8 其他子系统之间的关系

UFO 报表可以从总账、薪资、固定资产、应收款管理、应付款管理、采购管理、销售管理、库存管理和存货核算子系统提取数据，生成各种统计表及分析表。

4.1.3　报表编制的工作流程

在 UFO 报表系统中，编制报表主要有两种方法。对于各企业标准的对外财务报告，一般调用系统预置的报表模板，微调后快速生成；对于企业内部用的各种管理报表，需要自行完成报表定义。结合以上两种情况，编制报表的工作流程如图 4-1 所示。

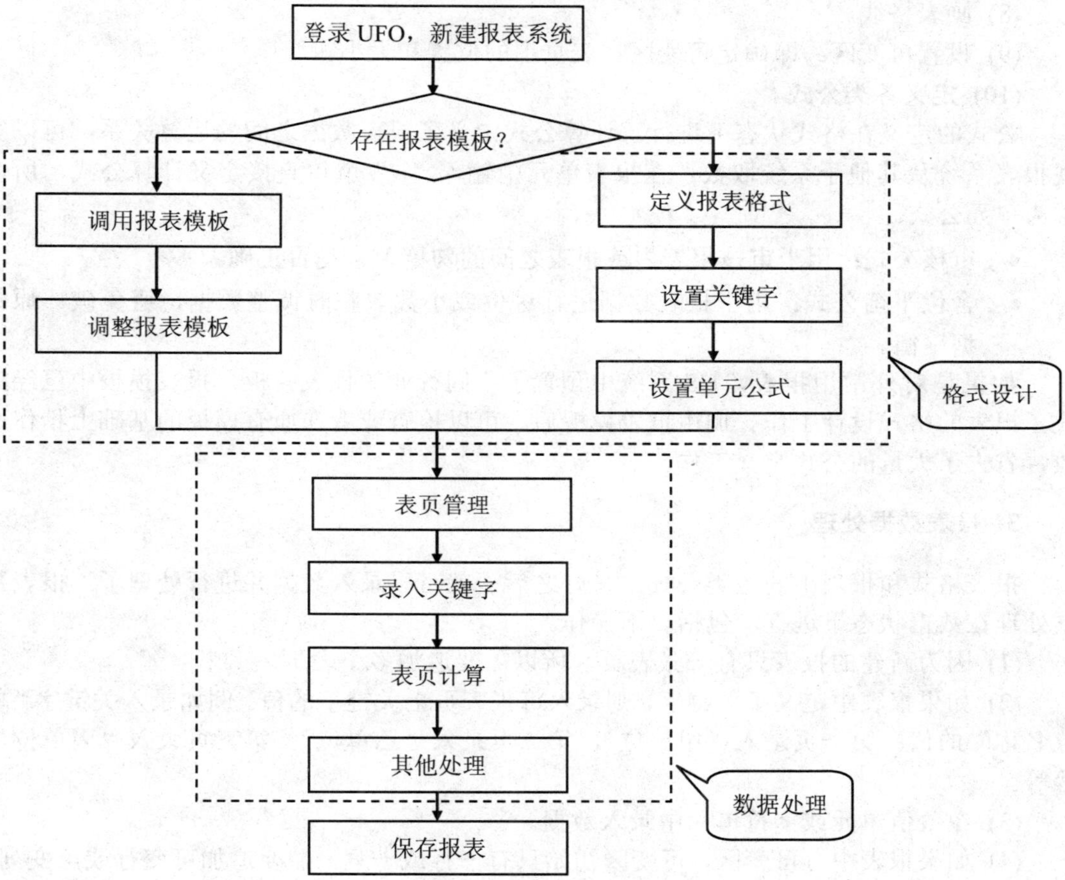

图 4-1　编制报表的工作流程

1. 启动 UFO，新建报表

在 UFO 报表系统中新建报表时，系统自动建立一张空表，默认表名为 report1，并自动进入“格式”设计状态。在保存文件时按照文件命名的基本规定为这张报表命名。

2. 设计报表的格式

在格式状态下进行报表的格式设计时，格式对整个报表都有效。包括以下操作。

(1) 设置表尺寸：定义报表的大小即设定报表的行数和列数。

(2) 录入表内文字：包括表头、表体和表尾(关键字值除外)。在格式状态下定义的单元内容为自动默认下的表样型，定义为表样型的单元在数据状态下不允许修改和删除。

(3) 确定关键字在表页上的位置，如单位名称、年、月等。

(4) 定义行高和列宽。

(5) 定义组合单元：即把几个单元作为一个单元使用。

(6) 设置单元风格：设置单元的字型、字体、字号、颜色、图案、折行显示等。

(7) 设置单元属性：把需要输入数字的单元定为数值单元；把需要输入字符的单元定为字符单元。

(8) 画表格线。

(9) 设置可变区：即确定可变区在表页上的位置和大小。

(10) 定义各类公式

公式的定义在格式状态下进行，计算公式定义了报表数据之间的运算关系，可以实现报表系统从其他子系统取数。在报表单元中输入“=”就可直接定义计算公式，所以称为单元公式。

- 审核公式：用于审核报表内或报表之间的勾稽关系是否正确。
- 舍位平衡公式：用于报表数据进行进位或小数取整时调整数据，避免破坏原数据平衡。

如果是对外常用报表，U8 系统中预置了不同行业的报表模板，报表模板中已经完成了报表的格式设计工作。调用报表模板后，可以检查或者在原有模板的基础上稍作修改，省去了大量的公式定义工作。

3. 报表数据处理

报表格式和报表中的各类公式定义好之后，就可以录入数据并进行处理了。报表数据处理在数据状态下进行。包括以下操作。

(1) 因为新建的报表只有一张表页，所以需要追加多个表页。

(2) 如果报表中定义了关键字，则录入每张表页上关键字的值。例如录入关键字“单位名称”的值：第一页录入“甲单位”，第二页录入“乙单位”，第三页录入“丙单位”，等等。

(3) 在数值单元或字符单元中录入数据。

(4) 如果报表中有可变区，可变区初始只有一行或一列，需要追加可变行或可变列，并在可变行或可变列中录入数据。随着数据的录入，当前表页的单元公式将自动运算并显示结果。如果报表有审核公式和舍位平衡公式，则执行审核和舍位。需要的话，做报表汇总和合并报表。

(5) 报表图形处理。有必要的话，在选取报表数据后可以制作各种图形，如直方图、圆饼图、折线图、面积图、立体图等。图形可随意移动，图形的标题、数据组可以按照要求设置，图形可以打印输出。

4.2 UFO 报表初始化

与总账初始化意义相同，我们把正常使用 UFO 报表系统之前需要做的一次性准备工作归入 UFO 报表初始化的范畴。其主要工作即报表格式定义。

4.2.1 报表格式

报表格式就是一张报表的框架，是报表中相对固定的部分。主要包括报表的标题、表头、表体和表尾四个部分。

报表格式设计工作的主要内容上一节已有介绍。

4.2.2 报表公式设置

由于各种报表之间存在密切的数据间的逻辑关系，所以，报表中各种数据的采集、运算和勾稽关系的检测就用到了不同的公式。主要有计算公式、审核公式和舍位平衡公式。

1. 计算公式

计算公式的作用是从其他子系统的账簿文件中或者本表其他表页中或者其他报表中采集数据，直接填入表中相应的单元或经过简单计算填入相应的单元。因此，通常报表系统会内置一整套从各种数据文件中调取数据的函数。不同的报表软件函数的具体表示方法不同，但这些函数所提供的功能和使用方法一般是相同的。通过计算公式来组织报表数据，既经济又省事，把大量重复、复杂的劳动简单化了。合理地设计计算公式能大大地节约劳动时间，提高工作效率。计算公式可以直接定义在报表单元中。这样的公式称为“单元公式”。

(1) 常用的账务函数

常用的账务函数如表 4-1 所示。

表 4-1 常用的账务函数

分 类	函 数 名	含义及用法示例
金额函数	QC 期初余额	取指定会计科目的期初余额
	QM 期末余额	取指定会计科目的期末余额
	FS 发生额	取指定会计科目的发生额
	LFS 累计发生额	取某科目从年初至今的累计发生额
	DFS 对方发生额	DFS(1405,6401,月,d)提取凭证中贷方为 1405 科目且借方为 6401 科目的当月贷方发生额
	JE 净发生额	JE(1001,月)计算库存现金科目本月净发生额
	TFS 条件发生额	TFS(22210101,月,j,"固定资产","=")提取进项税额科目 22210101 摘要中包含固定资产的当月借方发生额
数量函数	在金额函数的前面加“S”表示数量。如 SQC 表示取科目的数量期初余额	
外币函数	在金额函数的前面加“W”表示外币。如 WQC 表示取科目的外币期初余额	
现金流量函数	XJLL 现金流量	提取现金流量项目在特定会计期间或指定日期范围内的发生额

(2) 统计函数

常用的统计函数如表 4-2 所示。

表 4-2　常用的统计函数

函 数 名	含义及用法示例
PTOTAL	指定区域内所有满足区域筛选条件的固定区单元的合计
TOTAL	符合页面筛选条件的所有页面的区域内各单元值的合计
PAVG	指定区域内所有满足区域筛选条件的固定区单元的平均值
PMAX	指定区域内所有满足区域筛选条件的固定区单元中最大的单元的数值
PMIN	指定区域内所有满足区域筛选条件的固定区单元中最小的单元的数值

(3) 本表他页取数函数

本表他页取数是指要取数的表(目的表)和存放数据来源的表(源表)之间是一个文件的不同表页。本表他页取数主要有两种情况：取确定页号表页的数据或按一定关键字取数。

① 取确定页号表页的数据

当所取数据所在的表页页号已知时，用以下格式可以方便地取得本表他页的数据：

<目标区域> = <数据源区域> @ <页号>

如 B2=C5@1 的含义为各页 B2 单元取当前表第 1 页 C5 单元的值。

② 按一定关键字取数

可用 SELECT 函数按一定关键字从本表他页取得数据。

如 D=C+SELECT(D,年@=年 and 月@=月+1)表示当前表的 D 列等于当前表的 C 列加上同年上个月 D 列的值。

SELECT 函数中，@前的年和月代表目的表的年关键字值和月关键字值；@后面的年和月代表源表的年关键字值和月关键字值。

(4) 他表取数函数

他表取数是指目的表和源表不在一个表文件中。同样，他表取数也主要有两种情况：取确定页号表页的数据或按一定关键字取数。

① 取他表确定页号表页的数据

当所取数据所在的表页页号已知时，用以下格式可以方便地取得他表的数据：

<目标区域> = "<他表表名>"-><数据源区域>[@ <页号>]

如 B2="LRB"->C5@1 的含义为各页 B2 单元取 LRB 第 1 页 C5 单元的值。

② 按一定关键字取数

当我们从他表取数时，已知条件并不是页号，而是希望按照年、月、日等关键字的对应关系来取他表数据，这就必须用到关联条件。

RELATION <单元 | 关键字 | 变量 | 常量> WITH "<他表表名>"-> <单元 | 关键字 | 变量 | 常量>

如 A1="FYB"->A1 FOR ALL RELATION 月 WITH"FYB"->月意为取 FYB 表的，与

当前表页月相同的月的A1单元的值。

UFO允许在报表中的每个数值型、字符型的单元内，写入代表一定运算关系的公式，用来建立表内各单元之间、报表与报表之间或报表系统与其他子系统之间的运算关系，描述这些运算关系的表达式，我们称之为单元公式。为了规范和简化单元公式的定义过程，一般报表系统会提供公式向导，逐步引导公式的建立过程。

2. 审核公式

财务报表中的数据往往存在一定的勾稽关系。如资产负债表中的资产合计应等于负债及所有者权益合计。在实际工作中，为了确保报表数据的准确性，可以利用这种报表之间或报表内的勾稽关系对报表进行编制的正确性检查，用于该种用途的公式称为审核公式。

例如定义审核公式：资产负债表资产合计单元期末数C38应该等于负债和所有者权益合计单元期末数G38。

① 打开资产负债表，在格式状态下，执行“数据”|“编辑公式”|“审核公式”命令，打开“审核公式”对话框。

② 定义审核公式如图4-2所示。

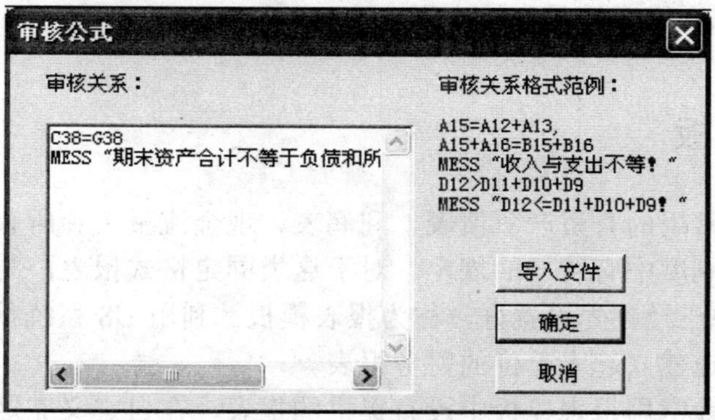

图4-2 “审核公式”对话框

③ 在数据状态下，执行“数据”|“审核”命令，系统按照审核公式进行审核，完成后在状态栏显示“完全正确！”。

提示：

审核公式仅起审核并提示作用，不能自动更改审核发现的错误。

3. 舍位平衡公式

如果对报表进行汇总，得到的汇总数据可能位数很多，这样就需要把以“元”为单位的报表转换为以“千元”“万元”为单位的报表。在转换过程中，原报表的平衡关系可能会被破坏，因此需要进行调整，使之符合指定的平衡公式。报表经舍位之后，用于重新调整平衡关系的公式称为舍位平衡公式。

在格式状态下进行舍位平衡关系的定义，舍位平衡公式编辑界面如图 4-3 所示。

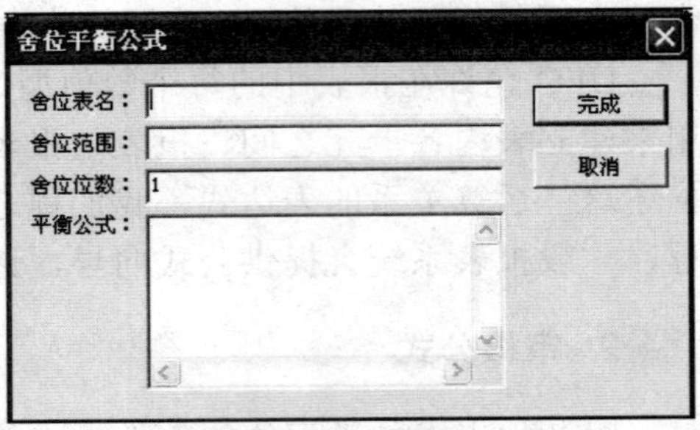

图 4-3　舍位平衡公式定义

(1) 舍位表名

舍位表名和当前文件名不能相同，默认在当前目录下。

(2) 舍位范围

舍位数据的范围，要把所有要舍位的数据包括在内。

(3) 舍位位数

舍位位数为 1～8 位。舍位位数为 1 时，区域中的数据除 10；舍位位数为 2 时，区域中的数据除 100；以此类推。

(4) 平衡公式

① 逆序编写，即首先写最终运算结果，然后一步一步向前推。

② 每个公式一行，各公式之间用逗号“,”隔开，最后一条公式不用写逗号。

③ 公式中只能使用“+”“-”符号，不能使用其他运算符及函数。

④ 等号左边只能为一个单元(不带页号和表名)。

⑤ 一个单元只允许在等号右边出现一次。

4.2.3　报表模板

对外财务报表常用的有资产负债表、利润表、现金流量表和所有者权益变动表。这些表的格式在会计制度中有统一的规定。对于这类固定格式报表，为了减轻财务人员的工作量，U8 系统中已经预先设置好，称为报表模板。利用 U8 系统预置的报表模板，企业财务人员可以迅速建立起本单位的财务报表。

对于一些本企业常用报表模板中没有提供的报表，在自定义完这些报表的格式和公式后，可以将其定义为报表模板，以后可以直接调用。

4.3　UFO 报表日常业务

4.3.1　报表数据处理

报表数据处理主要包括生成报表数据、审核报表数据和舍位平衡等工作。数据处理工作必须在数据状态下进行。报表数据处理的程序及内容如下。

报表数据处理时计算机会根据已定义的单元公式、审核公式和舍位平衡公式自动进行取数、审核及舍位等操作。

1. 表页管理

在 U8 中，每个报表文件中可以存放多个表页，每个表页用于存放不同会计期间的数据，同一报表文件中每个表页的格式均相同。报表数据处理一般是针对某一特定表页进行的，因此在进行数据处理时还涉及对表页的操作，如增加、删除、插入、追加表页等。

2. 录入关键字

关键字是指引 U8 系统从何处取得报表数据的唯一指引。关键字在格式状态下定义，在数据状态下需要输入关键字值。关键字一旦录入，系统会自动从机内账簿中读取数据，生成报表。

3. 输入其他基本数据

报表中某些单元的数据如果每月不同，且无须从账务系统获取，只需输入即可，那么在生成报表之前，可以人工录入。

4. 表页重算

在完成关键字录入和其他基本数据录入后，可以执行表页重算命令，更新计算结果。

5. 报表审核

如果针对报表设置了审核公式，系统将按照审核公式中设定的逻辑关系进行检查。如果不满足系统在提示审核公式中预先设定的提示信息，用户需重新检查报表公式定义及审核公式中设定的逻辑关系是否正确，之后重新审核，直至通过。

6. 舍位平衡

如果有必要进行舍位平衡处理，可以执行舍位平衡，生成舍位表。

4.3.2　图形处理

报表数据生成之后，为了对报表数据进行直观的分析和了解，方便对数据的对比、趋势和结构分析，可以利用图形对数据进行直观显示。UFO 图表格式提供了直方图、圆饼图、折线图、面积图 4 大类共 10 种格式的图表。

图表是利用报表文件中的数据生成的，图表与报表数据存在着密切的联系，报表数据发生变化时，图表也随之变化，报表数据删除后，图表也随之消失。

4.3.3　报表输出

报表的输出包括报表的查询显示和打印输出，输出时可以针对报表格式输出，也可以针对某一特定表页输出。输出报表格式须在格式状态下操作，而输出表页须在数据状态下操作，输出表页时，格式和报表数据一起输出。

输出表页数据时会涉及表页的相关操作，例如，表页排序、查找、透视等。可以将 UFO 报表输出为 Excel 格式，以便进行图形分析或数据分析。

4.4 重点难点解析

4.4.1 单元类型

在 UFO 报表中，单元是组成报表的最小单位。单元名称由所在行、列标识。例如，C8 表示第 3 列第 8 行的单元。单元类型有数值单元、字符单元、表样单元 3 种。

1. 数值单元

用于存放报表的数据，在数据状态下输入。数值单元的内容可以直接输入或由单元中存放的单元公式运算生成。建立一个新表时，所有单元的类型默认为数值型。

2. 表样单元

表样单元即是报表的格式。在格式状态下向空表中录入文字、符号或数字的单元，将自动成为表样单元。一旦单元被定义为表样，那么在其中输入的内容对所有表页都有效。表样单元只能在格式状态下输入和修改。

3. 字符单元

字符单元也是报表的数据。在格式状态下定义单元类型为“字符型”，在数据状态下输入字符单元的内容。字符单元的内容可以直接输入，也可由单元公式生成。

4.4.2 关键字

1. 理解关键字

关键字是游离于单元之外的特殊数据单元，可以唯一标识一个表页，用于在大量表页中快速选择表页。例如：一个资产负债表的表文件可以存放一年，即 12 个月的资产负债表(甚至多年的多张表)，当要对某一张表页的数据进行定位时，就需要设定一些定位标志，这些定位标志就被称为关键字。关键字的显示位置在格式状态下设置，关键字的值则在数据状态下录入，每张报表可以定义多个关键字。

2. U8 中的关键字

通常关键字有以下几种。

- 单位名称：该报表表页编制单位的名称。
- 单位编号：该报表表页编制单位的编号。
- 年：该报表表页反映的年度。
- 季：该报表表页反映的季度。
- 月：该报表表页反映的月份。
- 日：该报表表页反映的日期。

除了以上常见的关键字之外，系统通常还会提供一个自定义关键字功能，方便用户灵活定义并运用这些关键字。

3. 关键字的识别

那么如何识别关键字呢？前面已经讲到，关键字是游离于单元之外的特殊数据单元，用来唯一定位一个表页，是编制报表时从总账系统提取数据的关键标记。定义完成的关键字在单元中显示数量不等的红色的“××××”。但是如果在单元中直接输入红色字体的“××××”，是否能判断出关键字呢？

答案是肯定的，有两种方法可以验证。第一，既然关键字不属于单元格，那么当我们把光标定位到显示红色字体的单元时，在编辑栏中是不存在任何内容的。第二，如果用键盘上的 Delete 键清除，真正的关键字信息也是清除不掉的。

4.4.3　报表的正确性检查

生成报表之后，这样或那样的原因有可能导致报表数据不正确。可能的错误有以下几种。

1. 资产负债表不平衡

资产负债表中的数据取自一级科目余额。造成资产负债表不平衡可能有多方面原因，可以从以下两个方面着手检查。

(1) 查看总账中的余额表，检查是否所有损益类科目已经全部结转为空。

(2) 检查一级科目是否包含在资产负债表的相关项目中。

以本教程为例，生成的资产负债表资产合计不等于负债和所有者权益合计，经检查发现，因为本月业务处理不完整，月末没有将制造费用结转到生成产品，而资产负债表上存货科目只包含生产成本，没有包含制造费用。可以修订存货公式，将制造费用包含在存货中即可。

2. 利润表取数不正确

利润表中本期金额取自各科目的本期发生额，如主营业务收入公式为“fs(6001,月,"贷",,年)+fs(6051,月,"贷",,年)”。在日常发生退货业务时，注意要在主营业务收入科目贷方记负数，否则，利润表取数就会不正确。因此，利润表取数不正确可检查所有费用类科目有无贷方发生的情况，所有收入类科目有无借方发生的情况。

3. 现金流量表取不到数

按照现金流量表编制的流程逆序检查以下几个关键点。

(1) 是否正确地设置了现金流量表的单元公式。注意：现金流出项目单元公式中有“流出”字样。

(2) 现金流量表中是否设置了关键字。

(3) 在总账中查询现金流量凭证是否确认了对应的现金流量项目。

(4) 在会计科目中是否指定了现金流量科目。

实践应用

实验一　自定义报表

实验目的

1. 熟悉自定义报表的流程。
2. 掌握格式设计的主要内容。
3. 掌握数据处理的主要内容。

实验内容

1. 格式设计。
2. 数据处理。
3. 保存报表。

实验准备

1. 将系统日期更改为“2018-01-31”。
2. 引入“3-4 总账期末业务”账套数据。

实验资料

编制“部门费用明细表”，见表 4-3。

表 4-3 部门费用明细表

部门费用明细表						
2018 年 1 月					金额单位：元	
	薪资	福利费	办公费	差旅费	招待费	合计
企管部			※			※
财务部						
采购部						
销售部						
合计						
制表人：			审核人：			

（标题；表头；表体；表尾）

提示：

- 为简化编报工作，只需设置标注了“※”符号的单元格公式。
- 制表人每月不确定，于制表当月录入制表人姓名。

实验要求

由“001 周健”注册进入企业应用平台，进入 UFO 报表系统自定义报表。

实验指导

1. 启动 UFO 报表，新建报表　(微课视频：WZ040101.htm)

① 以“001 周健”的身份进入企业应用平台，执行“财务会计”|“UFO 报表”命令，进入 UFO 报表管理系统。

② 执行“文件”|“新建”命令，建立一张空白报表，报表名默认为“report1”。查看空白报表底部左下角的“格式/数据”按钮，使当前状态为“格式”状态。

2. 报表格式设计

(1) 设置表尺寸　**(微课视频：WZ040201.htm)**

① 执行“格式”|“表尺寸”命令，打开“表尺寸”对话框。

② 输入行数“9”，列数“7”，如图 4-4 所示。单击“确认”按钮。

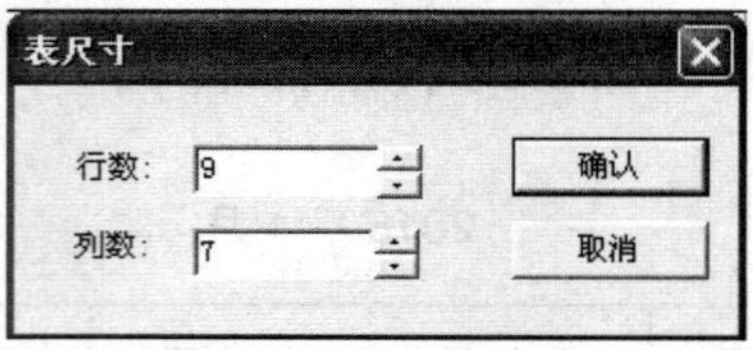

图 4-4　设置表尺寸

提示：

报表的行数应包括报表的表头、表体和表尾。

(2) 定义组合单元　　**(微课视频：WZ040202.htm)**

① 单击行号 1，选中需合并的区域“A1：G1”。

② 执行“格式”|“组合单元”命令，打开“组合单元”对话框。

③ 选择组合方式“整体组合”或“按行组合”，该单元即合并成一个单元格。

(3) 画表格线　　**(微课视频：WZ040203.htm)**

① 选中报表需要画线的区域“A3：G8”。

② 执行“格式”|“区域画线”命令，打开“区域画线”对话框。

③ 选中“网线”单选按钮，如图 4-5 所示，单击“确认”按钮，将所选区域画上表格线。

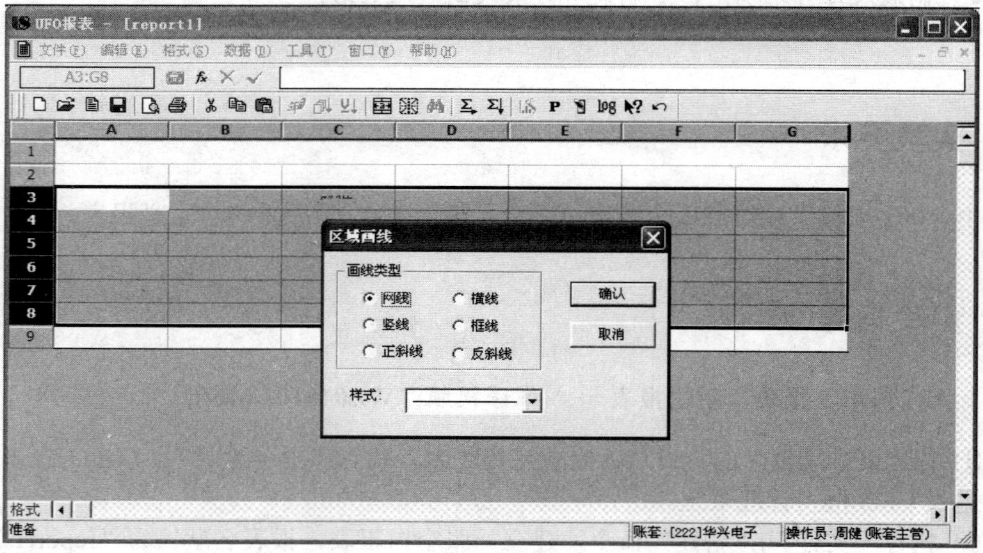

图 4-5　区域画线

(4) 输入报表项目　　**(微课视频：WZ040204.htm)**

① 选中需要输入内容的单元或组合单元。

② 在该单元或组合单元中输入相关文字内容，如在 A1 组合单元中输入“部门费用明细表”；在 G2 单元中输入“金额单位：元”。

提示：

- 报表项目指报表的文字内容，主要包括表头内容、表体项目、表尾项目等，不包括关键字。
- 日期一般不作为文字内容输入，而是需要设置为关键字。

(5) 定义报表行高和列宽　**(微课视频：WZ040205.htm)**

① 选中需要调整的单元所在行“A1”。

② 执行“格式”|“行高”命令，打开“行高”对话框。

③ 输入行高“9”，单击“确认”按钮。

④ 选中需要调整的单元所在列，执行“格式”|“列宽”命令，可设置该列的宽度。

提示：

行高、列宽的单位均为毫米。

(6) 设置单元属性　**(课视频：WZ040206.htm)**

① 选中标题所在组合单元“A1”。

② 执行“格式”|“单元属性”命令，打开“单元格属性”对话框。

③ 单击“字体图案”选项卡，设置字体为“黑体”，字号为“14”。

④ 单击“对齐”选项卡，设置对齐方式为“水平居中”，单击“确定”按钮。

⑤ 选中单元“B9”。

⑥ 执行“格式”|“单元属性”命令，打开“单元格属性”对话框。

⑦ 单击“单元类型”选项卡，在“单元类型”下拉列表框中选择“字符”选项，如图 4-6 所示，单击“确定”按钮。

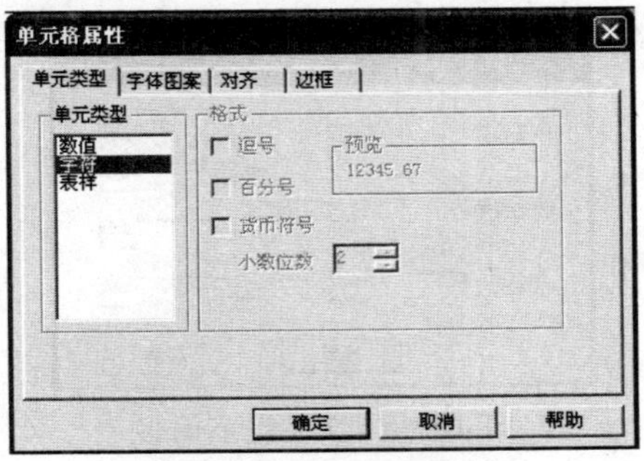

图 4-6　设置单元属性

提示：

- 格式状态下输入内容的单元均默认为表样单元，未输入数据的单元均默认为数值单元，在数据状态下可输入数值。若希望在数据状态下输入字符，应将其定义为字符单元。
- 字符单元和数值单元输入后只对本表页有效，表样单元输入后对所有表页有效。

(7) 设置关键字　　**(微课视频：WZ040207.htm)**

① 选中需要输入关键字的组合单元“D2”。

② 执行“数据”|“关键字”|“设置”命令，打开“设置关键字”对话框。

③ 选中“年”单选按钮，如图 4-7 所示，单击“确定”按钮。

④ 同理，在 D2 单元中设置“月”关键字。“年”关键字和“月”关键字重叠在一起。

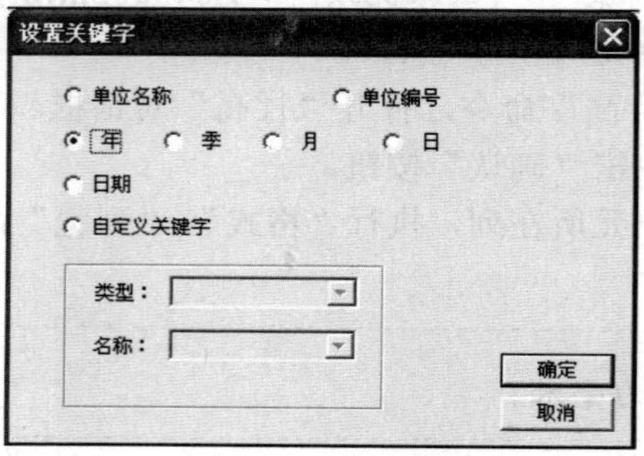

图 4-7　设置关键字

提示：

- 每个报表可以同时定义多个关键字。
- 如果要取消关键字，须执行“数据”|“关键字”|“取消”命令。

(8) 调整关键字位置　　**(微课视频：WZ040208.htm)**

① 执行“数据”|“关键字”|“偏移”命令，打开“定义关键字偏移”对话框。

② 在需要调整位置的关键字后面输入偏移量。录入“月”偏移量为“50”，如图 4-8 所示。

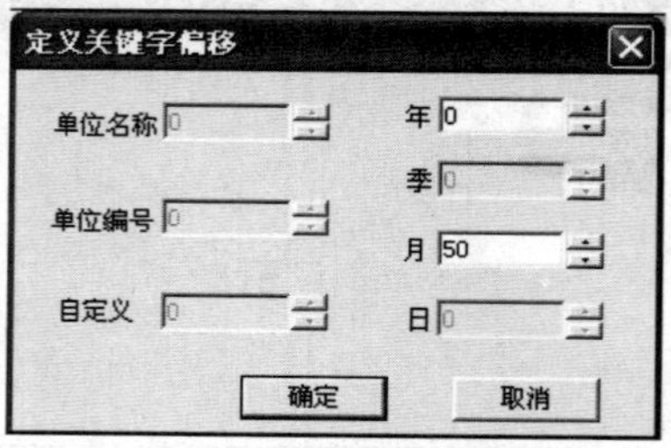

图 4-8　定义关键字偏移

③ 单击“确定”按钮。

提示：

- 关键字的位置可以用偏移量来表示，负数值表示向左移，正数值表示向右移。在调整时，可以通过输入正或负的数值来调整。
- 关键字偏移量单位为像素。

(9) 报表公式定义

■ **定义单元公式—从总账取数** **(微课视频：WZ040209.htm)**

① 选中需要定义公式的单元“D4”，即企管部“办公费”。

② 单击“fx”按钮或执行“数据”|“编辑公式”|“单元公式”命令，打开“定义公式”对话框。

③ 单击“函数向导”按钮，打开“函数向导”对话框。

④ 在函数分类列表框中选择“用友账务函数”，在右边的函数名列表中选择“发生(FS)”，单击“下一步”按钮，打开“用友账务函数”对话框。

⑤ 单击“参照”按钮，打开“账务函数”对话框。

⑥ 选择科目“660201”，部门编码“企管部”，其余各项均采用系统默认值，如图 4-9 所示，单击“确定”按钮，返回“用友账务函数”对话框。

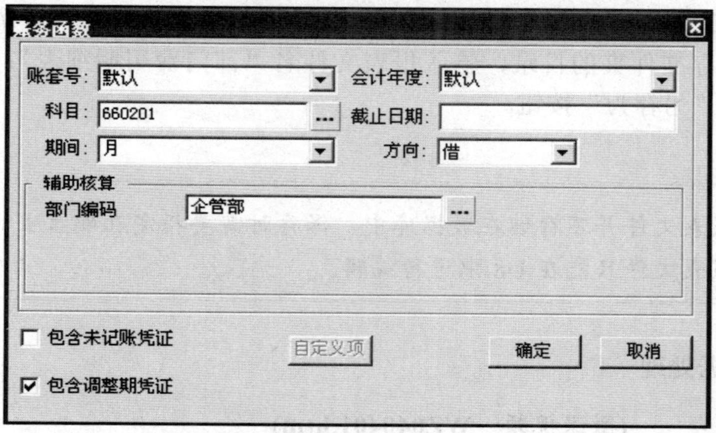

图 4-9 定义单元公式—引导输入公式

⑦ 单击“确定”按钮，返回“定义公式”对话框，单击“确认”按钮。

提示：

一般来说，账务函数中的账套号和会计年度不需要输入，保持系统默认。待输入关键字值时，系统会自动替换。

■ **定义单元公式—统计函数** **(微课视频：WZ040210.htm)**

① 选中需要定义公式的单元“G4”。单击“fx”按钮，打开“定义公式”对话框。

② 单击“函数向导”按钮，打开“函数向导”对话框。

③ 在函数分类列表框中选择“统计函数”，在右边的函数名列表中选择“PTOTAL”，单击“下一步”按钮，打开“固定区统计函数”对话框。

④ 在固定区区域文本框中输入“B4：F4”，如图 4-10 所示。单击“确认”按钮返回“定义公式”对话框，再单击“确认”按钮，返回报表。

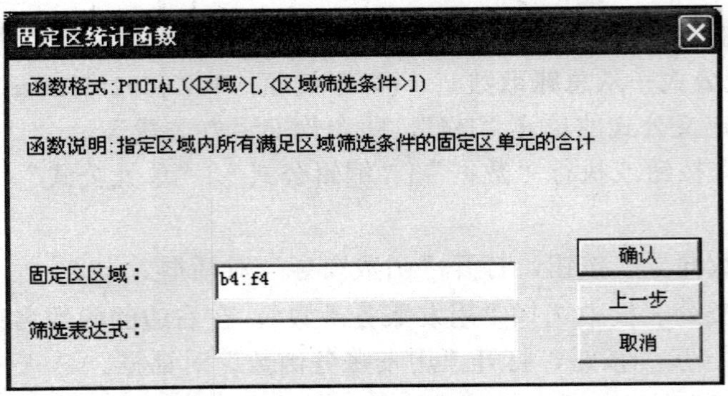

图 4-10　统计函数

3. 保存报表格式　　**(微课视频：WZ040301.htm)**

① 执行“文件”|“保存”命令。如果是第一次保存，则打开“另存为”对话框。

② 选择保存文件夹的目录，输入报表文件名“部门费用明细表”；选择保存类型“*.REP”，单击“另存为”按钮。

提示：

- UFO 报表文件并不存储在数据库中，保存时需要指定在硬盘上的存放位置。
- UFO 报表文件只能在 U8 中进行编辑。

4. 报表数据处理

(1) 打开报表　　**(微课视频：WZ040401.htm)**

① 启动 UFO 系统，执行“文件”|“打开”命令。

② 选择存放报表格式的文件夹中的报表文件“部门费用明细表.REP”，单击“打开”按钮。

③ 在空白报表左下角单击“格式/数据”按钮，使当前状态为“数据”状态。

提示：

报表数据处理必须在“数据”状态下进行。

(2) 输入关键字值　　**(微课视频：WZ040402.htm)**

① 执行“数据”|“关键字”|“录入”命令，打开“录入关键字”对话框。

② 输入年“2018”，月“1”，单击“确认”按钮，系统弹出提示“是否重算第 1 页？”。单击“是”按钮，系统会自动根据单元公式计算 1 月份数据，如图 4-11 所示；单击“否”按钮，系统不计算 1 月份数据，以后可利用“表页重算”功能生成 1 月份数据。

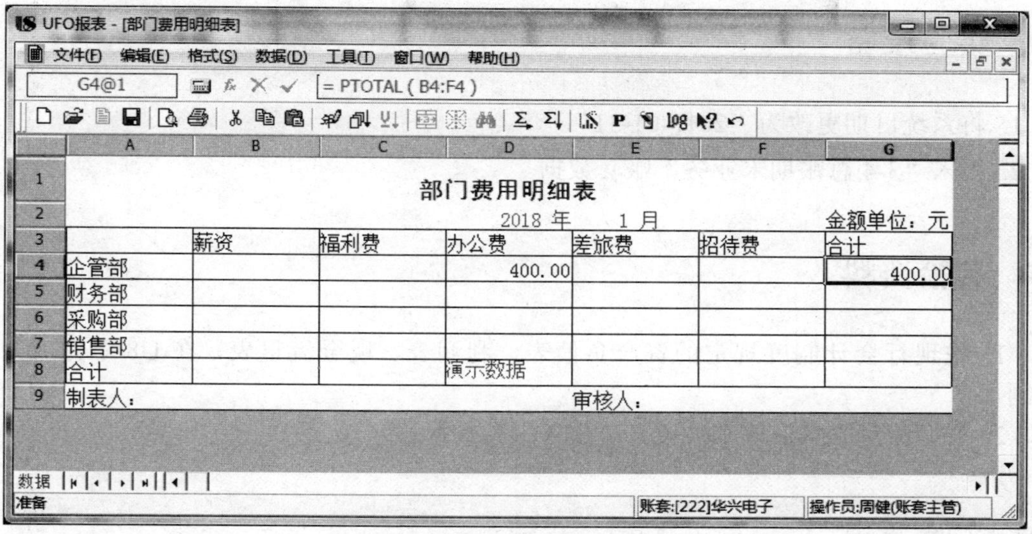

图 4-11 生成部门费用明细表

提示：

- 每一张表页均对应不同的关键字值，输出时随同单元一起显示。
- 日期关键字可以确认报表数据取数的时间范围，即确定数据生成的具体日期。

(3) 生成报表　　**(微课视频：WZ040403.htm)**

① 执行“数据”|“表页重算”命令，系统弹出提示“是否重算第 1 页？”。

② 单击“是”按钮，系统会自动在初始的账套和会计年度范围内根据单元公式计算生成数据。

实验二　利用报表模板编制报表

实验目的

1. 理解报表模板的作用。
2. 掌握利用报表模板编制报表的方法。
3. 掌握现金流量表的编制方法。

实验内容

1. 利用报表模板编制资产负债表、利润表。
2. 利用总账项目核算和报表模板编制现金流量表。

实验准备

1. 将系统日期更改为“2018-01-31”。
2. 引入“3-4 总账期末业务”账套数据。

实验资料

1. 按现行会计制度规定的资产负债表、利润表、现金流量表，在 U8 中完成报表编制。

2. 现金流量表只需取 C8、C10、C13 中的数据。

实验要求

以账套主管“001 周健”的身份进行报表编制。

操作指导

1. 编制资产负债表

(1) 调用资产负债表模板　　**(微课视频：WZ040501.htm)**

① 新建一张空白报表，在“格式”状态下，执行“格式”|“报表模板”命令，打开“报表模板”对话框。

② 选择您所在的行业“2007 年新会计制度科目”，财务报表为“资产负债表”，如图 4-12 所示。

③ 单击“确认”按钮，弹出“模板格式将覆盖本表格式！是否继续？”信息提示框。

④ 单击“确定”按钮，即可打开“资产负债表”模板。

(2) 调整报表模板　　**(微课视频：WZ040502.htm)**

① 单击“数据/格式”按钮，将“资产负债表”处于格式状态。

② 根据本单位的实际情况，调整报表格式，修改报表公式。

③ 保存调整后的报表模板。

(3) 生成资产负债表数据　　**(微课视频：WZ040503.htm)**

① 在数据状态下，执行“数据”|“关键字”|“录入”命令，打开“录入关键字”对话框。

② 输入关键字：年“2018”，月“01”，日“31”。

③ 单击“确认”按钮，弹出“是否重算第 1 页？”信息提示框。

④ 单击“是”按钮，系统会自动根据单元公式计算 1 月份数据。

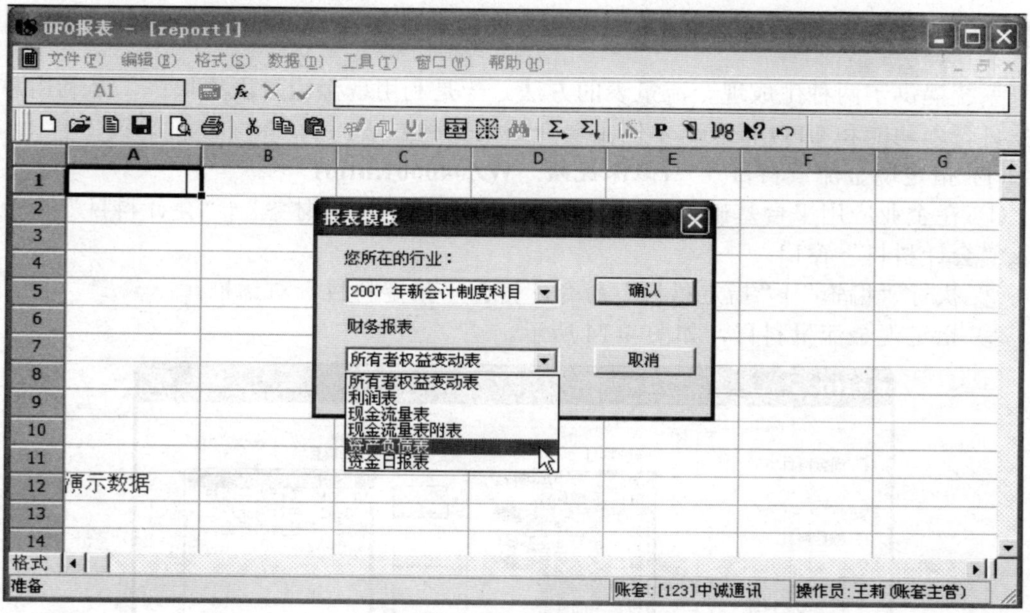

图 4-12 调用资产负债表模板

⑤ 单击工具栏中的“保存”按钮，将生成的报表数据保存，如图 4-13 所示。

资产负债表

会企01表

编制单位： 2018 年 1 月 31 日 单位:元

资　产	行次	期末余额	年初余额	负债和所有者权益（或股东权益）	行次	期末余额	年初余额
流动资产:				流动负债:			
货币资金	1	213,812.00	230,000.00	短期借款	32	200,000.00	200,000.00
交易性金融资产	2			交易性金融负债	33		
应收票据	3	12,870.00	12,870.00	应付票据	34	23,400.00	23,400.00
应收账款	4	110,080.00	16,480.00	应付账款	35	49,842.00	49,842.00
预付款项	5	20,000.00	20,000.00	预收款项	36	30,000.00	30,000.00
应收利息	6			应付职工薪酬	37	220,000.00	220,000.00
应收股利	7			应交税费	38	92,492.00	81,680.00
其他应收款	8	3,000.00	6,000.00	应付利息	39	400.00	
存货	9	2,110,000.00	2,094,000.00	应付股利	40		
一年内到期的非流动资产	10			其他应付款	41		
其他流动资产	11			一年内到期的非流动负债	42		
流动资产合计	12	2,469,762.00	2,379,350.00	其他流动负债	43		
非流动资产:				流动负债合计	44	616,134.00	604,922.00
可供出售金融资产	13			非流动负债:			
持有至到期投资	14			长期借款	45	500000.00	500000.00

图 4-13 资产负债表

提示：

- 第一次调用报表模板生成资产负债表之后，需要检查资产负债表中每个项目是否取数正确，资产合计是否等于负债和所有者权益合计。
- 同样方法，生成 2018 年 1 月的利润表。

2. 利用总账项目核算和报表模板编制现金流量表指导

系统提供了两种生成现金流量表的方法。一是利用现金流量表模块；二是利用总账的项目管理功能和 UFO 报表。本例主要介绍第二种方法。

(1) 指定现金流量科目　　**(微课视频：WZ040601.htm)**

① 在企业应用平台基础设置中，执行“基础档案”|“财务”|“会计科目”命令，进入“会计科目”窗口。

② 执行“编辑”|“指定科目”命令，打开“指定科目”对话框。

③ 指定现金流量科目，如图 4-14 所示。

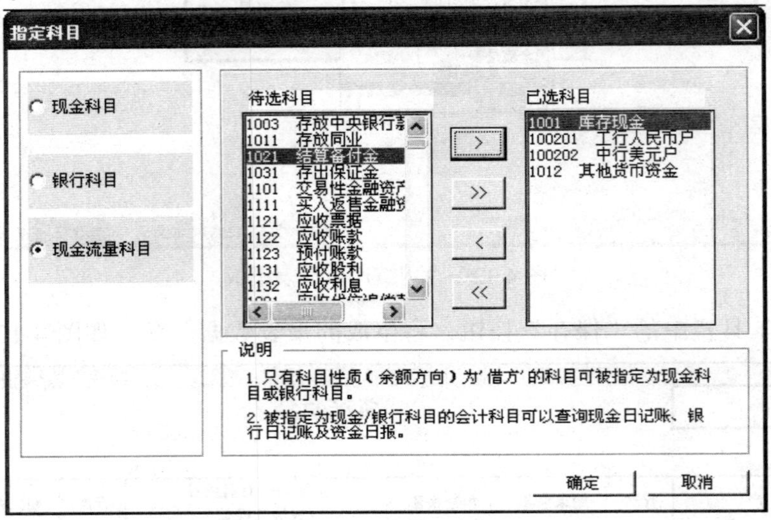

图 4-14　指定现金流量科目

(2) 查看现金流量项目目录　　**(微课视频：WZ040602.htm)**

① 在企业应用平台基础设置中，执行“基础档案”|“财务”|“项目目录”命令，打开“项目档案”对话框。

② 系统已预置现金流量项目，选择“现金流量项目”项目大类，查看其项目目录，如图 4-15 所示。

(3) 确认每一笔涉及现金流量的业务对应的现金流量项目　　**(微课视频：WZ040603.htm)**

有两种方法确认每一笔涉及现金流量的业务对应的现金流量项目。第一种是在填制凭证时如果涉及现金流量科目可以在填制凭证界面单击“流量”按钮，打开“现金流量表”对话框，指定发生的该笔现金流量的所属项目；第二种是凭证填制完成后再补充录入现金流量项目。本例为第二种。

① 在总账系统中，执行“现金流量表”|“现金流量凭证查询”命令，打开“现金流量凭证查询”对话框，单击“确定”按钮，进入“现金流量查询及修改”窗口。

③ 左边窗口中显示全部的与现金流量有关的凭证。针对每一张现金流量凭证，单击“修改”按钮补充录入现金流量项目，如图 4-16 所示。

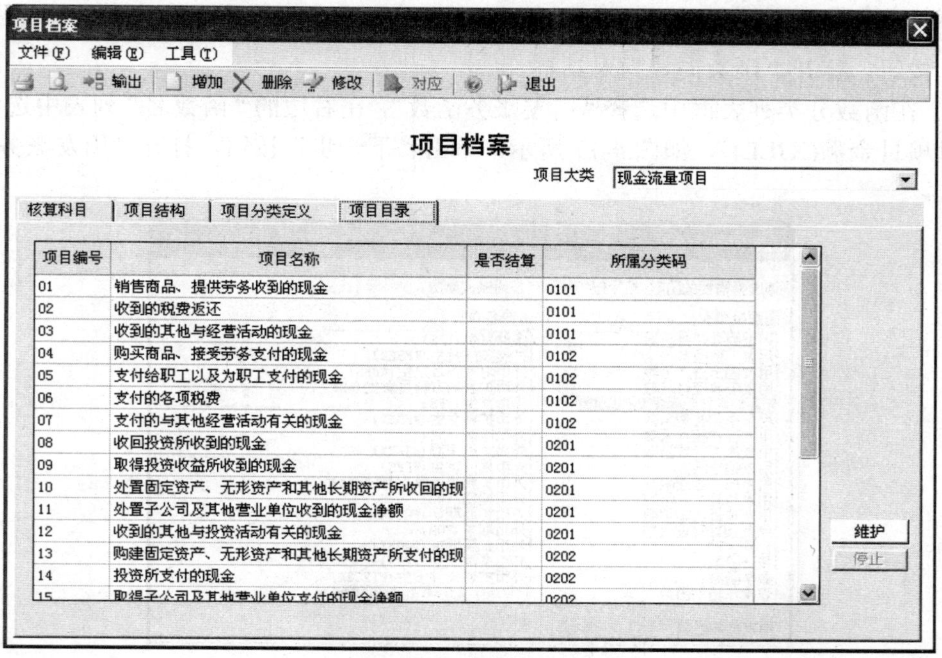

图 4-15 现金流量项目大类及项目目录

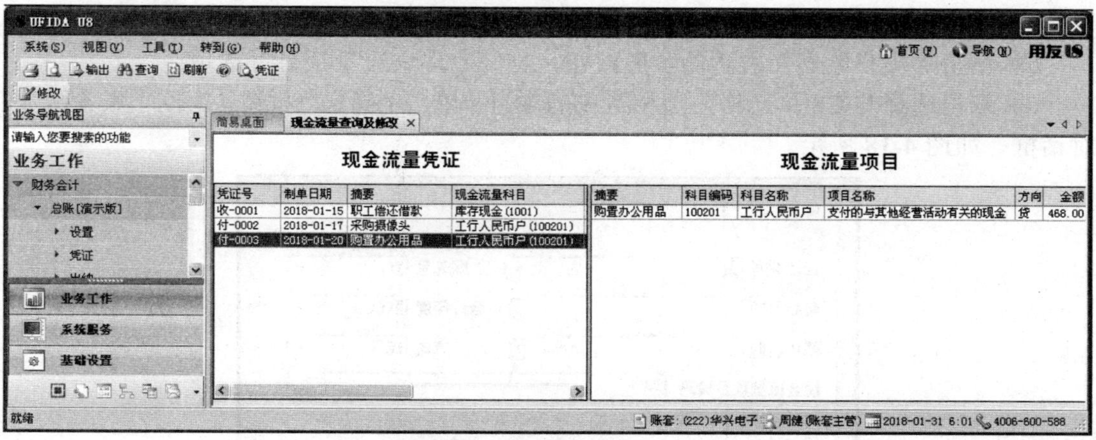

图 4-16 现金流量查询及修改

(4) 调用现金流量表模板 **(微课视频：WZ040604.htm)**

① 启动 UFO 报表，新建一张空白报表，在“格式”状态下，执行“格式”|“报表模板”命令，打开“报表模板”对话框。

② 选择您所在的行业“2007 新会计制度科目”，财务报表为“现金流量表”。

③ 单击“确认”按钮，弹出“模板格式将覆盖本表格式！是否继续？”信息提示框。

④ 单击“确定”按钮，即可打开“现金流量表”模板。

(5) 定义现金流量表项目公式 **(微课视频：WZ040605.htm)**

① 单击“数据/格式”按钮，将“现金流量表”处于格式状态。

② 单击选择 C8 单元格。单击“fx”按钮，打开“定义公式”对话框。单击“函数向导”按钮，打开“函数向导”对话框。

③ 在函数分类列表框中选择“用友账务函数”，在右边的“函数名”列表中选中“现金流量项目金额(XJLL)”，如图 4-17 所示。单击“下一步”按钮，打开“用友账务函数”对话框。

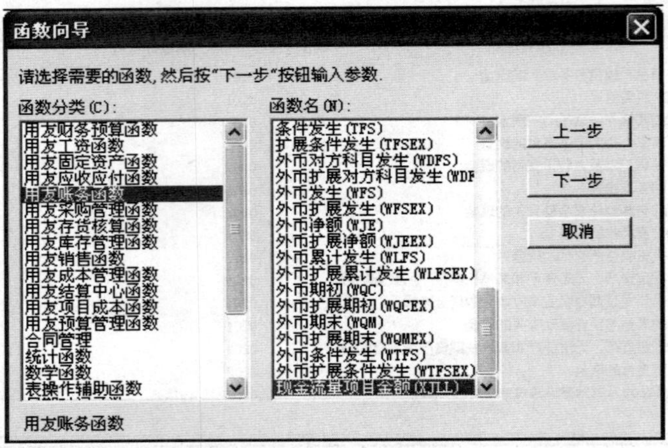

图 4-17　选择现金流量函数

④ 单击“参照”按钮，打开“账务函数”对话框。

⑤ 单击“项目编码”右边的参照按钮，打开“现金流量项目”选项。

⑥ 双击选择与 C8 单元格左边相对应的项目，单击“确定”按钮，返回“账务函数”对话框，如图 4-18 所示。

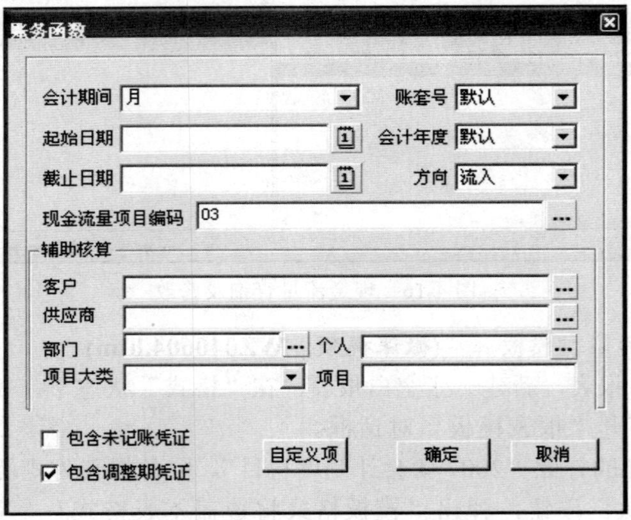

图 4-18　定义现金流量项目公式

⑦ 单击“确定”按钮，返回“定义公式”对话框，单击“确认”按钮。

⑧ 重复步骤③～⑦，输入 C10、C13 单元公式。

⑨ 单击工具栏中的“保存”按钮，保存调整后的报表模板。

提示：

在定义公式时，现金流量表现金流出项目在图 4-18 中的“方向”列表框中，要选择“流出”选项，否则取不到数据。

(6) 生成现金流量表主表数据　**(微课视频：WZ040606.htm)**

① 在数据状态下，执行“数据”|“关键字”|“录入”命令。

② 录入关键字“2018”年“1”月。单击“确认”按钮，系统弹出“是否重算第 1 页？”信息提示框。

③ 单击“是”按钮，系统会自动根据单元公式计算 1 月份数据。

④ 保存现金流量表，如图 4-19 所示。

	A	B	C	D
1	**现金流量表**			
2				会企03表
3	编制单位:	2018 年	1 月	单位：元
4	项　　目	行次	本期金额	上期金额
5	一、经营活动产生的现金流量:			
6	销售商品、提供劳务收到的现金	1		
7	收到的税费返还	2		
8	收到其他与经营活动有关的现金	3	3000.00	
9	经营活动现金流入小计	4	3,000.00	
10	购买商品、接受劳务支付的现金	5	18720.00	
11	支付给职工以及为职工支付的现金	6		
12	演示数据支付的各项税费	7		
13	支付其他与经营活动有关的现金	8	468.00	
14	经营活动现金流出小计	9	19,188.00	
15	经营活动产生的现金流量净额	10	-16,188.00	
16	二、投资活动产生的现金流量:			
17	收回投资收到的现金	11		

图 4-19　现金流量表

巩固提高

判断题：

1. 在财务报表系统中，系统不仅提供了多个行业的报表模板，还可以自定义报表模板。（　）

2. 在财务报表系统中生成一张新表时，所有的单元都被默认为是数值型单元。（　）

3. 字符型单元不能在数据状态下输入数据。（　）

4. 财务报表只能从总账系统中提取数据。（　）

5. 在数据状态下可以进行增加表页、设置单元公式及关键字、表页计算等操作。（　）

6. 执行财务报表的审核功能是为了更正检查出的数据错误。（　）

7. 财务报表系统生成的报表可以输出为Excel文件格式，以便于对数据的进一步加工。( )

8. 各表页同样位置上的表样单元的内容和显示方式都相同。( )

选择题：

1. 财务报表系统能从总账中取数的前提是( )。
   A. 总账正确填制凭证后即可　B. 总账必须结账后
   C. 总账必须记账后　D. 总账正确填制凭证且审核后
2. 在财务报表系统的数据处理中能够完成以下哪些任务？( )
   A. 格式排版　B. 舍位平衡
   C. 修改单元公式　D. 设置关键字
3. 在财务报表系统中欲查看多张表页的C4单元的数据，需要使用( )功能。
   A. 筛选　B. 透视　C. 联查明细账　D. 查找
4. 财务报表本表他页取数函数select(？A10,年@=年 and 月@=月+1)中的A10是指( )。
   A. 同年下一会计期表页上的单元　B. 同年上一会计期表页上的单元
   C. 本期表页上的单元　D. 他表相同会计期表页上的单元
5. 财务报表系统提供的关键字中不包括以下哪一项？( )
   A. 单位名称　B. 年　C. 月　D. 制表人
6. 财务报表的单元类型包括( )。
   A. 字符型　B. 表样型　C. 数值型　D. 逻辑型
7. 财务报表系统中一般提供以下哪些报表模板？( )
   A. 资产负债表　B. 利润表
   C. 管理费用明细表　D. 产品销售毛利分析表
8. 关于关键字的设置，以下哪些说法是正确的？( )
   A. 在数据状态下设置并录入关键字
   B. 一个关键字在一张报表中只能定义一次
   C. 每张报表只能定义一个关键字
   D. 可以随时取消关键字的设置

问答题：

1. 报表子系统的主要功能包括哪些？
2. 制作一张报表的流程是怎样的？
3. 报表格式设计包括哪些内容？
4. 单元类型分为哪几种？如何运用？
5. 报表公式分为哪几类？各自的作用是什么？
6. 什么是关键字？关键字是如何进行设置的？
7. “编制单位”需要设置为关键字吗？请说明理由。
8. 报表数据处理包括哪些内容？

9. 如何利用报表模板生成资产负债表？如果生成的资产负债表不平应如何查找原因？

10. 总结利用总账中的项目辅助核算功能生成现金流量表的主要步骤是什么？

实操题：

1. 利用报表模板编制所有者权益变动表。
2. 自定义产品销售毛利分析表，如表 4-4 所示。

表 4-4　产品销售毛利分析表

年　　月

	华星	华晨	华卫	合计
主营业务收入		※		※
主营业务成本				
毛利		※		

制表人：

第 5 章

薪资管理

学习目标

知识目标：

- 了解薪资管理系统的主要功能
- 理解薪资管理系统与总账、UFO 报表之间的数据关联
- 掌握薪资管理系统的应用流程
- 理解工资账套中各种参数的含义
- 理解工资类别、工资项目、公式设置的意义和设置方法
- 掌握工资计算、个人所得税处理、工资分摊的处理

能力目标：

- 能根据企业薪资核算要求建立薪资核算账套
- 能正确设置薪资管理各项的基础信息
- 能正确进行工资类别设置、工资变动处理、个人所得税代扣计算、工资费用分配、月末结账等操作
- 能进行各种相关信息的查询

案例导入

在基本掌握了总账、UFO 报表系统的基础上，华兴电子准备启用薪资管理系统进行企业薪资核算与管理。目前企业职工分为在职人员和临时人员两类。企业为在职人员缴纳五险一金，并由企业代扣个人所得税。临时人员采用计件工资，不考虑五险一金，由企业代扣个人所得税。所有职工工资均由银行代发。

理论知识

5.1 了解薪资管理系统

5.1.1 薪资管理基本功能

薪资管理系统的任务是以职工个人的薪资原始数据为基础，计算应发工资、扣款小计和实发工资等，编制工资结算单；按部门和人员类别进行汇总，进行个人所得税计算；提供多种方式的查询、打印薪资发放表、各种汇总表及个人工资条；进行工资费用分配与计提，并实现自动转账处理。薪资管理系统具体包括以下内容。

1. 工资类别管理

薪资系统提供处理多个工资类别的功能。如果单位按周或按月多次发放薪资，或者是单位中有多种不同类别(部门)的人员，薪资发放项目不同，计算公式也不同，但需进行统一的薪资核算管理时，就选择多个工资类别。

2. 人员档案管理

可以设置人员的基础信息并对人员变动进行调整，系统同时还提供了设置人员附加信息的功能。

3. 薪资数据管理

根据不同企业的需要设计工资项目和计算公式；管理所有人员的工资数据，并对平时发生的工资变动进行调整；自动计算个人所得税，结合工资发放形式进行扣零处理或向代发的银行传输工资数据；自动计算、汇总工资数据；自动完成工资分摊、计提、转账业务。

4. 薪资报表管理

提供多层次、多角度的工资数据查询。

5.1.2 薪资管理系统的应用流程

薪资管理系统的应用流程如图 5-1 所示。

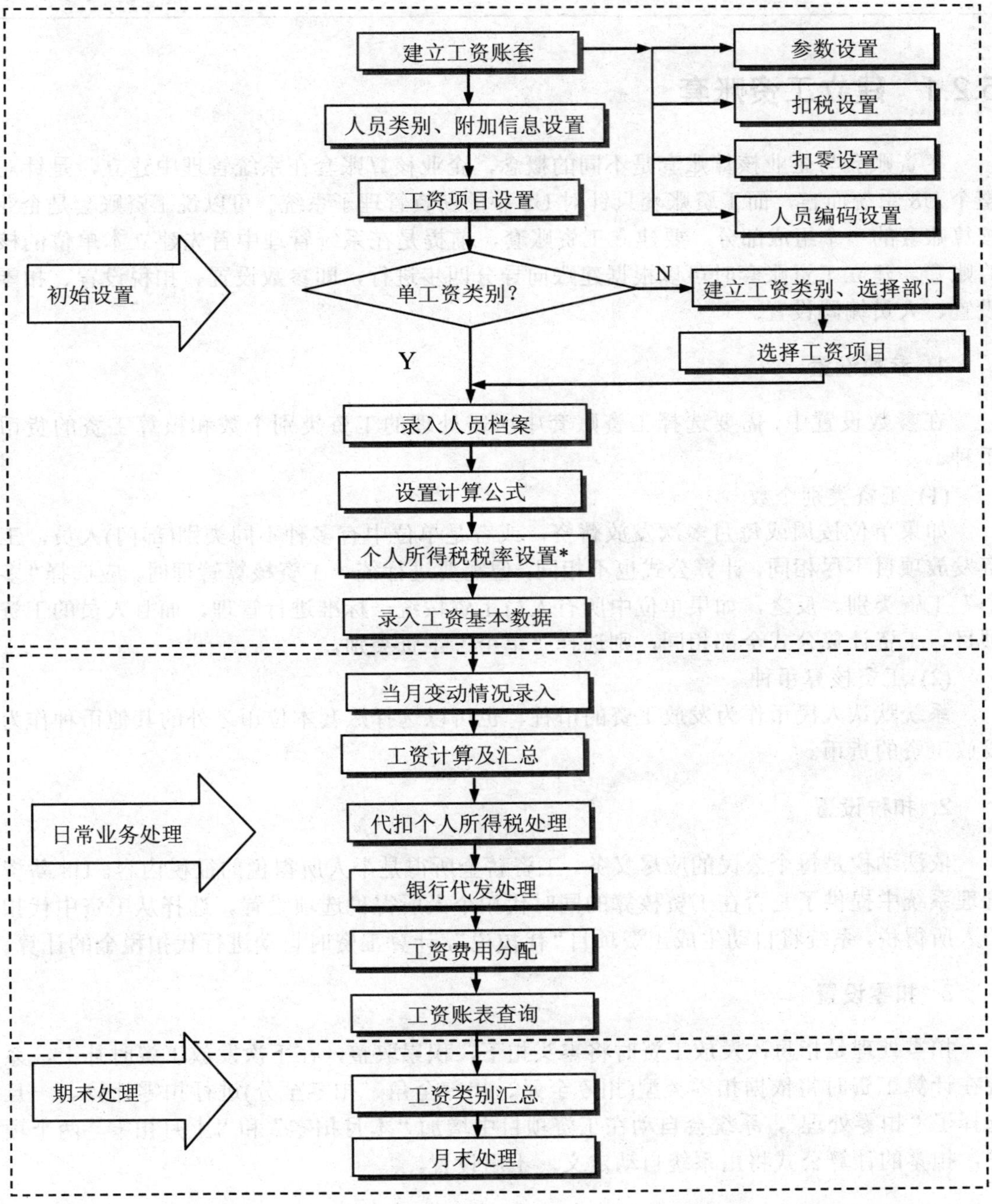

图 5-1　薪资管理的应用流程

5.2 薪资管理系统初始化

5.2.1 建立工资账套

工资账套与企业核算账套是不同的概念，企业核算账套在系统管理中建立，是针对整个 U8 系统而言，而工资账套只针对 U8 中的薪资管理子系统。可以说工资账套是企业核算账套的一个组成部分。要建立工资账套，前提是在系统管理中首先建立本单位的核算账套。建立工资账套时可以根据建账向导分四步进行，即参数设置、扣税设置、扣零设置、人员编码设置。

1. 参数设置

在参数设置中，需要选择工资账套中所需处理的工资类别个数和核算工资的货币币种。

(1) 工资类别个数

如果单位按周或每月多次发放薪资，或者是单位中有多种不同类别(部门)人员，工资发放项目不尽相同，计算公式也不相同，但需要进行统一工资核算管理时，应选择“多个”工资类别。反之，如果单位中所有人员工资按统一标准进行管理，而且人员的工资项目、工资计算公式全部相同，则选择“单个”工资类别。

(2) 工资核算币种

系统默认人民币作为发放工资的币种，也可以选择账套本位币之外的其他币种作为发放工资的货币。

2. 扣税设置

依法纳税是每个公民的应尽义务。工资薪金所得是个人所得税的征税内容。U8 薪资管理系统中提供了是否在工资核算的同时代扣个人所得税选项设置。选择从工资中代扣个人所得税，系统将自动生成工资项目“代扣税”，计算工资时自动进行代扣税金的计算。

3. 扣零设置

扣零处理是指每次发放工资时将零头扣下，积累取整，在下次发放工资时补上，系统在计算工资时将依据扣零类型(扣零至元、扣零至角、扣零至分)进行扣零计算。一旦选择了“扣零处理”，系统会自动在工资项目中增加“本月扣零”和“上月扣零”两个项目，扣零的计算公式将由系统自动定义，不用设置。

4. 人员编码设置

人员编码设置即设定薪资管理系统中企业人员编码的位数。如果企业已有上千名职工，至少设置 4 位人员编码。

5.2.2 基础信息设置

建立工资账套以后，要对整个系统运行所需的一些基础信息进行设置。有些基础信息为整个工资账套共享，如人员类别、人员附加信息、所有工资项目；如果采用多工资类别核算，有些信息属于某个特定的工资类别，如人员档案、该工资类别的工资项目、计算公式、个人所得税扣税基数及税率等。

1. 与工资账套相关的基础信息

(1) 部门设置

职工工资的汇总、统计是以部门为单位管理的。部门档案在企业应用平台中已设置完成，各个子系统可共享使用。

(2) 人员类别设置

职工工资是企业成本的重要组成，企业中不同性质人员的工资费用应计入不同的账户，如生产人员的工资计入“生产成本”，车间管理人员的工资计入“制造费用”，管理人员工资计入“管理费用”等。为了使计算机自动完成工资费用的分配，就需要设置人员类别，以便于按人员类别进行工资汇总计算。

(3) 人员附加信息设置

薪资系统中已经预置了职工的编号、姓名、所属部门等基本信息。此外，还可以增加职工职称、电话、身份证号等辅助信息，使薪资管理系统具备简单的人事管理系统职能。

(4) 工资项目设置

工资项目设置即定义工资项目的名称、类型、宽度、小数、增减项。系统中有一些固定项目，是工资账中必不可少的，包括“应发合计”“扣款合计”“实发合计”，这些项目不能删除和重命名。其他项目可根据实际情况定义或参照增加。如基本工资、奖励工资、请假天数等。在此设置的工资项目是针对所有工资类别的全部工资项目。

(5) 银行名称设置

由银行代发工资的企业应进行银行名称的设置。发放工资的银行可按需要设置多个名称。这里的银行名称设置是对所有工资类别的设置。例如：同一工资类别中的人员由于在不同的工作地点，需在不同的银行代发工资；或者不同的工资类别由不同的银行代发工资，均需设置相应的银行名称。

2. 与工资类别相关的基础信息

薪资系统是按工资类别来进行管理的。每个工资类别下都有职工档案、工资变动、工资数据、报税处理、银行代发等。

(1) 工资类别管理

工资类别管理包括建立工资类别、打开工资类别、删除工资类别和关闭工资类别。

(2) 建立人员档案

每个工资类别中都有归属于该类别的职工。在打开工资类别的前提下，需要设置该类别中工资发放人员的姓名、职工编号、所在部门、人员类别等信息，此外员工的增减变动也必须在本功能中处理。

人员档案管理包括增加/修改/删除人员档案、人员调离与停发处理、查找人员等。

(3) 设置工资项目和计算公式

在薪资账套中设置的工资项目包括本单位各种工资类别所需要的全部工资项目。由于不同的工资类别，工资发放项目不同，计算公式也不同，因此针对某个工资类别，需要从工资项目全集中选定本类别需要使用的工资项目，并定义工资项目之间的计算关系。

① 选择本工资类别的工资项目

这里只能选择薪资账套中已设置的工资项目，不可自行输入。工资项目的类型、长度、小数位数、增减项等均不可更改。

② 设置计算公式

定义某些工资项目的计算公式及工资项目之间的运算关系。例如：缺勤扣款=基本工资/月工作日*缺勤天数。运用公式可直观地表达工资项目的实际运算过程，灵活地进行工资计算处理。定义公式可通过选择工资项目、运算符、关系符、函数等组合完成。

系统固定的工资项目——“应发合计”“扣款合计”“实发合计”等的计算公式，系统会根据工资项目设置的“增减项”自动给出。用户在此只能增加、修改、删除其他工资项目的计算公式。

定义工资项目计算公式要符合逻辑，系统将对公式进行合法性检查，不符合逻辑的系统将给出错误提示。定义公式时要注意先后顺序，先得到的数据应先设置公式。应发合计、扣款合计和实发合计公式应是公式定义框的最后 3 个公式，并且实发合计的公式要在应发合计和扣款合计公式之后。可通过单击公式框中的“▲”“▼”上下箭头调整计算公式顺序。如出现计算公式超长，可将所用到的工资项目名称缩短(减少字符数)，或设置过渡项目。定义公式时可使用函数公式向导参照输入。

(4) 设置个人所得税税率

随着经济的发展和社会的进步，个人所得税起征点、税率等会随之调整，U8 系统中预置了软件发版同时代的个人所得税税率表，如若与现实情况不符，可对纳税基数和税率表进行修订和调整，以正确计算个人所得税。

(5) 录入职工基本工资数据

职工工资数据中有些数据是相对稳定的，如基本工资、职务津贴等；还有一些是每月变动的数据，如病事假扣款、代扣税等。对于相对稳定的工资数据，可以在薪资系统初始化时一次性录入；对于每月变动的数据，则需要在每月进行工资计算前进行编辑。

5.3 薪资管理系统日常业务处理

5.3.1 工资变动数据录入

在进行本月工资计算和汇总之前，需要将本月变动的工资数据录入系统，如本月请假天数与扣款有关，职务变动与职务津贴有关。为了快速、准确地录入工资数据，U8 系统提供了以下功能。

(1) 筛选和定位

如果对部分人员的工资数据进行修改，最好采用数据过滤的方法，先将所要修改的人员过滤出来，然后进行工资数据修改。修改完毕后进行“重新计算”和“汇总”。

(2) 页编辑

在工资变动界面提供了“编辑”按钮，可以对选定的个人进行快速录入。单击“上一人”“下一人”按钮可变更人员，录入或修改其他人员的工资数据。

(3) 替换

将符合条件的人员的某个工资项目的数据，统一替换成某个数据。如管理人员的奖金上调 100 元。

(4) 过滤器

如果只对工资项目中的某一个或几个项目修改，可将要修改的项目过滤出来。如只对事假天数、病假天数两个工资项目的数据进行修改。对于常用到的过滤项目可以在项目过滤选择后，输入一个名称进行保存，以后可通过过滤项目名称调用，不用时也可以删除。

5.3.2　工资计算及分摊

1. 工资计算

U8 系统按照事先定义好的计算公式计算职工的应发合计、扣款合计、实发合计；并按照个人所得税税率表相关设置同时完成代扣个人所得税的计算。

个人所得税计算在工资计算和汇总中同时完成，在个人所得税扣缴申报中可以查看个人所得税扣缴申报表。

2. 银行代发

银行代发是指企业为职工在代发工资的银行中开设储蓄账户，每月企业直接将职工工资划入职工账户。这样做既减轻了财务部门发放工资工作的繁重，又有效地避免了财务去银行提取大笔款项所承担的风险，同时还提高了对员工个人工资的保密程度。

3. 工资分摊

工资是费用中人工费最主要的部分，每月需要对工资费用进行工资总额的计提计算、分配及各种经费的计提，并编制转账会计凭证，供登账处理使用。

5.3.3　工资数据查询统计

工资数据处理结果最终通过工资报表的形式反映，工资系统提供了主要的工资报表，报表的格式由系统提供，如果对报表提供的固定格式不满意，可以通过“修改表”和“新建表”功能自行设计。

1. 工资表

工资表包括工资发放签名表、工资发放条、工资卡、部门工资汇总表、人员类别工资汇总表、条件汇总表、条件统计表、条件明细表、工资变动明细表、工资变动汇总表等由系统提供的原始表。主要用于本月工资发放和统计，工资表可以进行修改和重建。

2. 工资分析表

工资分析表是以工资数据为基础，对部门、人员类别的工资数据进行分析和比较，产生各种分析表，供决策人员使用。

3. 工资类别汇总

各工资类别日常业务处理完成后，需要进行工资类别汇总，从而实现统一工资核算的功能。

5.3.4 月末处理

月末处理是将当月数据经过处理后结转至下月。每月工资数据处理完毕后均可进行月末结转。由于在工资项目中，有的项目是变动的，即每月的数据均不相同，在每月工资处理时，均需将其数据清为零，而后输入当月的数据，此类项目即为清零项目。

因月末处理功能只有主管人员才能执行，所以应以主管的身份登录系统。

月末结转只有在会计年度的 1 月至 11 月进行，且只有在当月工资数据处理完毕后才可进行。若为处理多个工资类别，则应打开工资类别，分别进行月末结转。若本月工资数据未汇总，系统将不允许进行月末结转。进行期末处理后，当月数据将不允许变动。

5.4 重点难点解析

5.4.1 工资账套和工资类别

每个工资账套中包括数量不等的工资类别，如某企业包括在职人员、临时人员和退休人员 3 个类别，这 3 个类别人员的工资项目、计算公式各不相同。

假定：3 个类别通用工资项目 4 个，包括基本工资、应发合计、扣款合计和实发合计；正式人员个性化工资项目 24 个；退休人员个性化工资项目 6 个；临时人员个性化工资项目 2 个；那么需要在工资账套中建立 4+24+6+2=36 个工资项目。然后在在职人员工资类别中选择 28 个工资项目；在临时人员工资类别中选择 10 个工资项目；在在职人员工资类别中选择 6 个工资项目。

5.4.2 个人所得税扣税处理

个人所得税申报表中“收入额合计”项对应的工资项目默认为“实发合计”，但在工资计算中，“实发合计”项目中已经扣除了代扣个人所得税和应计税的其他一些代扣款项。如果选择“应发合计”项目又没有扣除职工应该负担的五险一金，则需要另外设置一个工资项目，设置正确的计算公式，对应于个人所得税申报表的“收入额合计”。

实践应用

实验一 薪资管理初始化

实验目的

1. 理解薪资管理中初始化的内容。
2. 理解工资账套中各种参数的含义。
3. 掌握基础信息的设置。
4. 掌握工资账套与工资类别的关系。

实验内容

1. 建立工资账套。
2. 基础信息设置。
3. 工资类别管理。
4. 设置在职人员工资类别的工资项目、人员档案、计算公式。
5. 账套备份。

实验准备

1. 将系统日期更改为“2018-01-01”。
2. 引入“3-1 总账初始化”账套数据。

实验资料

1. 建立工资账套

工资类别为“多个”；工资核算本位币为“人民币”；核算计件工资。自动代扣个人所得税，不进行扣零设置。

2. 工资账套基础信息设置

(1) 人员附加信息

增加人员附加信息“性别”和“学历”。

(2) 工资项目(如表 5-1 所示)

表 5-1 工资项目

工资项目名称	类 型	长 度	小 数	增 减 项
基本工资	数字	8	2	增项
岗位工资	数字	8	2	增项
职务补贴	数字	8	2	增项
交补	数字	8	2	增项
奖金	数字	8	2	增项
缺勤扣款	数字	8	2	减项
住房公积金	数字	8	2	减项
计税工资	数字	8	2	其他
缺勤天数	数字	8	2	其他

(3) 银行名称

银行编码：01001；银行名称为“中国工商银行花园路分理处”。个人账号规则：定长 11 位，录入时自动带出的账号长度为 8 位。

3. 在职人员工资类别资料

(1) 新建“在职人员”工资类别

部门选择“所有部门”。

(2) 人员档案(如表 5-2 所示)

表 5-2 在职人员档案

人员编号	人员姓名	性别	学历	所属部门	人员类别	银行代发账号
101	杨文	男	大学	人事部(1)	企业管理人员	11022033001
201	周健	男	研究生	财务部(2)	企业管理人员	11022033002
202	王东	男	大学	财务部(2)	企业管理人员	11022033003
203	张平	女	大学	财务部(2)	企业管理人员	11022033004
301	李明	男	大学	采购部(3)	企业管理人员	11022033005
401	刘红	女	高职	销售一部(401)	销售人员	11022033006
402	韩乐乐	男	大学	销售二部(402)	销售人员	11022033007
501	刘伟	男	高职	生产部(5)	车间管理人员	11022033008
502	齐天宇	男	高中	生产部(5)	生产工人	11022033009

注：以上人员均不核算计件工资，代发银行均为中国工商银行花园路分理处。

(3) 工资项目

选择工资账套中的所有工资项目，并按照基本工资、岗位工资、职务补贴、交补、奖金、应发合计、住房公积金、代扣税、缺勤扣款、扣款合计、实发合计、计税工资、缺勤天数排序。

(4) 计算公式

缺勤扣款=基本工资/22×缺勤天数

住房公积金=(基本工资+岗位工资+职务补贴)×0.08

企业管理人员和销售人员的交补为 300 元，其他人员的交补为 100 元。

计税工资=基本工资+岗位工资+职务补贴+奖金+交补-缺勤扣款-住房公积金

(5) 个人所得税税率设置(见表 5-3)

个税免征额即扣税基数为 3500 元。外籍人士个税减除费用为 4800 元。

表 5-3　2012 年开始实行的 7 级超额累进个人所得税税率表

级　　数	全月应纳税所得额(税率资讯网提供)	税率(%)	速算扣除数
1	不超过 1500 元	3	0
2	超过 1500 元至 4500 元的部分	10	105
3	超过 4500 元至 9000 元的部分	20	555
4	超过 9000 元至 35 000 元的部分	25	1005
5	超过 35 000 元至 55 000 元的部分	30	2755
6	超过 55 000 元至 80 000 元的部分	35	5505
7	超过 80 000 元的部分	45	13 505

(6) 输入在职人员工资基本数据

1 月份在职人员工资基本情况，如表 5-4 所示。

表 5-4　2018 年 1 月有关的工资数据

职员编号	人员姓名	基本工资	岗位工资	职务补贴	奖金
001	杨文	4000	2000	200	800
002	周健	3500	1500	200	800
003	王东	3000	1000	200	800
004	张平	3000	1000	200	800
005	李明	3500	1200	200	1000
006	刘红	2800	1200	200	1000
007	韩乐乐	2800	1200	200	1000
008	刘伟	3000	1000	200	1000
009	齐天宇	2500	1000	200	1000

4. 临时人员工资类别

(1) 新建“临时人员”工资类别

部门选择“生产部”。

(2) 人员档案(如表 5-5 所示)

表 5-5 临时人员档案

人员编号	人员姓名	性别	行政部门	雇佣状态	人员类别	核算计件工资	代发银行	银行代发账号
581	于秀芬	女	生产部	在职	生产工人	是	中国工商银行花园路分理处	11022038001
582	顾群	男	生产部	在职	生产工人			11022038002
583	张春旺	男	生产部	在职	生产工人			11022038003

(3) 工资项目

工资项目包括计件工资、应发合计、代扣税、扣款合计、实发合计。

(4) 计件要素

计件要素包括两道生产工序：01 组装；02 检验。

(5) 计件工价设置

组装：50，检验：20。

(6) 个人所得税税率同在职人员工资类别

收入额合计为“应发工资”。

实验要求

由“001 周健”注册进入企业应用平台，启用薪资管理和计件工资管理，启用日期为“2018-01-01”。 **(微课视频：WZ050001.htm)**

实验指导

1. 建立工资账套 (微课视频：WZ050101.htm)

① 在企业应用平台的“业务工作”选项卡中，选择“人力资源”中的“薪资管理”，打开“建立工资套”对话框。

② 在建账第一步“参数设置”中，选择本账套所需处理的工资类别个数为“多个”，默认币别名称为“人民币”，选中“是否核算计件工资”复选框，如图 5-2 所示。

提示：

- 本例中对在职人员和临时人员分别进行核算，所以工资类别应选择“多个”。
- 如果企业有按计件支付劳动报酬的情况，可以启用“计件工资”系统，然后在该界面中会出现“核算计件工资”复选框，若选中该项，系统在工资项目中自动增加“计件工资”项目。

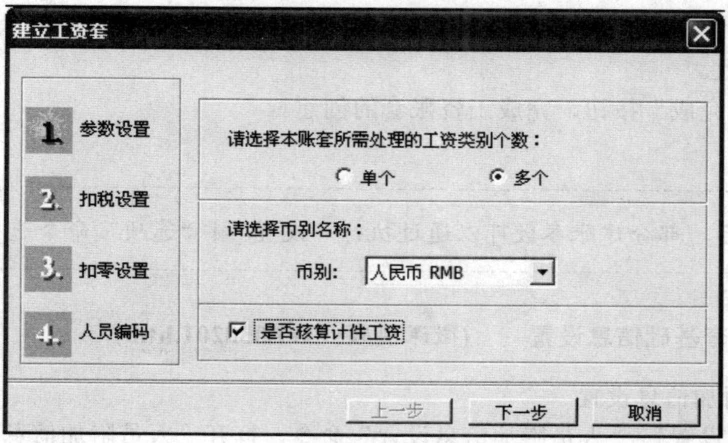

图 5-2 建立工资套—参数设置

③ 单击“下一步”按钮，打开“扣税设置”对话框。选中“是否从工资中代扣个人所得税”复选框，如图 5-3 所示。

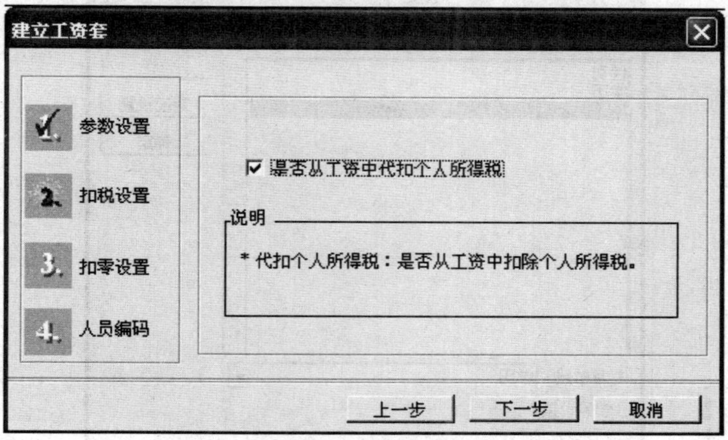

图 5-3 建立工资套—扣税设置

提示：

选择代扣个人所得税后，系统将自动生成工资项目“代扣税”，并在工资计算的同时自动进行代扣个人所得税的计算。

④ 单击“下一步”按钮，打开“扣零设置”对话框。不做选择。

提示：

扣零处理是指每次发放工资时零头扣下，积累取整，于下次工资发放时补上。系统在计算工资时将依据扣零类型(扣零至元、扣零至角、扣零至分)进行扣零计算。因为目前企业大多采用银行代发方式，因此扣零功能失去原来设计的意义。

⑤ 单击“下一步”按钮，打开“人员编码”对话框。系统要求和公共平台中的人员编码保持一致。

⑥ 单击“完成”按钮，完成工资账套的创建。

提示：

建账完毕后，部分建账参数可以通过执行“设置”|“选项”命令进行修改。

2. 工资账套基础信息设置 **(微课视频：WZ050201.htm)**

(1) 人员附加信息设置

① 执行“设置”|“人员附加信息设置”命令，打开“人员附加信息设置”对话框。

② 单击“增加”按钮，单击“栏目参照”栏的下三角按钮，选择“性别”选项，再单击“增加”按钮；同理，增加“学历”，如图 5-4 所示。

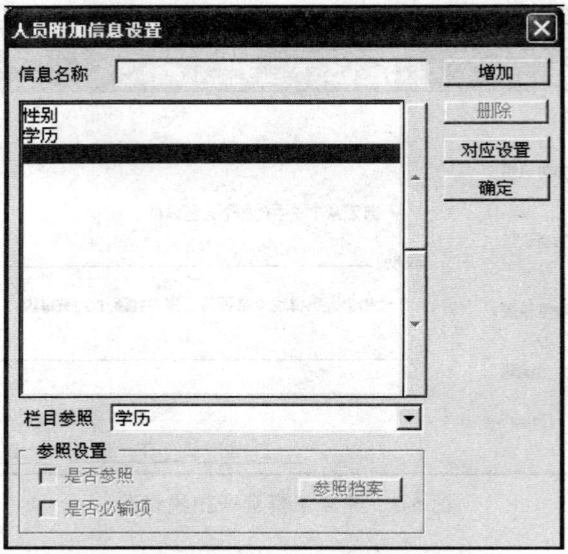

图 5-4 人员附加信息设置

③ 单击“确定”按钮返回。

提示：

- 如果工资管理系统提供的有关人员的基本信息不能满足实际需要，可以根据需要进行人员附加信息的设置。
- 已使用过的人员附加信息可以修改，但不能删除。
- 不能对人员的附加信息进行数据加工，如公式设置等。

(2) 工资项目设置 **(微课视频：WZ050202.htm)**

① 在薪资管理系统中，执行“设置”|“工资项目设置”命令，打开“工资项目设

置”对话框。工资项目列表中显示14个系统自动生成的工资项目，这些项目不能删除。

② 单击“增加”按钮，工资项目列表中增加一空行。

③ 从“名称参照”栏下拉列表中选择“基本工资”选项，默认其他项目。如果需要修改某栏目，只需要双击栏目，按需要进行修改即可。

④ 单击“增加”按钮，增加其他工资项目。可以利用右侧的“上移”“下移”按钮调整工资项目的位置。完成后，如图5-5所示。

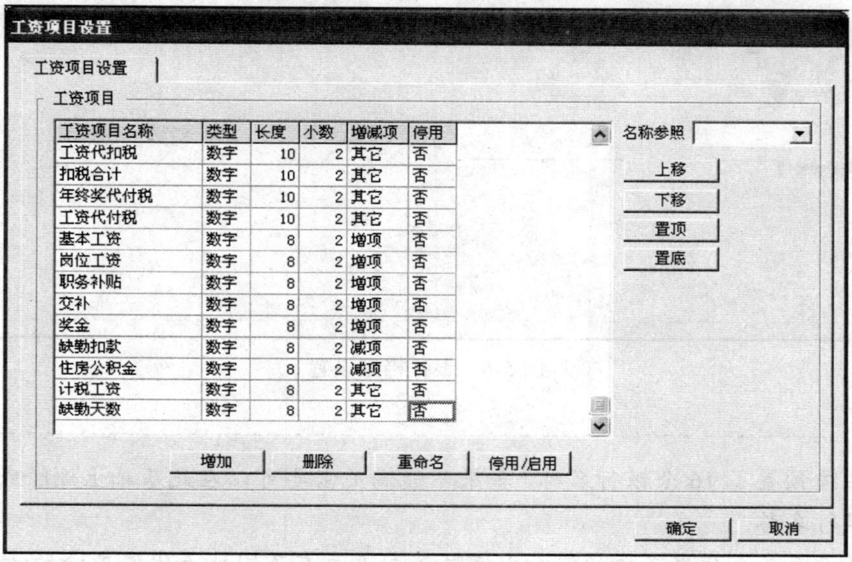

图5-5　工资账套工资项目设置

⑤ 单击“确定”按钮，系统弹出提示“工资项目已经改变，请确认各工资类别的公式是否正确”，单击“确定”按钮。

提示：

- 系统提供若干常用工资项目供参考，可选择输入。对于参照中未提供的工资项目，可以通过双击“工资项目名称”一栏直接输入，或先从“名称参照”栏中选择一个项目，然后单击“重命名”按钮将其修改为需要的项目。
- 在未进入任何一个工资类别时设置的工资项目应包括本工资账套中所有工资类别要使用的工资项目。
- 系统提供的固定工资项目不能修改、删除。

(3) 银行设置　　**(微课视频：WZ050203.htm)**

① 在企业应用平台基础设置中，执行“基础档案”|“收付结算”|“银行档案”命令，打开“银行档案”对话框。

② 单击“增加”按钮，增加“01001 中国工商银行花园路分理处”，默认个人账号“定长”且账号长度为“11”、自动带出的个人账号长度为“8”，如图5-6所示。

③ 单击“保存”按钮退出。

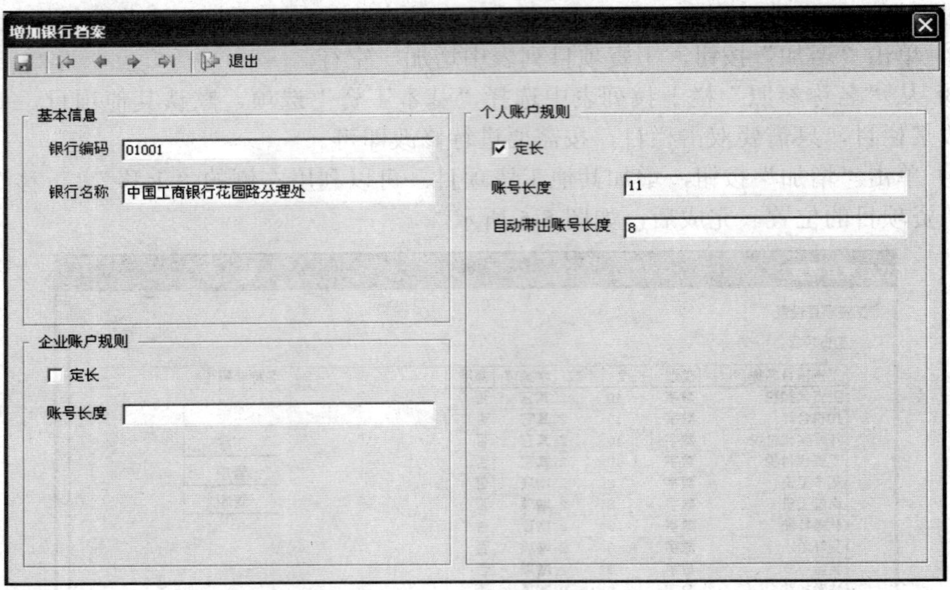

图 5-6 银行档案设置

提示：

- 系统预置了 16 个银行名称，如果不能满足需要可以在此基础上删除或增加新的银行名称。
- 可设置多个代发工资的银行以满足不同人员在不同地点代发工资的情况。

3. 在职人员工资类别初始化设置

(1) 建立“在职人员”工资类别　　**(微课视频：WZ050301.htm)**

① 在薪资管理系统中，执行“工资类别”|“新建工资类别”命令，打开“新建工资类别”对话框。

② 在文本框中输入第一个工资类别“在职人员”，单击“下一步”按钮。

③ 单击“选定全部部门”按钮，如图 5-7 所示。

④ 单击“完成”按钮，系统弹出提示“是否以 2018-01-01 为当前工资类别的启用日期？”，单击“是”按钮，返回薪资管理系统。

提示：

新建工资类别之后自动进入新建的工资类别。

(2) 设置人员档案　　**(微课视频：WZ050302.htm)**

① 执行“设置”|“人员档案”命令，进入“人员档案”窗口。

② 单击“批增”按钮，打开“人员批量增加”对话框。

③ 单击“查询”按钮，系统显示在企业应用平台中已经增加的人员档案，且默认是选中状态，如图 5-8 所示。单击“确定”按钮返回“人员档案”窗口。

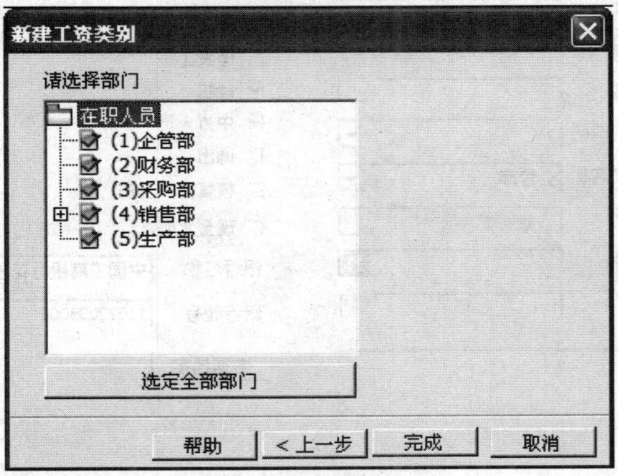

图 5-7　建立在职人员工资类别

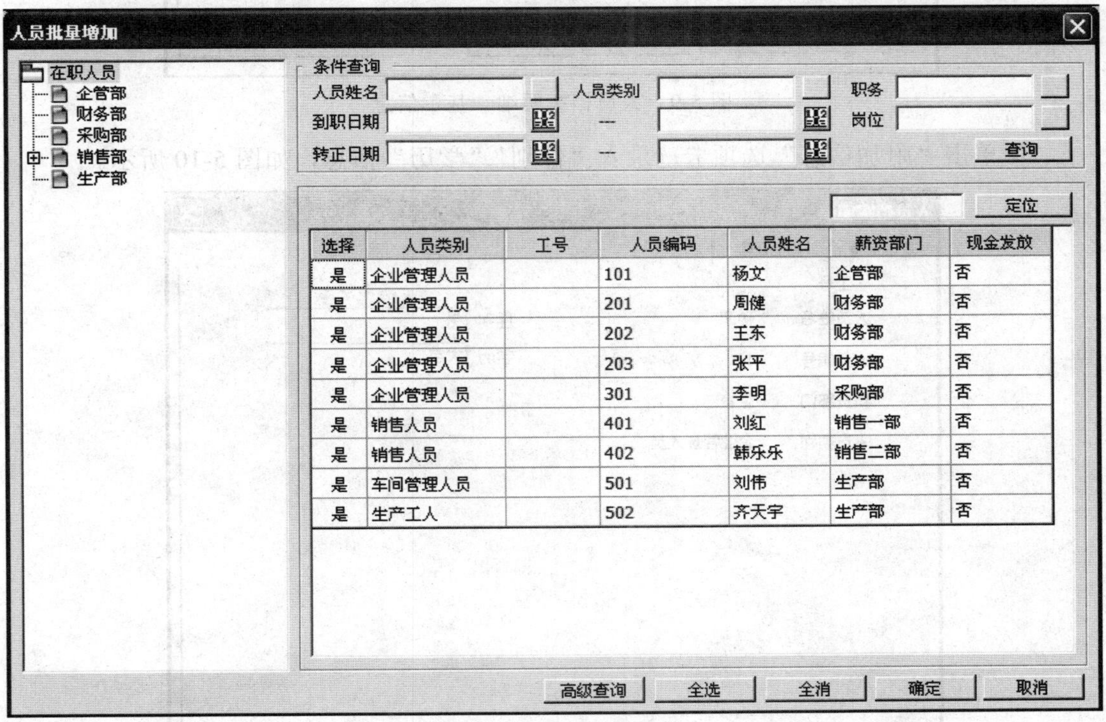

图 5-8　人员批量增加

④ 单击“修改”按钮，打开“人员档案明细”对话框。在“基本信息”选项卡中，取消选中“核算计件工资”复选框，补充录入“银行名称”和“银行账号”信息，如图 5-9 所示。

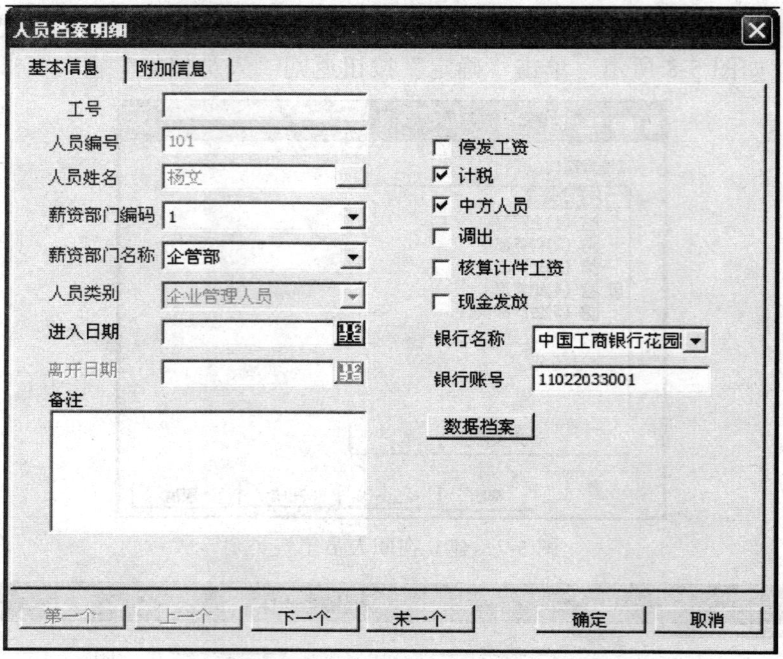

图 5-9　人员档案明细—基本信息

⑤ 单击“附加信息”选项卡，录入“性别”“学历”信息，如图 5-10 所示。

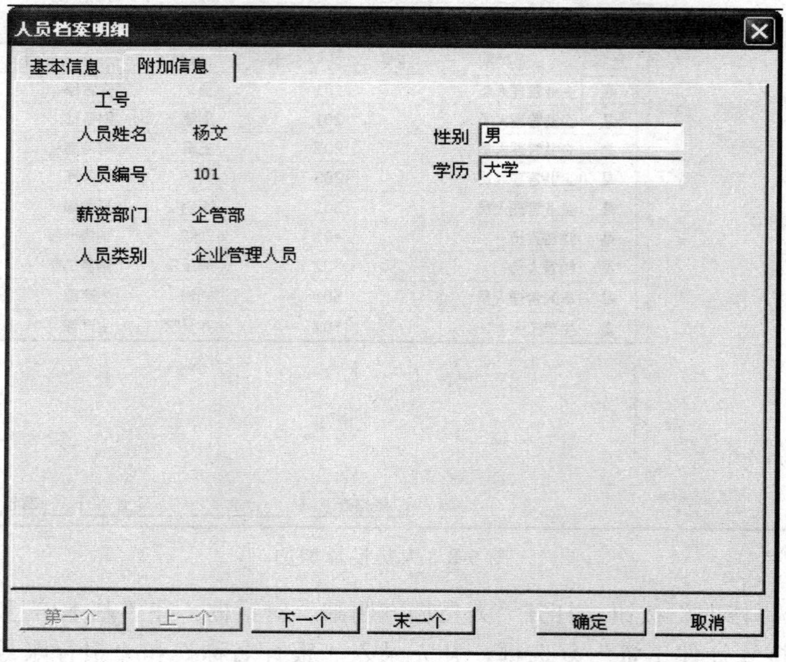

图 5-10　人员档案明细—附加信息

⑥ 单击“确定”按钮，系统弹出“写入该人员档案信息吗”信息提示框，单击“确定”按钮继续修改其他人员信息。

提示：

- 如果在银行名称设置中设置了“银行账号定长”，则在输入人员档案的银行账号时，当输入了一个人员档案的银行账号后，在输入第二个人的银行账号时，系统会自动带出已设置的银行账号定长的账号，只需要输入剩余的账号即可。
- 如果账号长度不符合要求则不能保存。
- 在增加人员档案时，“停发”“调出”和“数据档案”不可选，在修改状态下才能编辑。
- 在人员档案对话框中，可以单击“数据档案”按钮，录入薪资数据。如果个别人员档案需要修改，在“人员档案”对话框中可以直接修改。如果一批人员的某个薪资项目同时需要修改，可以利用数据替换功能，将符合条件人员的某个薪资项目的内容统一替换为某个数据。若进行替换的薪资项目已设置了计算公式，则在重新计算时以计算公式为准。

(3) 选择工资项目 **(微课视频：WZ050303.htm)**

① 执行“设置”|“工资项目设置”命令，打开“工资项目设置”对话框。

② 单击“工资项目设置”选项卡，单击“增加”按钮，工资项目列表中增加了一空行。

③ 从“名称参照”栏下拉列表中选择“基本工资”选项，工资项目名称、类型、长度、小数、增减项都自动带出，不能修改。

④ 单击“增加”按钮，增加其他工资项目。

⑤ 所有项目增加完成后，利用“工资项目设置”界面上的“上移”和“下移”按钮按照实验资料所给顺序调整工资项目的排列位置，完成后如图5-11所示。

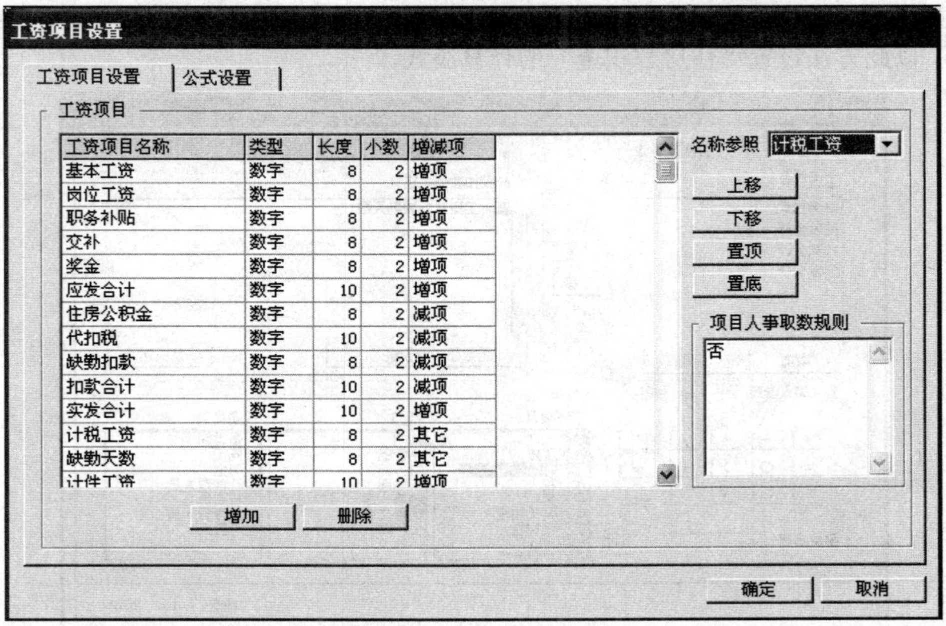

工资项目名称	类型	长度	小数	增减项
基本工资	数字	8	2	增项
岗位工资	数字	8	2	增项
职务补贴	数字	8	2	增项
交补	数字	8	2	增项
奖金	数字	8	2	增项
应发合计	数字	10	2	增项
住房公积金	数字	8	2	减项
代扣税	数字	10	2	减项
缺勤扣款	数字	8	2	减项
扣款合计	数字	10	2	减项
实发合计	数字	10	2	增项
计税工资	数字	8	2	其它
缺勤天数	数字	8	2	其它
计件工资	数字	10	2	增项

图5-11 在职人员工资项目

提示：

- 工资项目不能重复选择。没有设置的工资项目不允许在计算公式中出现。
- 不能删除已输入数据的工资项目和已设置计算公式的工资项目。
- 如果计税工资既不是应发合计也不是实发合计，那么需要在工资项目中增加“计税工资”工资项目，并设置该工资项目的计算公式，在“扣税设置”中设置扣税项目为“计税工资”。
- 在未打开任何工资账套前可以设置所有的工资项目；当打开某一工资账套后可以根据本工资账套的需要对已经设置的工资项目进行选择，并将工资项目移动到合适的位置。
- 如果所需要的工资项目不存在，则要关闭本工资类别，然后新增工资项目，再打开此工资类别进行选择。

(4) 设置计算公式

■ **设置公式“缺勤扣款=基本工资/22×缺勤天数”** **(微课视频：WZ050304.htm)**

① 在“工资项目设置”对话框中单击“公式设置”选项卡。

② 单击“增加”按钮，在工资项目列表中增加一空行，从下拉列表中选择“缺勤扣款”。

③ 单击“缺勤扣款公式定义”文本框，选择工资项目列表中的“基本工资”，基本工资出现在“缺勤扣款公式定义”文本框中。

④ 再单击选中“运算符”区域中的“/”，在“缺勤扣款公式定义”区域中继续录入“22”，单击选中“运算符”区域中的“*”，再单击选中“工资项目”列表中的“缺勤天数”，如图 5-12 所示。单击“公式确认”按钮。

⑤ 以此方法设置“住房公积金”的计算公式。

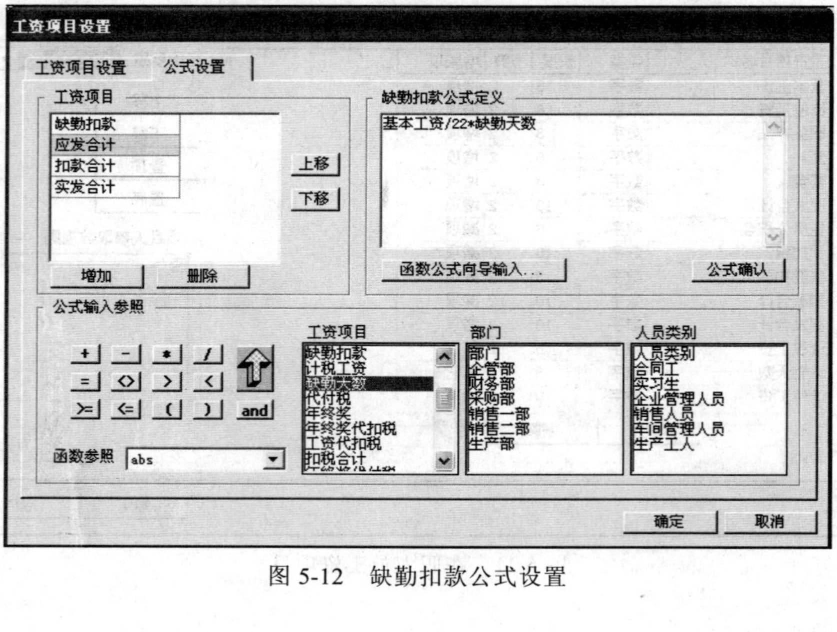

图 5-12 缺勤扣款公式设置

■ 设置公式“交补= iff(人员类别="企业管理人员"or 人员类别="销售人员", 300, 100) ” **(微课视频：WZ050305.htm)**

① 单击“增加”按钮，在工资项目列表中增加一空行，从下拉列表中选择“交补”。

② 单击“公式定义”文本框，单击“函数公式向导输入”按钮，打开“函数向导——步骤之 1”对话框。

③ 从“函数名”列表中选择“iff”，如图 5-13 所示。单击“下一步”按钮，打开“函数向导——步骤之 2”对话框。

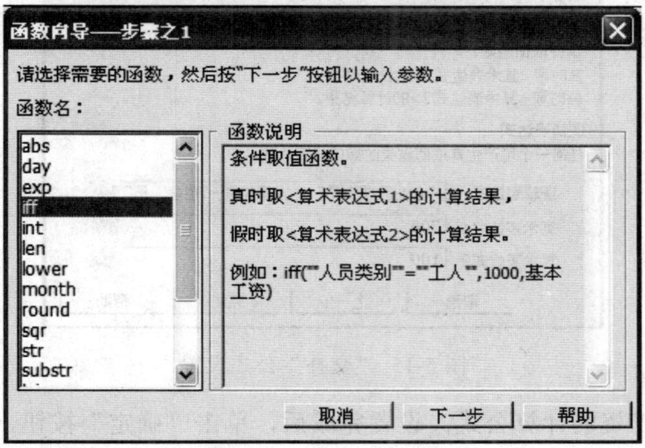

图 5-13　选择 IFF 函数

④ 单击“逻辑表达式”后的“参照”按钮，打开“参照”对话框，从“参照列表”的下拉列表中选择“人员类别”选项，然后从下面的列表中选择“企业管理人员”，如图 5-14 所示，单击“确定”按钮。

图 5-14　选择人员类别

⑤ 在逻辑表达式文本框中的公式后输入“or”，注意前后必须空格。再次单击“逻

辑表达式”后的“参照”按钮，出现“参照”对话框，从“参照列表”的下拉列表中选择“人员类别”选项，再从下面的列表中选择“销售人员”，单击“确定”按钮，返回“函数向导——步骤之 2”。

⑥ 在“算术表达式 1”后的文本框中输入“300”，在“算术表达式 2”后的文本框中输入“100”，如图 5-15 所示。单击“完成”按钮，返回“公式设置”窗口，单击“公式确认”按钮。

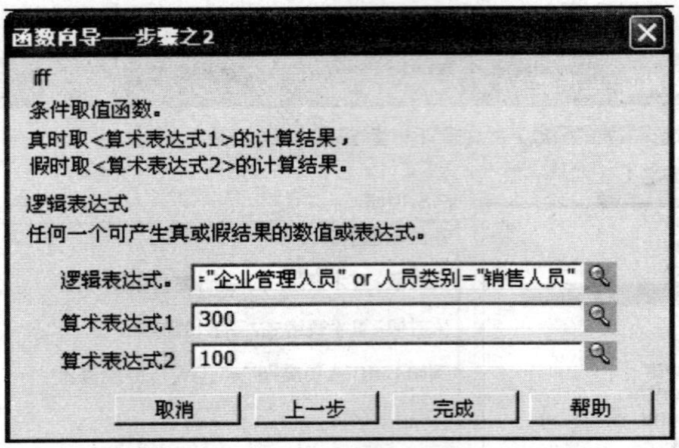

图 5-15 “交补”公式设置

⑦ 设置计税工资的计算公式。设置完成后，单击“确定”按钮，退出公式设置。

提示：

计算公式是有先后顺序的。本例中的计税工资中包含缺勤扣款、交补、住房公积金，因此，计税工资的计算应该置于最后完成。

(5) 设置所得税税率　　**(微课视频：WZ050306.htm)**

① 执行“设置”|“选项”命令，打开“选项”对话框。

② 单击“编辑”按钮，在“扣税设置”选项卡中，单击“实发合计”下拉列表框，从中选择“计税工资”，如图 5-16 所示。

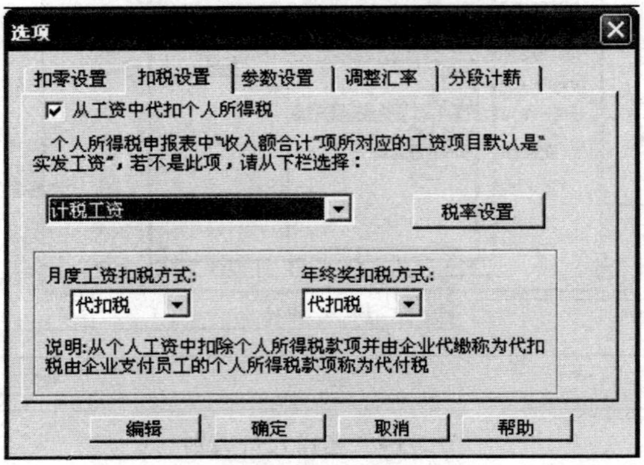

图 5-16 选项—扣税设置

③ 单击“税率设置”按钮，打开“个人所得税申报表——税率表”对话框，如图 5-17 所示。

④ 查看系统预置的所得税纳税基数是否为“3500”，附加费用是否为“1300”。税率表是否与国家现行规定一致，如果不一致需要进行修改。

⑤ 单击“确定”按钮返回。

图 5-17　个人所得税税率表

(6) 输入在职人员工资基本数据　　**(微课视频：WZ050307.htm)**

① 执行“业务处理”|“工资变动”命令，进入“工资变动”窗口。

② 在“过滤器”下拉列表中选择“过滤设置”，打开“项目过滤”对话框。

③ 选择“工资项目”列表中的“基本工资”，单击[>]按钮；同样再选择“岗位工资”“职务补贴”和“奖金”，如图 5-18 所示。

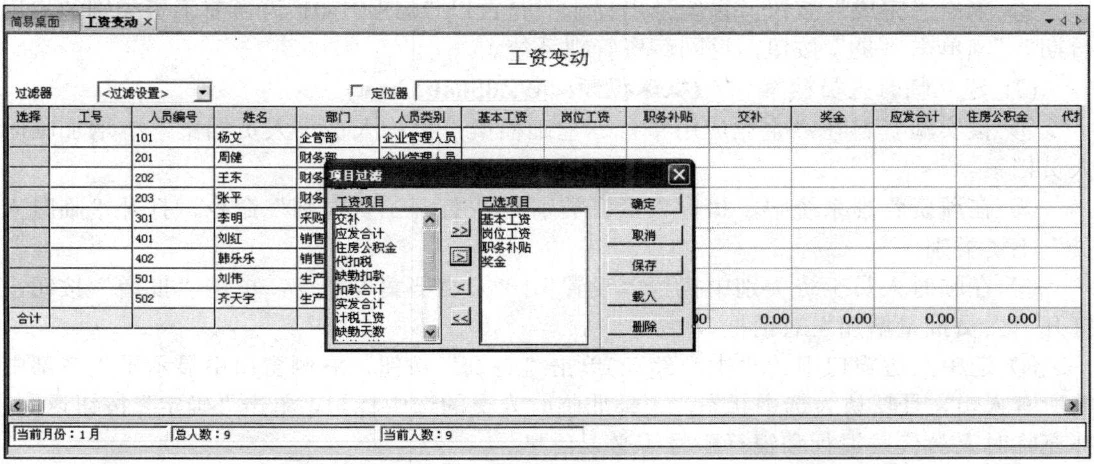

图 5-18　工资变动—过滤设置

④ 单击“确定”按钮，返回“工资变动”窗口，此时每个人的工资项目只显示基本工资、岗位工资、职务补贴和奖金几项。

⑤ 按实验资料输入“在职人员”工资类别的工资数据。在“过滤器”下拉列表中

选择“所有项目”，屏幕上显示所有工资项目。

⑥ 单击“关闭”按钮退出，系统显示“数据发生变动后请进行工资计算和汇总，否则工资数据可能不正确！是否进行工资计算和汇总？”信息提示框，单击“否”按钮退出。

(7) 关闭工资类别　　**(微课视频：WZ050308.htm)**

执行“工资类别”|“关闭工资类别”命令，关闭“在职人员”工资类别。

提示：

- 个人所得税扣缴应在“工资变动”后进行，但是如果目前个人所得税的计提基数与系统中预置的不同，则应先核对个人所得税计提基数后再进行工资变动处理。如果先进行工资变动处理再修改个人所得税的计提基数，就应该在修改了个人所得税的计提基数后再进行一次工资变动处理，否则工资数据将不正确。
- 系统默认以“实发合计”作为扣税基数。如果想以其他工资项目作为扣税标准，则需要在定义工资项目时单独为应税所得设置一个工资项目。
- 在“工资变动”中，系统默认以“实发合计”作为扣税基数，所以在执行完个人所得税计算后，需要到“工资变动”中，执行“计算”和“汇总”功能，以保证“代扣税”这个工资项目正确地反映出单位实际代扣个人所得税的金额。

4. 临时人员工资类别初始化设置

(1) 建立“临时人员”工资类别　　**(微课视频：WZ050401.htm)**

① 执行“工资类别”|“新建工资类别”命令，打开“新建工资类别”对话框。

② 在文本框中输入第二个工资类别“临时人员”，单击“下一步”按钮。

③ 选择“生产部”。

④ 单击“完成”按钮，系统弹出提示“是否以 2018-01-01 为当前工资类别的启用日期？”，单击“是”按钮，返回薪资管理系统。

(2) 建立临时人员档案　　**(微课视频：WZ050402.htm)**

① 按实验资料在“企业应用平台—基础档案—机构人员—人员档案”中增加临时人员档案。

② 在薪资管理系统中，执行“工资类别”|“打开工资类别”命令，打开“临时人员”工资类别。

③ 在临时人员工资类别中执行“设置”|“人员档案”命令，单击“批增”按钮，打开“人员批量增加”对话框。

④ 选中左边窗口中的“生产部”，单击“查询”按钮，右侧窗口中显示了生产部中的所有人员，且默认为选中状态。去掉非临时人员的选中标记，单击“确定”按钮返回。补充临时人员代发银行和银行账号等必要信息。

提示：

临时人员核算计件工资。

(3) 工资项目设置　　**(微课视频：WZ050403.htm)**

① 在薪资管理系统中，执行“设置”|“工资项目设置”命令，打开“工资项目设置”对话框。

② 利用“上移”“下移”按钮按“计件工资、应发合计、代扣税、扣款合计、实发合计”重新排列工资项目。

③ 单击“确定”按钮返回。

(4) 计件要素设置　　**(微课视频：WZ050404.htm)**

① 在计件工资中，执行“设置”|“计件要素设置”命令，打开“计件要素设置”对话框。

② 查看是否包括“工序”计件要素，且为“启用”状态，如图 5-19 所示。

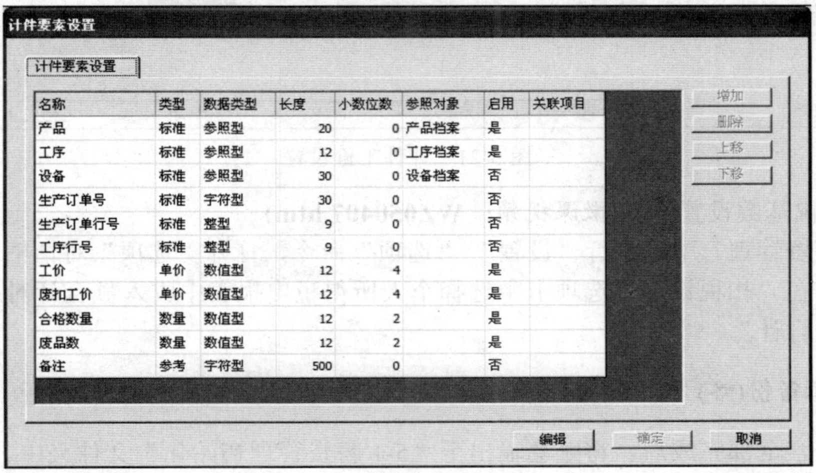

名称	类型	数据类型	长度	小数位数	参照对象	启用	关联项目
产品	标准	参照型	20	0	产品档案	是	
工序	标准	参照型	12	0	工序档案	是	
设备	标准	参照型	30	0	设备档案	否	
生产订单号	标准	字符型	30	0		否	
生产订单行号	标准	整型	9	0		否	
工序行号	标准	整型	9	0		否	
工价	单价	数值型	12	4		是	
废扣工价	单价	数值型	12	4		是	
合格数量	数量	数值型	12	2		是	
废品数	数量	数值型	12	2		是	
备注	参考	字符型	500	0		否	

图 5-19　计件要素设置

(5) 工序设置　　**(微课视频：WZ050405.htm)**

① 在企业应用平台基础档案设置中，执行“生产制造”|“标准工序资料维护”命令，进入“标准工序资料维护”窗口。

② 单击“增加”按钮，增加“01 组装”和“02 检验”两种工序，如图 5-20 所示。

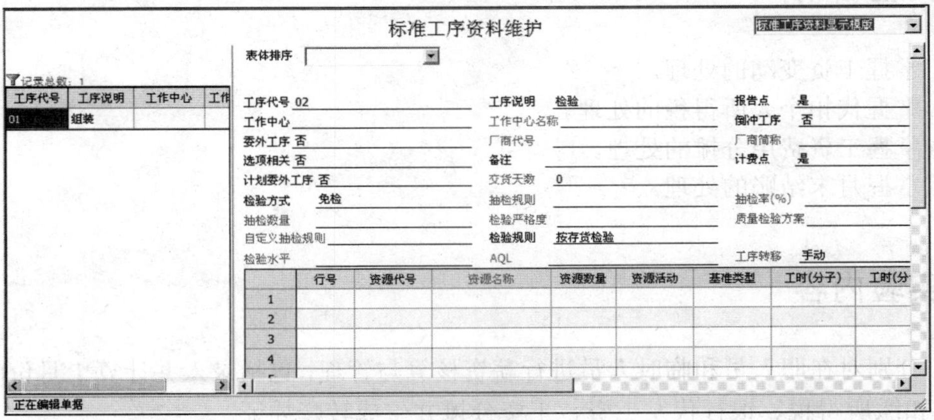

图 5-20　标准工序资料维护

(6) 计件工价设置　　**(微课视频：WZ050406.htm)**

① 在计件工资中，执行“设置”|“计件工价设置”命令，进入“计件工价设置”窗口。

② 单击“增加”按钮，按实验资料输入计件工价，如图 5-21 所示。

③ 单击“保存”按钮。

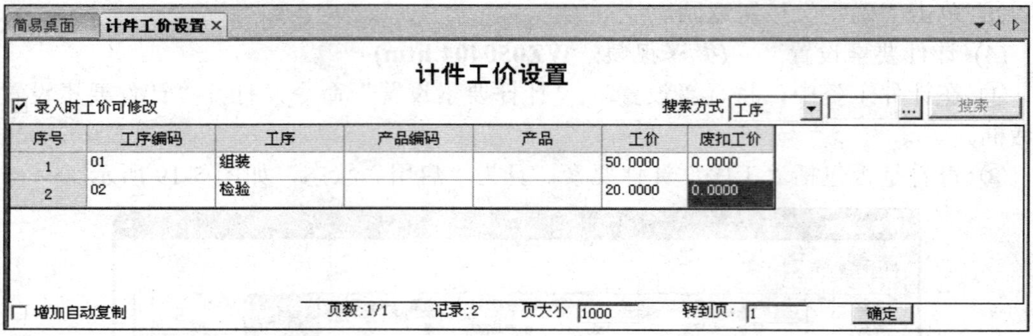

图 5-21　计件工价设置

(7) 计税基数设置　　**(微课视频：WZ050407.htm)**

在“薪资管理”中，执行“设置”|“选项”命令，打开“选项”对话框。单击“编辑”按钮，在“扣税设置”选项卡中选择个人所得税申报表中收入额合计对应的工资项目为“应发合计”。

5. 账套备份(略)

以上内容全部完成后，将账套输出至“5-1 薪资管理初始化”文件夹中。

实验二　薪资管理日常业务处理

实验目的

1. 掌握工资变动的处理。
2. 掌握代扣个人所得税的处理。
3. 掌握工资费用分摊的处理。
4. 掌握月末结账的处理。

实验内容

1. 分别对在职人员和临时人员进行薪资核算与管理，包括录入并计算 1 月份的薪资数据、扣缴所得税、银行代发工资、工资分摊并生成转账凭证。

2. 汇总工资类别。
3. 月末处理。
4. 查看工资发放条、部门工资汇总表。
5. 按部门进行工资项目构成分析。
6. 查询 1 月份工资核算的记账凭证。
7. 账套备份。

实验准备

1. 将系统日期更改为“2018-01-01”。
2. 引入“5-1 薪资管理初始化”账套。

实验资料

1. 在职人员薪资计算相关资料

(1) 1 月份考勤统计

王东缺勤 3 天；齐天宇缺勤 2 天。

(2) 特殊激励

因去年销售部推广产品业绩较好，每人增加奖金 1000 元。

(3) 工资计算与汇总

(4) 查看个人所得税扣缴申报表

(5) 工资分摊及费用计提

应付工资总额等于工资项目“应发合计”，企业为职工缴纳的住房公积金按应付工资总额的 10%计提。

工资费用分配的转账分录，如表 5-6 所示。

表 5-6 工资分摊

部门 \ 工资分摊		应付工资		住房公积金(10%)	
		借方	贷方	借方	贷方
企管部、财务部、采购部	企业管理人员	660203	221101	660203	221104
销售一部、销售二部	销售人员	6601	221101	6601	221104
生产部	车间管理人员	510101	221101	510101	221104
	生产工人	500102	221101	500102	221104

2. 临时人员薪资相关情况

(1) 1 月份临时人员计件工资情况(见表 5-7)

表 5-7　1 月份临时人员计件工资

姓　名	计 件 日 期	工　序	工　时	工　价
于秀芬	2018-01-31	组装	80	50
顾群	2018-01-31	组装	110	50
张春旺	2018-01-31	检验	300	20

(2) 进行工资变动和代扣个人所得税处理

3. 工资类别汇总

对在职人员和临时人员两个工资类别进行工资类别汇总。

4. 月末处理

5. 账表查询

实验指导

1. 在职人员工资处理

(1) 输入工资变动数据

■　输入本月考勤情况　　**(微课视频：WZ050501.htm)**

① 在薪资管理系统中，执行“工资类别”|“打开工资类别”命令，打开在职人员工资类别。

② 执行“业务处理”|“工资变动”命令，进入“工资变动”窗口。

③ 输入本月缺勤天数：王东缺勤 3 天，齐天宇缺勤 2 天。

■　特殊激励处理　　**(微课视频：WZ050502.htm)**

① 在工资变动窗口中，单击“全选”按钮，人员前面的“选择”栏出现选中标记“Y”。

② 单击“替换”按钮，打开“工资数据替换”对话框，在“将工资项目”下拉列表中选择“奖金”，在“替换成”文本框中输入“奖金+1000”。在替换条件处分别选择“部门”“=”“销售部”，如图 5-22 所示。

③ 单击“确定”按钮，系统弹出“数据替换后将不可恢复。是否继续？”信息提示框。

④ 单击“是”按钮，系统弹出提示信息“2 条记录被替换，是否重新计算？”，单击“是”按钮，系统自动完成工资计算。

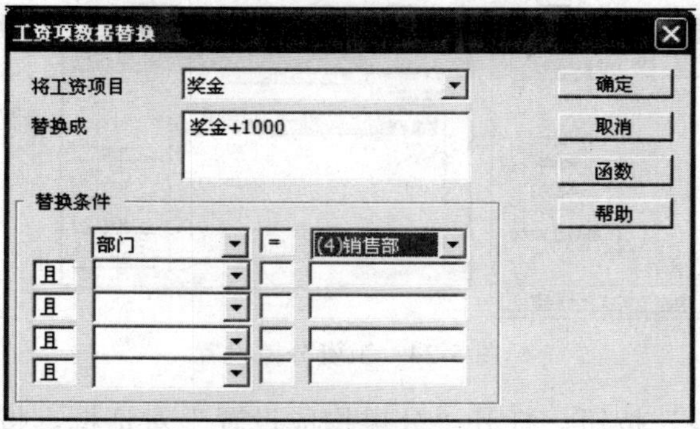

图 5-22 数据替换

(2) 工资计算与汇总 **(微课视频：WZ050503.htm)**

① 在“工资变动”窗口的工具栏中单击“计算”按钮，计算工资数据。

② 单击“汇总”按钮，汇总工资数据。退出“工资变动”窗口。

(3) 查看个人所得税扣缴申报表 **(微课视频：WZ050504.htm)**

① 在薪资管理系统中，执行“业务处理”|“扣缴所得税”命令，打开“个人所得税申报模板”对话框。

② 选择“北京”地区“扣缴个人所得税报表”，单击“打开”按钮，打开“所得税申报”对话框。单击“确定”按钮，进入“北京扣缴个人所得税报表”窗口，如图 5-23 所示。

③ 查看完毕后退出。

北京扣缴个人所得税报表

2018年1月 -- 2018年1月

总人数：9

序号	纳税人姓名	身份证照...	身份证照...	国家与地区	职业编码	所得项目	所得期间	收入额	免税收入额	允许扣除...	费用扣除...	准予扣除...	应纳税所...	税率	应扣税额
1	杨文	身份证				工资	1	7300.00			3500.00		3304.00	10	225.40
2	周健	身份证				工资	1	6300.00			3500.00		2384.00	10	133.40
3	王东	身份证				工资	1	5300.00			3500.00		1054.91	3	31.65
4	张平	身份证				工资	1	5300.00			3500.00		1464.00	3	43.92
5	李明	身份证				工资	1	6200.00			3500.00		2308.00	10	125.80
6	刘红	身份证				工资	1	6500.00			3500.00		2664.00	10	161.40
7	韩乐乐	身份证				工资	1	6500.00			3500.00		2664.00	10	161.40
8	刘伟	身份证				工资	1	5300.00			3500.00		1464.00	3	43.92
9	齐天宇	身份证				工资	1	3800.00			3500.00		0.00	0	0.00
合计								52500.00			31500.00		17306.91		926.89

图 5-23 扣缴个人所得税报表

(4) 工资分摊及费用计提

■ **工资分摊类型设置** **(微课视频：WZ050505.htm)**

① 在薪资管理系统中，执行“业务处理”|“工资分摊”命令，打开“工资分摊”对话框。

② 单击“工资分摊设置”按钮，打开“分摊类型设置”对话框。

③ 单击“增加”按钮，打开“分摊计提比例设置”对话框。

④ 输入计提类型名称为“应付工资”，如图 5-24 所示。

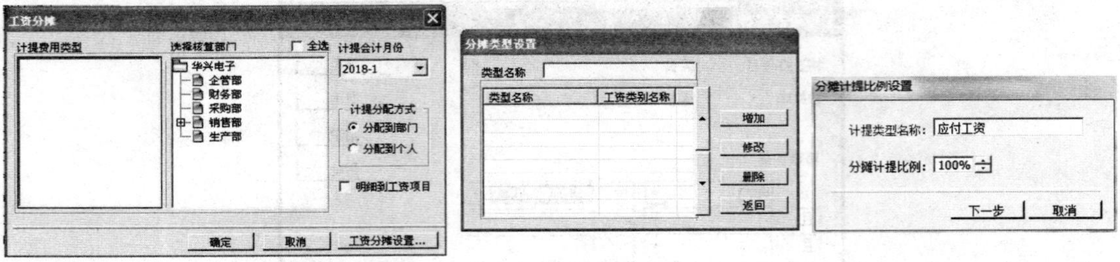

图 5-24　工资分摊设置

⑤ 单击“下一步”按钮，打开“分摊构成设置”对话框。按实验资料内容进行设置，设置完成后如图 5-25 所示。单击“完成”按钮返回“分摊类型设置”对话框。

⑥ 继续设置住房公积金分摊计提项目。

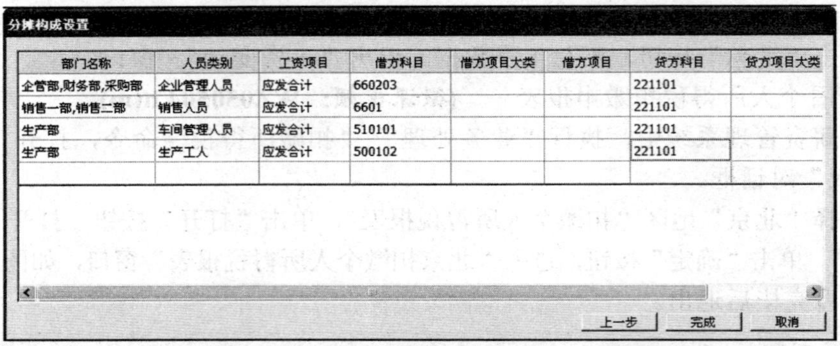

部门名称	人员类别	工资项目	借方科目	借方项目大类	借方项目	贷方科目	贷方项目大类
企管部,财务部,采购部	企业管理人员	应发合计	660203			221101	
销售一部,销售二部	销售人员	应发合计	6601			221101	
生产部	车间管理人员	应发合计	510101			221101	
生产部	生产工人	应发合计	500102			221101	

图 5-25　分摊构成设置

■　**工资分摊　　(微课视频：WZ050506.htm)**

① 在薪资管理系统中，执行“业务处理”|“工资分摊”命令，打开“工资分摊”对话框。

② 选择需要分摊的计提费用类型，确定分摊计提的月份为“2018-1”。

③ 选择核算部门：企管部、财务部、采购部、销售部、生产部。

④ 选中“明细到工资项目”复选框，如图 5-26 所示。

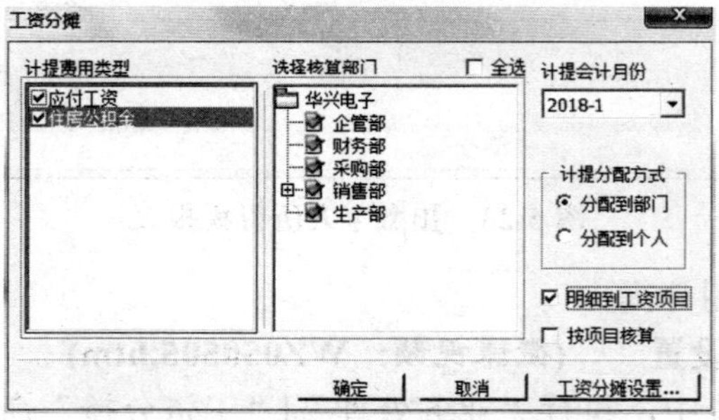

图 5-26　进行工资分摊

⑤ 单击“确定”按钮，打开“应付工资一览表”对话框。

⑥ 选中“合并科目相同、辅助项相同的分录”复选框，如图 5-27 所示。单击“制单”按钮。

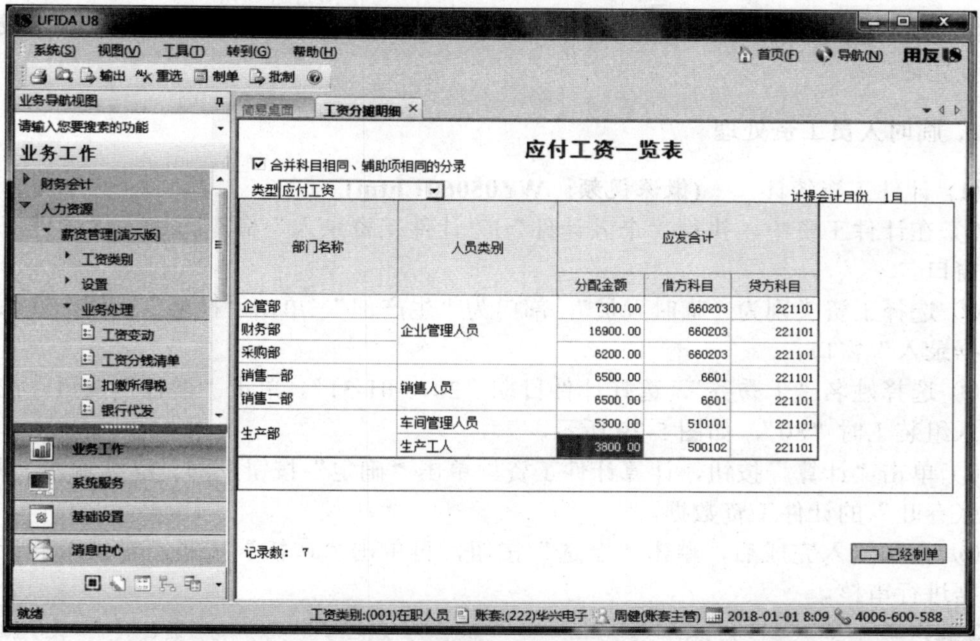

图 5-27 应付工资一览表

⑦ 单击凭证左上角的“字”处，选择“转账凭证”，输入附单据数，单击“保存”按钮，凭证左上角出现“已生成”标志，代表该凭证已传递到总账，如图 5-28 所示。

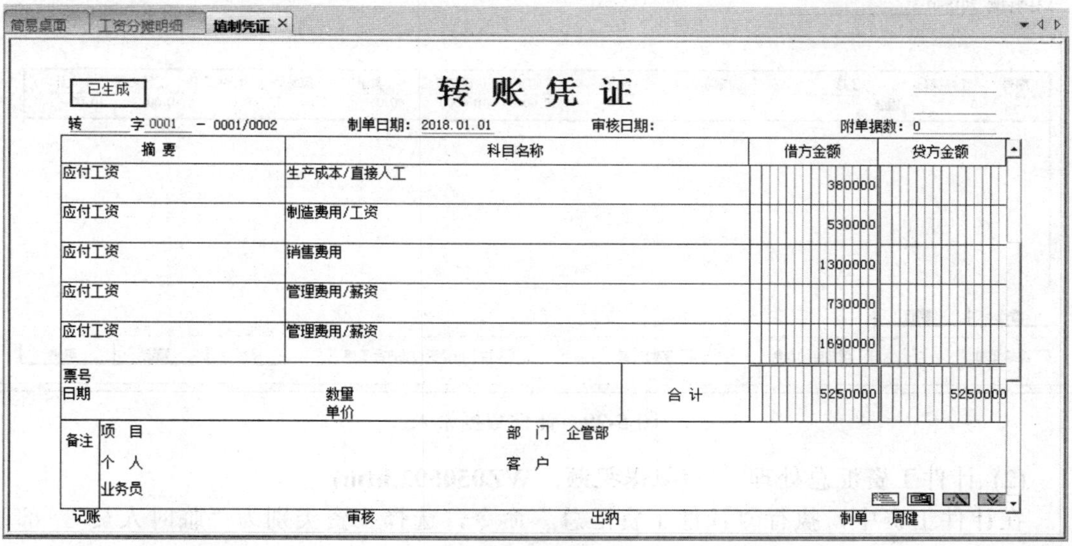

图 5-28 工资分摊生成凭证

提示：

在薪资系统中生成的凭证可以进行查询、删除、冲销等操作。传递到总账后需要在总账中进行审核、记账。

⑧ 从“应付工资一览表”窗口的“类型”下拉列表中选择“住房公积金”，生成住房公积金凭证。

2. 临时人员工资处理

(1) 计件工资统计　　**(微课视频：WZ050601.htm)**

① 在计件工资中，执行“个人计件”|“计件工资录入”命令，进入“计件工资录入”窗口。

② 选择工资类别为“临时人员”，部门为“生产部”，单击“批增”按钮，进入“计件数据录入”窗口。

③ 选择姓名“于秀芬”，选择计件日期“2018-01-31”。单击“增行”按钮，在数量栏输入组装工时“80”，如图 5-29 所示。

④ 单击“计算”按钮，计算计件工资。单击“确定”按钮返回。继续输入“顾群”和“张春旺”的计件工资数据。

⑤ 全部输入完成后，单击“全选”按钮，再单击“审核”按钮，对录入的计件工资数据进行审核。

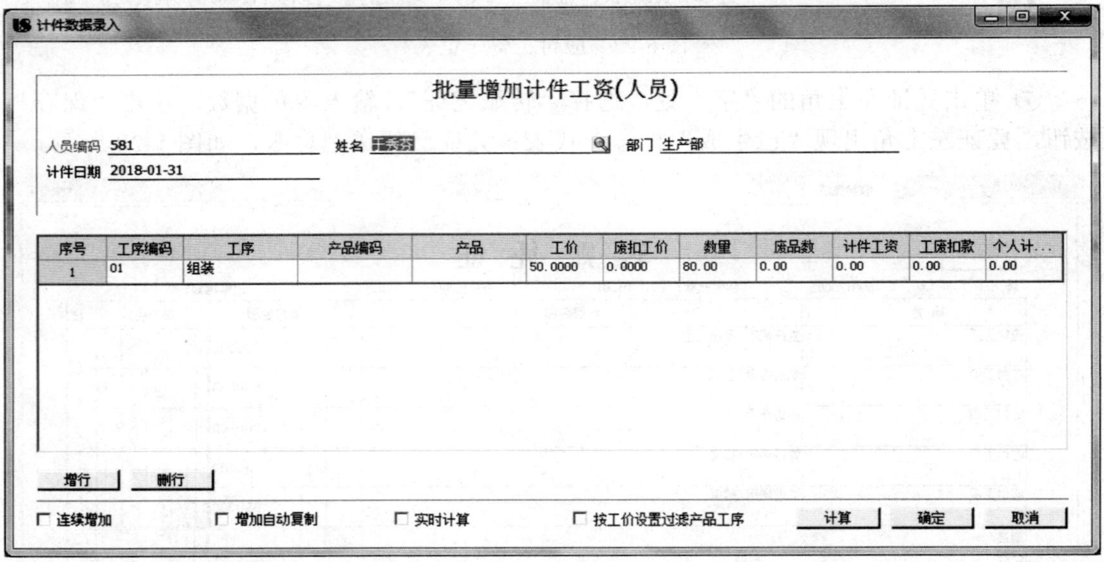

图 5-29　计件数据录入

(2) 计件工资汇总处理　　**(微课视频：WZ050602.htm)**

在计件工资中，执行“计件工资汇总”命令，选择工资类别为“临时人员”，部门为“生产部”，单击“汇总”按钮进行计件工资汇总处理，如图 5-30 所示。

(3) 工资变动处理　　**(微课视频：WZ050603.htm)**

① 在薪资管理系统中，执行“工资类别”|“打开工资类别”命令，打开临时人员工资类别。

② 执行“业务处理”|“工资变动”命令，对临时人员进行工资计算、汇总。

序号	部门编码	部门	人员编码	人员	数量	废品数	计件工资	工废扣款	个人计...	新员工工资	班长提成	工种补贴	分配工资	出勤工
1	5	生产部	581	于秀芬	80.00	0.00	4000.00	0.00	4000.00	0.00	0.00	0.00	0.00	0.0000(
2	5	生产部	582	顾群	110.00	0.00	5500.00	0.00	5500.00	0.00	0.00	0.00	0.00	0.0000(
3	5	生产部	583	张春旺	300.00	0.00	6000.00	0.00	6000.00	0.00	0.00	0.00	0.00	0.0000(
合计					490.00	0.00	15500.00	0.00	15500.00	0.00	0.00	0.00	0.00	0.0000(

图 5-30 计件工资汇总

3. 汇总工资类别 **(微课视频：WZ050701.htm)**

① 在薪资管理系统中，执行“工资类别”|“关闭工资类别”命令。

② 执行“维护”|“工资类别汇总”命令，打开“工资类别汇总”对话框。

③ 选择要汇总的工资类别，如图 5-31 所示，单击“确定”按钮，完成工资类别汇总。

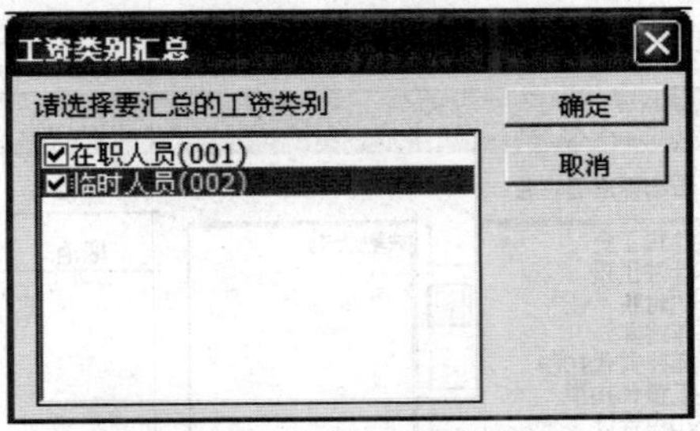

图 5-31 工资类别汇总

④ 执行“工资类别”|“打开工资类别”命令，打开“选择工资类别”对话框。

⑤ 选择“998 汇总工资类别”，单击“确定”按钮，查看工资类别汇总后的各项数据。

提示：

- 该功能必须在关闭所有工资类别时才可用。
- 所选工资类别中必须有汇总月份的工资数据。
- 如为第一次进行工资类别汇总，需在汇总工资类别中设置工资项目计算公式。如果每次汇总的工资类别一致，则公式无须重新设置。如果与上一次汇总所选择的工资类别不一致，则需重新设置计算公式。
- 汇总工资类别不能进行月末结算和年末结算。

4. 月末处理 **(微课视频：WZ050801.htm)**

① 打开“在职人员”工资类别，执行“业务处理”|“月末处理”命令，打开“月末处理”对话框，如图 5-32 所示。

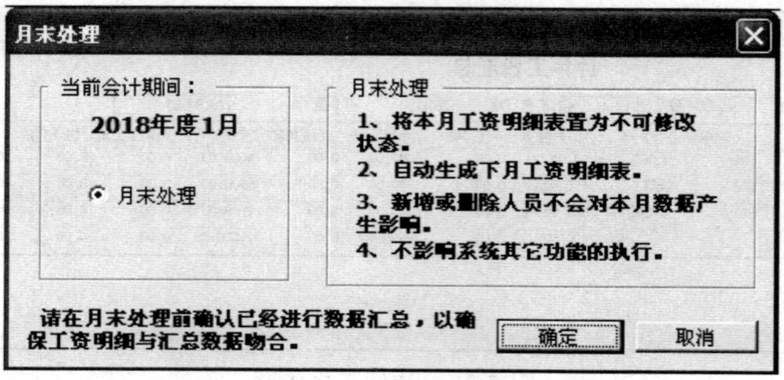

图 5-32　月末处理

② 单击“确定”按钮，系统弹出信息提示“月末处理之后，本月工资将不许变动，继续月末处理吗？”，单击“是”按钮。系统弹出信息提示“是否选择清零项？”，单击“是”按钮，打开“选择清零项目”对话框。

③ 在“请选择清零项目”列表中，选择“缺勤天数”，单击“>”按钮，将所选项目移动到右侧的列表框中，如图 5-33 所示。

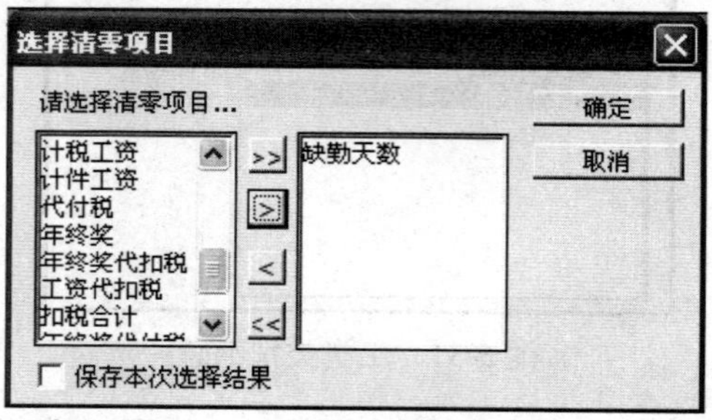

图 5-33　选择清零项目

④ 单击“确定”按钮，系统弹出信息提示“月末处理完毕！”，单击“确定”按钮返回。

⑤ 用同样的方法完成“临时人员”工资类别的月末处理。

提示：

- 月末结转只能在会计年度的 1～11 月进行。
- 若为处理多个工资类别，则应打开工资类别，分别进行月末结算。
- 若本月工资数据未汇总，系统将不允许进行月末结转。
- 进行期末处理后，当月数据将不再允许变动。
- 月末处理功能只有主管人员才能执行。

5. 在职人员工资类别账表查询

(1) 查看工资发放条　　**(微课视频：WZ050901.htm)**

① 打开“在职人员”工资类别，执行“统计分析”|“账表”|“工资表”命令，打

开“工资表”对话框。

② 单击选中“工资发放条”，如图 5-34 所示。

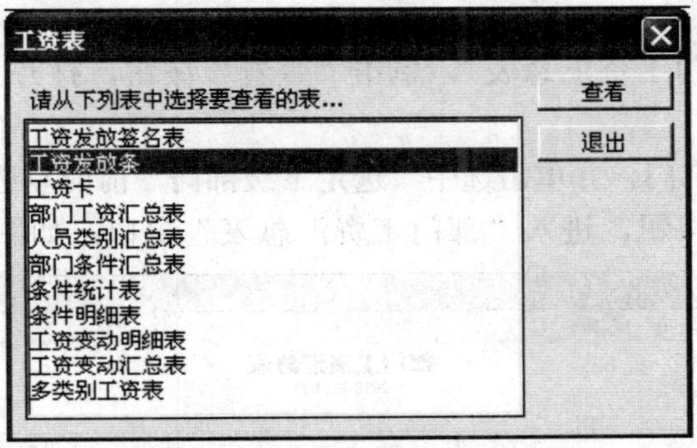

图 5-34　选中“工资发放条”

③ 单击“查看”按钮，打开“工资发放条”对话框。

④ 单击选中各个部门，并单击选中“选定下级部门”前的复选框。

⑤ 单击“确定”按钮，进入“工资发放条”窗口，如图 5-35 所示。

⑥ 单击“退出”按钮退出。

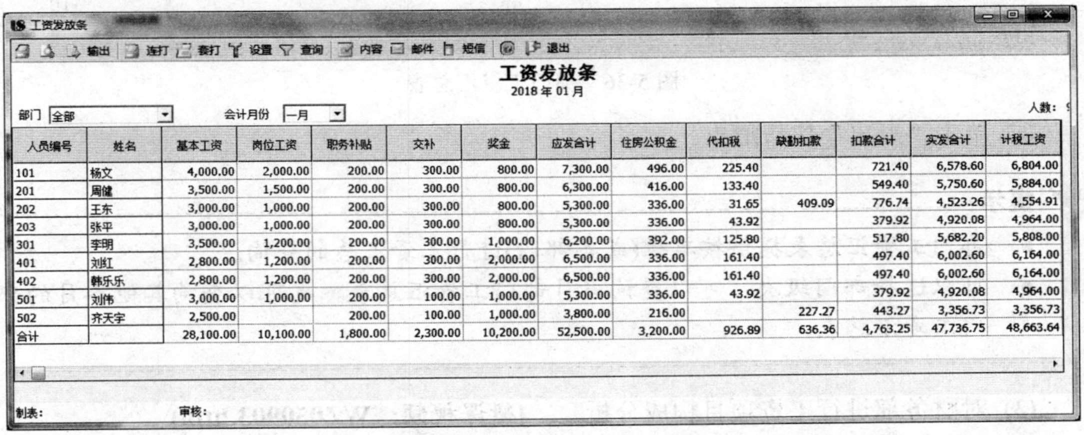

人员编号	姓名	基本工资	岗位工资	职务补贴	交补	奖金	应发合计	住房公积金	代扣税	缺勤扣款	扣款合计	实发合计	计税工资
101	杨文	4,000.00	2,000.00	200.00	300.00	800.00	7,300.00	496.00	225.40		721.40	6,578.60	6,804.00
201	周健	3,500.00	1,500.00	200.00	300.00	800.00	6,300.00	416.00	133.40		549.40	5,750.60	5,884.00
202	王东	3,000.00	1,000.00	200.00	300.00	800.00	5,300.00	336.00	31.65	409.09	776.74	4,523.26	4,554.91
203	张平	3,000.00	1,000.00	200.00	300.00	800.00	5,300.00	336.00	43.92		379.92	4,920.08	4,964.00
301	李明	3,500.00	1,200.00	200.00	300.00	1,000.00	6,200.00	392.00	125.80		517.80	5,682.20	5,808.00
401	刘红	2,800.00	1,200.00	200.00	300.00	2,000.00	6,500.00	336.00	161.40		497.40	6,002.60	6,164.00
402	韩乐乐	2,800.00	1,200.00	200.00	300.00	2,000.00	6,500.00	336.00	161.40		497.40	6,002.60	6,164.00
501	刘伟	3,000.00	1,000.00	200.00	100.00	1,000.00	5,300.00	336.00	43.92		379.92	4,920.08	4,964.00
502	齐天宇	2,500.00		200.00	100.00	1,000.00	3,800.00	216.00		227.27	443.27	3,356.73	3,356.73
合计		28,100.00	10,100.00	1,800.00	2,300.00	10,200.00	52,500.00	3,200.00	926.89	636.36	4,763.25	47,736.75	48,663.64

图 5-35　工资发放条

提示：

- 工资业务处理完成后，相关工资报表数据同时生成，系统提供了多种形式的报表反映工资核算的结果。如果对报表的格式不满意还可以进行修改。
- 系统提供的工资报表主要包括“工资发放签名表”“工资发放条”“部门工资汇总表”“人员类别汇总表”“部门条件汇总表”“条件统计表”“条件明细表”及“工资变动明细表”等。
- 工资发放条是发放工资时交给职工的工资项目清单。系统提供了自定义工资发放打印信息和工资项目打印位置格式的功能，提供固化表头和打印区域范围的“工资套打”格式。

(2) 查看部门工资汇总表　　**(微课视频：WZ050902.htm)**

① 打开“在职人员”工资类别，执行“统计分析”|“账表”|“工资表”命令，打开“工资表”对话框。

② 单击选中“部门工资汇总表”，单击“查看”按钮，打开“部门工资汇总表—选择部门范围”对话框。

③ 单击选中各个部门，并单击选中“选定下级部门”前的复选框。

④ 单击“确定”按钮，进入“部门工资汇总表”窗口，如图 5-36 所示。

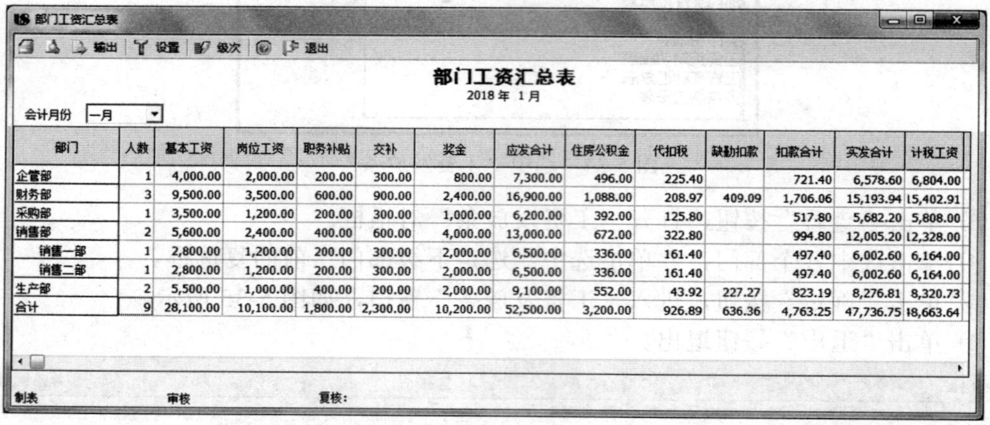

部门工资汇总表

2018 年 1 月

会计月份 一月

部门	人数	基本工资	岗位工资	职务补贴	交补	奖金	应发合计	住房公积金	代扣税	缺勤扣款	扣款合计	实发合计	计税工资
企管部	1	4,000.00	2,000.00	200.00	300.00	800.00	7,300.00	496.00	225.40		721.40	6,578.60	6,804.00
财务部	3	9,500.00	3,500.00	600.00	900.00	2,400.00	16,900.00	1,088.00	208.97	409.09	1,706.06	15,193.94	15,402.91
采购部	1	3,500.00	1,200.00	200.00	300.00	1,000.00	6,200.00	392.00	125.80		517.80	5,682.20	5,808.00
销售部	2	5,600.00	2,400.00	400.00	600.00	4,000.00	13,000.00	672.00	322.80		994.80	12,005.20	12,328.00
销售一部	1	2,800.00	1,200.00	200.00	300.00	2,000.00	6,500.00	336.00	161.40		497.40	6,002.60	6,164.00
销售二部	1	2,800.00	1,200.00	200.00	300.00	2,000.00	6,500.00	336.00	161.40		497.40	6,002.60	6,164.00
生产部	2	5,500.00	1,000.00	400.00	200.00	2,000.00	9,100.00	552.00	43.92	227.27	823.19	8,276.81	8,320.73
合计	9	28,100.00	10,100.00	1,800.00	2,300.00	10,200.00	52,500.00	3,200.00	926.89	636.36	4,763.25	47,736.75	48,663.64

制表　审核　复核:

图 5-36　部门工资汇总表

⑤ 单击“退出”按钮退出。

提示：

- 部门工资汇总表提供按单位(或各部门)进行工资汇总的查询。
- 可以选择部门级次，可以查询当月部门工资汇总表，也可以查询其他各月的部门工资汇总表。

(3) 对财务部进行工资项目构成分析　　**(微课视频：WZ050903.htm)**

① 打开“在职人员”工资类别，执行“统计分析”|“账表”|“工资分析表”命令，打开“工资分析表”对话框。

② 单击“确定”按钮，打开“请选择分析部门”对话框。

③ 单击选中“财务部”，单击“确定”按钮，打开“分析表选项”对话框。

④ 单击“>>”按钮，选中所有的薪资项目内容，如图 5-37 所示。

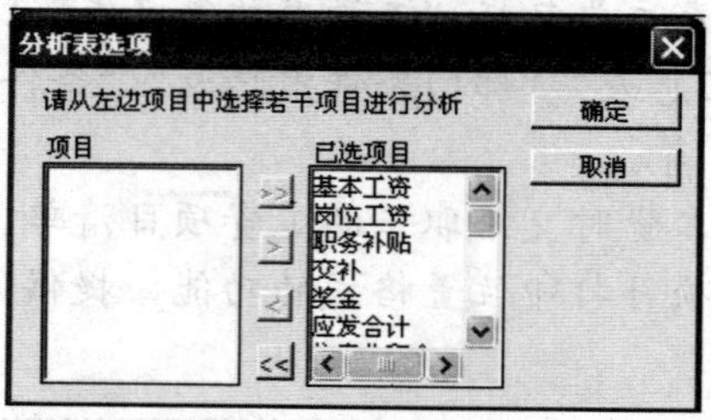

图 5-37　“分析表选项”对话框

⑤ 单击“确定”按钮，进入“工资项目分析表(按部门)”窗口。

⑥ 可查看财务部工资项目构成情况。

提示：

对于工资项目分析，系统仅提供单一部门的分析表。用户可以在分析界面中单击“部门”栏的下三角按钮，查看该部门的工资项目构成分析。

(4) 查询 1 月份工资费用分摊凭证　　**(微课视频：WZ050904.htm)**

① 在薪资管理系统中，执行“统计分析”|“凭证查询”命令，打开“凭证查询”对话框，如图 5-38 所示。

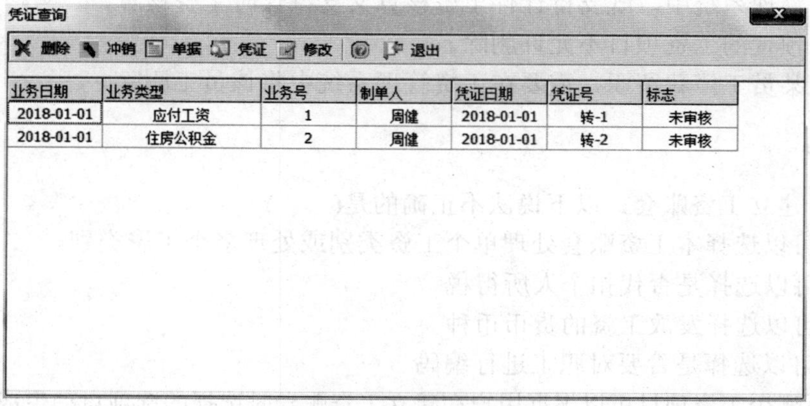

凭证查询
删除
冲销
单据
凭证
修改
退出
业务日期 业务类型 业务号 制单人 凭证日期 凭证号 标志
2018-01-01 应付工资 1 周健 2018-01-01 转-1 未审核
2018-01-01 住房公积金 2 周健 2018-01-01 转-2 未审核

图 5-38　凭证查询

② 在“凭证查询”对话框中，单击选中“应付工资”所在行。

③ 单击“凭证”按钮，打开工资分摊的转账凭证。

提示：

- 薪资管理系统中的凭证查询功能可以对薪资管理系统生成的转账凭证进行查询、删除或冲销。而在总账系统中，对薪资管理系统中传递过来的转账凭证只能进行查询、审核或记账等操作，不能进行修改或删除。
- 在凭证查询功能中单击“单据”按钮，可以查看该张凭证所对应的单据。
- 如果要进行工资数据的上报或采集，或者进行不同工资类别之间的人员变动时，应在“工资数据维护”功能中完成。
- 在“工资数据维护”功能中还可以进行“人员信息复制”及“工资类别汇总”的操作。

6. 账套备份(略)

全部完成后，将账套输出至“5-2 薪资管理日常业务处理”文件夹中。

巩固提高

判断题：

1. 工资管理系统仅提供以人民币作为发放工资的唯一货币。 (　　)
2. 某单位实行多工资类别核算，工资项目公式设置只能在打开某工资类别的情况下进行增加。 (　　)
3. 在工资管理系统中，定义公式时可不考虑计算的先后顺序，系统可以自动识别。 (　　)
4. 个人所得税税率表已经按国家规定预置，不得修改。 (　　)
5. 工资业务处理完毕后，需要经过记账处理才能生成各种工资报表。 (　　)
6. 工资管理系统中，既支持计件工资核算又支持计时工资核算。 (　　)
7. 系统预置的工资项目不允许删除。 (　　)
8. 如果某员工停薪留职，需要在工资管理系统中将该员工删除。 (　　)

选择题：

1. 关于建立工资账套，以下说法不正确的是(　　)。
   A. 可以选择本工资账套处理单个工资类别或处理多个工资类别
   B. 可以选择是否代扣个人所得税
   C. 可以选择发放工资的货币币种
   D. 可以选择是否要对职工进行编码
2. 以下哪个工资项目可以根据用户在建立工资账套时选择的选项自动生成？(　　)
   A. 基本工资　　B. 代扣税　　C. 应发合计　　D. 扣款合计
3. 如果奖金的计算公式为“奖金＝iff(人员类别＝"企业管理人员" and 部门＝"总经理办公室",800,iff(人员类别＝"车间管理人员",500,450))”，若某职工属于一般职工，则他的奖金为(　　)元。
   A. 800　　B. 500　　C. 450　　D. 0
4. 如果设置某工资项目为数字型，长度为8，小数位为2，则该工资项目中最多可以输入(　　)位整数。
   A. 5　　B. 6　　C. 7　　D. 任意
5. 增加工资项目时，如果在“增减项”一栏选择“其他”，则该工资项目的数据(　　)。
   A. 自动计入应发合计
   B. 自动计入扣款合计
   C. 既不计入应发合计也不计入扣款合计
   D. 既计入应发合计也计入扣款合计
6. 如果只想输入“奖金”和“缺勤天数”两个工资项目的数据，最佳方法是利用系统提供的(　　)功能。
   A. 页编辑　　B. 筛选　　C. 替换　　D. 过滤器

7. 在工资管理系统中进行数据替换时，如果未输入替换条件，则系统默认为(　　)。

A. 本工资类别的全部人员　　B. 本工资账套的全部人员

C. 不做任何替换　　D. 提示输入替换条件

8. 工资管理中，下列哪些工资项目的公式为系统默认？(　　)

A. 应发合计　　B. 扣款合计　　C. 实发合计　　D. 基本工资

问答题：

1. 薪资管理系统的基本功能有哪些？
2. 哪些情况需要使用多工资类别进行管理？
3. 如何进行代扣个人所得税的处理？
4. 如何进行与工资相关的各项保险基金的处理？
5. 如何进行计件工资的处理？
6. 在图5-9的“人员档案明细”对话框中，有一个“计税”复选框，在什么情况下需要取消选中“计税”复选框呢？

实操题：

如果从工资中代扣职工个人应该上交的养老保险，请从工资项目设置、公式设置、工资分摊几个环节入手探索可行的解决方案。

第 6 章

固定资产系统

学习目标

知识目标：

- 了解固定资产系统的主要功能
- 理解固定资产系统与总账、UFO 报表之间的数据关联
- 掌握固定资产系统的应用流程
- 理解固定资产账套中各种参数的含义
- 掌握固定资产系统各种业务类型的处理方法
- 明确固定资产系统可以生成哪些凭证传递到总账

能力目标：

- 能根据企业固定资产核算要求建立固定资产账套
- 能正确设置固定资产各项基础信息、录入原始卡片
- 能正确进行固定资产增减、变动处理、计提折旧、与总账对账、月末结账等操作
- 能进行各种相关信息的查询

案例导入

在基本掌握总账、UFO 报表系统的基础上，华兴电子准备启用固定资产系统进行企业固定资产管理。目前有两个问题存疑：一是固定资产系统有哪些部门使用？二是启用了固定资产系统对总账业务有什么影响？

企业中固定资产的管理涉及资产管理部门、财务部门和资产的使用部门。资产管理部门负责设备的购置、建卡及台账管理；财务部门负责固定资产增减、变动、计提折旧的核算；资产使用部门负责资产的合理使用、维护和保养。三方会同定期对固定资产进行盘点。

企业同时使用总账和固定资产的情况下，有关固定资产的增减、变动、折旧计提等均在固定资产系统中处理，并生成业务凭证传递给总账系统，总账中不再手工填制该类凭证。在总账中提供固定资产和累计折旧科目的总账、明细账。单项固定资产的详细信息在固定资产系统中查询。

理论知识

6.1 了解固定资产系统

6.1.1 固定资产基本功能

固定资产系统主要提供资产管理、折旧计算、统计分析等功能。其中资产管理主要包括原始设备的管理、新增资产的管理、资产减少的处理、资产变动的管理等，并提供资产评估及计提固定资产减值准备功能，支持折旧方法的变更。可以按月自动计算折旧，生成折旧分配凭证，同时输出有关的报表和账簿。固定资产核算系统可以用于固定资产总值、累计折旧数据的动态管理，协助设备管理部门做好固定资产实体的各项指标的管理、分析工作。具体包括以下内容。

1. 初始设置

初始设置是指根据用户的具体情况，建立一个合适的固定资产子账套的过程。初始设置包括系统初始化、部门设置、类别设置、使用状况定义、增减方式定义、折旧方法定义、卡片项目定义、卡片样式定义等。

2. 卡片管理

固定资产管理在企业中分为两部分，一是固定资产卡片台账管理，二是固定资产的会计处理。系统提供了卡片管理的功能，主要从卡片、变动单及资产评估三方面来实现卡片管理。卡片管理主要包括卡片录入、卡片修改、卡片删除、资产增加及资产减少等功能，不仅实现了固定资产文字资料的管理，而且实现了固定资产的图片管理。

3. 折旧管理

自动计提折旧形成折旧清单和折旧分配表，按分配表自动制作记账凭证，并传递到总账系统。在对折旧进行分配时可以在单位和部门之间进行分配。

4. 月末对账结账

月末按照系统初始设置的账务系统接口，自动与账务系统进行对账，并根据对账结果和初始设置决定是否结账。

5. 账表查询

通过“我的账表”对系统所能提供的全部账表进行管理，资产管理部门可随时查询分析表、统计表、账簿和折旧表，提高资产管理效率。另外，还提供固定资产的多种自定义功能。

6.1.2 固定资产系统的应用流程

固定资产系统的应用流程如图 6-1 所示。

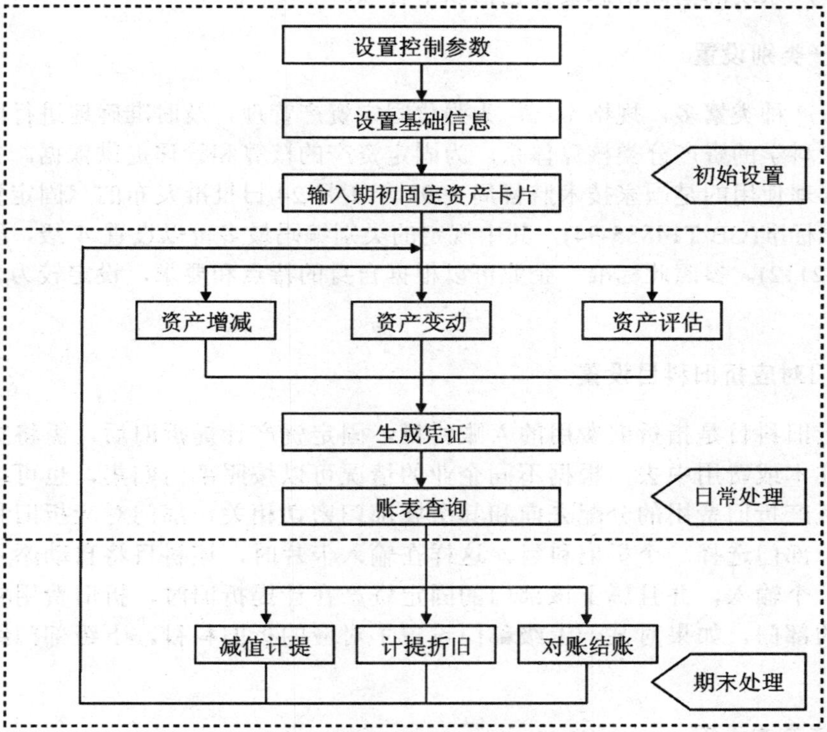

图 6-1 固定资产系统的应用流程

6.2 固定资产系统初始化

固定资产系统初始化是根据用户单位的具体情况，建立一个适合的固定资产管理系统的过程。初始化的内容包括建立固定资产账套、基础信息设置和期初数据录入。

6.2.1 建立固定资产账套

建立固定资产账套是根据企业的具体情况，在已经建立的企业会计核算账套的基础上，设置企业进行固定资产核算的必须参数，包括关于固定资产折旧计算的一些约定及说明、启用月份、折旧信息、编码方式、账务接口等。

建账完成后，当需要对账套中的某些参数进行修改或补充时，可以在“设置”中的“选项”中修改；但也有些参数无法通过“选项”修改但又必须改正，那么只能通过“重新初始化”功能实现，重新初始化将清空对该固定资产账套所做的一切操作。

6.2.2 基础信息设置

固定资产系统的基础信息设置包括以下各项。

1. 资产类别设置

固定资产种类繁多，规格不一，为强化固定资产管理，及时准确地进行固定资产核算，需建立科学的资产分类核算体系，为固定资产的核算和管理提供依据。目前，我国固定资产管理使用的是国家技术监督局 1994 年 1 月 24 日批准发布的《固定资产分类与代码》国家标准(GB/T14885-94)，其中规定的类别编码最多可以设置 4 级，编码总长度是 6 位(即 2112)。参照此标准，企业可以根据自身的特点和要求，设定较为合理的资产分类方法。

2. 部门对应折旧科目设置

对应折旧科目是指折旧费用的入账科目。固定资产计提折旧后，需将折旧费用归入相应的成本或费用中去，根据不同企业的情况可以按照部门归集，也可以按类别归集。固定资产折旧费用的分配去向和其所属部门密切相关，部门对应折旧科目的设置就是给每个部门选择一个折旧科目，这样在输入卡片时，该科目将自动添入卡片中，不必一个一个输入，并且属于该部门的固定资产在计提折旧时，折旧费用将对应分配到其所属的部门。如果对某一上级部门设置了对应的折旧科目，下级部门继承上级部门的设置。

3. 增减方式设置

固定资产增减方式设置即资产增加的来源和减少的去向。增减方式包括增加方式和减少方式两大类。增加方式主要包括直接购买、投资者投入、捐赠、盘盈、在建工程转入、融资租入。减少方式主要包括出售、盘亏、投资转出、捐赠转出、报废、毁损、融资租出。增减方式可根据用户的需要自行增加。在增减方式的设置中还可以定义不同增减方式的对应入账科目，当发生相应的固定资产增减变动时可以快速生成转账凭证，减少手工输入数据的业务量。

4. 使用状况设置

固定资产的使用状况一般分为使用中、未使用和不需用三大类，不同的使用状况决定了固定资产计提折旧与否。因此，正确定义固定资产的使用状况是准确计算累计折旧，进行资产数据统计分析提高固定资产管理水平的重要依据。

5. 折旧方法设置

固定资产折旧的计算是固定资产管理系统的重要功能，固定资产折旧的计提由系统根据用户选择的折旧方法自动计算得出，因此折旧方法的定义是计算资产折旧的重要基础。根据财务制度的规定，企业固定资产的折旧方法为：平均年限法、工作量法、双倍余额递减法、年限总和法。企业可根据国家规定和自身条件选择采用其中的一种，如果系统中预置的折旧方法不能满足企业管理与核算的需要，用户也可以定义新的折旧方法与相应的计算公式。

由于计算机系统基本不必考虑处理能力的问题，因此在向计算机系统过渡时只需根据企业细化会计核算的需要在会计制度允许的范围内选择折旧计算方法即可。

6. 卡片项目和卡片样式设置

固定资产卡片是固定资产管理系统中重要的管理工具，固定资产卡片文件是重要的数据文件。固定资产文件中包含的数据项目形成一个卡片项目，卡片项目也是固定资产卡片上用来记录固定资产资料的栏目，如原值、资产名称、所属部门、使用年限、折旧方法等是卡片上最基本的项目。固定资产系统提供的卡片上常用的项目称为系统项目，但这些项目不一定能满足所有单位的需求。为了增加固定资产系统的通用性，一般都系统地为用户留下足够的增减卡片项目的余地，在初始设置中由用户定义的项目称为自定义项目。系统项目和自定义项目一起构成固定资产卡片的全部内容。

固定资产卡片样式指卡片的外观，即卡片的格式和卡片上包含的项目及项目的位置。不同资产核算管理的内容与重点各不相同，因此，卡片样式也可能不同。系统提供默认的卡片样式一般能够满足企业日常管理的要求，用户可以在此基础上略做调整，形成新卡片模板，也可以自由定义新卡片式样。

6.2.3　初始数据录入

固定资产系统的初始数据是指系统投入使用前企业现存固定资产的全部有关数据，主要是固定资产原始卡片的有关数据。固定资产原始卡片是固定资产管理系统处理的起点。因此，准确录入原始卡片内容是保证历史资料的连续性、正确进行固定资产核算的基本要求。为了保证所输入原始卡片数据的准确无误，应该在开始输入前对固定资产进行全面的清查盘点，做到账实相符。

传统方式下，固定资产是按卡片进行管理的。固定资产卡片的原值合计应与总账系统固定资产科目余额数据相符；卡片已提折旧的合计应与总账系统累计折旧账户的余额相符。

原始卡片的输入不限制必须在第一个期间结账前，任何时候都可以输入原始卡片。

6.3 固定资产日常业务处理

固定资产日常业务处理主要包括资产增减、资产变动、折旧计算、资产评估、生成凭证和账簿管理。

6.3.1 固定资产的增加和减少

当企业由于各种原因而增加或减少其固定资产的时候，就需要进行相应的处理，根据固定资产增减变动记录更新固定资产卡片文件，以保证折旧计算的正确性。

1. 固定资产的增加

企业通过购买或其他方式取得固定资产时要进行固定资产增加的处理，填制新的固定资产卡片。一方面要求对新增固定资产按经济用途或其他标准分类，并确定其原始价值。另一方面，要求办理交接手续，填制和审核有关凭证，作为固定资产核算的依据。

2. 固定资产的减少

固定资产的减少是指资产在使用过程中，由于毁损、出售、盘亏等各种原因而被淘汰。此时需进行固定资产减少的处理，输入固定资产减少的记录，说明减少的固定资产、减少方式、减少原因等。资产减少信息经过确认后，系统搜索出相应的固定资产卡片，更新卡片文件数据，以反映固定资产减少的相关情况。

只有当账套开始计提折旧后，才可以使用资产减少功能，否则，资产减少只能通过删除卡片来完成。

对于误减少的资产，可以使用系统提供的纠错功能来恢复。只有当月减少的资产才可以恢复。如果资产减少操作已制作凭证，必须删除凭证后才能恢复。

只要卡片未被删除，就可以通过卡片管理中的“已减少资产”来查看减少的资产。

6.3.2 固定资产变动

资产的变动包括原值变动、部门转移、使用状况变动、使用年限调整、折旧方法调整、净残值(率)调整、工作总量调整、累计折旧调整、资产类别调整等情况时，需通过变动单进行管理。其他项目的修改，例如，名称、编号、自定义项目等的变动可直接在卡片上进行。

资产变动要求输入相应的“变动单”来记录资产调整的结果。变动单是指资产在使用过程中由于固定资产卡片上某些项目的调整而编制的原始凭证。

1. 原值变动

原值变动包括原值增加和原值减少两部分。资产在使用过程中，其原值增减有 5 种情况：根据国家规定对固定资产重新估价；增加补充设备或改良设备；将固定资产的一部分拆除；根据实际价值调整原来的暂估价值；发现原记录固定资产价值有误的。

2. 部门转移

资产在使用过程中，因内部调配而发生的部门变动应及时处理，否则将影响部门的折旧计算。

3. 资产使用状况的调整

资产使用状况分为在用、未使用、不需用、停用、封存 5 种。资产在使用过程中，可能会因为某种原因，使得资产的使用状况发生变化，这种变化会影响到设备折旧的计算，因此应及时调整。

4. 资产使用年限的调整

资产在使用过程中，可能会由于资产的重估、大修等原因调整资产的使用年限。进行使用年限调整的资产在调整的当月就按调整后的使用年限计提折旧。

5. 资产折旧方法的调整

一般来说，资产折旧方法一年之内很少改变，但如有特殊情况需调整改变的可以调整。如，所属类别是“总提折旧”的资产调整后的折旧方法不能是“不提折旧”；相应地，所属类别是“总不提折旧”的资产折旧方法不能调整。一般来说，进行折旧方法调整的资产调整的当月就按调整后的折旧方法计提折旧。

本月录入的卡片和本月增加的资产，不允许进行变动处理。

6.3.3　资产评估

随着市场经济的发展，企业在经营活动中，根据业务需要或国家要求需要对部分资产或全部资产进行评估和重估，而其中固定资产评估是资产评估很重要的部分。在固定资产管理子系统中，固定资产评估处理的主要功能有：将评估机构的评估数据手工录入或定义公式录入到系统、根据国家要求手工录入评估结果或根据定义的评估公式生成评估结果，以及评估单的管理。

进行资产评估处理的主要步骤如下。

(1) 对需要评估的项目进行选择。可以进行评估的内容包括固定资产的原值、累计折旧、使用年限等，每一次进行评估时可以根据评估的要求进行选择。

(2) 对需要进行评估的资产进行选择。资产评估的目的各有不同，因此每次评估涉及的资产也不尽相同，可根据需要进行选择。

(3) 制作评估单。选择评估项目和评估资产后，录入评估结果，系统生成评估单，给出被评估资产评估前与评估后的数据。

(4) 制作转账凭证。当评估后资产原值和累计折旧与评估前数据不等时，需通过转账凭证将变动数据传递到总账系统。

6.3.4 资产盘点

企业要定期对固定资产进行清查，至少每年清查一次，清查通过盘点实现。

U8 固定资产系统中的资产盘点，是在对固定资产进行实地清查后，将清查的实物数据录入固定资产系统与账面数据进行对比，由系统自动生成盘点结果清单。

进行固定资产盘点时包括以下 3 个步骤。

(1) 选择要盘点的范围

可以选择按资产类别盘点、按使用部门盘点、按使用状态盘点。

(2) 进行项目设置

每次盘点的侧重点不同，要录入的盘点数据与要核对的数据也不尽相同，系统提供了相关卡片项目供选择。

(3) 录入盘点数据并生成盘点结果清单

根据所选盘点范围以及项目设置，录入盘点数据，生成盘点结果清单供企业对比分析。

6.3.5 计提折旧

自动计提折旧是固定资产管理系统的主要功能之一。可以根据录入系统的资料，利用系统提供的“折旧计提”功能，对各项资产每期计提一次折旧，并自动生成折旧分配表，然后制作记账凭证，将本期的折旧费用自动登账。

当开始计提折旧时，系统将自动计提所有资产当期折旧额，并将当期的折旧额自动累加到累计折旧项目中。计提工作完成后，需要进行折旧分配，形成折旧费用，系统除了自动生成折旧清单外，同时还生成折旧分配表，从而完成本期折旧费用的登账工作。

系统提供的折旧清单显示了所有应计提折旧资产所计提的折旧数据额。

折旧分配表是制作记账凭证，把计提折旧额分配到有关成本和费用的依据，折旧分配表有两种类型：类别折旧分配表和部门折旧分配表。生成折旧分配表由“折旧汇总分配周期”决定，因此，制作记账凭证要在生成折旧分配表后进行。

计提折旧遵循以下原则。

- 在一个期间内可以多次计提折旧，每次计提折旧后，只是将计提的折旧累加到月初的累计折旧上，不会重复累计。
- 若上次计提折旧已制单并传递到总账管理系统，则必须删除该凭证才能重新计提折旧。
- 计提折旧后，又对账套进行了影响折旧计算或分配的操作，必须重新计提折旧，否则系统不允许结账。

- 若自定义的折旧方法月折旧率或月折旧额出现负数，则系统自动中止计提。
- 资产的使用部门和资产折旧要汇总的部门可能不同，为了加强资产管理，使用部门必须是明细部门，而折旧分配部门不一定要分配到明细部门。不同的单位处理可能不同，因此要在计提折旧后、分配折旧费用时做出选择。

6.3.6 计提减值准备

企业应当在期末或至少在每年年度终止时，对固定资产逐项进行检查，如果由于市价持续下跌，或技术陈旧等原因导致其可回收金额低于账面价值的，应当将可回收金额低于账面价值的差额作为固定资产减值准备，固定资产减值准备必须按单项资产计提。

如已计提的固定资产价值又得以恢复，应在原计提的减值准备范围内转回。

6.3.7 对账

当初次启动固定资产的参数设置，或选项中的参数设置选择了“与账务系统对账”参数时，才可使用本系统的对账功能。

为保证固定资产管理系统的资产价值与总账管理系统中固定资产科目的数值相等，可随时使用对账功能对两个系统进行审查。系统在执行月末结账时自动对账一次，并给出对账结果。

6.3.8 凭证处理

固定资产管理系统的凭证处理功能主要是根据固定资产各项业务数据自动生成转账凭证传递到总账系统进行后续处理。一般，当固定资产发生资产增加、资产减少、原值变动、累计折旧调整、资产评估(涉及原值和累计折旧时)、计提折旧等业务时就要编制转账凭证。

编制凭证可以采用“立即制单”和“批量制单”两种方法。编制转账凭证的过程中系统会根据固定资产和累计折旧入账科目设置、增减方式设置、部门对应折旧科目设置以及业务数据来自动生成转账凭证，凭证中不完整的部分可由用户进行补充。

6.3.9 月末结账

当固定资产管理系统完成了本月全部制单业务后，可以进行月末结账，月末结账每月进行一次，结账后当期数据不能修改。如有错必须修改，可通过系统提供的“恢复月末结账前状态”功能反结账，再进行相应的修改。

本期不结账，将不能处理下期的数据；结账前一定要进行数据备份，否则数据一旦丢失，将造成无法挽回的后果。

6.3.10 账簿管理

可以通过系统提供的账表管理功能，及时掌握资产的统计、汇总和其他各方面的信息。账表包括账簿、折旧表、统计表、分析表 4 类。另外，如果所提供的报表种类不能满足需要，系统还提供了自定义报表功能，可以根据实际要求进行设置。

固定资产系统提供的报表可以分为账簿、折旧表、汇总表和分析表四大类。

1. 固定资产账簿

固定资产账簿一般用于提供资产管理所需要的基本信息，主要包括固定资产总账、固定资产明细账、固定资产登记簿等基础报表。

2. 固定资产统计分析表

固定资产统计分析表用于从资产的构成情况、分布情况、使用状况等角度提供统计分析数据，为管理人员进行决策提供信息。固定资产统计分析表主要包括固定资产部门构成分析表、固定资产使用状况分析表、固定资产价值结构分析表、固定资产类别构成分析表等报表。

3. 固定资产统计表

固定资产统计表用于提供各种统计信息，主要包括评估汇总表、固定资产统计表、盘盈盘亏报告表、固定资产原值统计表等报表。

4. 固定资产折旧表

固定资产折旧表用于提供与固定资产折旧相关的明细信息与汇总信息，主要包括部门折旧计算汇总表、固定资产折旧清单表、折旧计算明细表、固定资产及累计折旧表等报表。

5. 自定义报表

当系统提供的报表不能满足企业要求时，用户也可以自己定义报表。

6.4 重点难点解析

6.4.1 多部门共用资产

企业中，一项固定资产可以被多个部门使用，为正确核算，折旧费用也应该分摊到不同的成本中心。

在新增资产卡片选择使用部门时，可以指定该资产“多部门使用”，系统会打开“使用部门”对话框。提供该项资产的使用部门、使用比例、对应折旧科目等信息即可。

6.4.2　固定资产与总账对账

固定资产系统与总账对账主要是核对固定资产科目和累计折旧科目的期末数。如果对账不平可能存在以下两种原因。

(1) 企业固定资产相关业务发生时在固定资产系统生成了凭证传递到总账系统，但总账系统未做审核、记账，因此总账中的固定资产科目和累计折旧科目的余额仍保留期初状态，未做更新。如果是这种情况，只需将固定资产系统传递过来的凭证在总账中审核、记账即可。

(2) 在总账中填制凭证时使用了固定资产科目或累计折旧科目。企业启用固定资产系统后，所有与固定资产相关的业务，如固定资产增减、变动、计提折旧、计提减值等均应在固定资产系统进行记录，再通过自动凭证机制传递到总账，才能保持固定资产系统的明细和总账数据的一致性。如果是这种情况，需要在总账中删除这些凭证，重新在固定资产系统中处理。

实践应用

实验一　固定资产系统初始化

实验目的

1. 理解固定资产初始化的内容。
2. 理解固定资产账套各种参数的含义。
3. 掌握基础信息的设置。
4. 掌握原始卡片的录入。

实验内容

1. 建立固定资产账套。
2. 选项设置。
3. 设置资产类别、部门对应折旧科目、增减方式。
4. 输入原始卡片。
5. 与总账对账。
6. 账套备份。

实验准备

1. 将系统日期更改为“2018-01-01”。
2. 引入“3-1 总账初始化”账套数据。

实验资料

1. 222 固定资产账套参数(如表 6-1 所示)

表 6-1　222 固定资产账套参数

建账向导	参数设置
约定与说明	我同意
启用月份	2018.01
折旧信息	本账套计提折旧； 折旧方法：年数总和法； 折旧汇总分配周期：1 个月； 当(月初已计提月份=可使用月份-1)时，将剩余折旧全部提足
编码方式	资产类别编码方式：2 1 1 2； 固定资产编码方式：按“类别编码+部门编码+序号”自动编码；卡片序号长度为 3
财务接口	与账务系统进行对账； 对账科目： 固定资产对账科目：1601 固定资产； 累计折旧对账科目：1602 累计折旧； 在对账不平的情况下允许固定资产月末结账

2. 初始设置

(1) 选项

业务发生后立即制单；

月末结账前一定要完成制单登账业务；

固定资产缺省入账科目：1601；累计折旧缺省入账科目：1602；固定资产减值准备缺省入账科目：1603；增值税进项税额缺省入账科目：22210101；固定资产清理缺省入账科目：1606。

(2) 资产类别(如表 6-2 所示)

表 6-2　固定资产类别

类别编码	类别名称	使用年限	净残值率	计提属性	折旧方法	卡片样式
01	厂房及建筑物	30	3%	正常计提	年数总和法	通用样式(二)
011	办公楼	30	3%	正常计提	年数总和法	通用样式(二)
012	厂房	30	3%	正常计提	年数总和法	通用样式(二)
02	运输设备	8	3%	正常计提	年数总和法	含税卡片样式
021	经营用	8	3%	正常计提	年数总和法	含税卡片样式
022	非经营用	8	3%	正常计提	年数总和法	含税卡片样式
03	机器设备		3%	正常计提	年数总和法	含税卡片样式
031	生产线	10	3%	正常计提	年数总和法	含税卡片样式
032	办公设备	5	3%	正常计提	年数总和法	含税卡片样式

(3) 部门及对应折旧科目(如表 6-3 所示)

表 6-3　部门对应折旧科目

部 门 名 称	贷 方 科 目
总经办、财务部、采购部	管理费用——折旧费(660206)
销售部	销售费用(6601)
生产部	制造费用(510102)

(4) 增减方式的对应入账科目(如表 6-4 所示)

表 6-4　固定资产增减方式

增 加 方 式	对应入账科目	减 少 方 式	对应入账科目
直接购入	银行存款/工行人民币户(100201)	出售	固定资产清理(1606)
盘盈	待处理财产损溢/待处理固定资产损溢(190102)	盘亏	待处理财产损溢/待处理固定资产损溢(190102)
投资者投入	实收资本(4001)	投资转出	长期股权投资(1511)
捐赠	营业外收入(6301)	捐赠转出	固定资产清理(1606)
在建工程转入	在建工程(1604)	报废	固定资产清理(1606)

3. 固定资产原始卡片(如表 6-5 所示)

表 6-5　固定资产原始卡片

固定资产名称	类别编号	所在部门	增加方式	使用年限(月)	开始使用日期	原值	累计折旧
1 号厂房	012	生产部	在建工程转入	360	2015-12-1	450 000	55 384
组装生产线	031	生产部	直接购入	120	2015-12-1	26 000	8712
金杯车	021	销售一部	直接购入	96	2015-12-1	31 500	12 731
奥迪轿车	022	企管办	直接购入	96	2016-12-1	180 000	38 800

(续表)

固定资产名称	类别编号	所在部门	增加方式	使用年限(月)	开始使用日期	原值	累计折旧
多功能一体机	032	财务部	直接购入	60	2016-12-1	12 000	3880
笔记本电脑	032	企管办	直接购入	60	2016-12-1	8000	2587
合计						707 500	122 094

实验要求

由“001 周健”注册进入企业应用平台，启用固定资产系统，启用日期为“2018-01-01”。**(微课视频：WZ060001.htm)**

实验指导

1. 建立固定资产账套 (微课视频：WZ060101.htm)

① 在企业应用平台的“业务工作”选项卡中，执行“财务会计”|“固定资产”命令，系统弹出提示“这是第一次打开此账套，还未进行过初始化，是否进行初始化？”，单击“是”按钮，打开“初始化账套向导”对话框。

② 在“初始化账套向导——约定及说明”对话框中，仔细阅读相关条款，选中“我同意”单选按钮。

③ 单击“下一步”按钮，打开“初始化账套向导——启用月份”对话框，确认账套启用月份为“2018.01”。

④ 单击“下一步”按钮，打开“初始化账套向导——折旧信息”对话框。选中“本账套计提折旧”复选框；选择主要折旧方法为“年数总和法”，折旧汇总分配周期为“1 个月”；选中“当(月初已计提月份=可使用月份-1)时将剩余折旧全部提足(工作量法除外)”复选框，如图 6-2 所示。

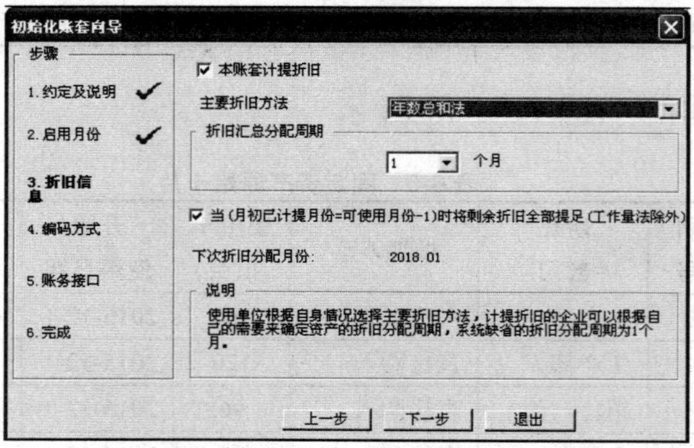

图 6-2 固定资产初始化——折旧信息

提示：

- 如果是行政事业单位，不选中“本账套计提折旧”复选框，则账套内所有与折旧有关的功能都会被屏蔽，该选项在初始化设置完成后不能修改。
- 虽然这里选择了某种折旧方法，但在设置资产类别或定义具体固定资产时可以更改该设置。

⑤ 单击“下一步”按钮，打开“初始化账套向导——编码方式”对话框。确定资产类别编码长度为“2112”；选中“自动编码”单选按钮，选择固定资产编码方式为“类别编号+部门编号+序号”，选择序号长度为“3”，如图 6-3 所示。

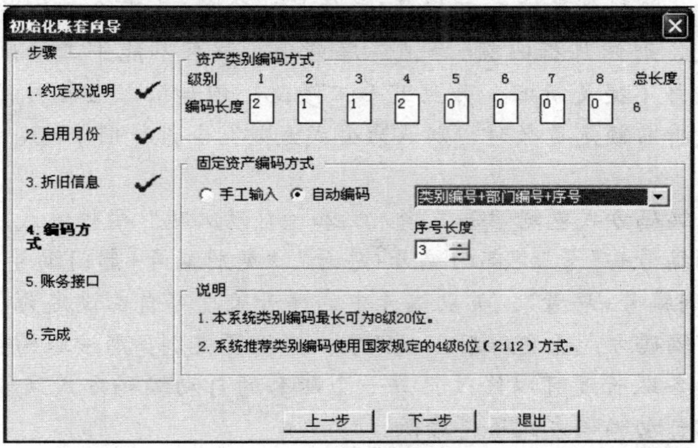

图 6-3 固定资产初始化——编码方式

⑥ 单击“下一步”按钮，打开“初始化账套向导——账务接口”对话框。选中“与账务系统进行对账”复选框；选择固定资产对账科目为“1601，固定资产”，累计折旧对账科目为“1602，累计折旧”；选中“在对账不平情况下允许固定资产月末结账”复选框，如图 6-4 所示。

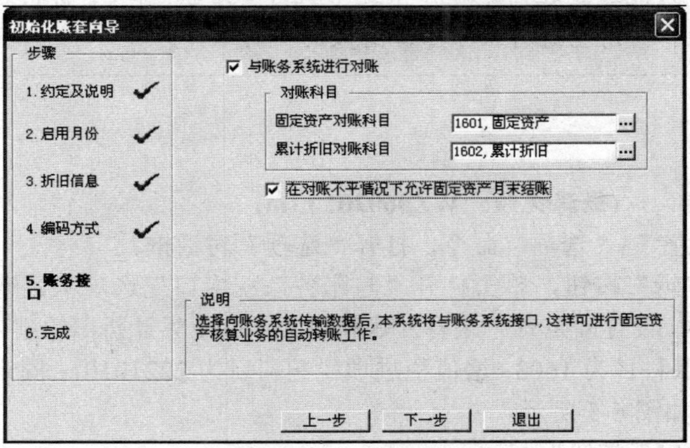

图 6-4 固定资产初始化——账务接口

⑦ 单击“下一步”按钮，打开“初始化账套向导——完成”对话框。单击“完成”按钮，完成本账套的初始化，系统弹出提示“是否确定所设置的信息完全正确并保存对新账套的所有设置”，单击“是”按钮。

⑧ 系统弹出提示“已成功初始化本固定资产账套！”，单击“确定”按钮。

提示：

- 在固定资产“初始化账套向导——启用月份”对话框中所列示的启用月份只能查看，不能修改。启用日期确定后，在该日期前的所有固定资产都将作为期初数据，在启用月份开始计提折旧。
- 在固定资产“初始化账套向导——折旧信息”中，当(月初已计提月份=可使用月份－1)时，将剩余折旧全部提足(工作量法除外)是指除工作量法外，只要上述条件满足，则该月折旧额=净值－净残值，并且不能手工修改；如果不选择该项，则该月不提足折旧，并且可手工修改，但如果以后各月按照公式计算的月折旧率或折旧额是负数时，则认为公式无效，令月折旧率=0，月折旧额=净值－净残值。
- 固定资产编码方式包括“手工输入”和“自动编码”两种方式。自动编码方式包括“类别编号+序号”“部门编号+序号”“类别编号+部门编号+序号”和“部门编号+类别编号+序号”。类别编号中的序号长度可自由设定为 1～5 位。
- 资产类别编码方式设定以后，一旦某一级设置类别，则该级的长度不能修改，未使用过的各级长度可以修改。每一个账套的自动编码方式只能选择一种，一经设定，该自动编码方式不得修改。
- 固定资产对账科目和累计折旧对账科目应与账务系统内的对应科目一致。
- 对账不平不允许结账是指在存在对应的账务账套的情况下，本系统在月末结账前自动执行一次对账，给出对账结果。如果不平，则说明两系统出现偏差，应予以调整。
- 初始化设置完成后，有些参数不能修改，所以要慎重。如果发现参数有错，则必须改正，只能通过在固定资产系统中执行“维护”|“重新初始化账套”命令实现，该操作将清空您对该子账套所做的一切工作。

2. 初始设置

(1) 选项设置　　**(微课视频：WZ060201.htm)**

① 执行“设置”|“选项”命令，打开“选项”对话框。

② 单击“编辑”按钮，单击打开“与账务系统接口”选项卡，选中“业务发生后立即制单”复选框，设置固定资产缺省入账科目为 1601；累计折旧缺省入账科目为 1602；减值准备缺省入账科目为 1603；增值税进项税额科目为 22210101；固定资产清理缺省入账科目为 1606，如图 6-5 所示。

③ 单击“确定”按钮返回。

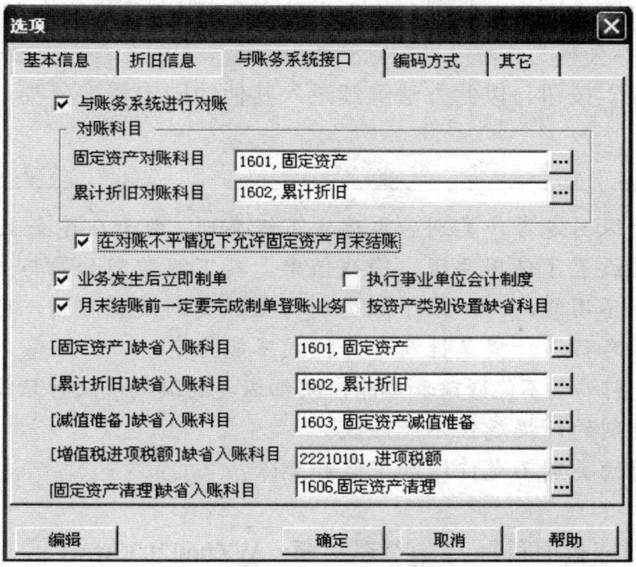

图 6-5　选项设置—与账务系统接口

(2) 资产类别设置　　**(微课视频：WZ060202.htm)**

① 执行“设置”|“资产类别”命令，进入“资产类别”窗口。

② 单击“增加”按钮，输入类别名称为“厂房及建筑物”，选择卡片样式为“通用样式(二)”，如图 6-6 所示，单击“保存”按钮。

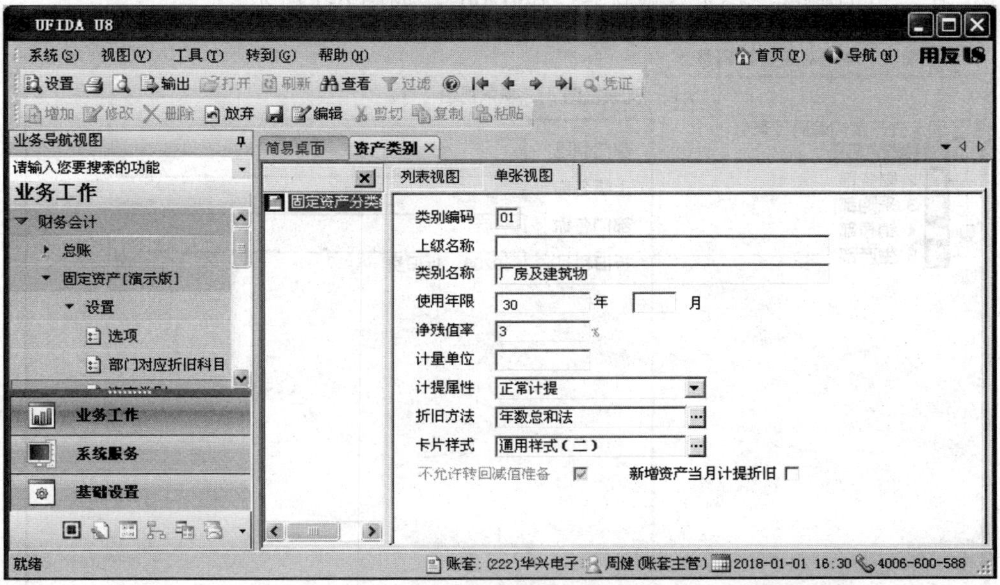

图 6-6　增加资产类别

③ 继续增加“运输设备”和“机器设备”两个一级类别。

④ 单击“放弃”按钮，系统提示“是否取消本次操作”，单击“是”按钮，返回“资产类别”窗口。

⑤ 单击选中“固定资产分类编码表”中的“01 厂房及建筑物”分类，再单击“增加”按钮，增加“办公楼”。

⑥ 单击“保存”按钮。以此方法继续录入其他的固定资产分类。

提示：

- 应先建立上级固定资产类别后再建立下级类别。由于在建立上级类别“房屋与建筑物”时就设置了使用年限、净残值率，其下级类别如果与上级类别设置相同，可自动继承不用修改；如果下级类别与上级类别设置不同，可以修改。
- 类别编码、名称、计提属性及卡片样式不能为空。
- 非明细级类别编码不能修改和删除，明细级类别编码修改时只能修改本级的编码。
- 使用过的类别的计提属性不能修改。
- 系统已使用的类别不允许增加下级和删除。

(3) 设置部门对应折旧科目　　**(微课视频：WZ060203.htm)**

① 执行“设置”|“部门对应折旧科目”命令，进入“部门对应折旧科目——列表视图”窗口。

② 从左侧的部门编码目录中，选择“企管部”，单击“修改”按钮，打开“单张视图”窗口(也可以直接选中部门编码目录中的“企管部”，单击打开“单张视图”选项卡，再单击“修改”按钮)。

③ 在“折旧科目”栏录入或选择“660206”，如图 6-7 所示。

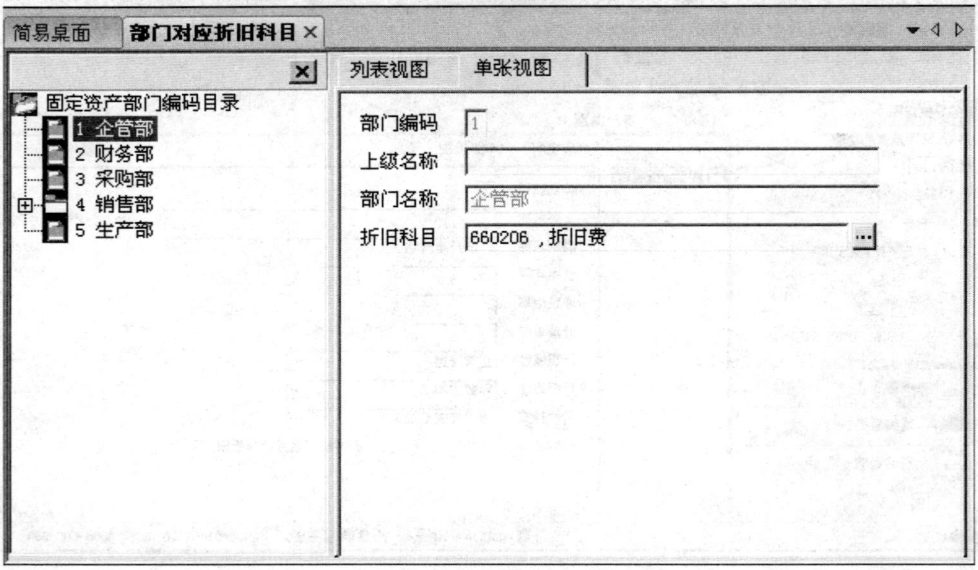

图 6-7　“部门对应折旧科目—单张视图”窗口

④ 单击“保存”按钮。以此方法继续录入其他部门对应的折旧科目。

提示：

- 因本系统录入卡片时，只能选择明细级部门，所以设置折旧科目也只有给明细级部门设置才有意义。如果某一上级部门设置了对应的折旧科目，则下级部门自动继承上级部门的设置，也可以选择不同的科目，即上下级部门的折旧科目可以相同，也可以不同。
- 当为销售部设置对应的折旧科目为“6601 销售费用”时，系统会提示“是否将销售部的所有下级部门的折旧科目替换为‘销售费用’？如果选择“是”，请在成功保存后单击‘刷新’按钮查看”。单击“是”按钮，即将销售部的两个下级部门的折旧科目一并设置完成。
- 设置部门对应的折旧科目时，必须选择末级会计科目。

(4) 设置固定资产的增减方式及对应入账科目　　**(微课视频：WZ060204.htm)**

① 执行“设置”|“增减方式”命令，打开“增减方式”窗口。

② 在左侧的“增加方式”目录中，选择“直接购入”，再单击“修改”按钮，打开“增减方式—单张视图”窗口，在“对应入账科目”栏录入“100201”，如图 6-8 所示。

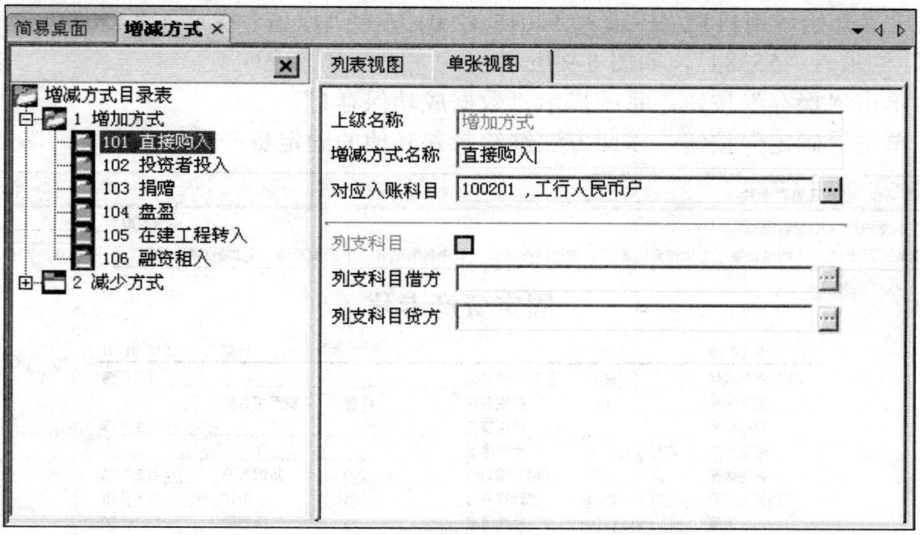

图 6-8 “增减方式—单张视图”窗口

③ 单击“保存”按钮。以此方法继续设置其他增减方式对应的入账科目。

提示：

- 在资产增减方式中所设置的对应入账科目是为了生成凭证时默认。
- 因为本系统提供的报表中有固定资产盘盈盘亏报表，所以增减方式中“盘盈、盘亏、毁损”不能修改和删除。

- 非明细增减方式不能删除；已使用的增减方式不能删除。
- 生成凭证时，如果入账科目发生了变化，可以即时修改。

3. 录入固定资产原始卡片　　(微课视频：WZ060301.htm)

① 执行"卡片"|"录入原始卡片"命令，打开"固定资产类别档案"对话框。

② 选择"012 厂房"前的复选框，单击"确定"按钮或按 Enter 键后进入"固定资产卡片[录入原始卡片：00001 号卡片]"窗口。

③ 在"固定资产名称"栏录入"1 号厂房"，单击"部门名称"栏，再单击"部门名称"按钮，打开"固定资产—本资产部门使用方式"对话框。默认"单部门使用"，单击"确定"按钮，进入"部门参照"窗口。选择"生产部"，单击"确定"按钮。

④ 单击"增加方式"栏，再单击"增加方式"按钮，打开"固定资产增减方式"对话框，选择"105 在建工程转入"，单击"确定"按钮。

⑤ 单击"使用状况"栏，再单击"使用状况"按钮，打开"使用状况参照"对话框。默认"在用"，单击"确定"按钮。

⑥ 在"开始使用日期"栏录入"2015-12-01"，在"原值"栏录入"450 000"，在"累计折旧"栏录入"55384"，如图 6-9 所示。

⑦ 单击"保存"按钮，系统提示"数据成功保存！"。

⑧ 单击"确定"按钮。以此方法继续录入其他的固定资产卡片。

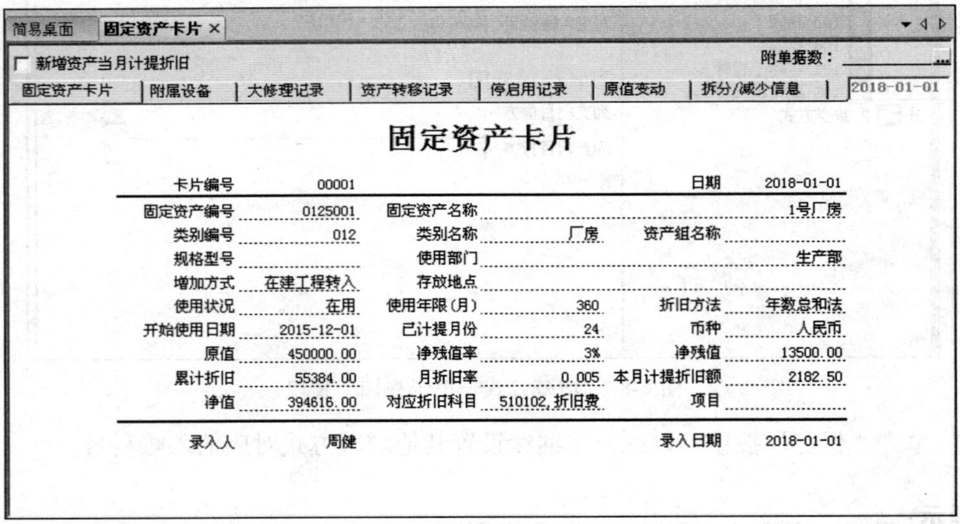

图 6-9　录入原始卡片

提示：

- 在"固定资产卡片"界面中，除"固定资产卡片"选项卡外，还有若干的附属选项卡，附属选项卡上的信息只供参考，不参与计算也不回溯。

- 在执行原始卡片录入或资产增加功能时，可以为一个资产选择多个使用部门。
- 当资产为多部门使用时，原值、累计折旧等数据可以在多部门间按设置的比例分摊。
- 单个资产对应多个使用部门时，卡片上的“对应折旧科目”处不能输入，默认为选择使用部门时设置的折旧科目。
- 录入完成后，可以执行“处理”|“对账”命令，验证固定资产系统中录入的固定资产明细资料是否与总账中的固定资产数据一致。

4. 账套备份(略)

全部完成后，将账套输出至“6-1 固定资产初始化”文件夹中。

实验二　固定资产日常业务处理

实验目的

1. 掌握资产增减的处理。
2. 掌握资产变动的处理。
3. 掌握计提折旧的处理。
4. 掌握资产减值的处理。
5. 掌握月末结账的处理。

实验内容

1. 修改固定资产卡片。
2. 增加固定资产并生成凭证。
3. 计提折旧并生成凭证。
4. 固定资产减少并生成凭证。
5. 与总账对账。
6. 月末结账。
7. 账表查询。
8. 固定资产变动处理。
9. 固定资产减值处理。
10. 批量制单。
11. 账套备份。

实验准备

1. 将系统日期更改为业务日期。
2. 引入“6-1 固定资产初始化”账套。

实验资料

- 2018 年 1 月发生以下业务。

1. 修改固定资产卡片

2018 年 1 月 15 日，将卡片编号为“00002”的“组装生产线”的使用状况由“在用”修改为“大修理停用”。

2. 新增固定资产

2018 年 1 月 15 日，销售二部购买投影仪一台，取得增值税专用发票 8000 元，增值税 1360 元，款项已付。预计使用年限 5 年，净残值率为 3%，采用“年数总和法”计提折旧。

3. 计提折旧

2018 年 1 月 31 日，计提本月折旧。

4. 减少固定资产

2018 年 1 月 31 日将企管部使用的笔记本电脑捐赠给希望工程。

- 2018 年 2 月发生以下业务。

1. 固定资产原值变动暂不生成凭证

2 月 6 日，奥迪轿车添置新配件 5600 元，用工行转账支票支付，票号 18901。

2. 折旧方法变动

2 月 12 日，修改固定资产“金杯车”的折旧方法为“工作量法”，工作总量为 20000 小时，累计工作量为 6000 小时。

3. 进行批量制单

2 月 28 日，对 2 月份固定资产业务进行批量制单处理。

实验要求

以账套主管“001 周健”的身份进行固定资产业务处理。

实验指导

1. 修改固定资产卡片　　(微课视频：WZ060401.htm)

① 执行“卡片”|“卡片管理”命令，打开“查询条件选择”对话框，修改“开始使用日期”为“2015-01-01”，单击“确定”按钮，进入“卡片管理”窗口，如图 6-10 所示。

简易桌面
卡片管理
按部门查询
固定资产部门编码目录
1 企管部
2 财务部
3 采购部
4 销售部
5 生产部
快捷信息
卡片项目 项目值
在役资产
卡片编号 | 开始使用日期 | 使用年限(月) | 原值 | 固定资产编号 | 净残值率 | 录入人
00001 | 2015.12.01 | 360 | 450,000.00 | 0125001 | 0.03 | 周健
00002 | 2015.12.01 | 120 | 26,000.00 | 0315001 | 0.03 | 周健
00003 | 2015.12.01 | 96 | 31,500.00 | 021401001 | 0.03 | 周健
00004 | 2016.12.01 | 96 | 180,000.00 | 0221001 | 0.03 | 周健
00005 | 2016.12.01 | 60 | 12,000.00 | 0322001 | 0.03 | 周健
00006 | 2016.12.01 | 60 | 8,000.00 | 0321001 | 0.03 | 周健
合计：(共计
707,500.00

图 6-10　“卡片管理”窗口

② 选中“00002”所在行，再单击“修改”按钮，进入“固定资产卡片”窗口。

③ 单击“使用状况”栏，再单击“使用状况”按钮，打开“使用状况参照”对话框。

④ 选中“1004 大修理停用”，单击“确定”按钮。

⑤ 单击“保存”按钮，系统提示“数据成功保存！”。

⑥ 单击“确定”按钮返回“固定资产卡片”窗口。

⑦ 单击“退出”按钮，返回“卡片管理”窗口。

提示：

- 当发现卡片有录入错误，或在资产使用过程中有必要修改卡片的一些内容时，可以通过卡片修改功能实现，这种修改为无痕迹修改。
- 原始卡片的原值、使用部门、工作总量、使用状况、累计折旧、净残值(率)、折旧方法、使用年限、资产类别在没有做变动单或评估单的情况下，在录入当月可以无痕迹修改；如果做过变动单，只有删除变动单才能无痕迹修改；若各项目做过一次月末结账，则只能通过变动单或评估单调整，不能通过卡片修改功能改变。
- 通过资产增加录入系统的卡片在没有制作凭证和变动单、评估单的情况下，录入当月可以无痕迹修改。如果做过变动单，只有删除变动单才能无痕迹修改。如果已制作凭证，要修改原值或累计折旧，则必须删除凭证后，才能无痕迹修改。卡片上的其他项目，任何时候均可无痕迹修改。

- 非本月录入的卡片，不能删除。
- 卡片做过一次月末结账后不能删除。做过变动单或评估单的卡片在删除时会提示先删除相关的变动单或评估单。

2. 增加固定资产　　**(微课视频：WZ060501.htm)**

① 执行“卡片”|“资产增加”命令，打开“资产类别参照”对话框。

② 双击“032 办公设备”，进入“固定资产卡片”窗口。

③ 在“固定资产名称”栏录入“投影仪”；选择使用部门为“销售二部”；增加方式为“直接购入”；使用状况为“在用”；选择折旧方法为“年数总和法”；输入原值为“8000”；增值税为“1360”；使用年限为“60”月；开始使用日期为“2018-01-15”，如图 6-11 所示。

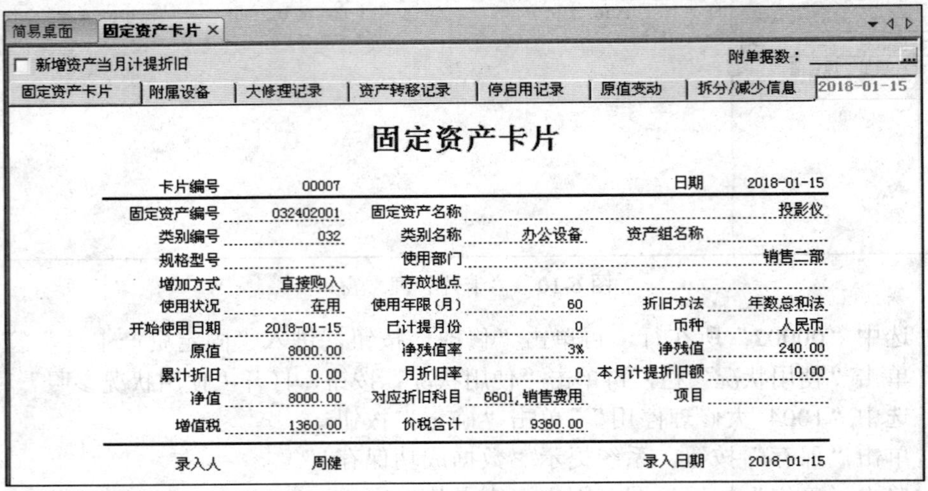

图 6-11　新增资产

④ 单击“保存”按钮，进入“填制凭证”窗口。

⑤ 选择凭证类型为“付款凭证”，修改制单日期、附件数，单击“保存”按钮，生成凭证如图 6-12 所示。

提示：

- 新卡片录入的第一个月不提折旧，折旧额为空或为零。
- 原值录入的必须是卡片录入月初的价值，否则将会出现计算错误。
- 如果录入的累计折旧、累计工作量大于零，说明是旧资产，该累计折旧或累计工作量是进入本单位前的值。
- 已计提月份必须严格按照该资产在其他单位已经计提或估计已计提的月份数，不包括使用期间停用等不计提折旧的月份。
- 只有当资产开始计提折旧后才可以使用资产减少功能，否则，减少资产只有通过删除卡片来完成。

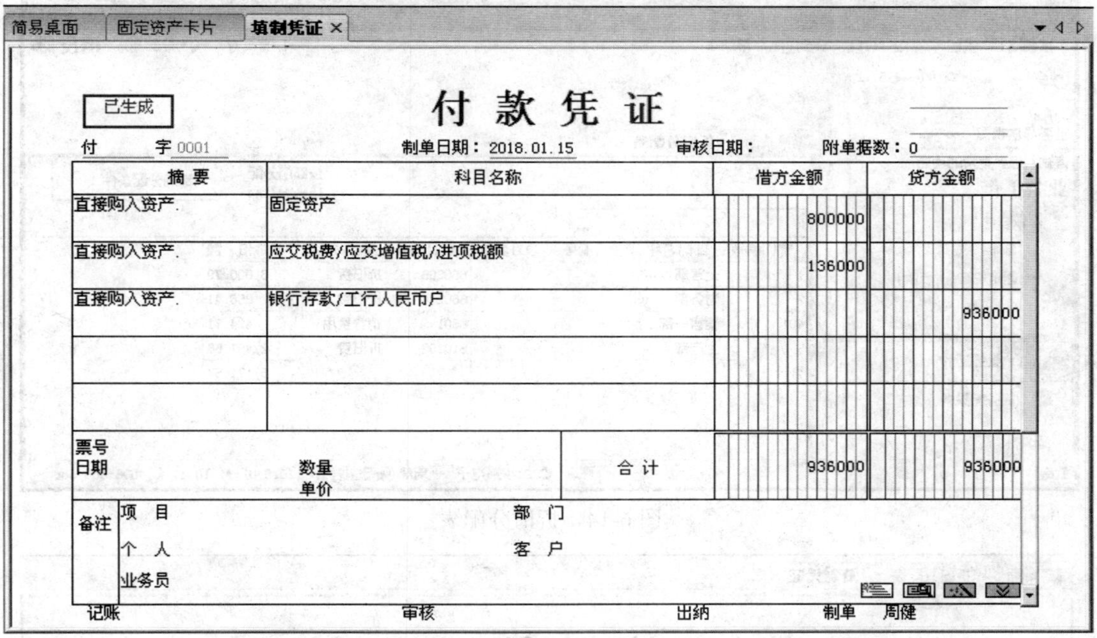

图 6-12　资产增加生成凭证

3. 计提固定资产折旧　　(微课视频：WZ060601.htm)

① 执行“处理”|“计提本月折旧”命令，系统弹出“是否要查看折旧清单？”信息提示框。

② 单击“是”按钮，系统提示“本操作将计提本月折旧，并花费一定时间，是否继续？”。单击“是”按钮，打开“折旧清单”窗口，如图 6-13 所示。

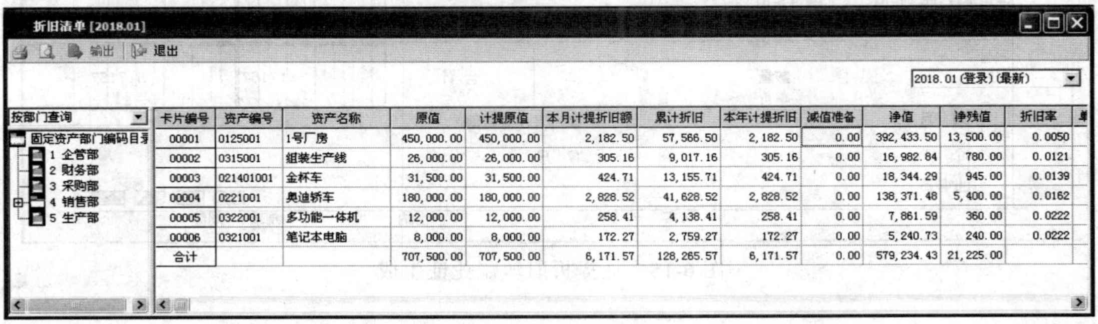

卡片编号	资产编号	资产名称	原值	计提原值	本月计提折旧额	累计折旧	本年计提折旧	减值准备	净值	净残值	折旧率
00001	0125001	1号厂房	450,000.00	450,000.00	2,182.50	57,566.50	2,182.50	0.00	392,433.50	13,500.00	0.0050
00002	0315001	组装生产线	26,000.00	26,000.00	305.16	9,017.16	305.16	0.00	16,982.84	780.00	0.0121
00003	021401001	金杯车	31,500.00	31,500.00	424.71	13,155.71	424.71	0.00	18,344.29	945.00	0.0139
00004	0221001	奥迪轿车	180,000.00	180,000.00	2,828.52	41,628.52	2,828.52	0.00	138,371.48	5,400.00	0.0162
00005	0322001	多功能一体机	12,000.00	12,000.00	258.41	4,138.41	258.41	0.00	7,861.59	360.00	0.0222
00006	0321001	笔记本电脑	8,000.00	8,000.00	172.27	2,759.27	172.27	0.00	5,240.73	240.00	0.0222
合计			707,500.00	707,500.00	6,171.57	128,265.57	6,171.57	0.00	579,234.43	21,225.00	

图 6-13　折旧清单

③ 单击“退出”按钮，打开“折旧分配表”窗口，如图 6-14 所示。

④ 单击“凭证”按钮，生成一张记账凭证。修改凭证类别为“转账凭证”。单击“保存”按钮，凭证左上角出现“已生成”字样，表示凭证已传递到总账，如图 6-15 所示。

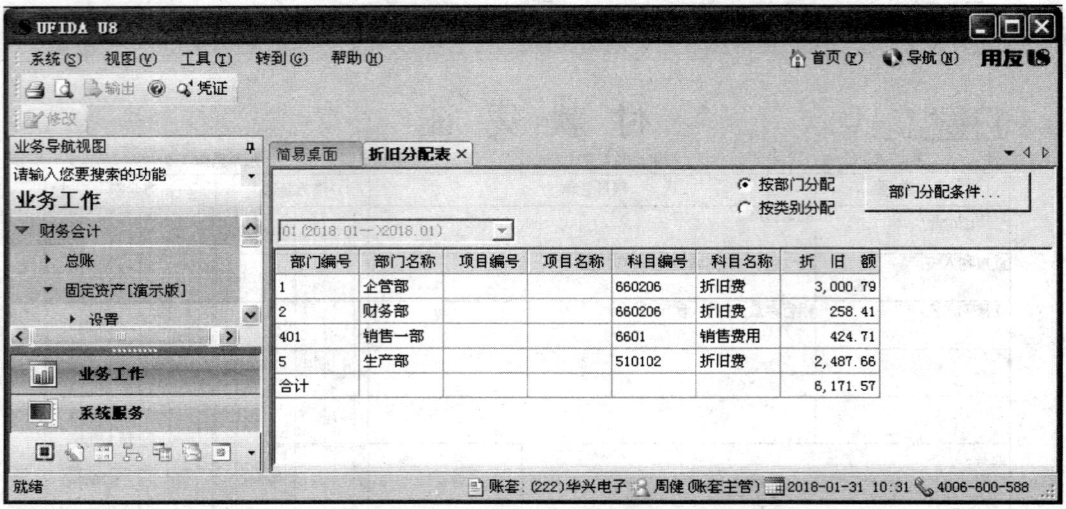

图 6-14 折旧分配表

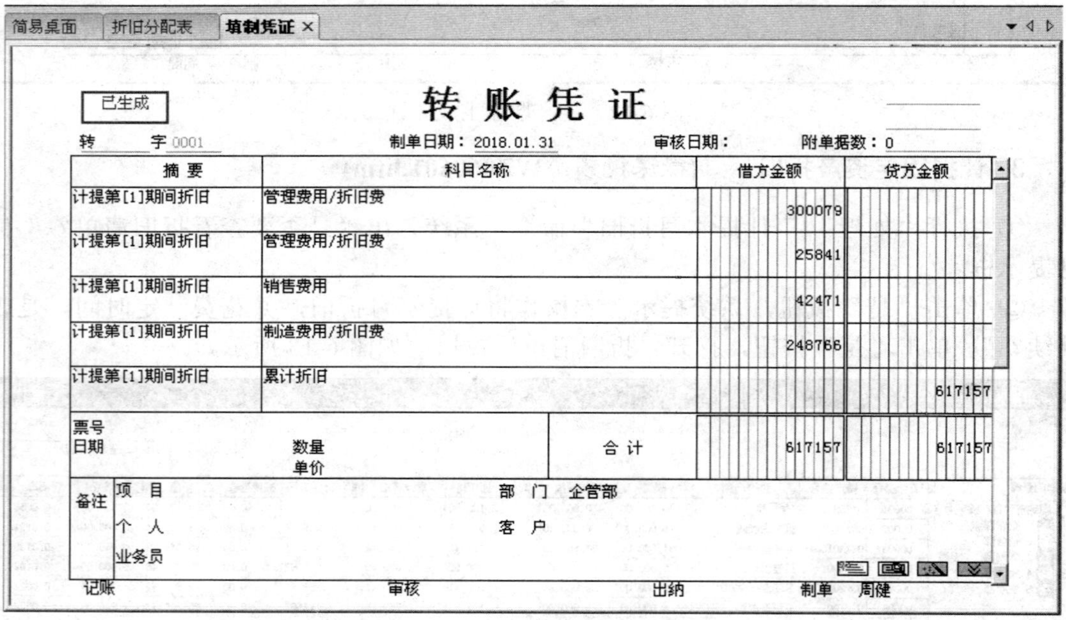

图 6-15 计提折旧转账凭证生成

提示：

- 计提折旧功能对各项资产每期计提一次折旧，并自动生成折旧分配表，然后制作记账凭证，将本期的折旧费用自动登账。
- 部门转移和类别调整的资产当月计提的折旧分配到变动后的部门和类别。
- 在一个期间内可以多次计提折旧，每次计提折旧后，只是将计提的折旧累加到月初的累计折旧上，不会重复累计。

- 若上次计提折旧已制单并已传递到总账系统，则必须删除该凭证才能重新计提折旧。
- 如果计提折旧后又对账套进行了影响折旧计算或分配的操作，则必须重新计提折旧，否则系统不允许结账。
- 资产的使用部门和资产折旧要汇总的部门可能不同，为了加强资产管理，使用部门必须是明细部门，而折旧分配部门不一定分配到明细部门。不同的单位处理可能不同，因此要在计提折旧后、分配折旧费用时做出选择。
- 在折旧费用分配表界面中，可以单击“制单”按钮制单，也可以以后利用“批量制单”功能进行制单。

4. 减少固定资产　　(微课视频：WZ060701.htm)

① 执行“卡片”|“资产减少”命令，打开“资产减少”对话框。

② 在“卡片编号”栏录入“00006”，或单击“卡片编号”栏对照按钮，选择“00006”。

③ 单击“增加”按钮，双击“减少方式”栏，再单击“减少方式”栏参照按钮，选择“204 捐赠转出”，如图6-16所示。

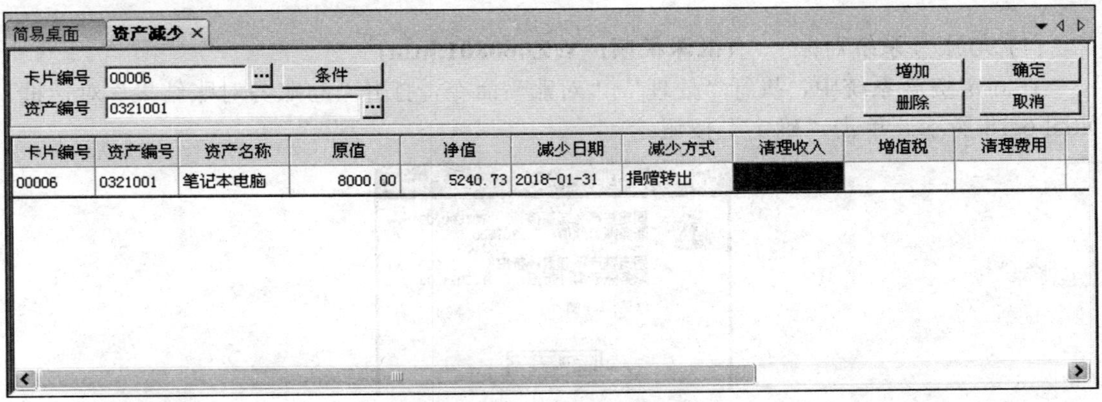

图6-16　资产减少

④ 单击“确定”按钮，系统弹出“所选卡片已经减少成功”信息提示框。单击“确定”按钮，进入“填制凭证”窗口。

⑤ 选择“转账凭证”，修改其他项目，单击“保存”按钮，如图6-17所示。

提示：

- 本账套需要进行计提折旧后，才能减少资产。
- 如果要减少的资产较多并且有共同点，则通过单击“条件”按钮，输入一些查询条件，将符合该条件的资产挑选出来进行批量减少操作。

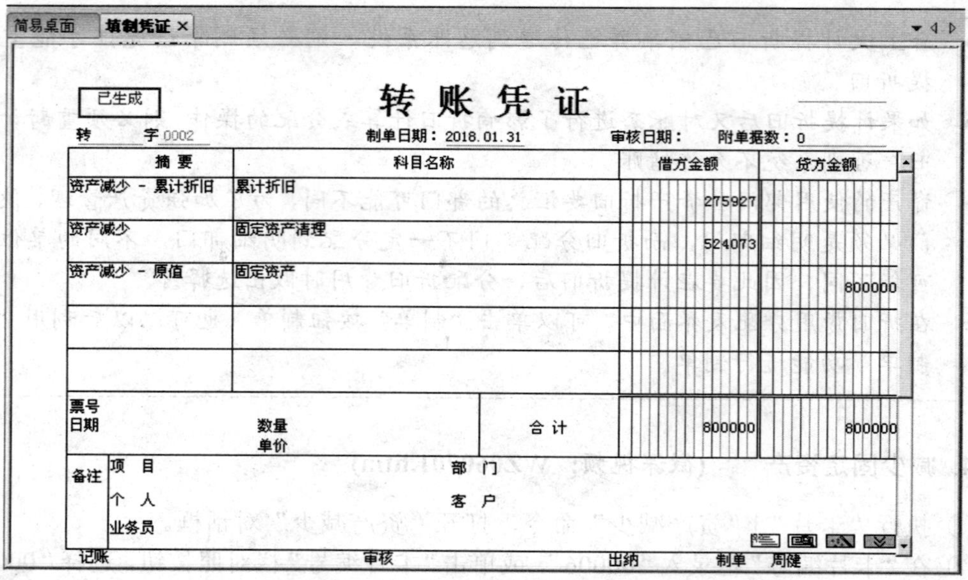

图 6-17 资产减少生成凭证

5. 与总账对账

(1) 与账务系统对账　　**(微课视频：WZ060801.htm)**

在固定资产系统中，执行“处理”|“对账”命令，打开“与账务对账结果”对话框，如图 6-18 所示。单击“确定”按钮。

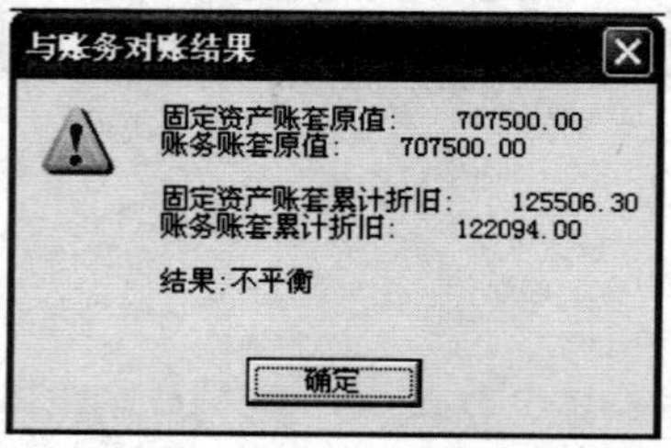

图 6-18 与账务对账不平衡

提示：

- 只有设置账套参数时选择了“与账务系统进行对账”，本功能才能操作。
- 如果对账不平，需要根据初始化是否选中“在对账不平情况下允许固定资产月末结账”来判断是否可以进行结账处理。
- 在固定资产系统中已经计提了折旧，但尚未在总账系统中记账，因此出现了折旧的差额。

(2) 在总账系统中将固定资产系统所生成的记账凭证审核并记账　　**(微课视频：WZ060802.htm)**

① 由 003 号操作员进入总账系统，对新增固定资产系统生成的出纳凭证进行出纳签字。

② 由 002 号操作员进入总账系统，对固定资产系统生成的凭证进行审核、记账。

(3) 重新进行对账　　**(微课视频：WZ060803.htm)**

由 001 号操作员在固定资产系统中，执行“处理”|“对账”命令，出现“与账务对账结果”对话框，如图 6-19 所示。单击“确定”按钮。

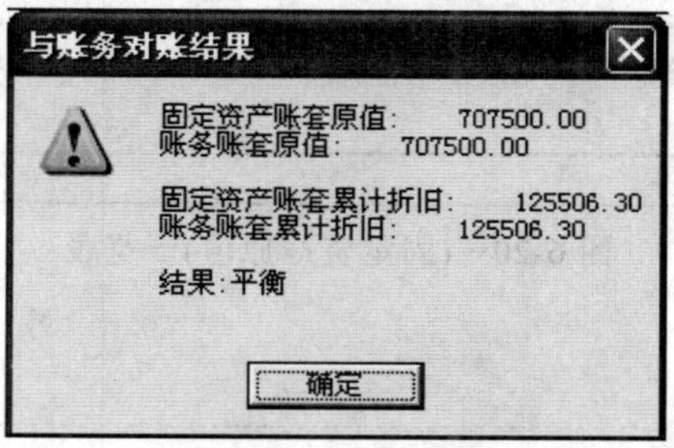

图 6-19　与账务对账平衡

6. 月末结账　　**(微课视频：WZ060901.htm)**

① 在固定资产系统中，执行“处理”|“月末结账”命令，打开“月末结账”对话框。

② 单击“开始结账”按钮，出现“与总账对账结果”对话框。

③ 单击“确定”按钮，出现系统提示，再单击“确定”按钮。

提示：

- 在固定资产系统中完成了本月全部制单业务后，可以进行月末结账。月末结账每月进行一次，结账后当期数据不能修改。
- 本期不结账，将不能处理下期的数据；结账前一定要进行数据备份，否则数据一旦丢失，将造成无法挽回的后果。
- 如果结账后发现有未处理的业务或者需要修改的事项，可以通过系统提供的“恢复月末结账前状态”功能进行反结账。但是，不能跨年度恢复数据，即本系统年末结转后，不能利用本功能恢复年末结转。
- 恢复到某个月的月末结账前状态后，本账套对该结账后所做的所有工作都可以无痕迹删除。

7. 账表查询

(1) 查询固定资产原值一览表　　**(微课视频：WZ061001.htm)**

① 执行“账表”|“我的账表”命令，进入固定资产“报表”窗口。

② 执行“账簿”中的“统计表”命令，双击“(固定资产原值)一览表”，打开“条件—(固定资产原值)一览表”对话框。单击“确定”按钮，进入“(固定资产原值)一览表”窗口，如图 6-20 所示。

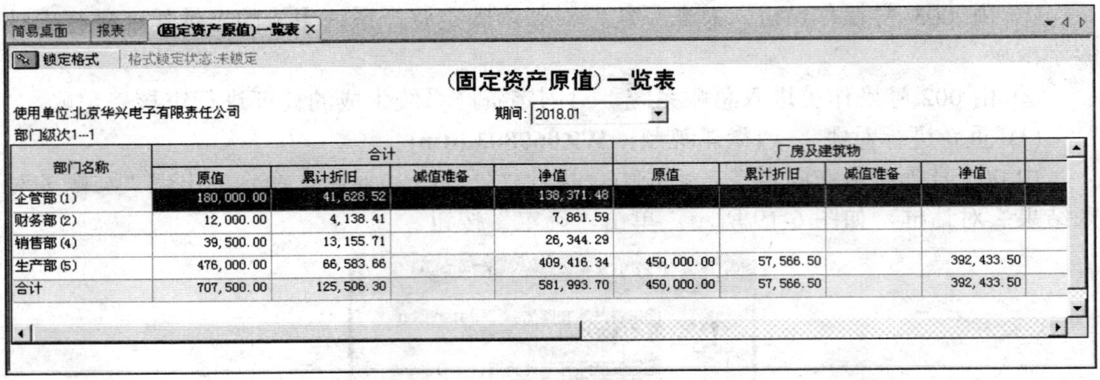

简易桌面 | 报表 | (固定资产原值)一览表

锁定格式 | 格式锁定状态:未锁定

(固定资产原值)一览表

使用单位:北京华兴电子有限责任公司　期间: 2018.01

部门级次1---1

部门名称	合计				厂房及建筑物			
	原值	累计折旧	减值准备	净值	原值	累计折旧	减值准备	净值
企管部(1)	180,000.00	41,628.52		138,371.48				
财务部(2)	12,000.00	4,138.41		7,861.59				
销售部(4)	39,500.00	13,155.71		26,344.29				
生产部(5)	476,000.00	66,583.66		409,416.34	450,000.00	57,566.50		392,433.50
合计	707,500.00	125,506.30		581,993.70	450,000.00	57,566.50		392,433.50

图 6-20　(固定资产原值)一览表

提示:

在固定资产系统中提供了 9 种统计表，包括“固定资产原值一览表”“固定资产变动情况表”“固定资产到期提示表”“固定资产统计表”“评估汇总表”“评估变动表”“盘盈盘亏报告表”“逾龄资产统计表”及“役龄资产统计表”。这些表从不同的侧面对固定资产进行统计分析，使管理者可以全面细致地了解企业对资产的管理、分布情况，为及时掌握资产的价值、数量及新旧程度等指标提供依据。

(2) 查询“价值结构分析表”　　**(微课视频：WZ061002.htm)**

① 执行“账表”|“我的账表”命令，进入固定资产“报表”窗口。

② 单击“分析表”，再双击“价值结构分析表”，打开“条件—价值结构分析表”对话框。

③ 单击“确定”按钮，打开“价值结构分析表”，如图 6-21 所示。

简易桌面 | 报表 | 价值结构分析表

恢复缺省格式 | 保存格式 | 锁定格式 | 格式锁定状态:未锁定

价值结构分析表

使用单位:北京华兴电子有限责任公司　期间: 2018.01

资产类别	数量	计量单位	期末原值	期末累计折旧	期末减值准备	期末净值	累计折旧占原值百分比%	减值准备原值百分比%	净值率%
厂房及建筑物(01)	1		450,000.00	57,566.50		392,433.50	12.79		87.21
厂房(012)	1		450,000.00	57,566.50		392,433.50	12.79		87.21
运输设备(02)	2		211,500.00	54,784.23		156,715.77	25.90		74.10
经营用(021)	1		31,500.00	13,155.71		18,344.29	41.76		58.24
非经营用(022)	1		180,000.00	41,628.52		138,371.48	23.13		76.87
机器设备(03)	3		46,000.00	13,155.57		32,844.43	28.60		71.40
生产线(031)	1		26,000.00	9,017.16		16,982.84	34.68		65.32
办公设备(032)	2		20,000.00	4,138.41		15,861.59	20.69		79.31
合计	6		707,500.00	125,506.30		581,993.70	17.74		82.26

图 6-21　价值结构分析表

提示：

在固定资产系统中，分析表主要通过对固定资产的综合分析，为管理者提供管理和决策依据。系统提供了4种分析表，即“部门构成分析表”“价值结构分析表”“类别构成分析表”及“使用状况分析表”。管理者可以通过这些表，了解本企业资产计提折旧的程度和剩余价值的大小。

8. 固定资产原值变动　　**(微课视频：WZ061101.htm)**

① 在固定资产系统中，执行“卡片”|“变动单”|“原值增加”命令，进入“固定资产变动单”窗口。

② 输入“卡片编号”为“00004”；“增加金额”为“5600”；“变动原因”为“增加配件”，如图6-22所示。

图6-22　固定资产变动单—原值增加

③ 单击“保存”按钮，进入“填制凭证”窗口。单击“关闭”按钮，暂不生成凭证。

提示：

- 资产变动主要包括原值变动、部门转移、使用状况变动、使用年限调整、折旧方法调整、净残值(率)调整、工作总量调整、累计折旧调整、资产类别调整等。系统对已做出变动的资产，要求输入相应的变动单来记录资产调整结果。
- 变动单不能修改，只有当月可删除重做，所以请仔细检查后再保存。
- 必须保证变动后的净值大于变动后的净残值。

9. 折旧方法变动　　**(微课视频：WZ061201.htm)**

① 执行“卡片”|“变动单”|“折旧方法调整”命令，打开“固定资产变动单”窗口。

② 在“卡片编号”栏录入“00003”，或单击“卡片编号”栏，选择“00003”。

③ 单击“变动后折旧方法”栏，再单击“变动后折旧方法”按钮，选择“工作量法”。

④ 单击“确定”按钮，打开“工作量输入”对话框。在“工作量输入”对话框中的“工作总量”栏输入“20000”，在“累计工作量”栏输入“6000”，在“工作量单位”栏输入“小时”，单击“确定”按钮。如图 6-23 所示。

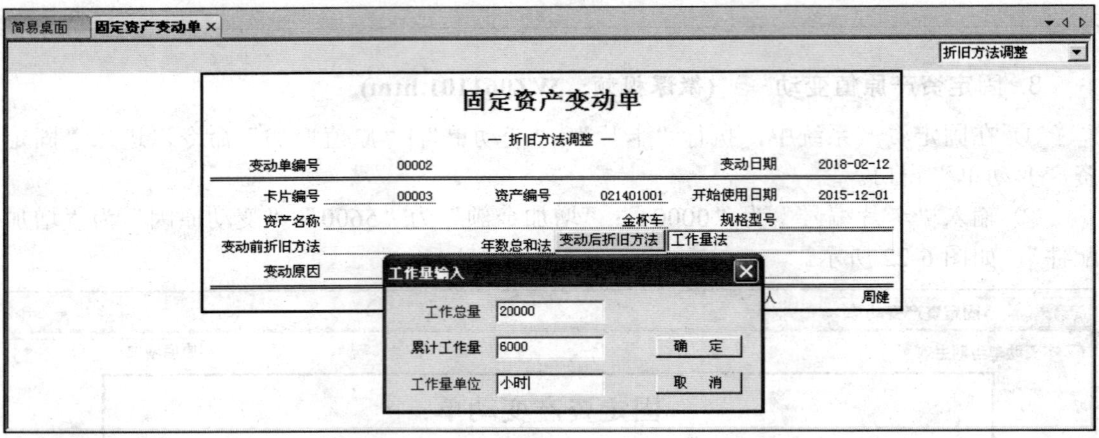

图 6-23　折旧方法变动

⑤ 在“变动原因”栏录入“工作需要”。单击“保存”按钮，系统提示“数据成功保存！”，单击“确定”按钮。

10. 批量制单　　(微课视频：WZ061301.htm)

① 在固定资产系统中，执行“处理”|“批量制单”命令，打开“查询条件选择”对话框，单击“确定”按钮，进入“批量制单”窗口。

② 单击“全选”按钮，或双击“选择”栏，选中要制单的业务，如图 6-24 所示。

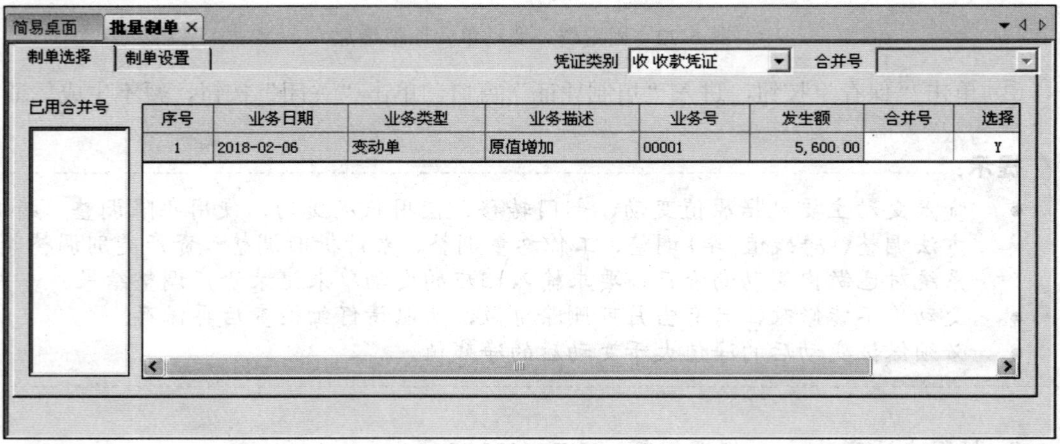

图 6-24　批量制单—制单选择

③ 单击打开“制单设置”选项卡，进行制单科目设置，如图 6-25 所示。

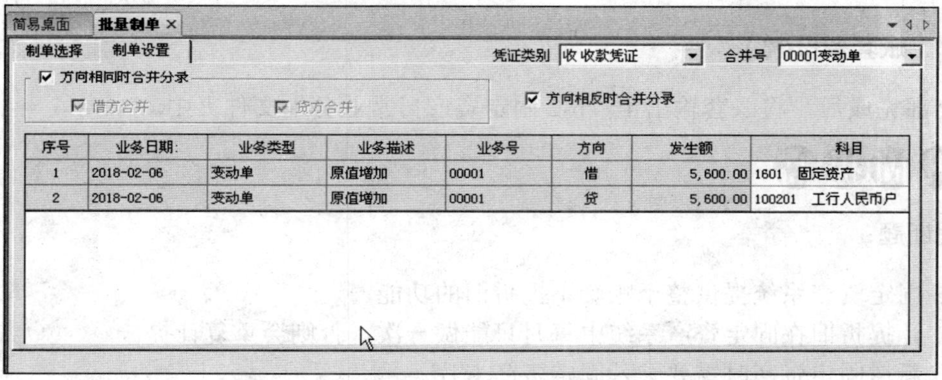

图 6-25　进行制单设置

④ 单击“凭证”按钮，修改凭证类别为“付款凭证”，单击“保存”按钮，如图 6-26 所示。

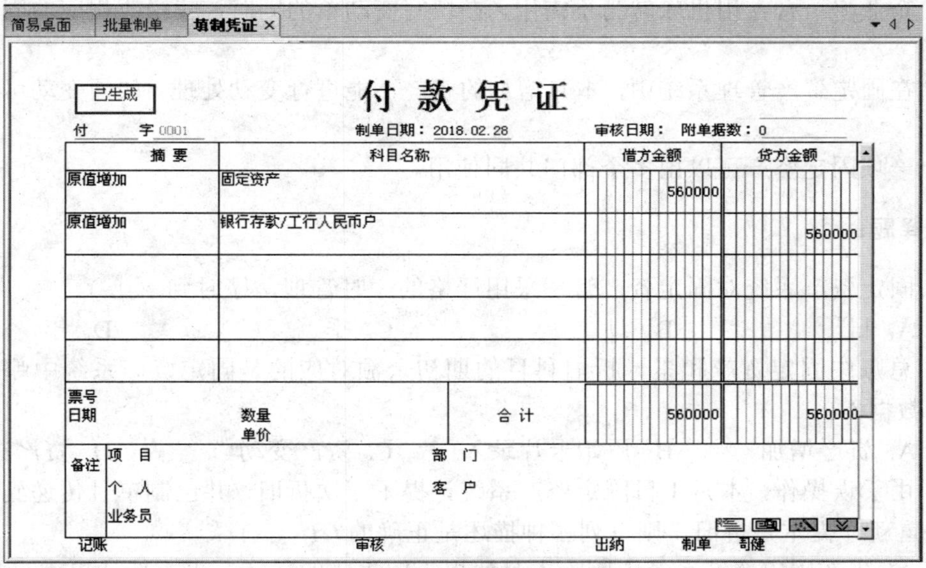

图 6-26　增加配件生成凭证

提示：

- “批量制单”功能可以同时将一批需要制单的业务连续制作凭证传递到总账系统。凡是业务发生时没有制单的，该业务自动排列到批量制单表中，表中列示应制单而没有制单的业务发生日期、类型、原始单据编号、默认的借贷方科目和金额，以及制单选择标志。
- 如果在选项中选择“业务发生时立即制单”，则摘要根据业务情况自动输入；如果使用批量制单方式，则摘要为空，需要手工输入。
- 修改凭证时，能修改的内容仅限于摘要、用户自行增加的凭证分录、系统默认的分录的折旧科目，而系统默认的分录的金额与原始的数据不能修改。

11. 账套备份(略)

全部完成后，将账套输出至“6-2 固定资产日常业务”文件夹中。

巩固提高

判断题：

1. 固定资产系统提供整个账套不提折旧的功能。 (　　)
2. 计提折旧在固定资产系统中每月只能做一次，否则会重复计提。 (　　)
3. 新增固定资产时需要录入固定资产卡片。 (　　)
4. 固定资产月末与总账对账不平不能结账。 (　　)
5. 固定资产管理系统建账时选择的折旧方法可以在设置资产类别或定义具体固定资产时进行更改。 (　　)
6. 企业将一台在用机床转为不需用，在填写变动单的同时，应修改相应的固定资产卡片。 (　　)
7. 在固定资产管理系统中，本月增加的资产不能进行变动处理。如须变动可直接修改卡片。 (　　)
8. 一项固定资产可以由多个部门共同使用。 (　　)

选择题：

1. 固定资产系统对固定资产管理采用严格的序时管理，序时到(　　)。
   A. 日　　B. 月　　C. 季　　D. 年
2. 总账中固定资产和累计折旧科目的期初余额对应的是固定资产系统中哪项操作产生的数据？(　　)
   A. 资产增加　　B. 原始卡片录入　　C. 资产变动　　D. 资产评估
3. 由于误操作，本月 1 日固定资产系统计提了一次折旧，并已制单且传递到总账系统。要重新计提本月折旧，则下列哪种描述是正确的？(　　)
   A. 先在固定资产系统中删除本月计提折旧生成的凭证，再重新计提本月折旧
   B. 先在总账系统中删除本月计提折旧生成的凭证，再重新计提本月折旧
   C. 直接在固定资产系统中重新计提折旧
   D. 下月再补提折旧
4. 某项固定资产在使用中，下列项目发生了变动，哪项不需要通过变动单就可以修改？(　　)
   A. 原值调整　　B. 累计折旧调整
   C. 部门转移　　D. 固定资产名称变动
5. 在固定资产卡片录入中，下列哪一个项目是自动给出的，不能更改？(　　)
   A. 录入人　　B. 固定资产名称
   C. 存放地点　　D. 对应折旧科目

6. 固定资产系统与总账系统对账不平，可能的原因有( )。

A. 总账系统还没有记账

B. 在总账系统中手工录入了固定资产业务

C. 固定资产产生的凭证还没有传到总账

D. 与基础设置有关

7. 以下哪些业务需要用固定资产变动单记录？( )

A. 固定资产原值变化　　B. 计提折旧

C. 资产类别调整　　D. 资产减少

8. 在哪些环节可以选择固定资产折旧方法？( )

A. 固定资产建账　　B. 设置资产类别

C. 设置资产使用状况　　D. 录入固定资产卡片

问答题：

1. 固定资产管理系统的主要功能包括哪些？
2. 固定资产系统是否适用行政事业单位的固定资产管理？如何设置？
3. 固定资产管理的基本原则是什么？
4. 固定资产日常业务处理主要包括哪些内容？
5. 固定资产变动包括哪些类型？
6. 固定资产折旧计提有哪些注意事项？
7. 固定资产期末处理有哪些工作？
8. 固定资产系统与总账对账不平的可能原因有哪些？

实操题：

1. 固定资产系统提供立即制单与批量制单两种方式，通过实际使用这两种制单方式体验两者有何不同。

2. 如果一项资产由多个部门使用，尝试如何在固定资产系统中进行处理。

第 7 章

应收款管理

学习目标

知识目标：

- 了解 U8 应收款管理系统的主要功能
- 理解应收款管理初始设置的各项内容
- 理解应收款管理期初数据和总账期初数据的关联
- 理解应收款管理独立应用和与总账集成应用业务处理的差异
- 掌握应收款管理各项业务的处理

能力目标：

- 能结合企业实际情况，进行应收款管理选项设置、初始设置、期初数据录入
- 能结合企业实际情况，进行应收单据处理、收款单据处理、票据处理、转账处理、坏账处理
- 能结合企业需要，进行应收款管理相关账表的查询

案例导入

此前，当企业发生与客户相关的业务时，已经在总账系统中进行了相应的处理。现在如果启用应收款系统，那么在应收业务的管理上，应收款管理系统和总账系统的职能有何不同呢？学习应收款管理之初，这个问题必须明确。

如果企业销售业务以及应收款业务并不十分复杂，或者现销业务很多，只启用了总账系统，那么就在总账系统中通过客户往来辅助核算来管理应收相关业务。如果企业客户较多，应收款核算与管理内容比较复杂，需要追踪每一笔业务的应收款、收款等情况，或者需要将应收款核算具体到产品一级，则需要利用应收款管理系统管理客户往来业务。在总账系统和应收款系统集成应用的模式下，所有的客户往来业务都在应收款系统中处理，业务处理的结果会自动生成凭证传递到总账。本章讨论的即是应收款管理系统和总

账系统的集成应用模式。

理论知识

7.1 了解应收款管理系统

7.1.1 应收款管理的基本功能

应收款管理系统主要是实现企业与客户之间业务往来账款的核算与管理。在应收款管理系统中，以销售发票、费用单、其他应收单等原始单据为依据，记录销售业务及其他业务所形成的往来款项，处理应收款项的收回、坏账及转账等情况，提供票据处理的功能，实现对应收款的管理。

1. 初始化设置

系统初始化包括系统参数设置、基础信息设置和期初数据录入。

2. 日常处理

日常处理是对应收款项业务的处理工作，主要包括应收单据处理、收款单处理、票据管理、转账处理和坏账处理等内容。

(1) 应收单据处理：应收单据包括销售发票和其他应收单，是确认应收账款的主要依据。应收单据处理主要包括应收单据录入和应收单据审核。

(2) 收款单据处理：收款单据主要指收款单。收款单据处理包括收款单据录入、收款单据审核。

(3) 核销处理。单据核销的主要作用是解决收回客户款项核销该客户应收款的处理，建立收款与应收款的核销记录，监督应收款及时核销，加强往来款项的管理。

(4) 票据管理：主要是对银行承兑汇票和商业承兑汇票进行管理。票据管理可以提供票据登记簿，记录票据的利息、贴现、背书、结算和转出等信息。

(5) 转账处理：是在日常业务处理中经常发生的应收冲应付、应收冲应收、预收冲应收以及红票对冲的业务处理。

(6) 坏账处理：是指计提应收坏账准备的处理、坏账发生后的处理、坏账收回后的处理等。其主要作用是自动计提应收款的坏账准备，当坏账发生时即可进行坏账核销，当被核销坏账又收回时，即可进行相应的处理。

3. 信息查询

信息查询是指用户在进行各种查询结果的基础上所进行的各项分析。一般查询包括：单据查询、凭证查询以及账款查询等。统计分析包括：欠款分析、账龄分析、综合分析以及收款预测分析等。便于用户及时发现问题，加强对往来款项动态的监督管理。

4. 期末处理

期末处理指用户在月末进行的结算汇兑损益以及月末结账工作。如果企业有外币往来，在月末需要计算外币单据的汇兑损益并对其进行相应的处理。如果当月业务已全部处理完毕，就需要执行月末结账处理，只有月末结账后，才可以开始下月工作。月末处理主要包括进行汇兑损益结算和月末结账。

7.1.2 应收款管理系统的应用流程

应收款管理系统的业务处理流程如图 7-1 所示。

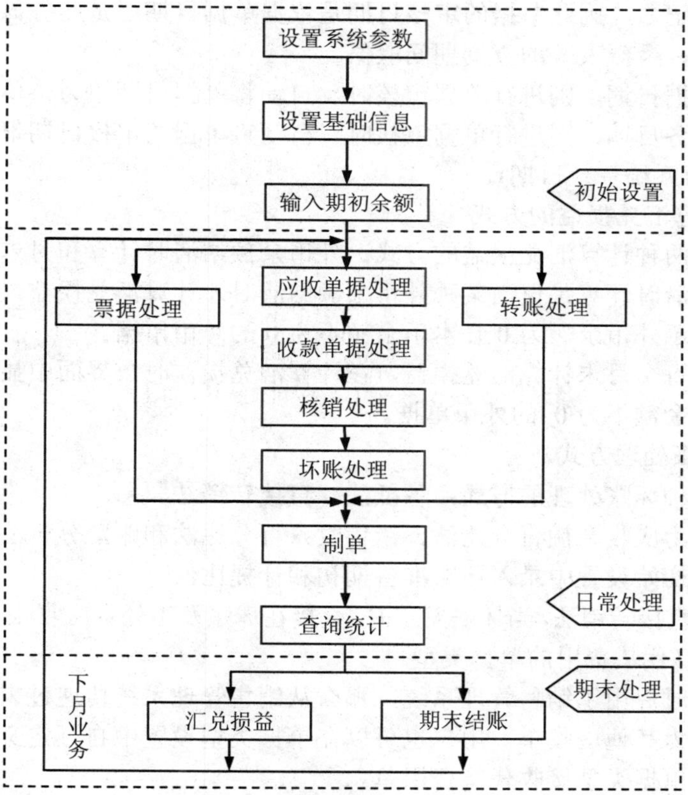

图 7-1 应收款管理系统的业务处理流程

7.2 应收款管理系统初始化

应收款管理系统初始化的主要内容包括选项设置、基础信息设置和期初数据录入。

7.2.1 选项设置

通过对应收款管理系统提供的选项进行设置，满足企业自身的核算和管控要求。需要企业做出选择的选项主要包括四类：常规、凭证、权限与预警、核销设置。下面介绍一部分常用选项。

1. 常规选项

(1) 选择单据审核日期的依据

应收款管理系统中的单据包括应收单据和收款单据，这两种单据都需要经过审核才能生成业务凭证。系统提供了两种确认单据审核日期的依据，即单据日期和业务日期。因为单据审核后记账，因此单据的审核日期是依据单据日期还是业务日期，决定业务总账、业务明细账、余额表等的查询期间取值。

如果选择单据日期，则进行单据审核时，自动将单据日期记为该单据的审核日期。

如果选择业务日期，则进行单据审核时，自动将单据的审核日期记为当前业务日期(业务日期一般为系统登录日期)。

(2) 选择计算汇兑损益的方式

系统提供了两种计算汇兑损益的方式：外币余额结清时计算和月末计算。

外币余额结清时计算是仅当某种外币余额结清时才计算汇兑损益，在计算汇兑损益时，界面中仅显示外币余额为 0 且本币余额不为 0 的外币单据。

月末计算即每个月末计算汇兑损益，在计算汇兑损益时，界面中显示所有外币余额不为 0 或者本币余额不为 0 的外币单据。

(3) 选择坏账处理方式

系统提供两种坏账处理的方式：备抵法、直接转销法。

备抵法又分为应收余额百分比法、销售收入百分比法和账龄分析法 3 种。选择了备抵法，还需要在初始设置中录入坏账准备期初和计提比例。

如果选择了直接转销法，当坏账发生时，直接在坏账发生处将应收账款转为费用即可。

(4) 选择核算代垫费用的单据类型

如果企业同时启用了销售管理系统，那么从销售管理系统传递过来的代垫费用单在应收系统中体现为其他应收单。用户也可以在单据类型设置中自行定义单据类型，然后在此选择用何种单据类型接收代垫费用单。

(5) 选择是否自动计算现金折扣

企业为了鼓励客户在信用期间内提前付款通常采用现金折扣政策。选择自动计算现金折扣，需要在发票或应收单中输入付款条件，在进行核销处理时系统根据付款条件自动计算该发票或应收单可享受折扣，原币余额=原币金额-本次结算金额-本次折扣。

2. 凭证选项

(1) 选择受控科目的制单方式

在设置会计科目时，如果指定了“应收账款”“预收账款”和“应收票据”为“客户往来”辅助核算，那么系统自动将这些科目设置为受控“应收系统”。这些科目即为应收系统的受控科目，只能在应收款系统中使用。

受控科目的制单方式有两种选择：明细到客户或明细到单据。

明细到客户：如果同一客户的多笔业务的控制科目相同，系统将自动将其合并成一条分录。在总账中按照客户来查询其详细信息。

明细到单据：将一个客户的多笔业务合并生成一张凭证时，系统会将每一笔业务形成一条分录。这种方式的目的是在总账系统中能够查看到每个客户的每笔业务的详细情况。

(2) 选择非控科目的制单方式

非控科目有3种制单方式：明细到客户、明细到单据和汇总制单的方式。

明细到客户、明细到单据意义同上。如果选择汇总制单，就是将多个客户的多笔业务合并生成一张凭证时，如果核算这多笔业务的非控制科目相同且其所带辅助核算项目也相同，则系统将自动将其合并成一条分录。这种方式的目的是精简总账中的数据，在总账系统中只能查看到该科目的一个总的发生额。

(3) 选择控制科目依据

设置控制科目依据是指根据什么来确定应收账款和预收账款入账时的明细科目。

系统提供了6种设置控制科目的依据，即按客户分类、按客户、按地区、按销售类型、按存货分类、按存货。

(4) 选择销售科目依据

设置销售科目依据是指根据什么来确定销售收入入账时的明细科目。

系统提供了5种设置存货销售科目的依据，即按存货分类、按存货、客户、客户分类、销售类型设置存货销售科目。

3. 权限与预警

(1) 启用客户权限

选择启用客户权限，则在所有的处理、查询中均需要根据登录用户的客户数据权限进行限制。

(2) 选择录入发票显示提示信息

如果选择了显示提示信息，则在录入发票时，系统会显示该客户的信用额度余额，以及最后的交易情况。这样可能会降低录入的速度，反之可选择不提示任何信息。

(3) 选择单据报警

可以选择按信用方式报警还是按折扣方式报警。

如果选择了按信用方式报警，那么还需要设置报警的提前天数。系统会将单据到期日-提前天数≤当前登录日期的已审核单据显示出来，以提醒哪些款项应该回款了。

如果选择了按折扣方式报警，那么也需要设置报警的提前天数。系统会将单据最大折扣日期-提前天数≤当前登录日期的已审核单据显示出来，以提醒您及时通知客户哪些业务再不付款就不能享受现金折扣待遇。

如果选择了超过信用额度报警，则满足上述设置的单据报警条件的同时，还需满足该客户已超过其设置的信用额度这个条件才可报警。

(4) 选择信用额度控制

如果选择信用额度控制，则在应收款管理系统中保存录入的发票和应收单时，当票面金额+应收借方余额-应收贷方余额>信用额度时，系统会提示本张单据不予保存处理。

4. 核销设置

(1) 选择应收款的核销方式

收到客户货款后，可以选择与客户应收款进行核销。

系统提供了 2 种应收款的核销方式：按单据和按产品。

按单据核销：系统将满足条件的未结算单据全部列出，系统根据用户选择的单据进行核销。

按产品核销：系统将满足条件的未结算单据按存货列出，系统根据用户所选择的存货进行核销。

(2) 收付款单审核后核销

该选项默认为不选择，表示收付款单审核后不进行立即核销操作。选中该选项，系统默认收付款单审核后自动核销。

7.2.2 基础信息设置

启用应收款管理系统后，增加了对业务环节的控制和管理，需要增补业务中需要使用的基础信息，如付款条件、本单位开户银行等。另外根据企业实际管理需要，还可以对业务单据的格式进行设计。

7.2.3 初始设置

初始设置的作用是建立应收款管理的业务处理规则，如应收款系统自动凭证科目的设置、单据类型的设置、账龄区间的设置等。

1. 设置科目

如果企业的应收业务类型较固定，生成的凭证类型也较固定，为了简化凭证生成操作，可以在此处将各业务类型凭证中的常用科目预先设置好。系统将依据制单规则在生成凭证时自动带入。

(1) 基本科目设置

基本科目是在应收业务管理中最经常使用的科目。包括应收账款、预收账款、销售收入、税金科目、销售退回科目、商业承兑科目、银行承兑科目、坏账入账科目等。

(2) 控制科目设置

如果在选项设置中设置了控制科目依据，那么需要在此根据选择的控制科目依据进行应收科目和预收科目的设置。如果选择了控制科目的依据为“按客户分类”，则需要按客户分类设置不同的应收科目和预收科目。

如果不做设置，则系统默认控制科目即为基本科目中设置的应收科目和预收科目。

(3) 产品科目设置

如果在选项设置中设置了销售科目依据，那么需要在此根据选择的销售科目依据进行销售收入科目、应交增值税科目、销售退回科目和税率的设置。如果选择了控制科目的依据为“按客户分类”，则需要按客户分类设置不同的销售收入科目、应交增值税科目、销售退回科目。

如果不做设置，则系统默认产品科目即为基本科目中设置的销售收入科目、应交增值税科目和销售退回科目。

(4) 结算方式科目设置

可以为前期定义的每一种结算方式设置一个科目，以便在进行收款结算时，通过收款单据上选择的结算方式生成对应的入账科目。

2. 坏账准备设置

企业应于期末针对不包含应收票据的应收款项计提坏账准备，其基本方法是销售收入百分比法、应收余额百分比法、账龄分析法等。您可以在此设置计提坏账准备的方法和计提的有关参数。

坏账准备设置是设置坏账准备提取比率、坏账准备期初余额、坏账准备科目以及对方科目。

3. 账龄区间设置

为了对应收账款进行账龄分析，评估客户信誉，并按一定的比例估计坏账损失，应首先在此设置账龄区间。

U8应收款账龄设置分为两部分：账期内账龄区间设置、逾期账龄区间设置。

4. 报警级别设置

通过对报警级别的设置，将客户按照客户欠款余额与其授信额度的比例分为不同的类型，以便于掌握各个客户的信用情况。

5. 设置单据类型

单据类型设置是将企业的往来业务与单据类型建立对应关系，达到快速处理业务以及进行分类汇总、查询、分析的效果。

系统提供了发票和应收单两大类型的单据。

如果同时使用销售管理系统，则发票的类型包括增值税专用发票、普通发票、销售调拨单和销售日报。如果单独使用应收款管理系统，则发票的类型不包括后两种。发票的类型不能修改和删除。

应收单记录销售业务之外的应收款情况。在本功能中，只能增加应收单，应收单可划分为不同的类型，以区分应收货款之外的其他应收款。例如，应收代垫费用款、应收利息款、应收罚款、其他应收款等。应收单的对应科目由自己定义。

7.2.4 期初数据录入

初次使用应收款管理系统时，需要将未处理完的单据录入系统，以保证数据的连续性和完整性。需要输入的期初数据包括未结算完的发票和应收单、预收款单据、未结算完的应收票据以及未结算完毕的合同金额。

在应收款管理系统中，期初余额按单据形式录入。应收账款通过发票录入、预收账款通过收款单录入、其他应收通过其他应收单录入，以便在日常业务中对这些单据进行后续的核销、转账处理。

期初余额录入后，可以与总账中客户往来账进行核对，检查明细与科目账是否相等。

7.3 应收款管理系统日常业务处理

初始化工作虽然工作量比较大，但属于一次性任务。日常业务处理是每个月需要重复使用的功能。

7.3.1 应收单据处理

应收单据处理是应收款子系统处理的起点，在应收单据处理中可以输入销售业务中的各类发票以及销售业务之外的应收单据。应收单据处理的基本操作流程是：单据输入—单据审核—单据制单。

1. 单据输入

单据输入是对未收款项的单据进行输入，输入时先用代码输入客户名称，与客户相关内容由系统自动显示。然后进行货物名称、数量和金额等内容的输入。

在进行单据输入之前，首先应确定单据名称、单据类型以及方向，然后根据业务内容输入有关信息。

2. 单据审核

单据审核是在单据保存后对单据的正确性进一步审核确认。单据输入后必须经过审核才能参与结算。审核人和制单人可以是同一个人。单据被审核后，将从单据处理功能中消失，但可以通过单据查询功能查看此单据的详细资料。

3. 单据制单

单据制单是可在单据审核后由系统自动编制凭证，也可以集中处理。在应收款子系统中生成的凭证将由系统自动传送到总账子系统中，并由有关人员进行审核和记账等账务处理工作。

7.3.2 收款单据处理

收款单处理是对已收到款项的单据进行输入，并进一步核销的过程。在单据结算功能中，输入收款单、付款单，并对发票及应收单进行核销，形成预收款并核销预收款，处理代付款。

应收款子系统的收款单用来记录企业所收到的客户款项，款项性质包括应收款、预收款、其他费用等。其中应收款、预收款性质的收款单将与发票、应收单、付款单进行核销处理。

应收款子系统的付款单用来记录发生销售退货时，企业开具的退付给客户的款项。该付款单可与应收、预收性质的收款单、红字应收单、红字发票进行核销处理。

1. 输入结算单据

输入结算单据是对已交来应收款项的单据进行输入，由系统自动进行结算。在根据已收到应收款项的单据进行输入时，首先必须先输入客户的名称。在进行相应操作时，系统会自动显示相关客户的信息。其次必须输入结算科目、金额和相关部门、业务员名称等内容。

单据输入完毕后，由系统自动生成相关内容。如果输入是新的结算方式，则应先在“结算方式”中增加新的结算方式。如果要输入另一客户的收款单，则需重新选择客户的名称。

2. 单据核销

单据核销是对往来已达账做删除处理的过程，表示本笔业务已经结清。即确定收款单与原始发票之间的对应关系后，进行机内自动冲销的过程。单据核销的作用是解决收回客商款项并核销该客商应收款的处理，建立收款与应收款的核销记录，监督应收款及时核销，加强往来款项的管理。明确核销关系后，可以进行精确的账龄分析，更好地管理应收账款。

如果结算金额与上期余额相等，则销账后余额为零，如果结算金额比上期余额小，则其余额为销账后的余额。单据核销可以由计算机自动进行核销，也可以由手工进行核销。

由于计算机处理采用建立往来辅助账进行往来业务的管理，为了避免辅助账过于庞大而影响计算机运行速度，对于已核销的业务应进行删除。删除工作通常在年底结账时进行。

当会计人员准备核销往来账时，应在确认往来已达账后，才能进行核销处理，删除已达账。为了防止操作不当误删记录，会计信息系统软件中一般都会设计有放弃核销或核销前做两清标记功能。如有的财务软件中设置有往来账两清功能，即在已达账项上打上已结清标记，待核实后才执行核销功能，经删除后的数据不能恢复；有的财务软件则设置了放弃核销功能，一旦发现操作失误，可通过此功能把被删除掉的数据恢复。

7.3.3 票据管理

可以在票据管理中对银行承兑汇票和商业承兑汇票进行管理，包括记录票据详细信息和记录票据处理情况。如果要进行票据登记簿管理，必须将应收票据科目设置成带有客户往来辅助核算的科目。

当用户收到银行承兑汇票或商业承兑汇票时，应将该汇票在应收款子系统的票据管理中录入。系统会自动根据票据生成一张收款单，用户可以对收款单进行查询，并可以与应收单据进行核销勾对，冲减客户应收账款。在票据管理中，用户还可以对该票据进行计息、贴现、转出、结算、背书等处理。

7.3.4 转账处理

转账处理，是在日常业务处理中经常发生的应收冲应付、应收冲应收、预收冲应收以及红票对冲的业务处理。

1. 应收冲应付

应收冲应付是指用某客户的应收账款冲抵某供应商的应付款项。系统通过应收冲应付功能将应收款业务在客户和供应商之间进行转账，实现应收业务的调整，解决应收债权与应付债务的冲抵。

2. 应收冲应收

应收冲应收是指将一家客户的应收款转到另一家客户中。通过应收冲应收功能可将应收款业务在客商之间进行转入、转出，实现应收业务的调整，解决应收款业务在不同客商之间入错户或合并户等问题。

3. 预收冲应收

预收冲应收是指处理客户的预收款和该客户应收欠款的转账核销业务。即某一个客户有预收款时，可用该客户的一笔预收款冲其一笔应收款。

4. 红票对冲

红票对冲可实现某客户的红字应收单与蓝字应收单、收款单与付款单中间进行冲抵。例如：当发生退票时，用红字发票对冲蓝字发票。红票对冲通常可以分为系统自动冲销和手工冲销两种处理方式。自动冲销可同时对多个客户依据红票对冲规则进行红票对冲，提高红票对冲的效率。手工冲销对一个客户进行红票对冲，可自行选择红票对冲的单据，提高红票对冲的灵活性。

7.3.5 坏账处理

所谓“坏账”是指购货方因某种原因不能付款，造成货款不能收回的信用风险。坏账处理就是对“坏账”采取的措施，主要包括计提坏账准备、坏账发生、坏账收回、生成输出催款单等。

1. 计提坏账准备

计提坏账准备的方法主要有销售收入百分比法、应收账款余额百分比法和账龄分析法。

(1) 销售收入百分比法

由系统自动算出当年销售收入总额，并根据计提比率计算出本次计提金额。

初次计提时，如果没有预先的设置，则应先进行初始设置。设置的内容包括提取比率、坏账准备期初余额。销售总额的默认值为本会计年度发票总额，企业可以根据实际情况进行修改，但计提比率不能在此修改，只能到初始设置中改变。

(2) 应收账款余额百分比法

由系统自动算出当年应收账款余额，并根据计提比率计算出本次计提金额。

初次计提时，如果没有预先的设置，应先进行初始设置。设置的内容包括提取比率及坏账准备期初余额。应收账款的余额默认值为本会计年度最后一天的所有未结算完的发票和应收单据余额之和减去预收款数额的差值。有外币账户时，用其本位币余额。企业可以根据实际情况对默认值进行修改。计提比率在此不能修改，只能在初始设置中改变计提比率。

(3) 账龄分析法

账龄分析法是根据应收账款入账时间的长短来估计坏账损失的方法。它是企业加强应收账款回收与管理的重要方法之一。一般说来，账款拖欠的时间越长，发生坏账的可能性就越大。

系统自动算出各区间应收账款余额，并根据计提比率计算出本次计提金额。

初次计提时，如果没有预先的设置，应先进行初始设置。各区间余额由系统自动生成(由本会计年度最后一天的所有未结算完的发票和应收单据余额之和减去预收款数额的差值)，企业也可以根据实际情况对其进行修改。但计提比率在此不能修改，只能在初始设置中改变计提比率。

2. 坏账发生

发生坏账损失业务时，一般需输入以下内容：客户名称、日期(指发生坏账日期，该日期应大于已经记账的日期，小于当前业务日期)、业务员(指业务员编号或业务员名称)以及部门(指部门编号或部门名称，如果不输入部门，表示选择所有的部门)等。

3. 坏账收回

处理坏账收回业务时，一般需输入以下内容：客户名称、收回坏账日期(如果不输入日期，系统默认为当前业务日期。输入的日期应大于已经记账的日期，小于当前业务日期)、收回的金额、业务员编号或名称、部门编号或名称、选择所需要的币种、结算单号(系统将调出该客户所有未经过处理的并且金额等于收回金额的收款单，可选择该次收回业务所形成的收款单)。

4. 生成输出催款单

催款单是对客户或对本单位职工的欠款催还的管理方式。催款单用于设置有辅助核算的应收账款和其他应收款的科目中。

根据不同的行业催款单预制的格式不同，其内容主要包括两个部分：系统预置的文字性的叙述和由系统自动取数生成的应收账款或其他应收款对账单。通常可以对其内容进行修改编辑，在修改退出时，系统会自动保存本月所做的最后一次修改。

催款单打印输出时，可以打印所有客户的应收账款或所有职员的其他应收款(备用金)情况，也可以有选择地打印某一个客户或某一位职员的催款单。催款单中还可以按条件显示所有的账款和未核销的账款金额。

7.3.6 制单处理

使用制单功能进行批处理制单，可以快速地、成批地生成凭证。制单类型包括应收单据制单、结算单制单、坏账制单、转账制单、汇兑损益制单等。企业可根据实际情况选取需要制单的类型。

7.3.7 信息查询

应收款系统的一般查询主要包括单据查询、凭证查询以及账款查询等。用户在进行各种查询结果的基础上可以进行各项统计分析。统计分析包括欠款分析、账龄分析、综合分析以及收款预测分析等。通过统计分析，可以按用户定义的账龄区间，进行一定期间内应收账款账龄分析、收款账龄分析、往来账龄分析，了解各个客户应收款的周转天数、周转率，了解各个账龄区间内应收款、收款及往来情况，及时发现问题，加强对往来款项的动态管理。

1. 单据查询

单据的查询包括发票、应收单、结算单和凭证的查询。可以查询已经审核的各类型应收单据的收款、结余情况；也可以查询结算单的使用情况；还可以查询本系统所生成的凭证，并且对其进行修改、删除、冲销等。

2. 业务账表查询

业务账表查询可以进行业务总账、业务明细账、业务余额表和对账单的查询，并可以实现总账、明细账、单据之间的联查。

通过业务账表查询可以查看客户、客户分类、地区分类、部门、业务员、客户总公司、主管业务员、主管部门在一定期间所发生的应收、收款以及余额情况。

3. 业务账表分析

业务账表分析是应收款管理的一项重要功能，对于资金往来比较频繁、业务量大、金额也比较大的企业，业务账表分析功能更能满足企业的需要。业务账表分析功能主要包括应收账款的账龄分析、收款账龄分析、欠款分析、收款预测等。

7.3.8 期末处理

企业在期末主要应完成计算汇兑损益和月末结账两项业务处理工作。

1. 汇兑损益

如果客户往来有外币核算，且在应收款子系统中核算客户往来款项，则在月末需要计算外币单据的汇兑损益并进行相应的处理。在计算汇兑损益之前，应首先在系统初始设置中选择汇兑损益的处理方法。通常系统会提供两种汇兑损益的处理方法：月末计算汇兑损益和单据结清时计算汇兑损益。

2. 月末结账

如果确认本月的各项业务处理已经结束，可以选择执行月末结账功能。结账后本月不能再进行单据、票据、转账等任何业务的增加、删除、修改等处理。另外，如果上个月没有结账，则本月不能结账，同时一次只能选择一个月进行结账。

如果用户觉得某月的月末结账有错误，可以取消月末结账。但取消结账操作只有在该月账务子系统未结账时才能进行。如果启用了销售子系统，销售子系统结账后，应收款子系统才能结账。

结账时还应注意本月的单据(发票和应收单)在结账前应该全部审核；若本月的结算单还有未核销的，不能结账；如果结账期间是本年度最后一个期间，则本年度进行的所有核销、坏账、转账等处理必须制单，否则不能向下一个年度结转，而且对于本年度外币余额为零的单据必须将本币余额结转为零，即必须执行汇兑损益。

7.4 重点难点解析

7.4.1 应收款管理系统应用的几种模式

企业信息化启用的子系统不同，客户往来业务的管理模式也不同。

1. 独立应用应收款管理系统

应收款管理系统如果单独应用，所有的客户往来业务处理及查询均在应收款管理系统内部进行。

2. 应收款管理系统与其他系统集成应用

如果应收款管理系统与总账系统集成应用，则客户往来业务在应收款管理系统中处理，并生成相关凭证传递给总账。在应收款管理系统中可以查询客户往来业务明细，在总账中可以查询应收账款等科目的总账和明细账。

如果应收款管理系统与销售管理系统集成应用，那么销售发票在销售管理系统中录入或生成，在应收款管理系统中审核、制单。

7.4.2 取消操作

如果对单据进行了审核、核销，对票据进行了贴现等操作后，发现操作失误，利用取消操作可将其恢复到操作前的状态，以便进行修改。

取消操作类型包括取消核销、取消坏账处理、取消转账、取消汇兑损益、取消票据处理及取消并账。

取消操作必须在未进行后序操作的情况下进行；如果已经进行了后序操作，则应在恢复后序操作后再取消操作。例如，如果期末结账后想取消预收冲应收操作，那么需要首先取消月末结账，然后删除“预收冲应收”凭证，之后才能取消预收冲应收的操作。

实践应用

实验一 应收款管理初始化

实验目的

1. 理解应收款管理初始化的意义。
2. 掌握应收款管理选项的设置。
3. 掌握应收款管理基础档案的设置。
4. 掌握应收款管理期初数据的录入。

实验内容

1. 设置选项。
2. 录入基础档案。
3. 设置自动凭证科目。
4. 单据设计。
5. 应收款期初数据输入并与总账系统进行对账。
6. 账套备份。

实验准备

1. 将系统日期更改为“2018-01-01”。

2. 引入“3-1 总账初始化”账套数据。

实验资料

1. 选项设置(如表 7-1 所示)

表 7-1 应收款选项设置

选 项 卡	参 数	设 置 要 求
常规	单据审核日期依据	单据日期
	坏账处理方式	应收余额百分比法
凭证	核销生成凭证	否
权限与预警	控制客户权限	是
	单据报警	按信用方式提前 7 天进行报警

注：其他选项保持系统默认。

2. 初始设置

(1) 设置科目(如表 7-2 所示)

表 7-2 科目设置

科 目 类 别	设 置 方 式
基本科目设置	应收科目(本币)：1122 应收账款
	预收科目(本币)：2203 预收账款
	商业承兑科目和银行承兑科目：1121 应收票据
	票据利息科目、票据费用科目和现金折扣科目：6603 财务费用
	销售收入科目和销售退回科目：6001 主营业务收入
	税金科目：22210105 销项税额
	坏账入账科目：1231 坏账准备
结算方式科目设置	现金结算；币种：人民币；科目：1001
	现金支票；币种：人民币；科目：100201
	转账支票；币种：人民币；科目：100201
	电汇；币种：人民币；科目：100201
	银行承兑汇票；币种：人民币；科目：100201
	商业承兑汇票；币种：人民币；科目：100201

(2) 坏账准备设置(如表 7-3 所示)

表 7-3 坏账准备设置

控 制 参 数	参 数 设 置
提取比例	0.5%
坏账准备期初余额	0

(续表)

控制参数	参数设置
坏账准备科目	1231
对方科目	6701

(3) 账期内账龄区间设置(如表 7-4 所示)

表 7-4　账期内账龄区间设置

序号	起止天数	总天数
01	1～10	10
02	11～30	30
03	31～60	60
04	61～90	90
05	91 以上	

(4) 逾期账龄区间设置(如表 7-5 所示)

表 7-5　逾期账龄区间设置

序号	起止天数	总天数
01	1～30	30
02	31～60	60
03	61～90	90
04	91～120	120
05	121 以上	

(5) 报警级别设置

A 级时的总比率为 10%，B 级时的总比率为 20%，C 级时的总比率为 30%，D 级时的总比率为 40%，E 级时的总比率为 50%，总比率在 50%以上为 F 级。

3. 基础信息设置

本单位开户银行的编码为“01”，开户银行为“工行北京支行花园路办事处”，银行账号为“001-23456789”。

4. 单据编号设置

设置允许修改销售专用发票和销售普通发票的编号。

5. 期初数据(存货税率均为 17%，开票日期均为 2017 年，如表 7-6 所示)

表 7-6　期初数据表

单据名称	方向	开票日期	票　号	客户名称	销售部门	科目编码	货物名称	数量	无税单价	价税合计
销售专用发票	正向	2017.11.12	78987	天益	销售一部	1122	华星	2	2800	6552
销售专用发票	正向	2017.11.18	78988	明兴	销售一部	1122	华星	3	2800	9828
其他应收单	正向	2017.11.22		明兴	销售一部	1122	代垫运费			100
销售专用发票	正向	2017.11.22	78989	大地	销售一部	1121	华卫	10	1100	12870
收款单	正向	2017.11.26	银行承兑汇票	伟达	销售二部	2203				30000

实验要求

由“001 周健”注册进入企业应用平台，启用应收款管理系统，启用日期为“2018-01-01”。　**(微课视频：WZ070001.htm)**

实验指导

1. 选项设置

(1) 数据权限控制设置　**(微课视频：WZ070101.htm)**

① 在 U8 企业应用平台中，执行“系统服务”|“权限”|“数据权限控制设置”命令，打开“数据权限控制设置”对话框。

② 在“记录级”选项卡中，选中“客户档案”选项，如图 7-2 所示，单击“确定”按钮返回。

(2) 应收款系统选项设置　**(微课视频：WZ070102.htm)**

① 在应收款系统中，执行“设置”|“选项”命令， 打开“账套参数设置”对话框。

② 单击“编辑”按钮，系统提示“选项修改需要重新登录才能生效”，单击“确定”按钮。在“常规”“凭证”“权限与预警”选项卡中按照实验资料完成设置，如图 7-3 和图 7-4 所示。

③ 单击“确定”按钮。

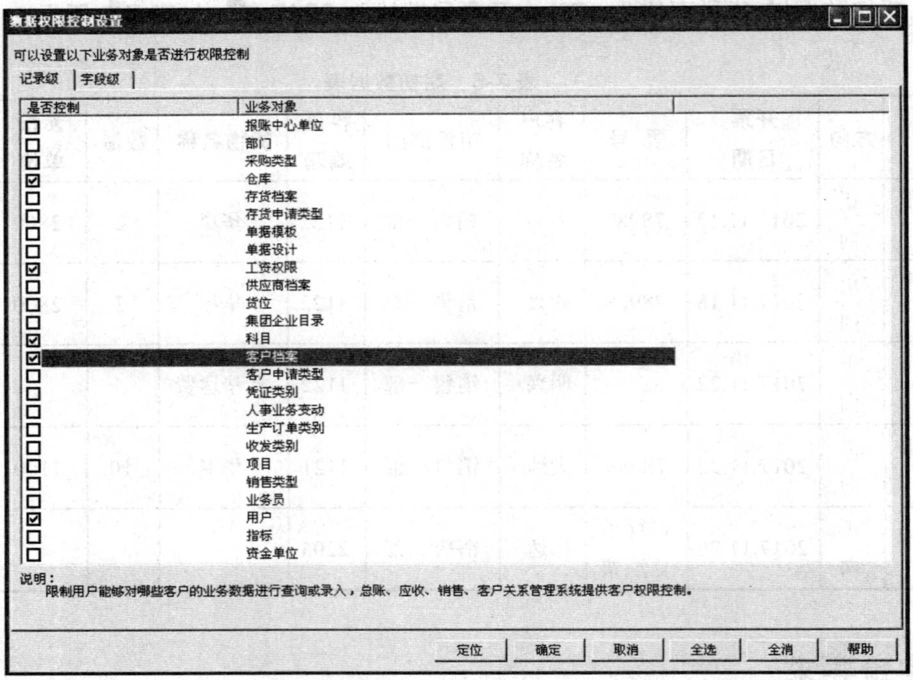

图 7-2　数据权限控制设置

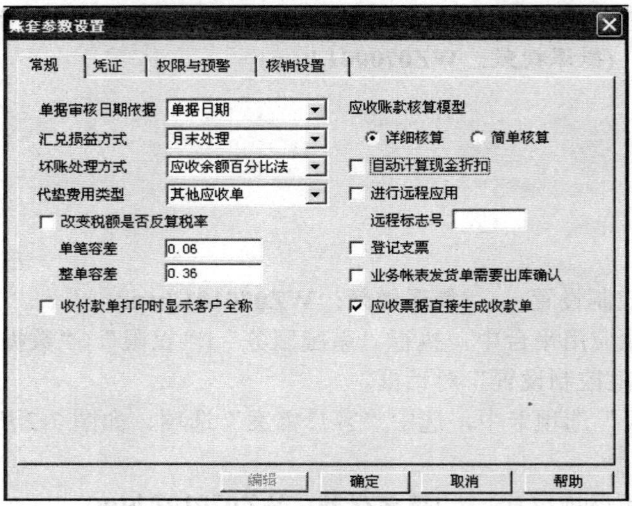

图 7-3　设置选项—常规

提示：

- 在账套使用过程中可以随时修改账套参数。
- 如果当年已经计提过坏账准备，则坏账处理方式不能修改，只能在下一年度修改。
- 关于应收账款核算模型，在系统启用时或者还没有进行任何业务处理的情况下才允许从简单核算改为详细核算；从详细核算改为简单核算随时可以进行。

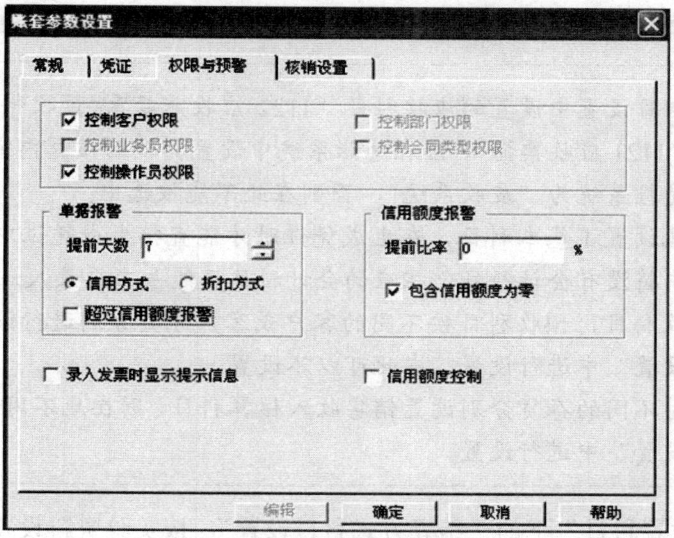

图 7-4　设置选项—权限与预警

2. 初始设置

(1) 设置科目　　**(微课视频：WZ070201.htm)**

① 执行“设置”|“初始设置”命令，进入“初始设置”窗口。

② 在“设置科目”项下选择“基本科目设置”，单击“增加”按钮，按实验资料设置基本科目，如图 7-5 所示。

图 7-5　基本科目设置

提示：

- 在基本科目设置中设置的应收科目“1122 应收账款”、预收科目“2203 预收账款”及“1121 应收票据”，应在总账系统中设置其辅助核算内容为“客户往来”，并且其受控系统为“应收系统”，否则在此不能被选中。
- 只有在此设置了基本科目，在生成凭证时才能直接生成凭证中的会计科目，否则凭证中将没有会计科目，相应的会计科目只能手工再录入。
- 如果应收科目、预收科目按不同的客户或客户分类分别进行设置，则可在“控制科目设置”中进行设置，在此可以不设置。
- 如果针对不同的存货分别设置销售收入核算科目，则在此不用设置，可以在“产品科目设置”中进行设置。

③ 选择“设置科目”下的“结算方式科目设置”，按实验资料设置结算方式科目。

提示：

结算方式科目设置是针对已经设置的结算方式来设置相应的结算科目。即在收款或付款时只要告诉系统结算时使用的结算方式，就可以由系统自动生成该种结算方式所使用的会计科目。

(2) 坏账准备设置　　**(微课视频：WZ070202.htm)**

① 在应收款管理系统中，执行“设置”|“初始设置”命令，进入“初始设置”窗口。

② 选择“坏账准备设置”，设置坏账准备相关资料，如图 7-6 所示。

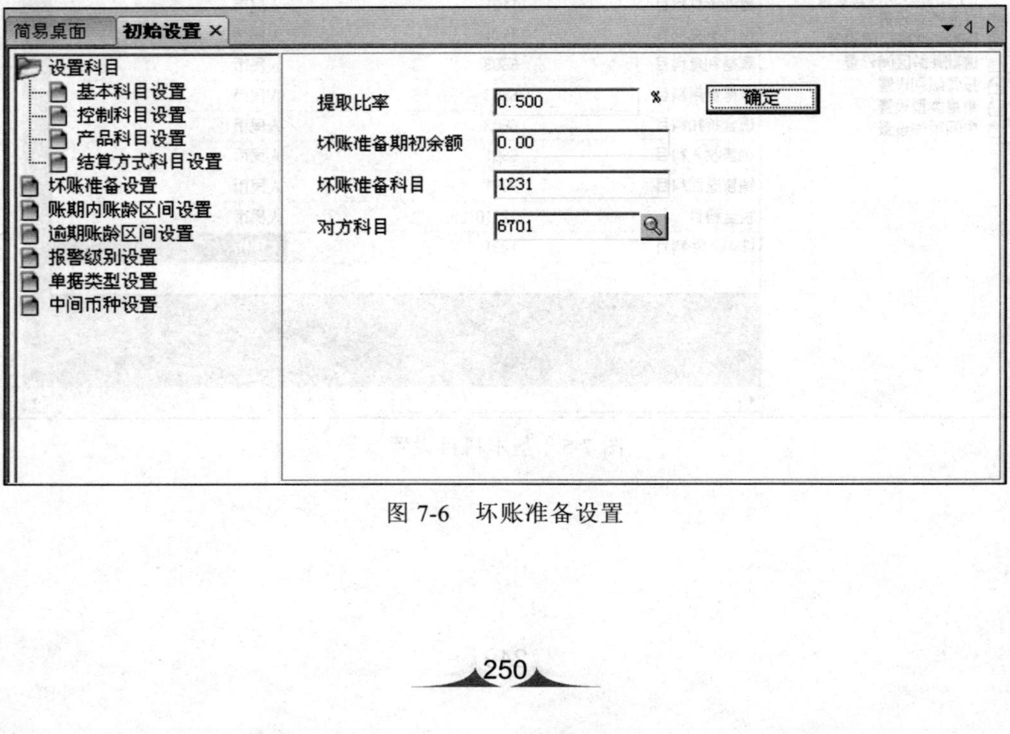

图 7-6　坏账准备设置

③ 单击“确定”按钮，弹出“存储完毕”信息提示对话框，再单击“确定”按钮。

提示：

- 如果在选项中并未选中坏账处理的方式为“应收余额百分比法”，则在此处就不能录入“应收余额百分比法”所需要的初始设置，即此处的初始设置是与选项中所选择的坏账处理方式相对应的。
- 坏账准备的期初余额应与总账系统中所录入的坏账准备的期初余额相一致，但是，系统没有坏账准备期初余额的自动对账功能，只能人工核对。坏账准备的期初余额如果在借方，则用“-”号表示。如果没有期初余额，应将期初余额录入为“0”，否则，系统将不予确认。
- 坏账准备期初余额被确认后，只要进行了坏账准备的日常业务处理就不允许再修改。下一年度使用本系统时，可以修改提取比率、区间和科目。
- 如果在系统选项中默认坏账处理方式为直接转销，则不用进行坏账准备设置。

(3) 设置账期内账龄区间及逾期账龄区间 **(微课视频：WZ070203.htm)**

① 在“初始设置”窗口中，选择“账期内账龄区间设置”。

② 在“总天数”栏录入“10”，按 Enter 键，再在“总天数”栏录入“30”后按 Enter 键。以此方法继续录入其他的总天数，如图 7-7 所示。

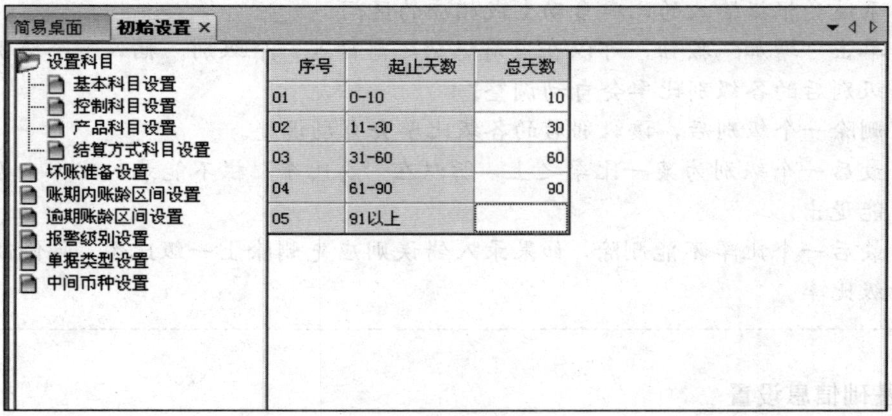

序号	起止天数	总天数
01	0-10	10
02	11-30	30
03	31-60	60
04	61-90	90
05	91以上	

图 7-7　账龄区间设置

③ 同理，进行“逾期账龄区间设置”。

提示：

- 序号由系统自动生成，不能修改和删除。总天数直接输入截止该区间的账龄总天数。
- 最后一个区间不能修改和删除。

(4) 报警级别设置　　**(微课视频：WZ070204.htm)**

① 在“初始设置”窗口中，选择“报警级别设置”。

② 在“总比率”栏录入“10”，在“级别名称”栏录入“A”，按 Enter 键。以此方法继续录入其他的总比率和级别，如图 7-8 所示。

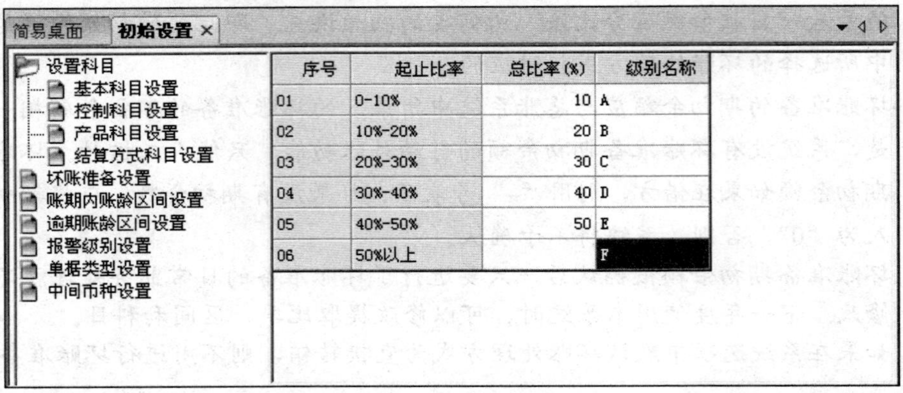

图 7-8　报警级别设置

提示：

- 序号由系统自动生成，不能修改和删除。应直接输入该区间的最大比率及级别名称。
- 系统会根据输入的比率自动生成相应的区间。
- 单击“增加”按钮，可以在当前级别之前插入一个级别。插入一个级别后，该级别后的各级别比率会自动调整。
- 删除一个级别后，该级别后的各级比率会自动调整。
- 最后一个级别为某一比率之上，所以在“总比率”栏不能录入比率，否则将不能退出。
- 最后一个比率不能删除，如果录入错误则应先删除上一级比率，再修改最后一级比率。

3. 基础信息设置

(1) 本单位开户银行设置　　**(微课视频：WZ070301.htm)**

① 在企业应用平台基础设置中，执行“基础档案”|“收付结算”|“本单位开户银行”命令，进入“本单位开户银行”窗口。

② 单击“增加”按钮，设置本单位开户银行，如图 7-9 所示。

提示：

- 银行账号必须为 12 位。
- 如果不设置开户银行，在填制销售发票时不能保存。

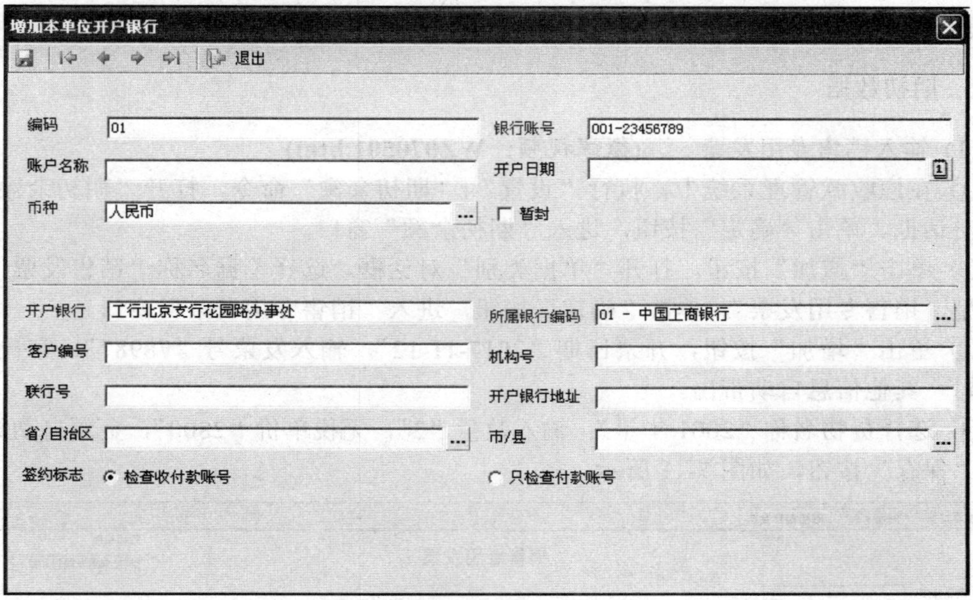

图 7-9　设置本单位开户银行

4. 单据编号设置　　(微课视频：WZ070401.htm)

① 在企业应用平台"基础设置"选项卡中，执行"单据设置"|"单据编号设置"命令，打开"单据编号设置"对话框。

② 在"销售管理"单据类型中选择"销售专用发票"，单击"修改"按钮，选中"完全手工编号"复选框。单击"保存"按钮，如图 7-10 所示。

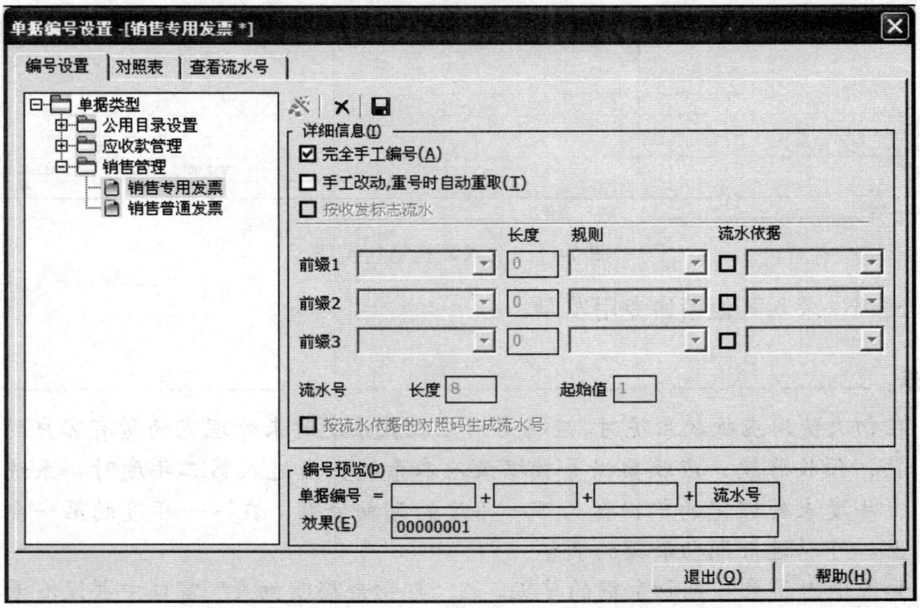

图 7-10　设置单据编号方式

③ 同理，设置销售普通发票编号方式为“完全手工编号”。

5. 期初数据

(1) 输入销售专用发票　　**(微课视频：WZ070501.htm)**

① 在应收款管理系统中，执行“设置”|“期初余额”命令，打开“期初余额—查询”对话框。单击“确定”按钮，进入“期初余额”窗口。

② 单击“增加”按钮，打开“单据类别”对话框。选择单据名称“销售发票”，单据类型“销售专用发票”。单击“确定”按钮，进入“销售专用发票”窗口。

③ 单击“增加”按钮，开票日期“2017-11-12”，输入发票号“78987”、客户名称“天益”，其他信息自动带出。

④ 选择货物名称“2001 华星”；输入数量“2”，无税单价“2800”，金额自动算出，单击“保存”按钮，如图 7-11 所示。

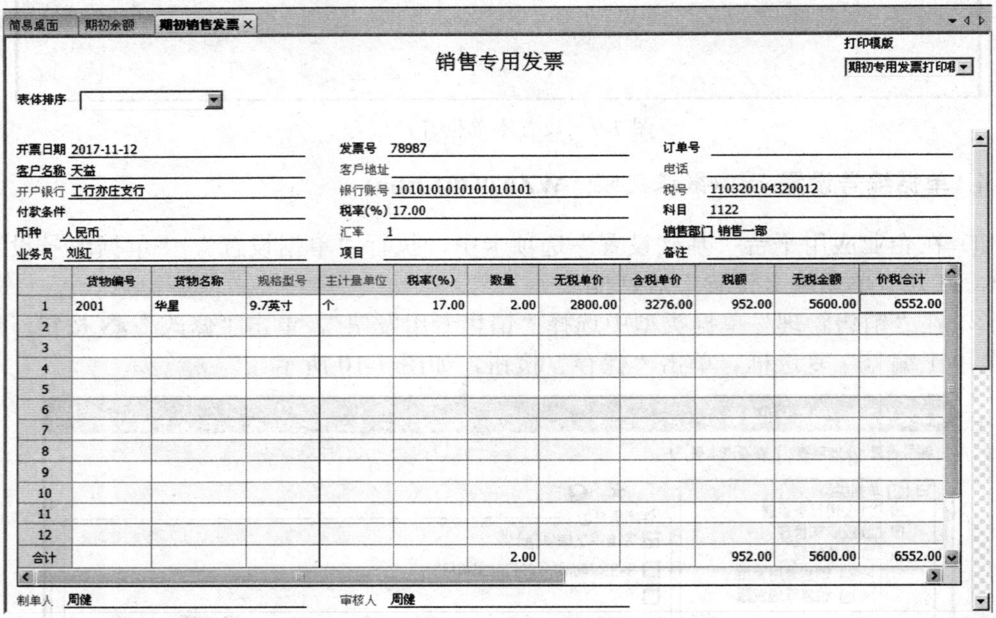

图 7-11　录入期初销售发票

⑤ 同理，录入其他销售专用发票。

提示：

- 在初次使用应收款系统时，应将启用应收款系统时未处理完的所有客户的应收账款、预收账款、应收票据等数据录入本系统。当进入第二年度时，系统自动将上年度未处理完的单据转为下一年度的期初余额。在下一年度的第一会计期间里，可以进行期初余额的调整。
- 如果退出了录入期初余额的单据，在“期初余额明细表”窗口中并没有看到新录入的期初余额，应单击“刷新”按钮，就可以列示出所有的期初余额的内容。

- 在录入期初余额时一定要注意期初余额的会计科目，比如第 3 张销售发票的会计科目为“1121”，即应收票据。应收款系统的期初余额应与总账进行对账，如果科目错误将会导致对账错误。
- 如果并未设置允许修改销售专用发票的编号，则在填制销售专用发票时不允许修改销售专用发票的编号。其他单据的编号也一样，系统默认的状态为不允许修改。

(2) 输入其他应收单　　**(微课视频：WZ070502.htm)**

① 在“期初余额”窗口，单击“增加”按钮，打开“单据类别”对话框。

② 选择单据名称“应收单”，单据类型“其他应收单”，单击“确定”按钮，进入“应收单”窗口。

③ 单击“增加”按钮，输入应收信息，如图 7-12 所示。

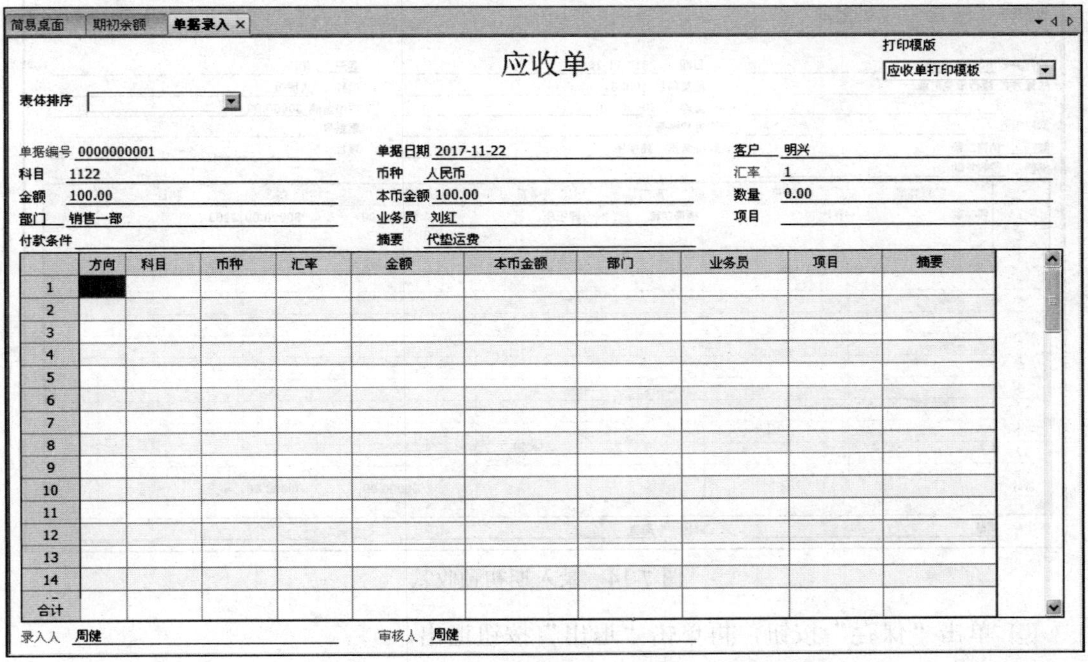

图 7-12　录入期初应收单

提示：

- 在录入应收单时只需录入表格上半部分的内容，表格下半部分的内容由系统自动生成。
- 应收单中的会计科目必须录入正确，否则将无法与总账进行对账。

(3) 录入预收款单　　**(微课视频：WZ070503.htm)**

① 在期初余额明细表界面，单击“增加”按钮，打开“单据类别”对话框。

② 单击“单据名称”栏的下三角按钮，选择“预收款”选项，如图 7-13 所示。

③ 单击“确定”按钮，打开“收款单”窗口。

④ 修改日期为“2017-11-26”；在“客户”栏选择“伟达公司”；在“结算方式”栏选择“银行承兑汇票”；在“金额”栏录入“30 000”；在“摘要”栏录入“预收货款”；在收款单下半部分中的“科目”栏录入“2203”，或单击“科目”栏的参照按钮，选择“2203 预收账款”，如图 7-14 所示。

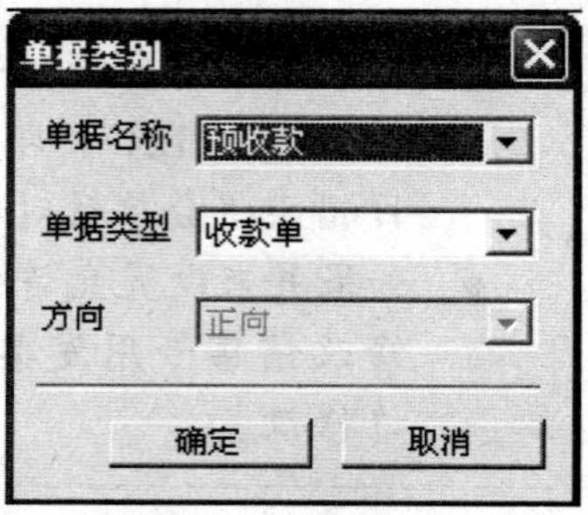

图 7-13　选择单据名称

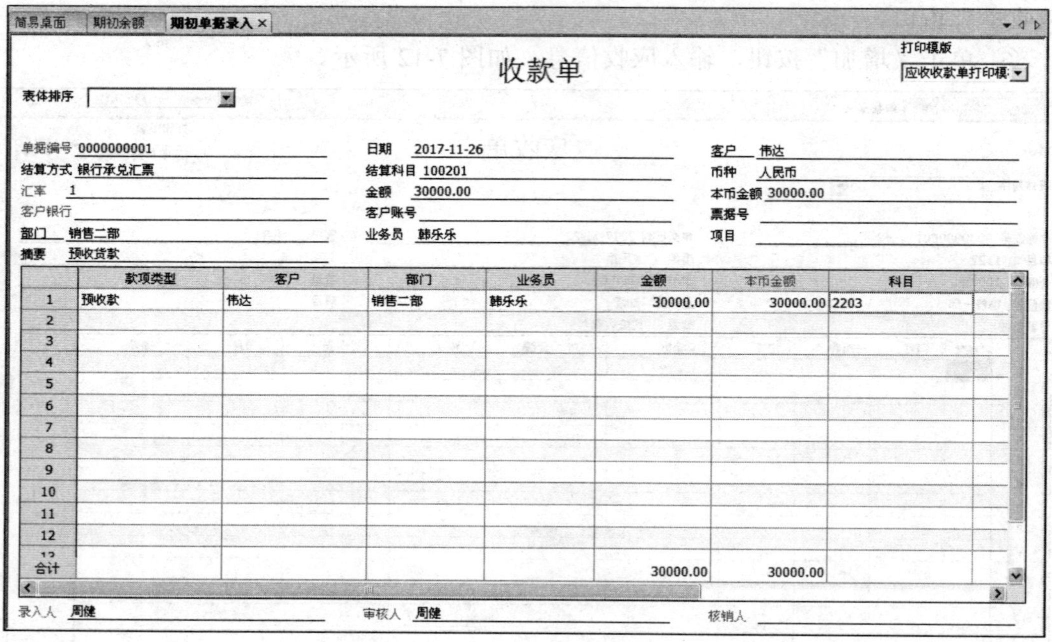

图 7-14　录入期初预收款

⑤ 单击“保存”按钮，再单击“退出”按钮退出。

提示：

录入预收款的单据类型仍然是“收款单”，但是款项类型为“预收款”。

(4) 期初对账　　**(微课视频：WZ070504.htm)**

① 在“期初余额明细表”窗口中，单击“对账”按钮，进入“期初对账”窗口，如图 7-15 所示。

② 查看应收系统与总账系统的期初余额是否平衡。

提示：

- 当完成全部应收款期初余额录入后，应通过“对账”功能将应收系统期初余额与总账系统期初余额进行核对。
- 应收系统与总账系统的期初余额的差额应为零，即两个系统的客户往来科目的期初余额应完全一致。
- 当第一个会计期已结账后，期初余额只能查询不能再修改。

简易桌面 | 期初余额 | 期初对账

科目		应收期初		总账期初		差额	
编号	名称	原币	本币	原币	本币	原币	本币
1121	应收票据	12,870.00	12,870.00	12,870.00	12,870.00	0.00	0.00
1122	应收账款	16,480.00	16,480.00	16,480.00	16,480.00	0.00	0.00
2203	预收账款	-30,000.00	-30,000.00	-30,000.00	-30,000.00	0.00	0.00
	合计		-650.00		-650.00		0.00

图 7-15 期初对账

6. 备份账套(略)

全部实验完成后，将账套输出至“7-1 应收款初始化”文件夹中。

实验二 单据处理与票据管理

实验目的

1. 了解应收单据的类型和作用。
2. 了解收款单据的类型和作用。
3. 掌握单据的增加、修改、删除、审核、核销操作。
4. 理解核销的意义，掌握核销的操作。
5. 掌握票据的增加、贴现、结算等操作。

实验内容

1. 录入应收单据、收款单据、商业承兑汇票。
2. 修改应收单据、收款单据。
3. 删除应收单据。
4. 核销收款单据。

5. 审核应收单据、收款单据并制单。

6. 商业承兑汇票贴现并制单。

7. 商业承兑汇票结算并制单。

8. 账套备份。

实验准备

引入“7-1 应收款初始化”账套数据。

实验资料

1. 2018 年 1 月 2 日，收到明兴公司签发并承兑的商业承兑汇票一张(No.345612)，面值为 5000 元，到期日为 2018 年 3 月 2 日，用以支付前欠部分货款。

2. 2018 年 1 月 3 日，向天益公司销售华星 20 个，无税单价为 2800 元，增值税税率为 17%(销售专用发票号码：5678988)。

3. 2018 年 1 月 3 日，收到天益公司的银行承兑汇票一张(No.367809)，面值为 65 520 元，到期日为 2018 年 1 月 23 日。用以支付上笔货款。

4. 2018 年 1 月 6 日，向上海邦立公司销售华晨平板电脑 10 个，无税单价为 2200 元，增值税税率为 17%(销售专用发票号码：5678901)。以现金代垫运费 120 元。

5. 2018 年 1 月 8 日，发现 2018 年 1 月 6 日向上海邦立公司销售的华晨平板电脑无税单价为 2150 元，修改销售专用发票信息。

6. 2018 年 1 月 12 日，收到银行通知，收到上海邦立公司以电汇方式支付购买华晨平板电脑 10 个的货税款及代垫运费款 25 275 元。

7. 2018 年 1 月 12 日，向陕西光华公司销售华卫智能电话 50 部，无税单价 1100 元，开具销售普通发票，发票号 2018101。

8. 2018 年 1 月 15 日，发现 2018 年 1 月 12 日所填制的收到上海邦立公司购买华晨平板电脑 10 个的货税款及代垫运费款 25 275 元实为 25 500 元，其中 25 275 元用于归还货税款，余款作为预收款。

9. 2018 年 1 月 15 日，审核以上应收单据并制单。

10. 2018 年 1 月 15 日，审核以上收款单据、核销应收并制单。

11. 2018 年 1 月 23 日，将 2018 年 1 月 3 日收到的天益公司的银行承兑汇票(No.367809)进行结算。

12. 2018 年 1 月 28 日，将 2018 年 1 月 2 日收到的明兴公司签发并承兑的商业承兑汇票(No.345612)送到银行贴现，贴现率为 6%。

13. 备份账套。

实验要求

以账套主管“001 周健”的身份进行应收单据处理与票据处理。

实验指导

1. 业务 1：填制商业承兑汇票　　(微课视频：WZ070601.htm)

① 在应收款管理系统中，执行“票据管理”命令，打开“查询条件选择”对话框。单击“确定”按钮，进入“票据管理”窗口。

② 单击“增加”按钮，进入“商业汇票”窗口。按业务资料输入各项信息，单击“保存”按钮，如图 7-16 所示。

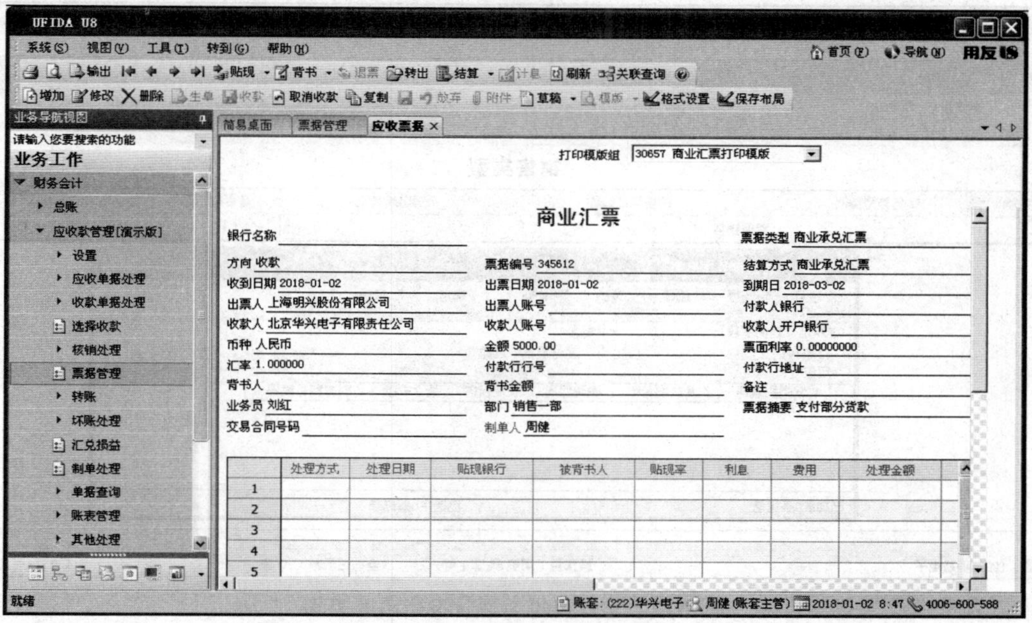

图 7-16　填制商业承兑汇票

提示：

- 保存一张商业票据之后，系统会自动生成一张收款单。这张收款单还需经过审核之后才能生成记账凭证。
- 由票据生成的收款单不能修改。
- 在“票据管理”功能中可以对商业承兑汇票和银行承兑汇票进行日常业务处理，包括票据的填制、结算、贴现、背书、转出、计息等。
- 商业承兑汇票不能有承兑银行，银行承兑汇票必须有承兑银行。

2. 业务 2：填制销售专用发票　　(微课视频：WZ070701.htm)

① 在应收款管理系统中，执行“应收单据处理”|“应收单据录入”命令，打开“单据类别”对话框。

② 确认“单据名称”栏为“销售发票”，“单据类型”栏为“销售专用发票”后，单击“确定”按钮，进入“销售发票”窗口。

③ 单击“增加”按钮，录入发票号“5678988”，修改开票日期为“2018-01-03”；单击销售类型参照按钮，打开“销售类型基本参照”对话框。单击“编辑”按钮，进入“销售类型”窗口。按表 7-7 所示增加销售类型编码、销售类型名称。单击出库类别参照按钮，打开“收发类别档案基本参照”对话框，如图 7-17 所示。

表 7-7　销售类型

销售类型编码	销售类型名称	出 库 类 别	是否默认值
1	普通销售	销售出库	是

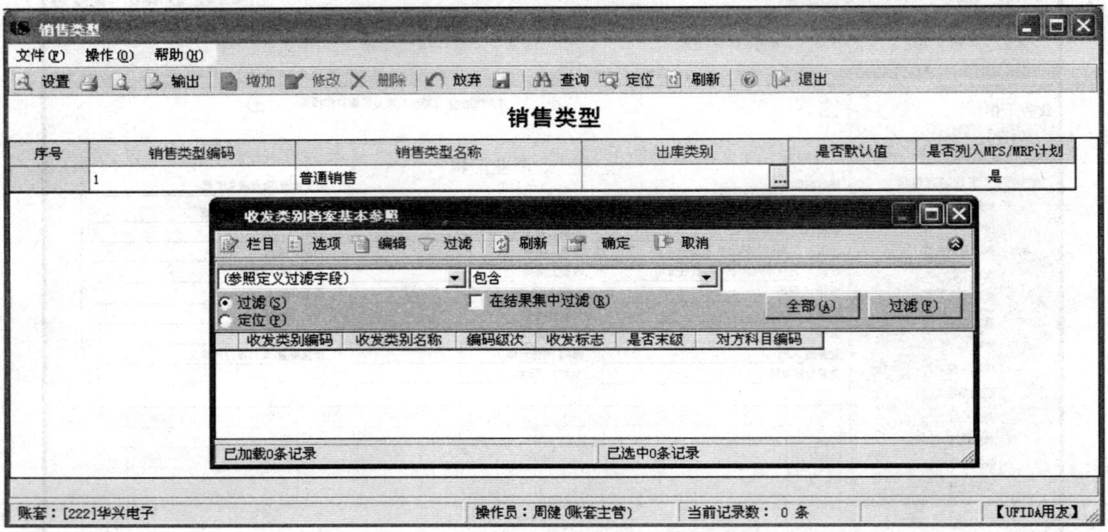

图 7-17　录入销售类型时参照出库类别

④ 单击“编辑”按钮，打开“收发类别”对话框。单击“增加”按钮，按表 7-8 所示进行收发类别设置，如图 7-18 所示。

表 7-8　收发类别

收发类别编码	收发类别名称	收发标志
1	入库	收
2	出库	发
201	销售出库	发

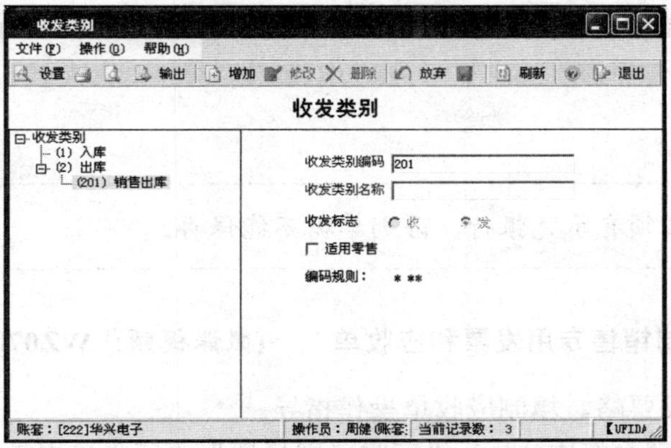

图 7-18　收发类别

⑤ 输入发票其他相关信息，完成后如图 7-19 所示。

图 7-19　第 2 笔销售业务

提示：

- 销售发票与应收单是应收款管理系统日常核算的单据。如果应收款系统与销售系统集成使用，销售发票和代垫费用在销售管理系统中录入，在应收系统中可以对这些单据进行查询、核销、制单等操作。此时应收系统需要录入的只限于应收单。
- 如果企业没有使用销售系统，则所有发票和应收单均需在应收系统中录入。
- 在不启用供应链的情况下，在应收款系统中只能对销售业务的资金流进行会计核算，即可以进行应收款、已收款以及收入实现情况的核算；而其物流的核算，即存货出库成本的核算还需在总账系统中手工进行结转。

3. 业务 3：填制银行承兑汇票　　**(微课视频：WZ070801.htm)**

操作指导略。

提示：

银行承兑汇票必须有承兑银行，否则单据不能保存。

4. 业务 4：填制销售专用发票和应收单　　**(微课视频：WZ070901.htm)**

填制销售专用发票略。填制应收单操作指导。

① 在应收款管理系统中，执行“应收单据处理”|“应收单据录入”命令，打开“单据类别”对话框。单击“单据名称”栏的下三角按钮，选择“应收单”，单击“确定”按钮，进入“应收单”窗口。

② 单击“增加”按钮，修改单据日期为“2018-01-06”；客户选择“邦立”；在“金额”栏录入“120”，在“摘要”栏录入“代垫运费”；在下半部分的“对应科目”栏录入“1001”，如图 7-20 所示。

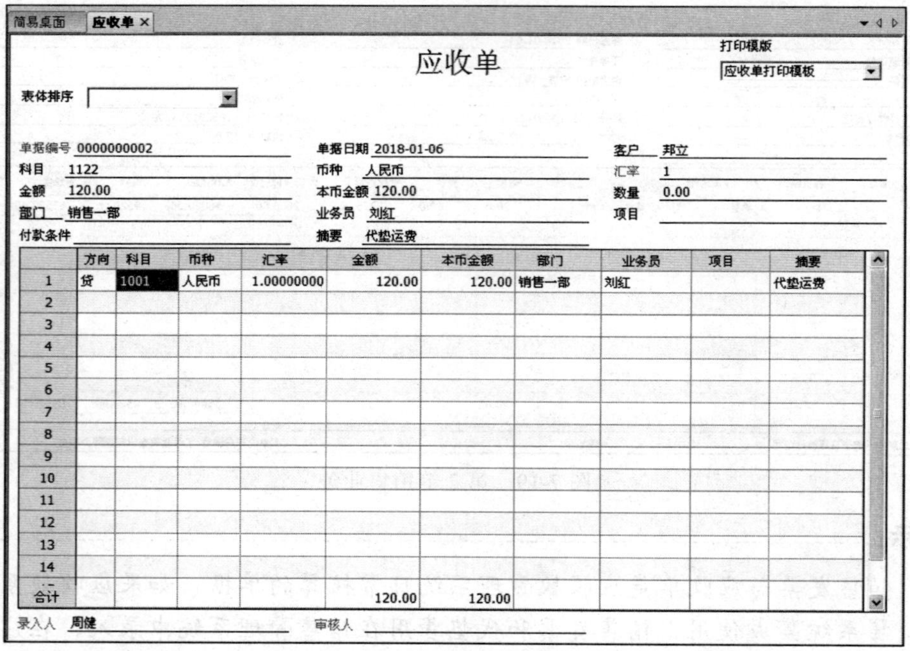

图 7-20　运费填制应收单

提示：

- 在填制应收单时，只需录入上半部分的内容，下半部分的内容除对方科目外均由系统自动生成。下半部分的对方科目如果不录入可以在生成凭证后再手工录入。

- 应收单和销售发票一样可以在保存后直接审核，也可以在“应收单据审核”功能中进行审核。如果直接审核系统会提问是否立即制单，如果在审核功能中审核则只能到制单功能中制单。

5. 业务 5：修改销售专用发票　(微课视频：WZ071001.htm)

① 在应收款管理系统中，执行“应收单据处理”|“应收单据录入”命令，打开“单据类别”对话框。

② 单击“确定”按钮。打开“销售专用发票”窗口。

③ 单击“→|”末张按钮，找到“5678901”号销售专用发票。

④ 单击“修改”按钮，将无税单价修改为“2150”，单击“保存”按钮。

6. 业务 6：填制收款单　(微课视频：WZ071101.htm)

① 在应收款管理系统中，执行“收款单据处理”|“收款单据录入”命令，进入“收付款单录入”窗口。

② 单击“增加”按钮。输入相关信息后，单击“保存”按钮，如图 7-21 所示。

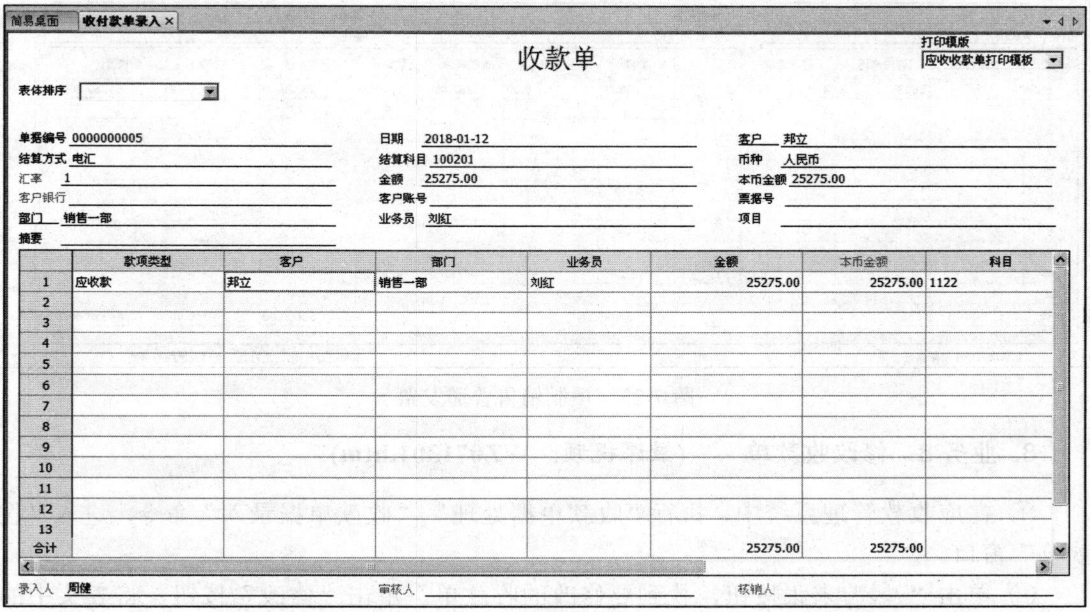

图 7-21　填制收款单

提示：

- 单击“保存”按钮后，系统会自动生成收款单表体的内容。
- 表体中的款项类型系统默认为“应收款”，可以修改。款项类型还包括“预收款”和“其他费用”。

- 若一张收款单中，表头客户与表体客户不同，则视表体客户的款项为代付款。
- 在填制收款单后，可以直接单击“核销”按钮进行单据核销的操作。
- 如果是退款给客户，则可以单击“切换”按钮，填制红字收款单。

7. 业务 7：填制销售普通发票 (微课视频：WZ071201.htm)

① 在应收款管理系统中，执行“应收单据处理”|“应收单据录入”命令，打开“单据类别”对话框。

② 选择单据类型为“销售普通发票”，单击“确定”按钮，进入“销售发票”窗口。

③ 按业务资料输入各项信息并保存，如图 7-22 所示。

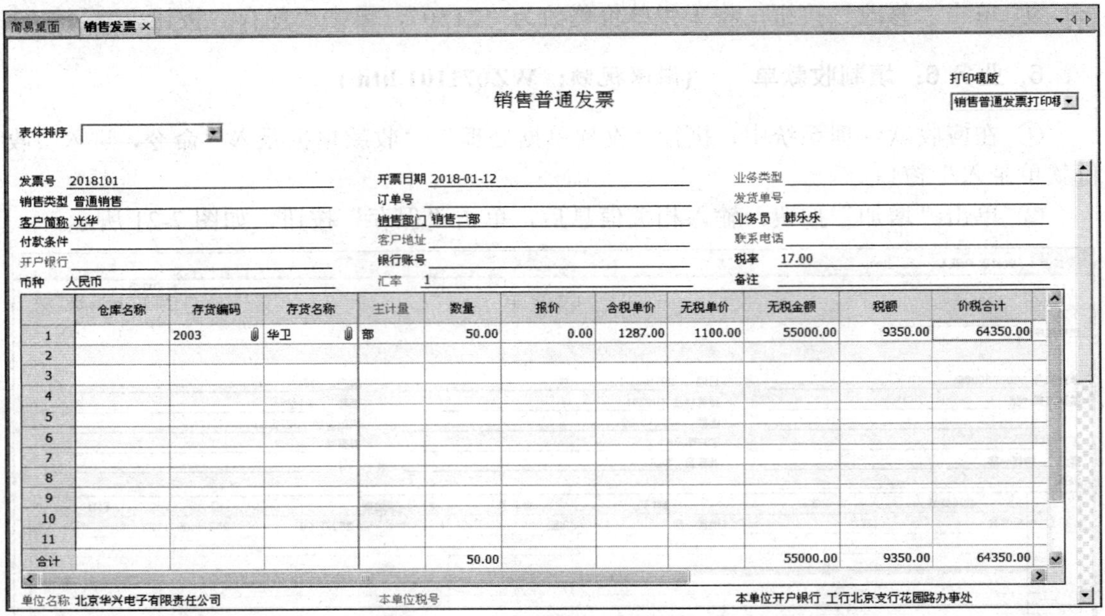
简易桌面 销售发票

销售普通发票

打印模版 销售普通发票打印模

表体排序

发票号 2018101　开票日期 2018-01-12　业务类型
销售类型 普通销售　订单号　发货单号
客户简称 光华　销售部门 销售二部　业务员 郝乐乐
付款条件　客户地址　联系电话
开户银行　银行账号　税率 17.00
币种 人民币　汇率 1　备注

	仓库名称	存货编码	存货名称	主计量	数量	报价	含税单价	无税单价	无税金额	税额	价税合计
1		2003	华卫	部	50.00	0.00	1287.00	1100.00	55000.00	9350.00	64350.00
2											
3											
4											
5											
6											
7											
8											
9											
10											
11											
合计					50.00				55000.00	9350.00	64350.00

单位名称 北京华兴电子有限责任公司　本单位税号　本单位开户银行 工行北京支行花园路办事处

图 7-22　填制销售普通发票

8. 业务 8：修改收款单 (微课视频：WZ071301.htm)

① 在应收款管理系统中，执行“收款单据处理”|“收款单据录入”命令，进入“收款单”窗口。

② 单击“➔|”末张按钮，找到要修改的收款单。单击“修改”按钮，将表头中的金额修改为“25 500”。在表体第 2 行中单击款项类型选择“预收款”，该行其他内容由系统自动生成，如图 7-23 所示。

③ 单击“保存”按钮，再单击“退出”按钮退出。

9. 业务 9：审核应收单据并制单

(1) 审核应收单据 (微课视频：WZ071401.htm)

① 在应收款管理系统中，执行“应收单据处理”|“应收单据审核”命令，打开“应

收单查询条件”对话框。

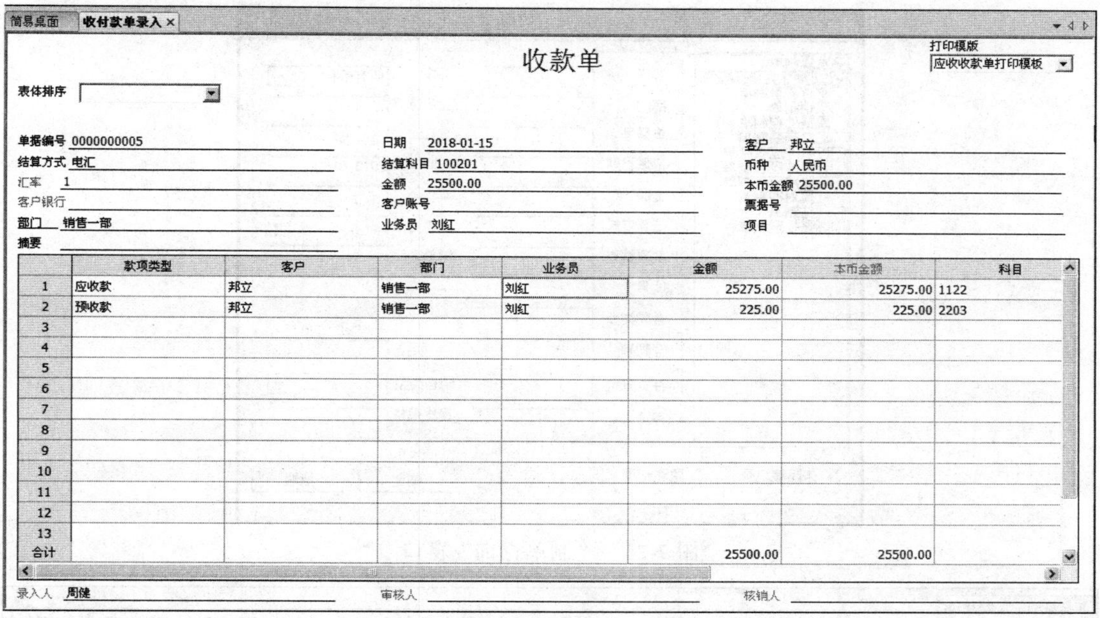

图 7-23　收款单部分为应收款，部分形成预收

② 单击“确定”按钮，进入“单据处理”窗口。

③ 单击“全选”按钮，如图 7-24 所示。

图 7-24　应收单据列表

④ 单击“审核”按钮，系统提示“本次审核成功单据 4 张”。

⑤ 单击“确定”按钮，再单击“关闭”按钮退出。

(2) 制单　　**(微课视频：WZ071402.htm)**

① 在应收款管理系统中，执行“制单处理”命令，打开“制单查询”对话框。

② 选中“应收单制单”和“发票制单”复选框，如图 7-25 所示。

③ 单击“确定”按钮，进入“制单”窗口。

④ 单击“全选”按钮，单击“凭证类别”栏的下三角按钮，选择“转账凭证”，如图 7-26 所示。

⑤ 单击“制单”按钮，生成第 1 张转账凭证。修改相关信息后，单击“保存”按钮，如图 7-27 所示。

⑥ 单击“下张”按钮，依次保存其他凭证。

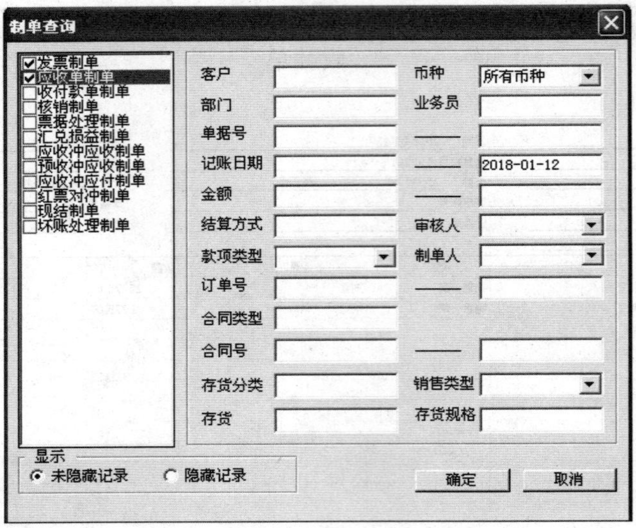

图 7-25 “制单查询”窗口

选择标志	凭证类别	单据类型	单据号	日期	客户编码	客户名称	部门	业务员	金额
1	转账凭证	销售专用发票	5678988	2018-01-03	01	北京天益有限责任公司	销售一部	刘红	65,520.00
2	转账凭证	销售专用发票	5678901	2018-01-06	03	上海邦立有限责任公司	销售一部	刘红	25,155.00
3	转账凭证	销售普通发票	2018101	2018-01-12	06	陕西光华有限责任公司	销售二部	韩乐乐	64,350.00
4	转账凭证	其他应收单	0000000002	2018-01-06	03	上海邦立有限责任公司	销售一部	刘红	120.00

图 7-26 “应收制单”窗口

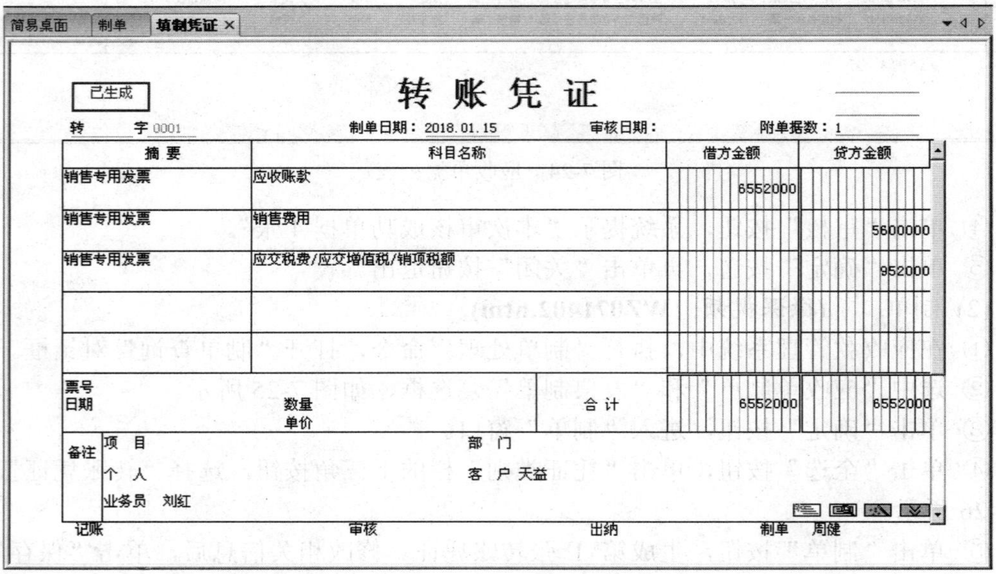

简易桌面 制单 填制凭证
已生成
转 账 凭 证
转 字 0001
制单日期：2018.01.15
审核日期：
附单据数：1
摘要
科目名称
借方金额
贷方金额
销售专用发票 应收账款 6552000
销售专用发票 销售费用 5600000
销售专用发票 应交税费/应交增值税/销项税额 952000
票号
日期
数量
单价
合计 6552000 6552000
备注 项目
部门
个人
客户 天益
业务员 刘红
记账
审核
出纳
制单 周健

图 7-27 销售专用发票生成凭证

提示：

- 在“制单查询”对话框中，系统已默认制单内容为“发票制单”，如果需要选中其他内容制单，可以选中要制单内容前的复选框。
- 在以上例子中，由应收单所生成的凭证，其贷方是“现金”或“银行存款”，则应修改凭证类别为“付款凭证”，否则系统将不予保存。
- 凭证一经保存就传递到总账系统，再在总账系统中进行审核和记账等。

10. 业务 10：审核收款单据、核销应收并制单

(1) 审核收款单据　　**(微课视频：WZ071501.htm)**

① 在应收款管理系统中，执行“收款单据处理”|“收款单据审核”命令，打开“收款单查询条件”对话框。

② 单击“确定”按钮，进入“收付款单列表”窗口。

③ 单击“全选”按钮，再单击“审核”按钮，系统提示“本次审核成功单据 3 张”。

④ 单击“确定”按钮，如图 7-28 所示。单击“关闭”按钮退出。

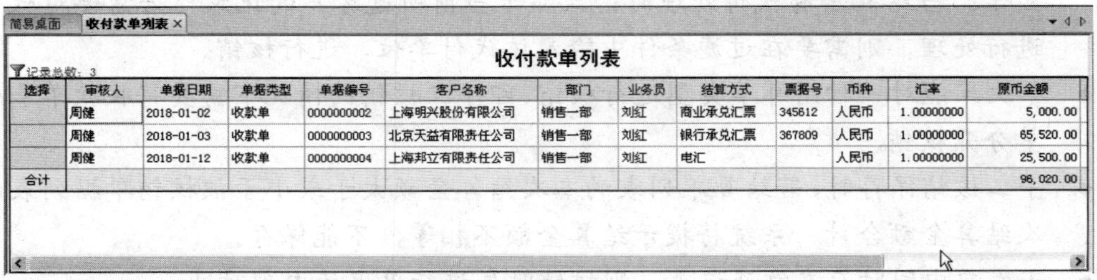

选择	审核人	单据日期	单据类型	单据编号	客户名称	部门	业务员	结算方式	票据号	币种	汇率	原币金额
	周健	2018-01-02	收款单	0000000002	上海明兴股份有限公司	销售一部	刘红	商业承兑汇票	345612	人民币	1.00000000	5,000.00
	周健	2018-01-03	收款单	0000000003	北京天益有限责任公司	销售一部	刘红	银行承兑汇票	367809	人民币	1.00000000	65,520.00
	周健	2018-01-12	收款单	0000000004	上海邦立有限责任公司	销售一部	刘红	电汇		人民币	1.00000000	25,500.00
合计												96,020.00

图 7-28　审核收款单

(2) 核销收款单　　**(微课视频：WZ071502.htm)**

① 在应收款管理系统中，执行“核销处理”|“手工核销”命令，打开“核销条件”对话框。

② 选择客户“邦立”，单击“确定”按钮，进入“单据核销”窗口。

③ 将窗口上方款项类型为“应收款”的收款单的“本次结算金额”栏的数据修改为“25 275”，在窗口下方的“本次结算”栏的第 1 行录入“120”，在第 2 行录入“25 155”，如图 7-29 所示。

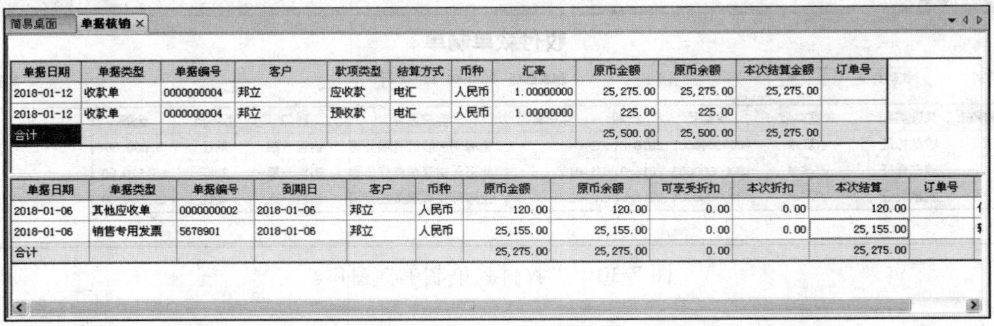

单据日期	单据类型	单据编号	客户	款项类型	结算方式	币种	汇率	原币金额	原币余额	本次结算金额	订单号
2018-01-12	收款单	0000000004	邦立	应收款	电汇	人民币	1.00000000	25,275.00	25,275.00	25,275.00	
2018-01-12	收款单	0000000004	邦立	预收款	电汇	人民币	1.00000000	225.00	225.00		
合计								25,500.00	25,500.00	25,275.00	

单据日期	单据类型	单据编号	到期日	客户	币种	原币金额	原币余额	可享受折扣	本次折扣	本次结算	订单号
2018-01-06	其他应收单	0000000002	2018-01-06	邦立	人民币	120.00	120.00	0.00	0.00	120.00	
2018-01-06	销售专用发票	5678901	2018-01-06	邦立	人民币	25,155.00	25,155.00	0.00	0.00	25,155.00	
合计						25,275.00	25,275.00	0.00		25,275.00	

图 7-29　收款单核销应收款

④ 单击“保存”按钮。关闭单据核销窗口。

⑤ 同理，对“明兴”公司和“天益”公司的应收款进行核销。

提示：

- 在保存核销内容后，“单据核销”窗口中将不再显示已被核销的内容。
- 窗口上方的结算单列表显示的是款项类型为应收款和预收款的记录，而款项类型为其他费用的记录不允许在此作为核销记录。
- 核销时，结算单列表中款项类型为应收款的记录默认本次结算金额为该记录上的原币金额；款项类型为预收款的记录默认的本次结算金额为空。核销时可以修改本次结算金额，但是不能大于该记录的原币金额。
- 在结算单列表中，单击“分摊”按钮，系统将当前结算单列表中的本次结算金额合计自动分摊到被核销单据列表的“本次结算”栏中。核销顺序依据被核销单据的排序顺序。
- 手工核销时一次只能显示一个客户的单据记录，且结算单列表根据表体记录明细显示。当结算单有代付处理时，只显示当前所选客户的记录。若需要对代付款进行处理，则需要在过滤条件中输入该代付单位，进行核销。
- 一次只能对一种结算单类型进行核销，即手工核销的情况下需要将收款单和付款单分开核销。
- 手工核销保存时，若结算单列表的本次结算金额大于或小于被核销单据列表的本次结算金额合计，系统将提示结算金额不相等，不能保存。
- 若发票中同时存在红蓝记录，则核销时先进行单据的内部对冲。
- 如果核销后未进行其他处理，可以在期末处理中的“取消操作”功能中取消核销操作。

(3) 收款单制单　　**(微课视频：WZ071503.htm)**

① 在应收款管理系统中，执行“制单处理”命令，打开“制单查询”对话框。

② 在“制单查询”对话框中，选中“收付款单制单”选项，单击“确定”按钮，进入“制单”窗口，如图 7-30 所示。

选择标志	凭证类别	单据类型	单据号	日期	客户编码	客户名称	部门	业务员	金额
	收款凭证	收款单	0000000002	2018-01-02	04	上海明兴股份有限公司	销售一部	刘红	5,000.00
	收款凭证	收款单	0000000003	2018-01-03	01	北京天益有限责任公司	销售一部	刘红	65,520.00
	收款凭证	收款单	0000000004	2018-01-12	03	上海邦立有限责任公司	销售一部	刘红	25,500.00

图 7-30　“收付款单制单”窗口

③ 单击“全选”按钮，再单击“制单”按钮，生成转账凭证。单击“保存”按钮，生成的票据凭证如图 7-31 所示。

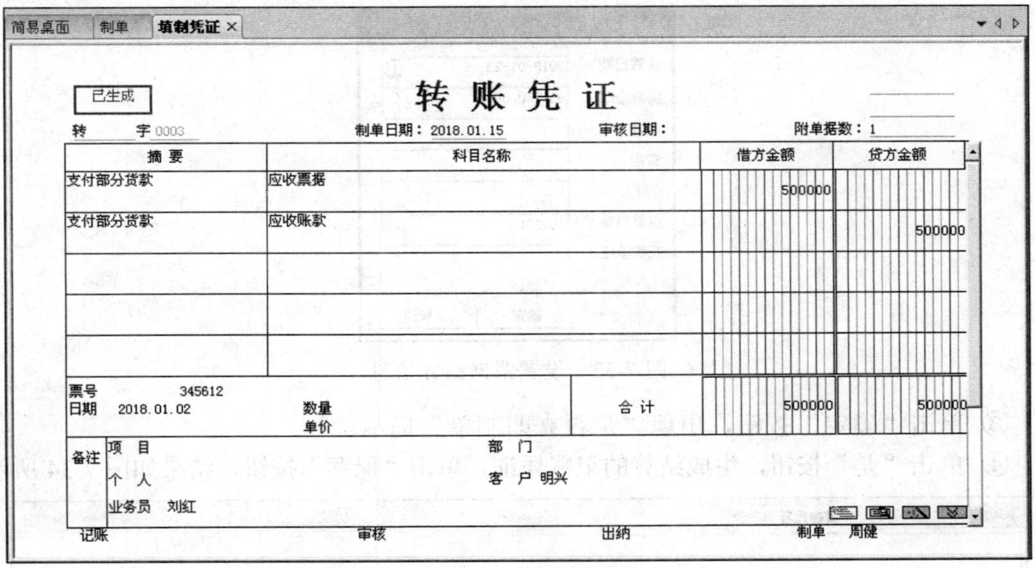
简易桌面　制单　填制凭证

已生成

转账凭证

转　字 0003　制单日期：2018.01.15　审核日期：　附单据数：1

摘要	科目名称	借方金额	贷方金额
支付部分货款	应收票据	500000	
支付部分货款	应收账款		500000
票号 345612　日期 2018.01.02	数量　单价　合计	500000	500000

备注　项　目　部　门　个　人　客　户 明兴　业务员 刘红

记账　审核　出纳　制单 周健

图 7-31　票据生成凭证

④ 单击“下张”按钮，继续生成其他凭证，收款单生成的凭证如图 7-32 所示。

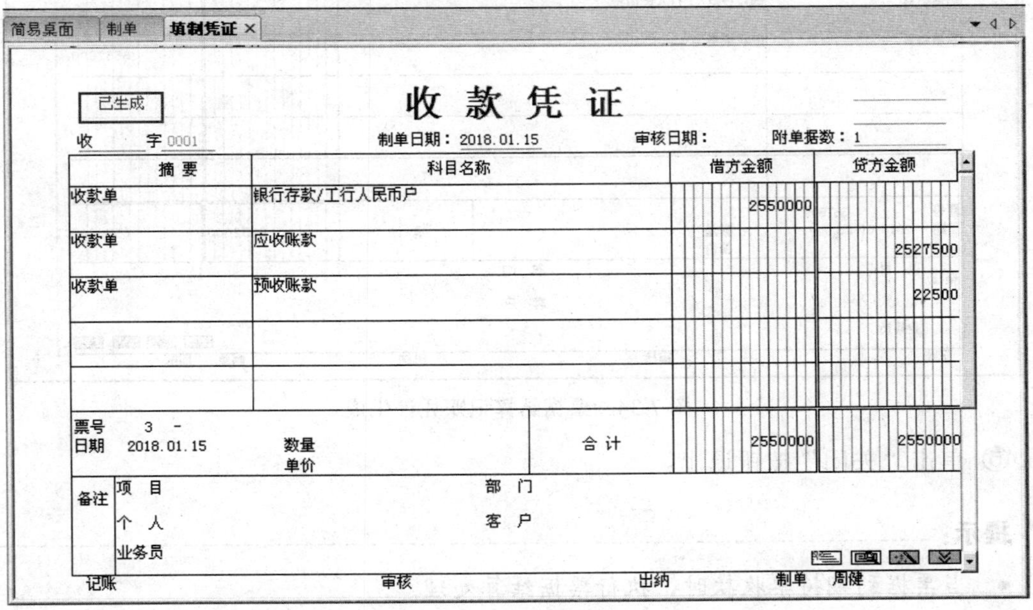
简易桌面　制单　填制凭证

已生成

收款凭证

收　字 0001　制单日期：2018.01.15　审核日期：　附单据数：1

摘要	科目名称	借方金额	贷方金额
收款单	银行存款/工行人民币户	2550000	
收款单	应收账款		2527500
收款单	预收账款		22500
票号 3 -　日期 2018.01.15	数量　单价　合计	2550000	2550000

备注　项　目　部　门　个　人　客　户　业务员

记账　审核　出纳　制单 周健

图 7-32　收款单生成凭证

11. 业务 11：票据结算　　(微课视频：**WZ071601.htm**)

① 在“票据管理”窗口中，单击选中 2018 年 1 月 3 日填制的收到天益公司的银行承兑汇票(No.367809)。

② 单击“结算”按钮，打开“票据结算”对话框。修改结算日期为“2018-01-23”，录入结算金额为“65 520”；在“结算科目”栏录入“100201”，如图 7-33 所示。

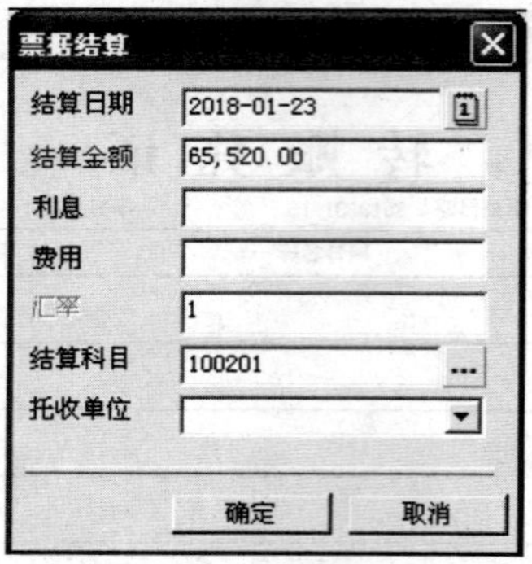

图 7-33　设置票据结算信息

③ 单击“确定”按钮，出现“是否立即制单”提示。

④ 单击“是”按钮，生成结算的记账凭证，单击“保存”按钮，结果如图 7-34 所示。

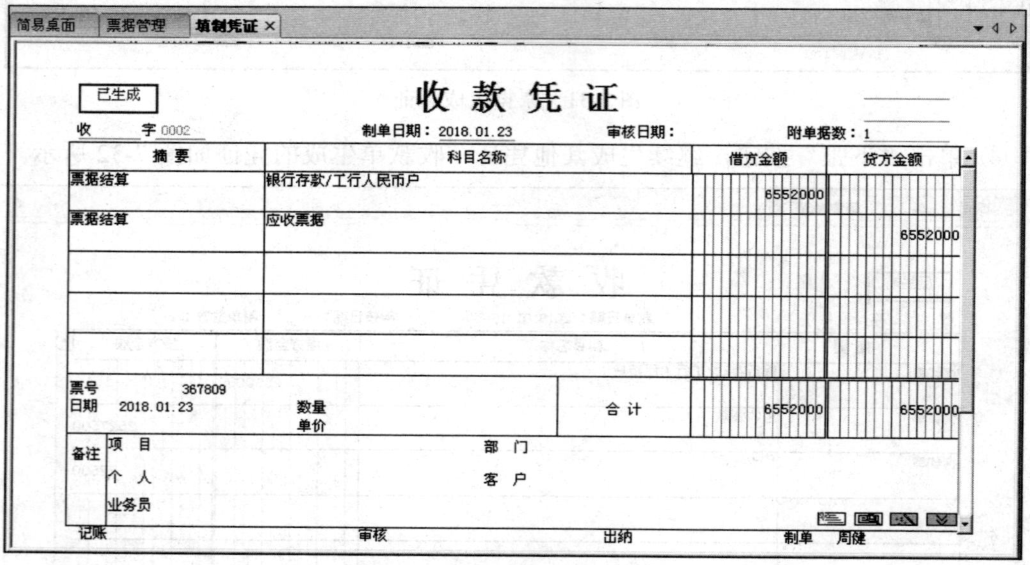

图 7-34　票据结算记账凭证生成

⑤ 单击“关闭”按钮退出。

提示：

- 当票据到期持票收款时，执行票据结算处理。
- 进行票据结算时，结算金额应是通过结算实际收到的金额。
- 结算金额减去利息加上费用的金额要小于等于票据余额。
- 票据结算后，不能再进行其他与票据相关的处理。

12. 业务 12：票据贴现　　**(微课视频：WZ071701.htm)**

① 在应收款管理系统中，执行“票据管理”命令，打开“票据查询”对话框。单击“确定”按钮，进入“票据管理”窗口。

② 选中 2018 年 1 月 2 日填制的商业承兑汇票，单击“贴现”按钮，打开“票据贴现”对话框。

③ 在“贴现率”栏录入“6”，在“结算科目”栏录入“100201”，如图 7-35 所示。

④ 单击“确定”按钮，系统弹出“是否立即制单”信息提示框。

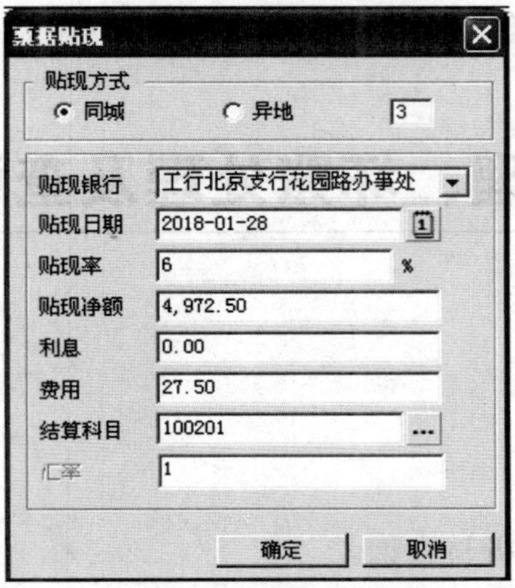

图 7-35　“票据贴现”对话框

⑤ 单击“是”按钮，生成贴现的记账凭证，单击“保存”按钮，如图 7-36 所示。

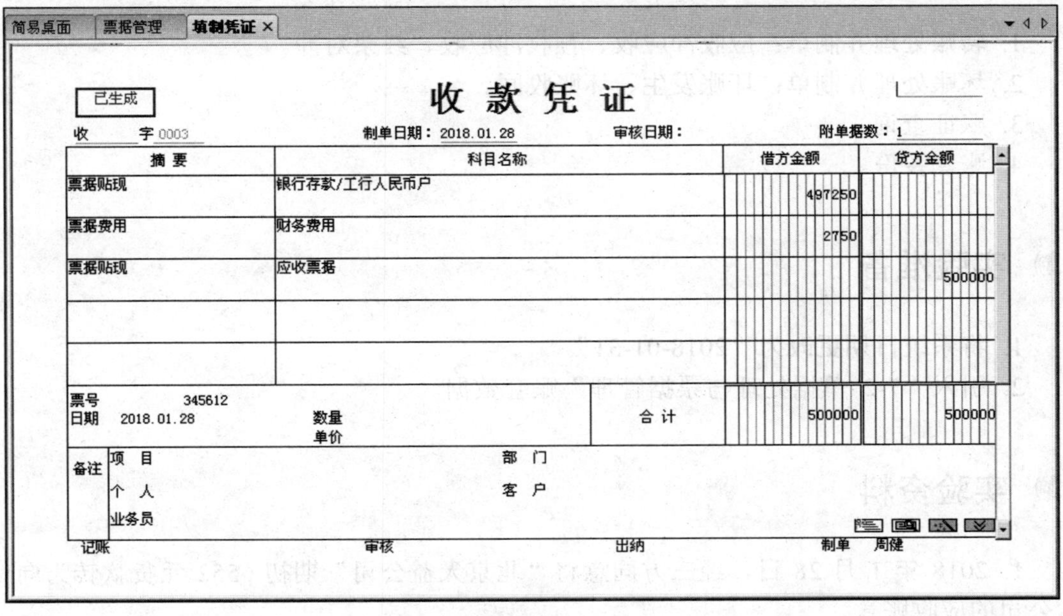

图 7-36　贴现记账凭证生成

提示：

- 如果贴现净额大于余额，系统自动将其差额作为利息，不能修改；如果贴现净额小于票据余额，系统自动将其差额作为费用，不能修改。
- 票据贴现后，将不能对其进行其他处理。

13. 备份账套(略)

全部实验完成后，将账套输出至“7-2 单据处理与票据处理”文件夹中。

实验三　转账处理、坏账处理及查询

实验目的

1. 了解转账处理的类型。
2. 了解坏账处理的内容。
3. 掌握应收相关账表分析与查询。

实验内容

1. 转账处理并制单：应收冲应收、预收冲应收、红票对冲。
2. 坏账处理并制单：坏账发生、坏账收回。
3. 账证查询。
4. 账套备份。

实验准备

1. 将系统日期更改为“2018-01-31”。
2. 引入“7-2 单据处理与票据管理”账套数据。

实验资料

1. 2018 年 1 月 28 日，经三方同意将“北京天益公司”期初 6552 元货款转为向伟达公司的应收账款。

2. 2018 年 1 月 28 日，经双方同意，将转入伟达公司的 6552 元货款用伟达公司预收款冲抵。

3. 2018 年 1 月 28 日，经双方商议，将期初余额中应向明兴公司收取的运费 100 元用红票冲抵。

4. 2018 年 1 月 30 日，将应向大地公司收取的期初应收账款 12 870 元转为坏账。

5. 2018 年 1 月 31 日，收到银行通知(电汇)，收回已作为坏账处理的应向大地公司收取的应收账款 12 870 元。

6. 2018 年 1 月 31 日，计提坏账准备。

7. 查询应收核销明细表。

8. 应收账龄分析。

9. 月末结账。

10. 账套备份。

实验要求

以账套主管“001 周健”的身份进行应收业务处理操作。

实验指导

1. 业务 1：应收冲应收　　(微课视频：WZ071801.htm)

① 在应收款管理系统中，执行“转账”|“应收冲应收”命令，进入“应收冲应收”窗口。

② 输入日期“2018-01-28”；选择转出客户“天益”，转入客户“伟达”。

③ 单击“查询”按钮。系统列出转出户“天益”未核销的应收款。

④ 在 2017-11-12 销售专用发票的并账金额处输入“6552”，如图 7-37 所示。

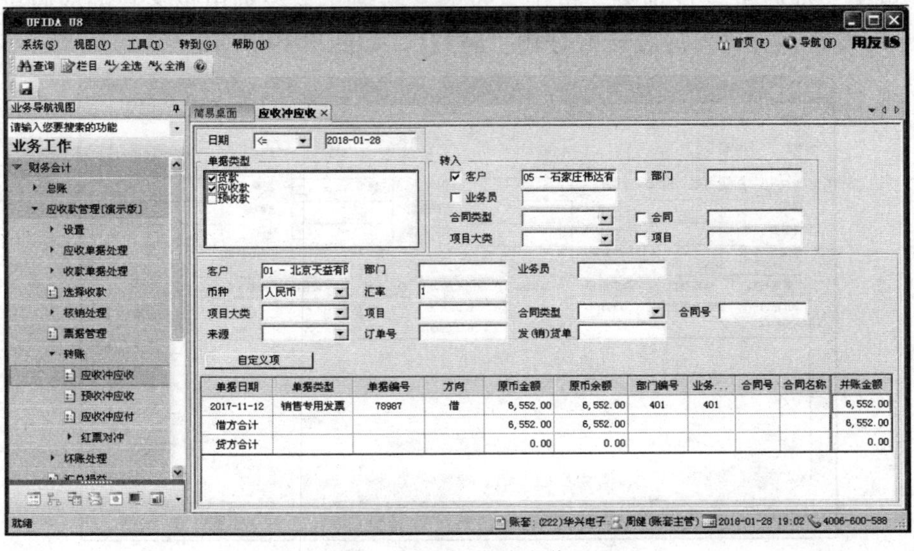

图 7-37　应收冲应收

⑤ 单击“保存”按钮。系统弹出提示“是否立即制单？”。单击“是”按钮，生成凭证：

借：应收账款　　-6552

借：应收账款　　6552

⑥ 保存后，单击“关闭”按钮退出。

2. 业务 2：预收冲应收　　(微课视频：WZ071901.htm)

① 在应收款管理系统中，执行“转账”|“预收冲应收”命令，进入“预收冲应收”窗口。

② 单击“预收款”选项卡，选择客户“伟达”。单击“过滤”按钮，系统列出该客户的预收款，输入转账金额“6552”，如图 7-38 所示。

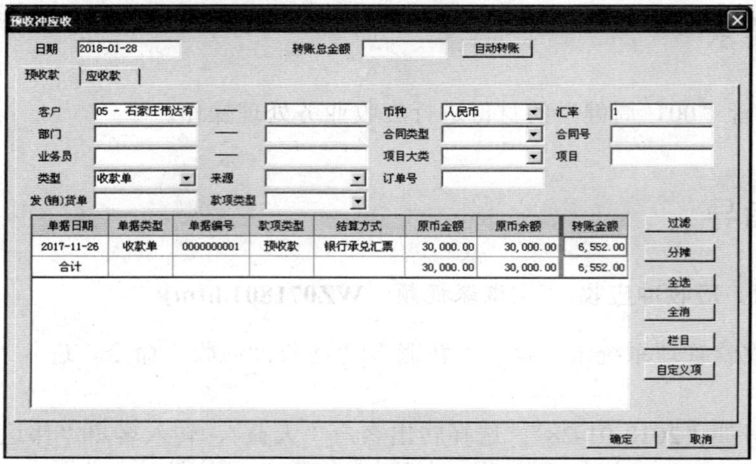

图 7-38　预收冲应收—预收款

③ 单击“应收款”选项卡，单击“过滤”按钮，系统列出该客户的应收款，在期初销售专用发票一行输入应收转账金额“6552”，如图 7-39 所示。

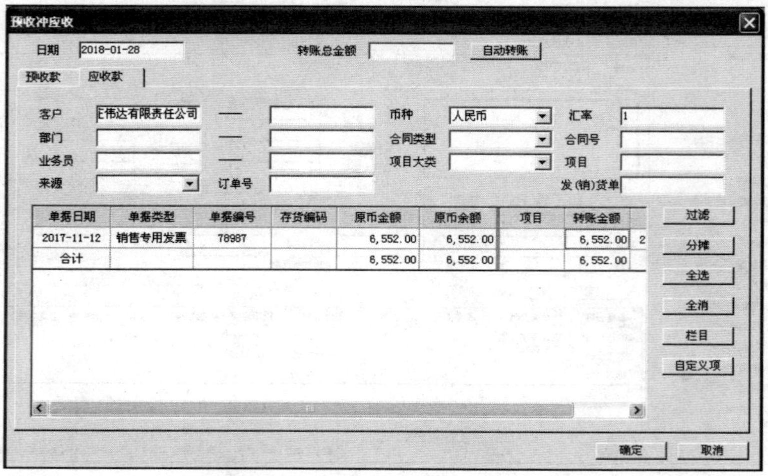

图 7-39　预收冲应收—应收款

④ 单击“确定”按钮，系统弹出提示“是否立即制单？”。单击“是”按钮，生成凭证，如图 7-40 所示。

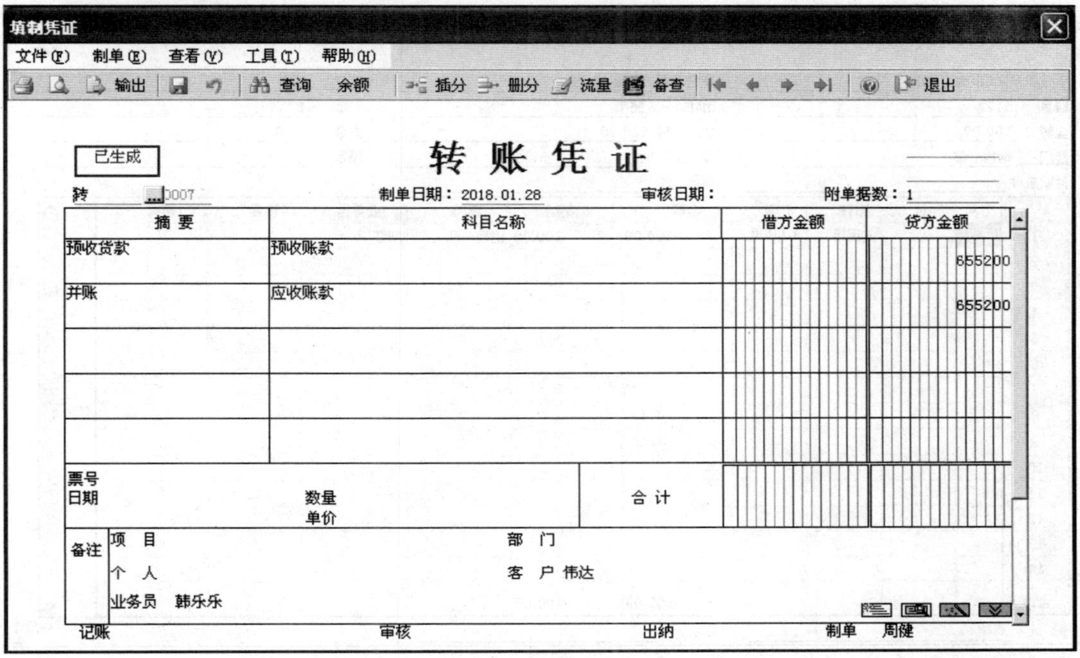

图 7-40　预收冲应收生成凭证

提示：

- 每一笔应收款的转账金额不能大于其余额。
- 应收款的转账金额合计应该等于预收款的转账金额合计。

3．业务 3：红票对冲

(1) 填制红字应收单并制单　　**(微课视频：WZ072001.htm)**

① 在应收款管理系统中，执行“应收单据处理”|“应收单据录入”命令，打开“单据类别”窗口。

② 单击“单据名称”栏的下三角按钮，选择“应收单”；单击“方向”栏的下三角按钮，选择“负向”，如图 7-41 所示。

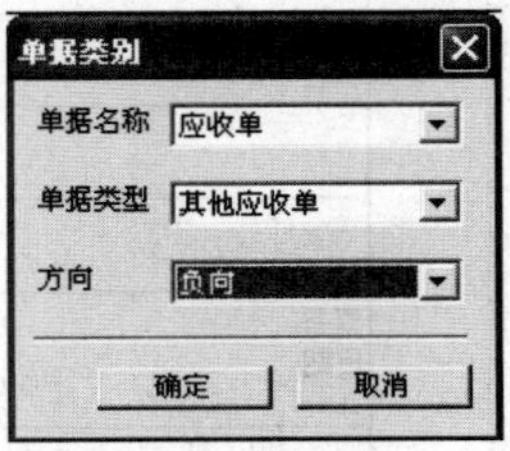

图 7-41　设置单据类别

③ 单击“确定”按钮，进入红字“应收单”窗口。选择客户“明兴公司”；在“科目”栏录入“1122”，或单击“科目”栏的参照按钮选择“1122 应收账款”；在“金额”栏录入“100”，单击“保存”按钮，如图 7-42 所示。

④ 单击“审核”按钮，系统弹出“是否立即制单”信息提示对话框，单击“是”按钮，生成红字凭证。

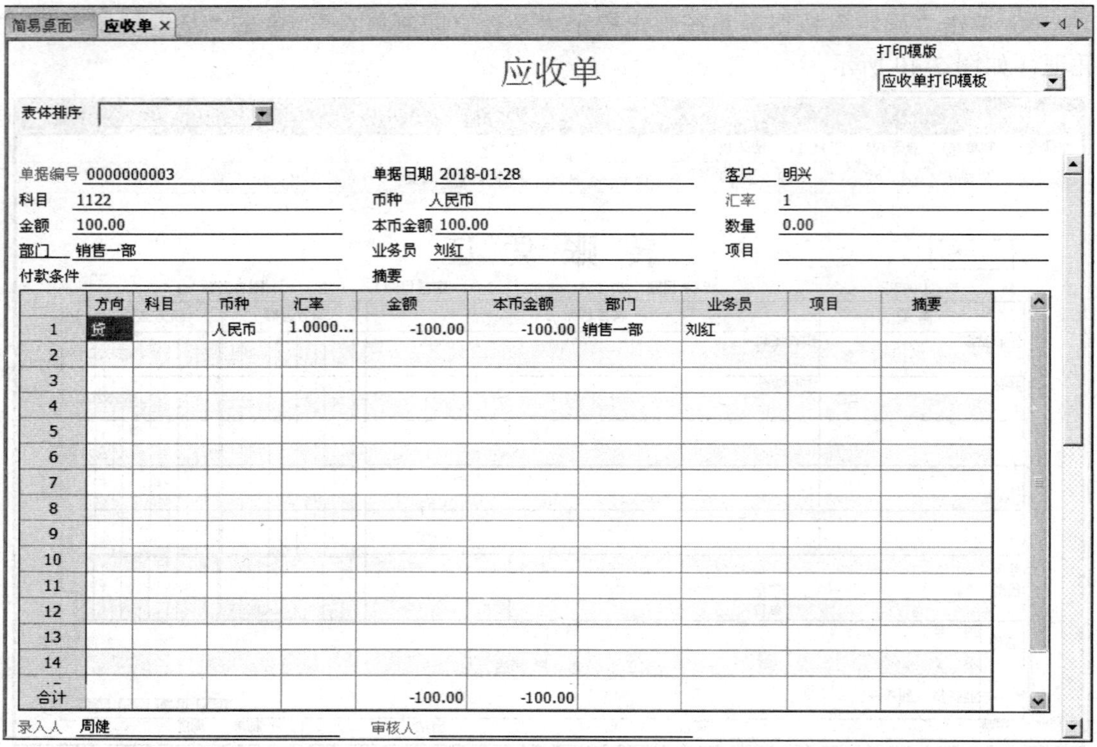

图 7-42　录入红字应收单

⑤ 在红字凭证的第二行“科目名称”栏录入“1001”，单击“保存”按钮，如图 7-43 所示。

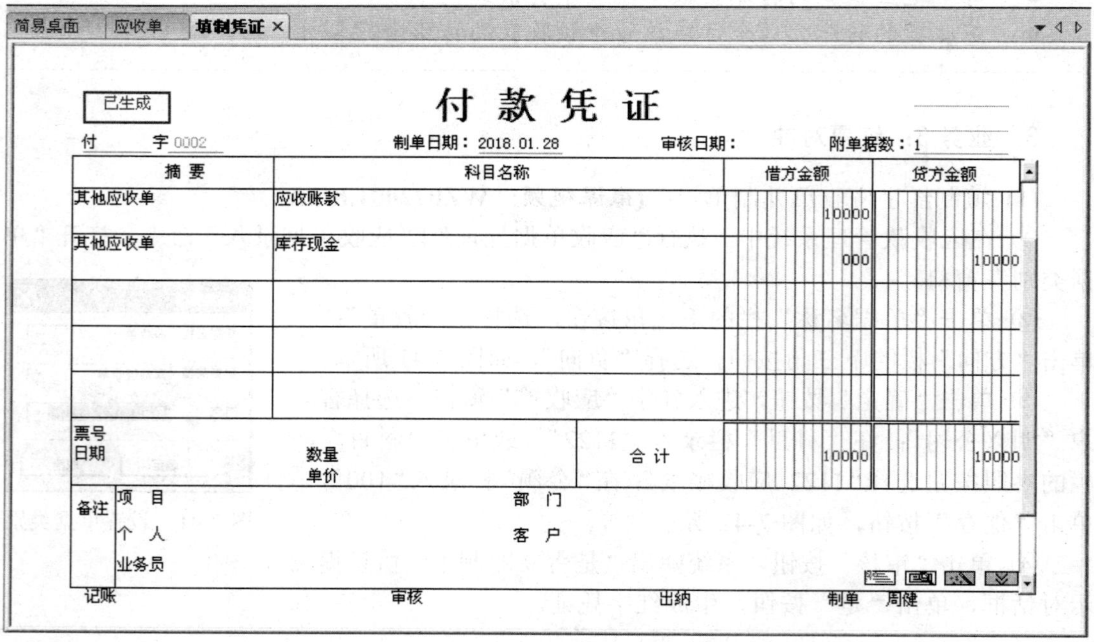

图 7-43　红字付款凭证生成

⑥ 单击“关闭”按钮退出。

(2) 红票对冲 **(微课视频：WZ072002.htm)**

① 在应收款管理系统中，执行“转账”|“红票对冲”|“手工对冲”命令，打开“红票对冲条件”对话框。

② 在“客户”栏录入“04”，或选择“明兴公司”。单击“确定”按钮，进入“红票对冲”窗口。

③ 在“2017-11-22”所填制的其他应收单“对冲金额”栏中录入“100”，如图 7-44 所示。

④ 单击“保存”按钮，系统自动将选中的红字应收单和蓝字应收单对冲完毕。单击“关闭”按钮退出。

单据日期	单据类型	单据编号	客户	币种	原币金额	原币余额	对冲金额	部门	业务员	合同
2018-01-28	其他应收单	0000000003	明兴	人民币	100.00	100.00	100.00	销售一部	刘红	
合计					100.00	100.00	100.00			

单据日期	单据类型	单据编号	客户	币种	原币金额	原币余额	对冲金额	部门	业务员	合同
2017-11-18	销售专...	78988	明兴	人民币	9,828.00	4,828.00		销售一部	刘红	
2017-11-22	其他应收单	0000000001	明兴	人民币	100.00	100.00	100.00	销售一部	刘红	
合计					9,928.00	4,928.00	100.00			

图 7-44 设置红票对冲

提示：

- 红票对冲可以实现客户的红字应收单据与其蓝字应收单据、收款单与付款单之间进行冲抵的操作。可以自动对冲或手工对冲。
- 自动对冲可以同时对多个客户依据对冲原则进行红票对冲，提高红票对冲的效率。
- 手工对冲只能对一个客户进行红票对冲，可以自行选择红票对冲的单据，提高红票对冲的灵活性。

4. 业务 4：坏账发生 **(微课视频：WZ072101.htm)**

① 在应收款管理系统中，执行“坏账处理”|“坏账发生”命令，打开“坏账发生”对话框。选择客户“大地”；单击“确定”按钮，进入“发生坏账损失”窗口，系统列出该客户所有未核销的应收单据。

② 在 2017-11-22 日“本次发生坏账金额”处输入“12 870”，如图 7-45 所示。

③ 单击“OK 确认”按钮，系统弹出提示“是否立即制单？”，单击“是”按钮，生成凭证，如图 7-46 所示。

简易桌面 | 发生坏账损失

坏账发生单据明细

单据类型	单据编号	单据日期	合同号	合同名称	到期日	余额	部门	业...	本次发生坏账金额
销售专用发票	78989	2017-11-22			2017-11-22	12,870.00	销售一部	刘红	12870
合计						12,870.00			12,870.00

图 7-45　坏账发生

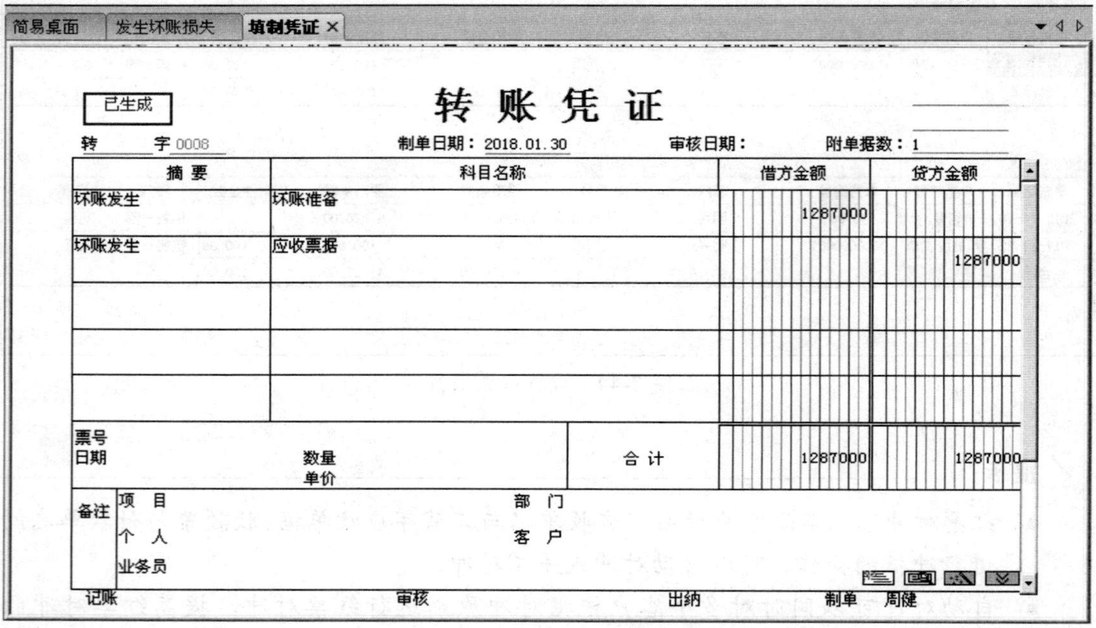

简易桌面 | 发生坏账损失 | 填制凭证

已生成

转账凭证

转　字 0008　　制单日期：2018.01.30　　审核日期：　　附单据数：1

摘要	科目名称	借方金额	贷方金额
坏账发生	坏账准备	1287000	
坏账发生	应收票据		1287000
票号 日期	数量 单价 合计	1287000	1287000

备注　项目　部门　个人　客户　业务员

记账　审核　出纳　制单　周健

图 7-46　发生坏账生成凭证

提示：

本次坏账发生金额只能小于等于单据余额。

5. 业务 5：收回坏账

(1) 填制收款单　　**(微课视频：WZ072201.htm)**

① 在应收款管理系统中，执行“收款单据处理”|“收款单据录入”命令，进入“收款单”窗口。

② 单击“增加”按钮。选择客户“大地”；结算方式“电汇”；在“金额”栏录入“12 870”，在“摘要”栏录入“已做坏账处理的应收账款又收回”。

③ 单击“保存”按钮，如图 7-47 所示。

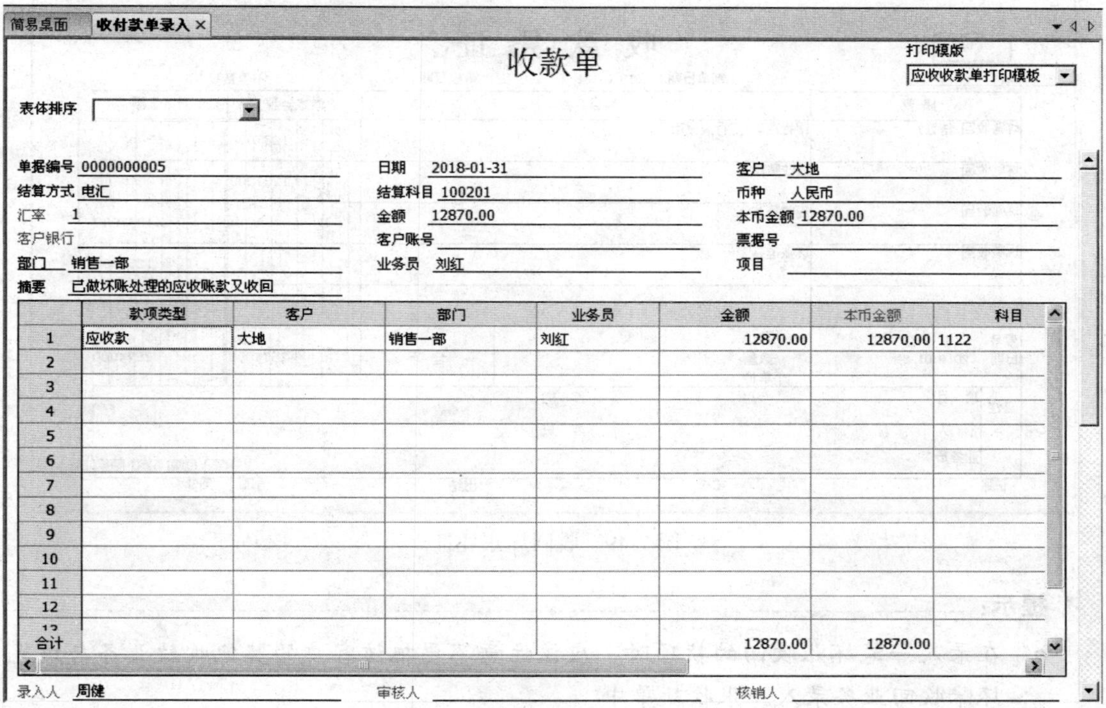

图 7-47 收款单

(2) 坏账收回处理 **(微课视频：WZ072202.htm)**

① 在应收款管理系统中，执行“坏账处理”|“坏账收回”命令，打开“坏账收回”对话框。

② 选择客户“大地”；单击“结算单号”栏的参照按钮，选择相应的结算单，如图 7-48 所示。

图 7-48 设置坏账收回信息

③ 单击“确定”按钮，系统提示“是否立即制单”，单击“是”按钮，生成一张收款凭证，单击“保存”按钮，如图 7-49 所示。

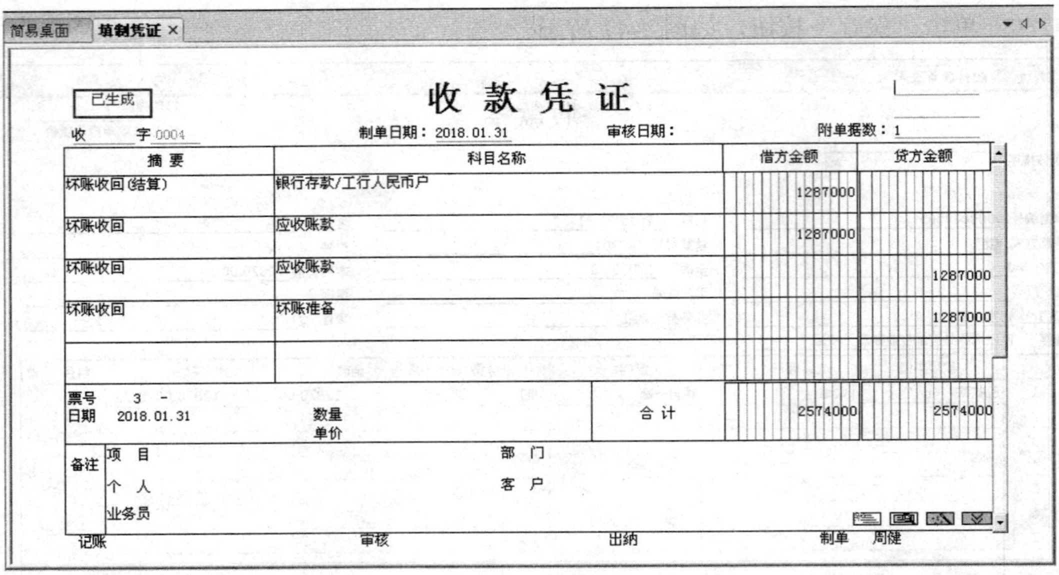

图 7-49　收回坏账凭证

提示：

- 在录入一笔坏账收回的款项时，应该注意不要把该客户的其他收款业务与该笔坏账收回业务录入一张收款单中。
- 坏账收回时制单不受系统选项中“方向相反分录是否合并”选项的控制。

6. 业务 6：计提坏账准备　**(微课视频：WZ072301.htm)**

① 在应收款管理系统中，执行“坏账处理”|“计提坏账准备”命令，进入“应收账款百分比法”窗口。

② 系统根据应收账款余额、坏账准备余额、坏账准备初始设置情况自动算出本次计提金额，如图 7-50 所示。

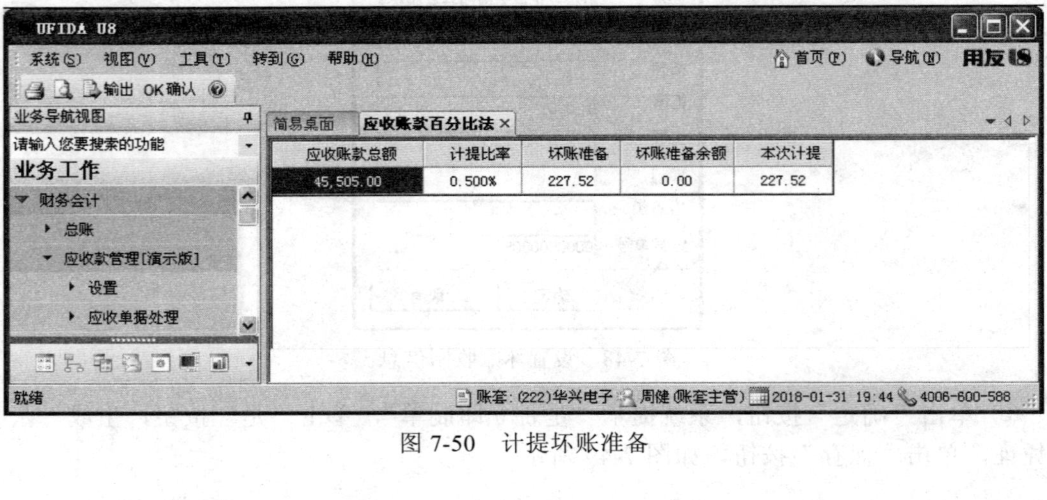

图 7-50　计提坏账准备

③ 单击“OK 确认”按钮，系统弹出提示“是否立即制单？”，单击“是”按钮，生成凭证：

借：资产减值损失　　　　227.52

　　贷：坏账准备　　　　　　227.52

7. 查看应收核销明细表　　（微课视频：WZ072401.htm）

① 在应收款管理系统中，执行“单据查询”|“应收核销明细表”命令，打开“查询条件选择”对话框。

② 单击“确定”按钮，进入“应收核销明细表”进行查看，如图 7-51 所示。

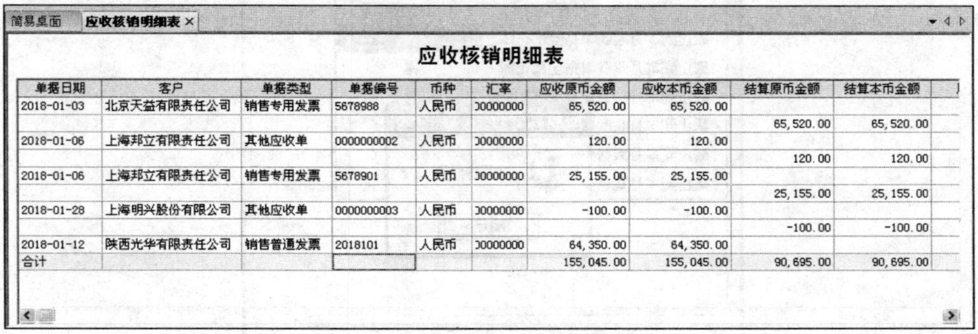

单据日期	客户	单据类型	单据编号	币种	汇率	应收原币金额	应收本币金额	结算原币金额	结算本币金额
2018-01-03	北京天益有限责任公司	销售专用发票	5678988	人民币	)0000000	65, 520. 00	65, 520. 00		
								65, 520. 00	65, 520. 00
2018-01-06	上海邦立有限责任公司	其他应收单	0000000002	人民币	)0000000	120. 00	120. 00		
								120. 00	120. 00
2018-01-06	上海邦立有限责任公司	销售专用发票	5678901	人民币	)0000000	25, 155. 00	25, 155. 00		
								25, 155. 00	25, 155. 00
2018-01-28	上海明兴股份有限公司	其他应收单	0000000003	人民币	)0000000	-100. 00	-100. 00		
								-100. 00	-100. 00
2018-01-12	陕西光华有限责任公司	销售普通发票	2018101	人民币	)0000000	64, 350. 00	64, 350. 00		
合计						155, 045. 00	155, 045. 00	90, 695. 00	90, 695. 00

图 7-51　应收核销明细表

8. 欠款分析　　（微课视频：WZ072501.htm）

① 在应收款管理系统中，执行“账表管理”|“统计分析”|“应收账龄分析”命令，打开“查询条件选择”对话框。

② 单击“确定”按钮，进入“应收账龄分析”窗口，如图 7-52 所示。

客户		本币余额	账期内		1-30		31-60		61-90	
编号	名称		本币金额	%	本币金额	%	本币金额	%	本币金额	%
04	上海明兴股份有限公司	4,828.00							4,828.00	100.00
06	陕西光华有限责任公司	64,350.00			64,350.00	100.00				
数量					1				1	
金额		69,178.00			64,350.00	93.02			4,828.00	6.98

图 7-52　应收账龄分析

提示：

在统计分析功能中，可以按定义的账龄区间，进行一定期间内应收款账龄分析、收款账龄分析、往来账龄分析，了解各个客户应收款周转天数、周转率，了解各个账龄区间内应收款、收款及往来情况，能及时发现问题，加强对往来款项动态的监督管理。

9. 月末结账　　(微课视频：WZ072601.htm)

① 执行“期末处理”|“月末结账”命令，打开“月末处理”对话框。

② 双击 1 月的结账标志栏。单击“下一步”按钮，屏幕显示各处理类型的处理情况。

③ 在处理情况都是“是”的情况下，单击“完成”按钮，结账后，系统弹出提示“1 月份结账成功”，如图 7-53 所示。

④ 单击“确定”按钮。系统在 1 月份的“结账标志”栏中标识“已结账”字样。

图 7-53　月末结账

提示：

- 如果当月业务已经全部处理完毕，应进行月末结账。只有当月结账后，才能开始下月的工作。
- 进行月末处理时，一次只能选择一个月进行结账，若前一个月未结账，则本月不能结账。
- 在执行了月末结账后，该月将不能再进行任何处理。

10. 账套备份(略)

全部完成后，将账套输出至“7-3 转账处理、坏账处理及其他”文件夹中。

巩固提高

判断题：

1. 应收票据应该是应收款系统的受控科目。　(　)
2. 一张收款单可以核销多笔应收，也可以转为预收。　(　)
3. 核销时收款单上的结算金额必须等于应收单据上的结算金额。　(　)
4. 用户可以对账龄分析的账龄区间进行设置。　(　)

5. 应收款管理系统月末结账后还可以取消月结。　　　　　　　　　　　　　　(　　)
6. 票据管理的对象只能是商业汇票。　　　　　　　　　　　　　　　　　　　(　　)
7. 应收单据的审核日期必须大于等于应收单据的填制日期。　　　　　　　　　(　　)
8. 应收款系统期初余额与总账对账是根据受控科目进行一一对账。　　　　　　(　　)

选择题：

1. 以下哪些科目必须是应收款管理系统的受控科目？(　　)
   A. 应收账款　　B. 应付账款　　C. 预收账款　　D. 预付账款
2. 应收款管理系统的收款单据是指(　　)。
   A. 销售发票　　B. 收款单　　C. 应收单　　D. 应收票据
3. 应收款管理系统提供了哪几种坏账处理方式供用户选择？(　　)
   A. 应收余额百分比法　　B. 销售收入百分比法
   C. 账龄分析法　　D. 直接转销法
4. 针对应收票据，系统提供以下哪些功能？(　　)
   A. 背书　　B. 计息　　C. 转出　　D. 贴现
5. 如果应收款管理系统不与销售管理系统集成使用，则应收款管理系统中的应收单据包括(　　)。
   A. 销售发票　　B. 收款单　　C. 应收单　　D. 应收票据
6. 应收款管理系统的转账业务包括(　　)。
   A. 应收冲应收　　B. 预收冲应收　　C. 应收冲应付　　D. 红票对冲
7. 应收款管理系统中可以取消的操作包括(　　)。
   A. 核销　　B. 转账处理　　C. 坏账处理　　D. 制单处理
8. 应收款管理系统生成的凭证可以在应收款管理系统中(　　)。
   A. 修改　　B. 删除　　C. 冲销　　D. 记账

问答题：

1. 应收款系统的主要功能有哪些？
2. 应收单据包括哪几种类型？各用来记录什么？
3. 结算单指的是什么？
4. 核销的含义是什么？
5. 票据管理包括哪些内容？
6. 转账处理包括哪几种类型？
7. 如何进行坏账处理？
8. 是所有的操作都可以取消吗？

实操题：

1. 取消预收冲应收操作。
2. 利用自动核销功能对“002 苏华电商”收款及应收进行核销。

第 8 章

应付款管理

学习目标

知识目标：

- 了解 U8 应付款管理系统的主要功能
- 理解应付款管理初始设置的各项内容
- 理解应付款管理期初数据和总账期初数据的关联
- 掌握应付款管理各项业务的处理

能力目标：

- 能结合企业实际情况，进行应付款管理选项设置、初始设置、期初数据录入
- 能结合企业实际情况，进行应付单据处理、付款单据处理、票据处理、转账处理
- 能结合企业需要，进行应付款相关账表的查询

案例导入

此前，当企业发生与供应商往来相关业务时，已经在总账系统中进行了相应处理。现在如果启用应付款管理系统，那么在应付业务的管理上，应付款管理系统和总账系统的职能有何不同呢？学习应付款管理之初，这个问题必须要明确。

如果企业采购业务以及应付款业务并不十分复杂，或者现付业务很多，只启用了总账系统，那么就在总账系统中通过供应商往来辅助核算来管理应付相关业务。如果企业供应商较多，应付款核算与管理内容比较复杂，需要追踪每一笔业务的应付款、付款等情况，那么需要利用应付款管理系统管理供应商往来业务。在总账系统和应付款系统集成应用的模式下，所有的供应商往来业务都在应付款系统中处理，业务处理的结果会自动生成凭证传递到总账。本章讨论的即是应付款管理系统和总账系统集成应用模式。

理论知识

8.1 了解应付款管理系统

8.1.1 应付款管理系统的基本功能

应付款管理系统主要是实现企业与供应商之间业务往来账款的核算与管理。在应付款管理系统中，以采购发票、其他应付单等原始单据为依据，记录采购业务及其他业务所形成的往来款项，处理应付款项的支付及转账处理等情况，提供票据处理的功能，实现对应付款的管理。

1．初始化设置

系统初始化包括系统参数设置、基础信息设置和期初数据录入。

2．日常处理

日常处理是对应付款项业务的处理工作，主要包括应付单据处理、付款单据处理、票据管理和转账处理等内容。

(1) 应付单据处理：应付单据包括采购发票和其他应付单，是确认应付账款的主要依据。应付单据处理主要包括应付单据录入和应付单据审核。

(2) 付款单据处理：付款单据主要指付款单。付款单据处理包括付款单据录入和付款单据审核。

(3) 核销处理。单据核销的主要作用是解决向供应商支付的款项核销该供应商应付款的处理，建立付款与应付款的核销记录，监督应付款及时核销，加强往来款项的管理。

(4) 票据管理：主要是对银行承兑汇票和商业承兑汇票进行管理。票据管理可以提供票据登记簿，记录票据的利息、贴现、背书、结算和转出等信息。

(5) 转账处理：是在日常业务处理中经常发生的应付冲应收、应付冲应付、预付冲应付以及红票对冲的业务处理。

3．信息查询

信息查询指用户在进行各种查询结果的基础上所进行的各项分析。一般查询包括单据查询、凭证查询以及账款查询等。统计分析包括欠款分析、账龄分析、综合分析以及付款预测分析等，便于用户及时发现问题，加强对往来款项动态的监督管理。

4．期末处理

期末处理指用户在月末进行的结算汇兑损益以及月末结账工作。如果企业有外币往来，在月末需要计算外币单据的汇兑损益并对其进行相应的处理。如果当月业务已全部处理完毕，就需要执行月末结账处理，只有月末结账后，才可以开始下月工作。月末处理主要包括进行汇兑损益结算和月末结账。

8.1.2 应付款管理系统的应用流程

应付款管理系统的业务处理流程如图 8-1 所示。

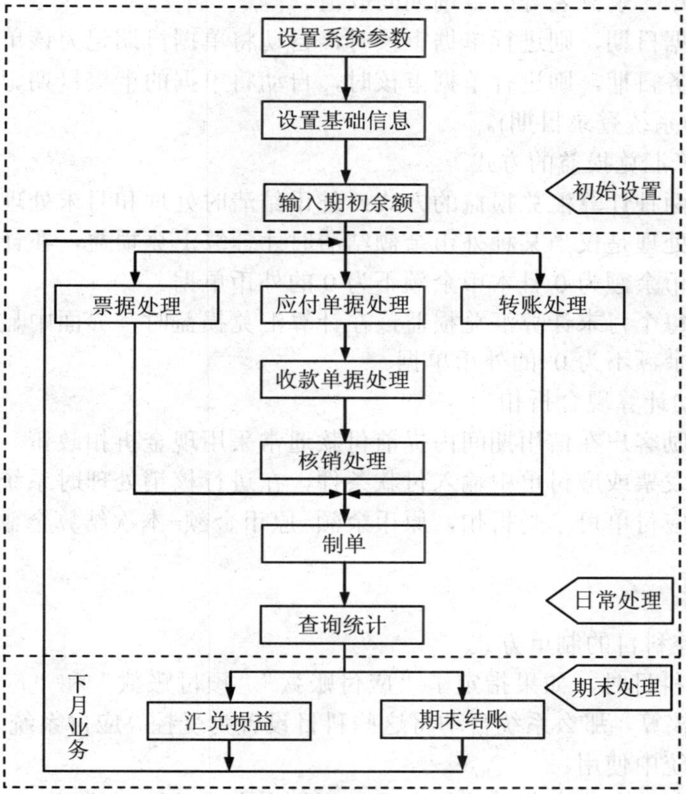

图 8-1 应付款管理系统的业务处理流程

8.2 应付款管理系统初始化

应付款管理系统初始化的主要内容包括选项设置、基础信息设置和期初数据录入。

8.2.1 选项设置

通过对应付款管理系统提供的选项进行设置，满足企业自身的核算和管控要求。需要企业做出选择的选项主要包括四类：常规、凭证、权限与预警、核销设置。下面介绍一部分常用选项。

1. 常规选项

(1) 选择单据审核日期的依据

应付款管理系统中的单据包括应付单据和付款单据，这两种单据都需要经过审核才能生成业务凭证。系统提供了两种确认单据审核日期的依据，即单据日期和业务日期。因为单据审核后记账，因此单据的审核日期是依据单据日期还是业务日期，决定了业务总账、业务明细账、余额表等的查询期间取值。

如果选择单据日期，则进行单据审核时，自动将单据日期记为该单据的审核日期。

如果选择业务日期，则进行单据审核时，自动将单据的审核日期记为当前业务日期(业务日期一般为系统登录日期)。

(2) 选择计算汇兑损益的方式

系统提供了两种计算汇兑损益的方式：外币结清时处理和月末处理。

外币结清时处理是仅当某种外币余额结清时才计算汇兑损益，在计算汇兑损益时，界面中仅显示外币余额为 0 且本币余额不为 0 的外币单据。

月末处理即每个月末计算汇兑损益，在计算汇兑损益时，界面中显示所有外币余额不为 0 或者本币余额不为 0 的外币单据。

(3) 是否自动计算现金折扣

企业为了鼓励客户在信用期间内提前付款通常采用现金折扣政策。选择自动计算现金折扣，需要在发票或应付单中输入付款条件，在进行核销处理时系统根据付款条件自动计算该发票或应付单可享受折扣，原币余额=原币金额-本次结算金额-本次折扣。

2. 凭证选项

(1) 选择受控科目的制单方式

在设置会计科目时，如果指定了“应付账款”“预付账款”和“应付票据”为“供应商往来”辅助核算，那么系统自动将这些科目设置为受控“应付系统”。这些科目只能在应付款管理系统中使用。

受控科目的制单方式有两种选择：明细到供应商或明细到单据。

明细到供应商：如果同一供应商的多笔业务的控制科目相同，则系统自动将其合并成一条分录。这种方式的目的是在总账中能够查看到每一个供应商的详细信息。

明细到单据：将一个供应商的多笔业务合并生成一张凭证时，系统会将每一笔业务形成一条分录。这种方式的目的是在总账系统中能够查看到每个供应商的每笔业务的详细情况。

(2) 选择非控科目的制单方式

非控科目有 3 种制单方式：明细到供应商、明细到单据和汇总制单的方式。

明细到供应商、明细到单据意义同上。如果选择汇总制单，就是将多个供应商的多笔业务合并生成一张凭证时，如果核算这多笔业务的非控制科目相同且其所带辅助核算项目也相同，则系统将自动将其合并成一条分录。这种方式的目的是精简总账中的数据，在总账系统中只能查看到该科目的一个总的发生额。

(3) 选择控制科目依据

设置控制科目依据是指根据什么来确定应付账款和预付账款入账时的明细科目。

系统提供了 6 种设置控制科目的依据，即按供应商分类、按供应商、按地区、按采购类型、按存货分类、按存货。

(4) 选择采购科目依据

设置采购科目依据是指根据什么来确定采购入账时的明细科目。

系统提供了 5 种设置存货销售科目的依据，即按存货分类、按存货、按供应商、按供应商分类、按采购类型设置存货销售科目。

3. 权限与预警

(1) 选择单据报警

可以选择按信用方式报警还是按折扣方式报警。

如果选择了按信用方式报警，那么还需要设置报警的提前天数。系统会将单据到期日-提前天数≤当前登录日期的已审核单据显示出来，以提醒哪些款项应该付款了。

如果选择了按折扣方式报警，那么也需要设置报警的提前天数。系统会将单据最大折扣日期-提前天数≤当前登录日期的已审核单据显示出来，以提醒哪些采购业务再不付款就不能享受现金折扣待遇。

如果选择了超过信用额度报警，则满足上述设置的单据报警条件的同时，还需满足该供应商已超过其设置的信用额度这个条件才可报警。

(2) 选择信用额度报警

选择根据信用额度进行预警时，需要输入预警的提前比率，且可以选择是否包含信用额度=0 的供应商。

当使用预警平台预警时，系统根据设置的预警标准显示满足条件的供应商记录。即只要该供应商信用比率(=信用余额/信用额度，信用余额=信用额度-应付账款余额)小于等于设置的提前比率时就对该供应商进行报警处理。若选择信用额度=0 的供应商也预警，则当该供应商的应付账款>0 时即进行预警。

4. 核销设置

(1) 选择应付款的核销方式

系统提供了 2 种应付款的核销方式：按单据和按产品。

按单据核销：系统将满足条件的未结算单据全部列出，系统根据用户选择的单据进行核销。

按产品核销：系统将满足条件的未结算单据按产品列出，系统根据用户所选择的产品进行核销。

(2) 收付款单审核后核销

该选项默认为不选择，表示收付款单审核后不进行立即核销操作。选中该选项，系统默认收付款单审核后自动核销。

8.2.2 基础信息设置

启用应付款管理系统后，增加了对业务环节的控制和管理，需要增补业务中需要使用的基础信息，如付款条件、本单位开户银行等。另外根据企业实际管理需要，还可以对业务单据的格式进行设计。

8.2.3 初始设置

初始设置的作用是建立应付款管理的业务处理规则，如应付款系统自动凭证科目的设置、单据类型的设置、账龄区间的设置等。

1. 设置科目

如果企业的应付业务类型较固定，生成的凭证类型也较固定，为了简化凭证生成操作，可以在此处将各业务类型凭证中的常用科目预先设置好。系统将依据制单规则在生成凭证时自动带入。

(1) 基本科目设置

基本科目是在应付业务管理中最经常使用的科目。包括应付账款、预付账款、采购科目、税金科目、商业承兑科目、银行承兑科目等。

(2) 控制科目设置

如果在选项设置中设置了控制科目依据，那么需要在此根据选择的控制科目依据进行应付科目和预付科目的设置。如果选择了控制科目的依据为“按供应商分类”，则需要按供应商分类设置不同的应付科目和预付科目。

如果不做设置，则系统默认控制科目即为基本科目中设置的应付科目和预付科目。

(3) 产品科目设置

如果在选项设置中设置了产品科目依据，那么需要在此根据选择的产品科目依据进行采购科目、产品采购税金科目、税率的设置。

如果不做设置，则系统默认产品科目即为基本科目中设置的采购科目和税金科目。

(4) 结算方式科目设置

可以为前期定义的每一种结算方式设置一个科目，以便在进行付款结算时，通过付款单据上选择的结算方式生成对应的入账科目。

2. 账龄区间设置

为了对应付账款进行账龄分析，应首先在此设置账龄区间。

U8 应付款账龄设置分为两部分：账期内账龄区间设置、逾期账龄区间设置。

3. 报警级别设置

通过对报警级别的设置，将供应商按照供应商欠款余额分为不同的类型，以便掌握对供应商的付款情况。

4. 设置单据类型

单据类型设置是将企业的往来业务与单据类型建立对应关系，达到快速处理业务以及进行分类汇总、查询、分析的效果。

系统提供了发票和应付单两大类型的单据。发票包括采购专用发票和普通发票。

应付单记录采购业务之外的应付款情况。在本功能中，只能增加应付单，应付单可划分为不同的类型，以区分应付货款之外的其他应付款。例如，可以将应付单分为应付费用款、应付利息款、应付罚款、其他应付款等。

8.2.4 期初数据录入

初次使用应付款管理系统时，需要将未处理完的单据录入系统，以保证数据的连续性和完整性。需要输入的期初数据包括未结算完的发票和应付单、预付款单据、未结算完的应付票据以及未结算完毕的合同金额。

在应付款管理系统中，期初余额按单据形式录入。应付账款通过发票录入、预付账款通过付款单录入、其他应付通过其他应收单录入，以便在日常业务中对这些单据进行后续的核销、转账处理。

期初余额录入后，可以与总账中客户往来账进行核对，检查明细与科目账是否相等。

8.3 应付款管理系统日常业务处理

初始化工作虽然工作量比较大，但属于一次性任务。日常业务处理是每个月需要重复使用的功能。

8.3.1 应付单据处理

应付单据处理主要是对应付单据(采购发票、应付单)进行管理，包括应付单据的录入和审核。

1. 应付单据录入

单据录入是应付款系统处理的起点。在此可以录入采购业务中的各类发票，以及采购业务之外的应付单。

如果同时使用应付款管理系统和采购管理系统，则发票由采购系统录入，在应付款系统可以对这些单据进行审核、弃审、查询、核销、制单等操作。此时，在应付款系统中需要录入的单据仅限于应付单。如果没有使用采购系统，则各类发票和应付单均在应付款管理系统中录入。

2. 应付单据审核

应付单据审核是对应付单据的正确性进一步审核确认。单据输入后必须经过审核才能参与结算。审核人和制单人可以是同一个人。单据被审核后，将从单据处理功能中消失，但可以通过单据查询功能查看此单据的详细资料。

系统提供手工审核和自动批审两种方式。

3. 单据制单

单据制单是可在单据审核后由系统自动编制凭证，也可以集中处理。在应付款子系统中生成的凭证将由系统自动传送到总账子系统中，并由有关人员进行审核和记账等账务处理工作。

8.3.2 付款单据处理

付款单据处理主要是对结算单据(付款单、收款单即红字付款单)进行管理，包括付款单、收款单的录入和审核。

1. 付款单据录入

付款单据录入，是将支付供应商款项或供应商退回的款项，录入应付款管理系统。包括付款单与收款单(即红字付款单)的录入。

付款单用来记录企业支付给供应商的款项，当企业对外付款时，应明确该款项是结算供应商货款，还是提前支付给供应商的预付款，或是支付给供应商的其他费用。系统用款项类型来区别不同的用途。录入付款单时需要指定该笔付款的款项用途。如果一张付款单包含不同用途的款项，需要在表体记录中分行显示。

对于不同用途的款项，系统提供的后续业务处理不同。对于冲销应付款，以及形成预付款的款项，后期需要进行付款结算，即将付款单与其对应的采购发票或应付单进行核销勾对，进行冲销企业债务的操作。对于其他费用用途的款项则不需要进行核销。

若一张付款单中，表头供应商与表体供应商不同，则视表体供应商的款项为代付款。

应付款子系统的收款单用来记录发生采购退货时，供应商退回企业的款项。该收款单可与应付、预付性质的付款单、红字应付单、红字发票进行核销处理。

- 将付款单位直接记录为另外一个单位。金额为代付金额(即是正常的付款单)。
- 将付款单位仍然记录为该单位，但通过在表体输入代付供应商的功能处理代付款业务。这种方式的好处是既可以保留该笔付款业务的原始信息，又可以处理同时代多个单位付款的情况。

2. 付款单据审核

付款单据输入后必须经过审核才能进行核销、制单等后续处理。

系统提供手工审核和自动批审两种方式。

3. 核销处理

单据核销的作用是解决对供应商的付款核销该供应商应付款的处理，建立付款与应付款的核销记录，监督应付款及时核销，加强往来款项的管理。明确核销关系后，可以进行精确的账龄分析，更好地管理应付账款。

单据核销可以由计算机自动进行核销，也可以由手工进行核销。

8.3.3 票据管理

可以在票据管理中对银行承兑汇票和商业承兑汇票进行管理，包括记录票据详细信息和记录票据处理情况。

当支付给供应商承兑汇票时，应将汇票录入应付系统的票据管理中。如果系统选项中的“应付票据直接生成付款单”为选中状态，那么系统保存当前票据的同时生成一张付款单，否则需要单击“付款”按钮才能生成付款单。

在票据管理中，可以对该票据进行计息、贴现、转出、结算、背书等处理。

8.3.4 转账处理

转账处理，是在日常业务处理中经常发生的应付冲应收、应付冲应付、预付冲应付以及红票对冲的业务处理。

1. 应付冲应收

应付冲应收是指用某供应商的应付账款冲抵客户的应收款项。系统通过应付冲应收功能将应付款业务在供应商和客户之间进行转账，实现应付业务的调整，解决应付债务与应收债权的冲抵。

2. 应付冲应付

应收冲应收是指将一家供应商的应付款转到另一家供应商。通过应付冲应付功能可将应付款业务在供应商、部门、业务员、项目和合同之间进行转入、转出，实现应付业务的调整，解决应付款业务在不同供应商、部门、业务员、项目和合同间入错户或合并户等问题。

3. 预付冲应付

预付冲应付是指处理对供应商的预付款和该供应商应付欠款的转账核销业务。

4. 红票对冲

红票对冲可实现某供应商的红字应付单与蓝字应付单、付款单与收款单中间进行冲抵。例如：当发生退票时，用红字发票对冲蓝字发票。红票对冲通常可以分为系统自动冲销和手工冲销两种处理方式。自动冲销可同时对多个供应商依据红票对冲规则进行红票对冲，提高红票对冲的效率。手工冲销对一个供应商进行红票对冲，可自行选择红票对冲的单据，提高红票对冲的灵活性。

8.3.5 制单处理

使用制单功能进行批处理制单，可以快速地、成批地生成凭证。制单类型包括应付单据制单、结算单制单、转账制单、汇兑损益制单等。企业可根据实际情况选取需要制单的类型。

8.3.6 信息查询

应付款系统的一般查询主要包括单据查询、凭证查询以及账款查询等。用户在进行各种查询结果的基础上可以进行各项统计分析。统计分析包括欠款分析、账龄分析、综合分析以及收款预测分析等。通过统计分析，可以按用户定义的账龄区间，进行一定期间内应付账款账龄分析、付款账龄分析、往来账龄分析，了解各个供应商应付款的周转天数、周转率，了解各个账龄区间内应付款、付款及往来情况，及时发现问题，加强对往来款项的动态管理。

1. 单据查询

单据的查询包括发票、应收单、结算单和凭证的查询。可以查询已经审核的各类型应付单据的付款、结余情况；也可以查询结算单的使用情况；还可以查询本系统所生成的凭证，并且对其进行修改、删除、冲销，等等。

2. 业务账表查询

业务账表查询可以进行业务总账、业务明细账、业务余额表和对账单的查询，并可以实现总账、明细账、单据之间的联查。

通过业务账表查询可以查看客户、客户分类、地区分类、部门、业务员、客户总公司、主管业务员、主管部门在一定期间所发生的应收、收款以及余额情况。

3. 业务账表分析

业务账表分析是应收款管理的一项重要功能，对于资金往来比较频繁、业务量大、金额也比较大的企业，业务账表分析功能更能满足企业的需要。业务账表分析功能主要包括应付账款的账龄分析、付款账龄分析、欠款分析、收款预测等。

8.3.7 期末处理

企业在期末主要应完成计算汇兑损益和月末结账两项业务处理工作。

1. 汇兑损益

如果供应商往来有外币核算且在应付款子系统中核算供应商往来款项，则在月末需要计算外币单据的汇兑损益并进行相应的处理。在计算汇兑损益之前，应首先在系统初始设置中选择汇兑损益的处理方法。通常系统会提供两种汇兑损益的处理方法：月末计算汇兑损益和单据结清时计算汇兑损益。

2. 月末结账

如果确认本月的各项业务处理已经结束，可以选择执行月末结账功能。结账后本月不能再进行单据、票据、转账等任何业务的增加、删除、修改等处理。另外，如果上个月没有结账，则本月不能结账，同时一次只能选择一个月进行结账。

如果用户觉得某月的月末结账有错误，可以取消月末结账。但取消结账操作只有在该月账务子系统未结账时才能进行。如果启用了采购子系统，采购子系统结账后，应付款子系统才能结账。

结账时还应注意本月的单据(发票和应收单)在结账前应该全部审核；若本月的结算单还有未核销的，不能结账；如果结账期间是本年度最后一个期间，则本年度进行的所有核销、转账等处理必须制单，否则不能向下一个年度结转，而且对于本年度外币余额为零的单据必须将本币余额结转为零，即必须执行汇兑损益。

实践应用

实验一 应付款管理初始化

实验目的

1. 理解应付款管理初始化的意义。
2. 掌握应付款管理选项的设置。
3. 掌握应付款管理基础档案的设置。
4. 掌握应付款管理期初数据的录入。

实验内容

1. 设置选项。
2. 录入基础档案。
3. 设置自动凭证科目。
4. 单据设计。
5. 应付款期初数据输入并与总账系统进行对账。

6. 账套备份。

实验准备

1. 引入“3-1 总账初始化”账套数据。
2. 将系统日期更改为“2018-01-01”。

实验资料

1. 选项设置(如表 8-1 所示)

表 8-1 应收款选项设置

选 项 卡	参 数	设 置 要 求
常规	单据审核日期依据	业务日期
凭证	核销生成凭证	否
权限与预警	单据报警	按信用方式提前 7 天进行报警

注：其他选项保持系统默认。

2. 初始设置

(1) 设置科目(如表 8-2 所示)

表 8-2 科目设置

科 目 类 别	设 置 方 式
基本科目设置	应付科目(本币)：2202 应付账款
	预付科目(本币)：1123 预付账款
	采购科目：1401 材料采购
	税金科目：22210101 进项税额
	商业承兑科目和银行承兑科目：2201 应付票据
	票据利息科目、票据费用科目和现金折扣科目：6603 财务费用
结算方式科目设置	现金结算；币种：人民币；科目：1001
	现金支票；币种：人民币；科目：100201
	转账支票；币种：人民币；科目：100201
	电汇；币种：人民币；科目：100201
	银行承兑汇票；币种：人民币；科目：100201
	商业承兑汇票；币种：人民币；科目：100201

(2) 账期内账龄区间设置(如表 8-3 所示)

表 8-3 账期内账龄区间设置

序 号	起 止 天 数	总 天 数
01	1～10	10
02	11～30	30
03	31～60	60
04	61～90	90
05	91 以上	

(3) 逾期账龄区间设置(如表 8-4 所示)

表 8-4 逾期账龄区间设置

序 号	起 止 天 数	总 天 数
01	1～30	30
02	31～60	60
03	61～90	90
04	91～120	120
05	121 以上	

(4) 报警级别设置

A 级时的总比率为 10%，B 级时的总比率为 20%，C 级时的总比率为 30%，D 级时的总比率为 40%，E 级时的总比率为 50%，总比率在 50%以上为 F 级。

3. 基础信息设置

本单位开户银行的编码为“01”，开户银行为“工行北京支行花园路办事处”，银行账号为“001-23456789”。

4. 单据编号设置

设置允许修改采购专用发票和采购普通发票的编号。

5. 期初数据(存货税率均为 17%，开票日期均为 2017 年，如表 8-5 所示)

表 8-5 期初数据表

单据名称	方向	开票日期	票 号	供应商	销售部门	科目编码	货物名称	数量	无税单价	价税合计
采购专用发票	正向	2017.11.15	18301	无忧	采购部	2202	芯片	80	420	39 312
采购专用发票	正向	2017.11.18	18555	杰信	采购部	2202	机壳	200	45	10 530
应付单	正向	2017.11.23		大为	采购部	2201				23 400

(续表)

单据名称	方向	开票日期	票 号	供应商	销售部门	科目编码	货物名称	数量	无税单价	价税合计
付款单	正向	2017.11.23	银行承兑汇票9901	无忧	采购部	1123				20 000

实验要求

由“001 周健”注册进入企业应用平台，启用应付款管理系统，启用日期为“2018-01-01”。 **(微课视频：WZ080001.htm)**

实验指导

1. 选项设置 (微课视频：WZ080101.htm)

① 在应付款管理系统中，执行“设置”|“选项”命令，打开“账套参数设置”对话框。

② 单击“编辑”按钮，系统提示“选项修改需要重新登录才能生效”，单击“确定”按钮。在“常规”“凭证”“权限与预警”选项卡中按照实验资料完成设置，如图 8-2 所示。

③ 单击“确定”按钮。

提示：

- 在账套使用过程中可以随时修改账套参数。
- 关于应付账款核算模型，在系统启用时或者还没有进行任何业务处理的情况下才允许从简单核算改为详细核算；但从详细核算改为简单核算随时可以进行。

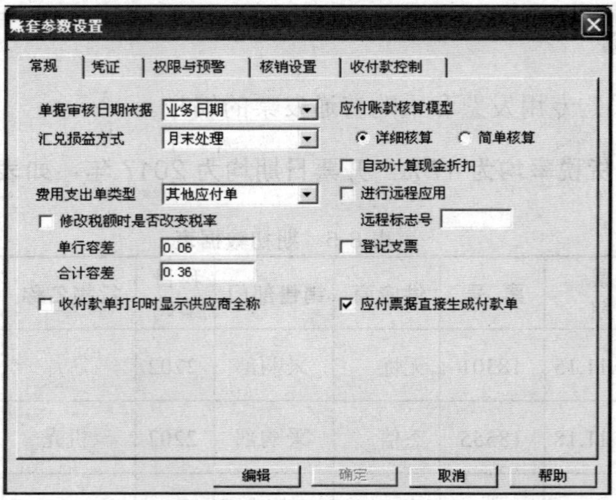

图 8-2 设置选项—常规

2. 初始设置

(1) 设置科目　　**(微课视频：WZ080201.htm)**

① 在应付款管理系统中，执行“设置”|“初始设置”命令，进入“初始设置”窗口。

② 选择“基本科目设置”，单击“增加”按钮，按实验资料设置基本科目，如图 8-3 所示。

图 8-3　基本科目设置

提示：

- 在基本科目设置中设置的应付科目“2202 应付账款”、预付科目“1123 预付账款”及“2201 应付票据”，应在总账系统中设置其辅助核算内容为“供应商往来”，并且其受控系统为“应付系统”，否则在此不能被选中。
- 只有在此设置了基本科目，在生成凭证时才能直接生成凭证中的会计科目，否则凭证中将没有会计科目，相应的会计科目只能手工再录入。
- 如果应付科目、预付科目按不同的供应商或供应商分类分别进行设置，则可在“控制科目设置”中进行设置，在此可以不设置。
- 如果针对不同的存货分别设置采购科目，则在此不用设置，可以在“产品科目设置”中进行设置。

③ 选择“结算方式科目设置”，按实验资料设置结算方式科目。

提示：

结算方式科目设置是针对已经设置的结算方式来设置相应的结算科目，即在收款或付款时只要告诉系统结算时使用的结算方式，就可以由系统自动生成该种结算方式所使用的会计科目。

(2) 设置账期内账龄区间及逾期账龄区间　　**(微课视频：WZ080202.htm)**

① 在“初始设置”窗口中，选择“账期内账龄区间设置”。

② 在“总天数”栏录入“10”，按 Enter 键，再在“总天数”栏录入“30”后按 Enter 键。以此方法继续录入其他的总天数，如图 8-4 所示。

③ 同理，进行“逾期账龄区间设置”。

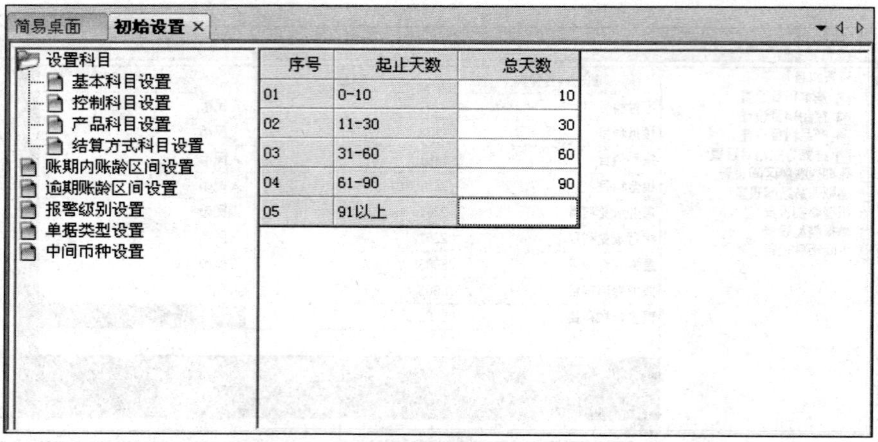

图 8-4　账龄区间设置

提示：

- 序号由系统自动生成，不能修改和删除。总天数直接输入截止该区间的账龄总天数。
- 最后一个区间不能修改和删除。

(3) 报警级别设置　　**(微课视频：WZ080203.htm)**

① 在“初始设置”窗口中，选择“报警级别设置”。

② 在“总比率”栏录入“10”，在“级别名称”栏录入“A”，按 Enter 键。以此方法继续录入其他的总比率和级别，如图 8-5 所示。

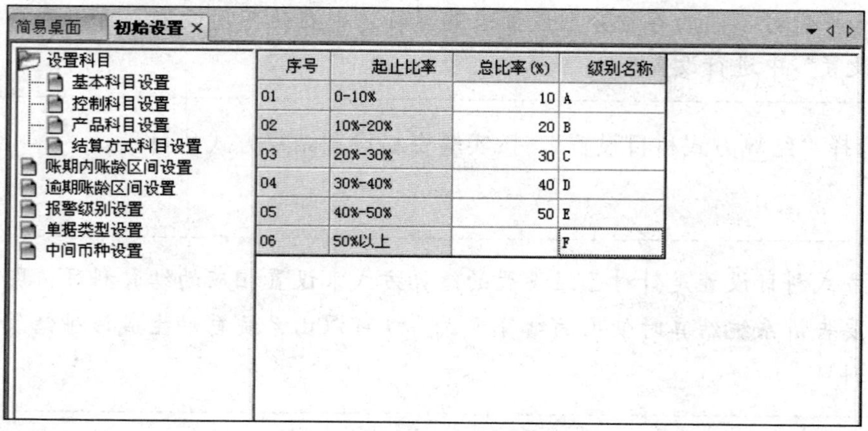

图 8-5　报警级别设置

提示：

- 序号由系统自动生成，不能修改和删除。应直接输入该区间的最大比率及级别名称。
- 系统会根据输入的比率自动生成相应的区间。
- 单击“增加”按钮，可以在当前级别之前插入一个级别。插入一个级别后，该级别后的各级别比率会自动调整。
- 删除一个级别后，该级别后的各级比率会自动调整。
- 最后一个级别为某一比率之上，所以在“总比率”栏不能录入比率，否则将不能退出。
- 最后一个比率不能删除，如果录入错误则应先删除上一级比率，再修改最后一级比率。

3. 基础信息设置

本单位开户银行设置　　**(微课视频：WZ080301.htm)**

① 在企业应用平台基础设置中，执行“基础档案”|“收付结算”|“本单位开户银行信息”命令，进入“本单位开户银行”窗口。

② 单击“增加”按钮，设置本单位开户银行，如图 8-6 所示。

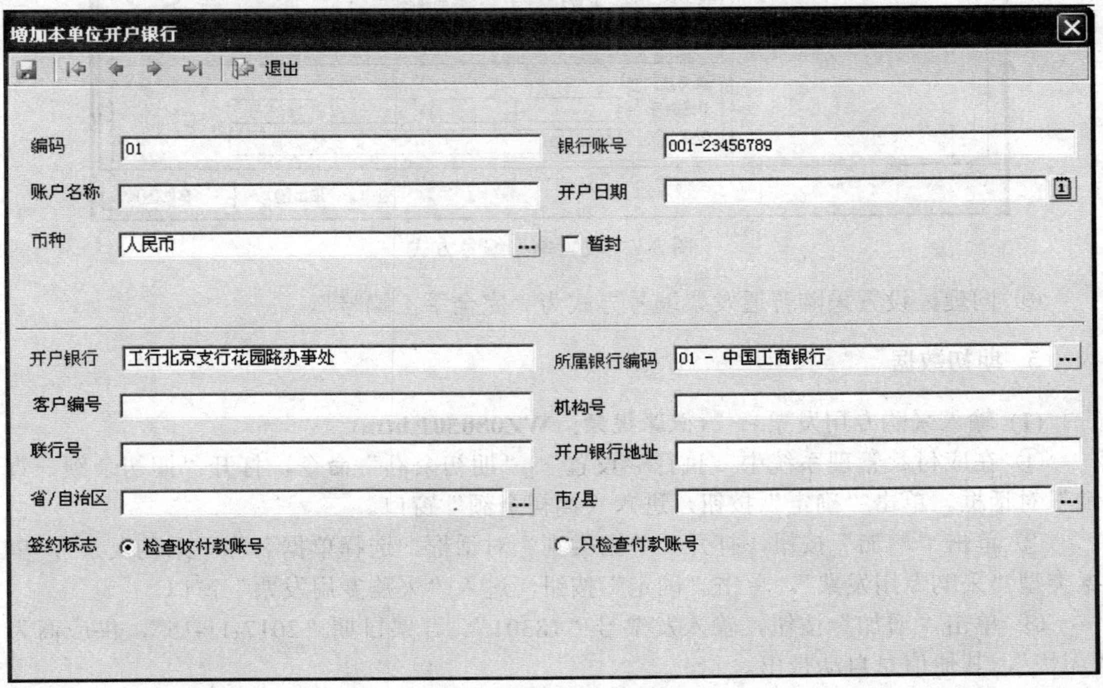

图 8-6　设置本单位开户银行

提示：

- 银行账号必须为 12 位。
- 如果不设置开户银行，则在填制采购发票时不能保存。

4. 单据编号设置　　(微课视频：WZ080401.htm)

① 在企业应用平台基础设置选项卡中，执行“单据设置”|“单据编号设置”命令，打开“单据编号设置”对话框。

② 在“采购管理”单据类型中选择“采购专用发票”，单击“修改”按钮，选中“完全手工编号”复选框。单击“保存”按钮，如图 8-7 所示。

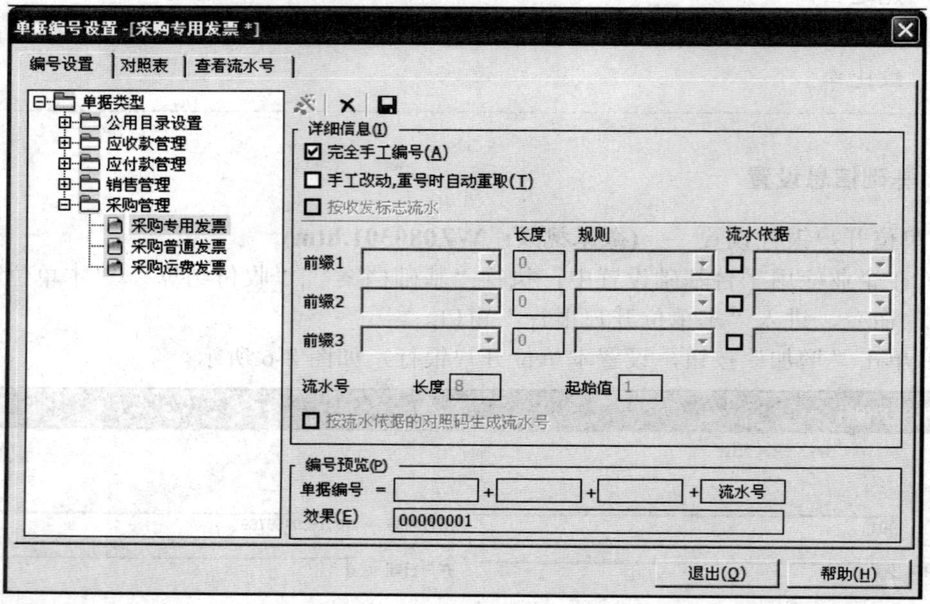

图 8-7　设置单据编号方式

③ 同理，设置采购普通发票编号方式为“完全手工编号”。

5. 期初数据

(1) 输入采购专用发票　　(微课视频：WZ080501.htm)

① 在应付款管理系统中，执行“设置”|“期初余额”命令，打开“期初余额—查询”对话框。单击“确定”按钮，进入“期初余额”窗口。

② 单击“增加”按钮，打开“单据类别”对话框。选择单据名称“采购发票”，单据类型“采购专用发票”。单击“确定”按钮，进入“采购专用发票”窗口。

③ 单击“增加”按钮，输入发票号“18301”、开票日期“2017-11-15”，供应商为“无忧”，其他信息自动带出。

④ 选择货物名称“1001 芯片”；输入数量“80”，无税单价“420”，金额自动算出，单击“保存”按钮，如图 8-8 所示。

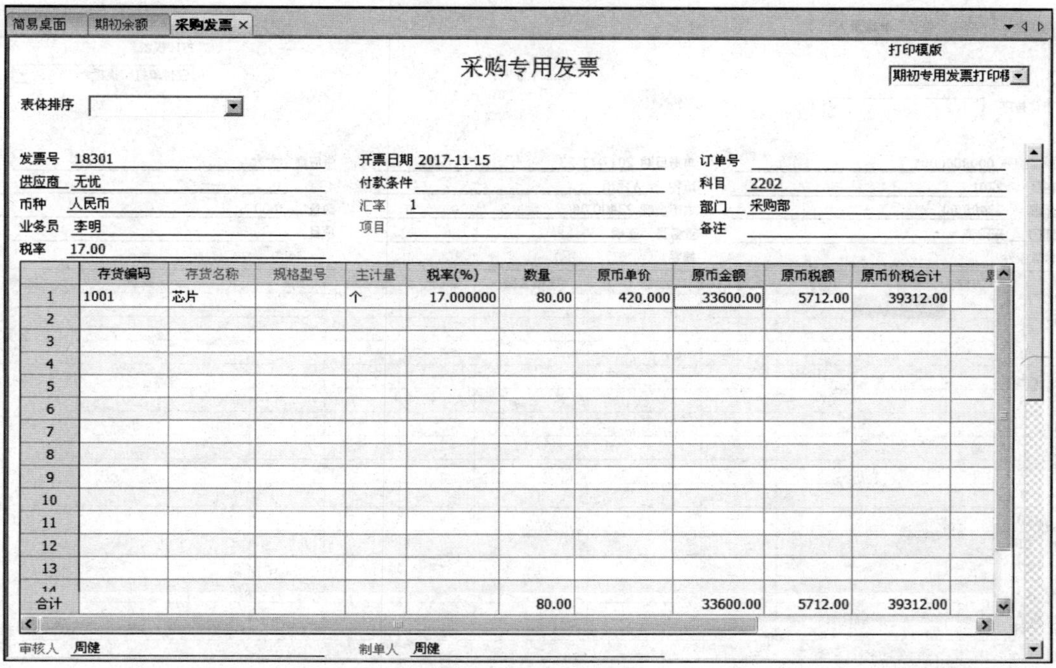

图 8-8　录入期初采购专用发票

⑤ 同理，录入其他采购专用发票。

提示：

- 在初次使用应付款系统时，应将启用应付款系统时未处理完的所有供应商的应付账款、预付账款、应付票据等数据录入本系统。当进入第二年度时，系统会自动将上一年度未处理完的单据转为下一年度的期初余额。在下一年度的第一会计期间里，可以进行期初余额的调整。
- 如果退出了录入期初余额的单据，在“期初余额明细表”窗口中并没有看到新录入的期初余额，应单击“刷新”按钮，就可以列示出所有的期初余额的内容。
- 如果并未设置允许修改采购专用发票的编号，则在填制采购专用发票时不允许修改采购专用发票的编号。其他单据的编号也一样，系统默认的状态为不允许修改。

(2) 输入其他应付单　　**(微课视频：WZ080502.htm)**

① 在“期初余额”窗口中，单击“增加”按钮，打开“单据类别”对话框。

② 选择单据名称“应付单”，单据类型“其他应付单”，单击“确定”按钮，进入“应付单”窗口。

③ 单击“增加”按钮，输入应付单信息，如图 8-9 所示。

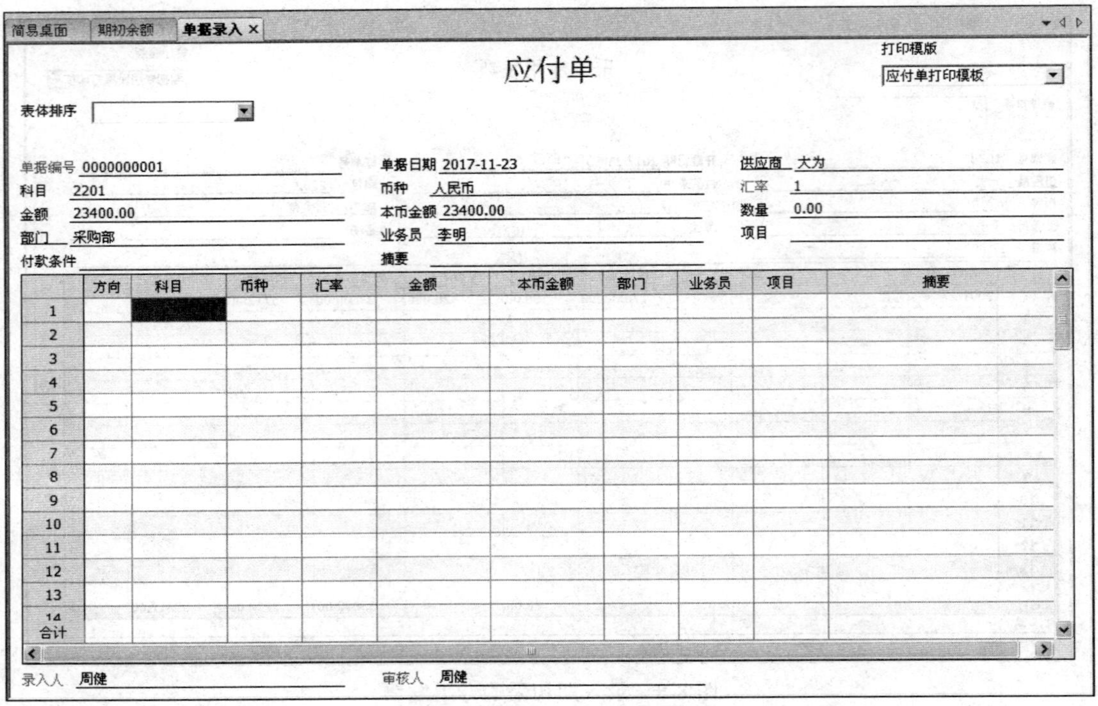

图 8-9　录入期初应付单

提示：

- 在录入应付单时只需录入表格上半部分的内容，表格下半部分的内容由系统自动生成。
- 应付单中的会计科目必须录入正确，否则将无法与总账进行对账。

(3) 录入预付款单　　**(微课视频：WZ080503.htm)**

① 在期初余额明细表界面，单击“增加”按钮，打开“单据类别”对话框。

② 单击“单据名称”栏的下三角按钮，选择“预付款”选项，单击“确定”按钮，打开“付款单”窗口。

③ 修改日期为“2017-11-23”；在“供应商”栏选择“无忧”；在“结算方式”栏选择“银行承兑汇票”；在“金额”栏录入“20 000”；在“票据号”栏录入“9901”；在“摘要”栏录入“预付货款”；在付款单下半部分中的“科目”栏录入“1123”，或单击“科目”栏的参照按钮，选择“1123 预付账款”，如图 8-10 所示。

④ 单击“保存”按钮，再单击“退出”按钮退出。

提示：

录入预付款的单据类型仍然是“付款单”，但是款项类型为“预付款”。

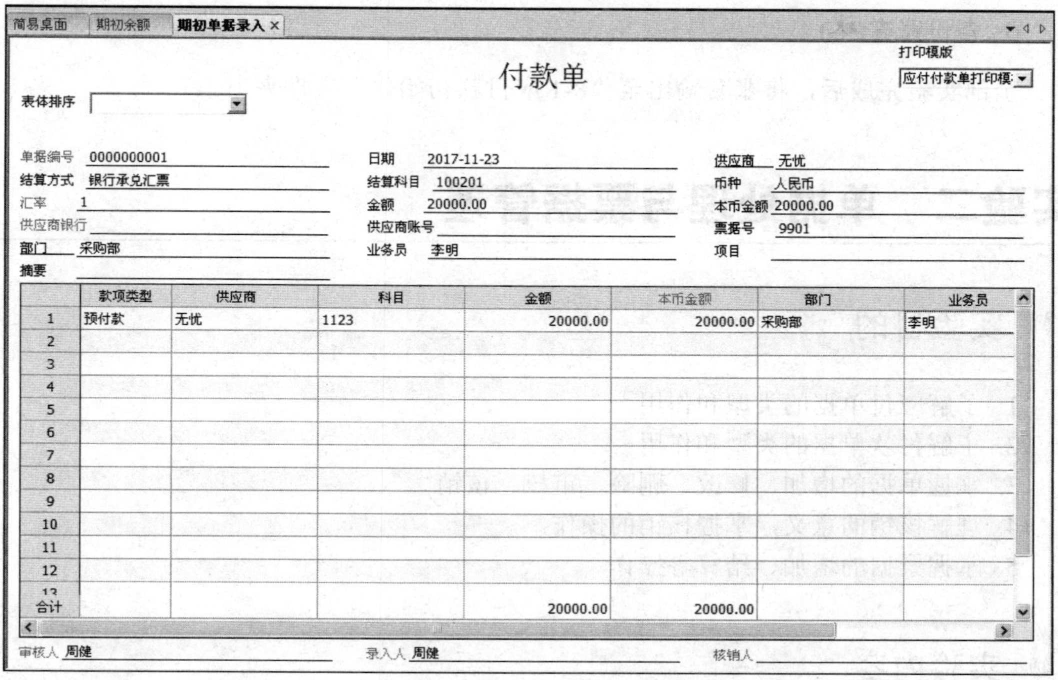

	款项类型	供应商	科目	金额	本币金额	部门	业务员
1	预付款	无忧	1123	20000.00	20000.00	采购部	李明
2							
3							
4							
5							
6							
7							
8							
9							
10							
11							
12							
合计				20000.00	20000.00		

图 8-10　录入期初预付款

(4) 期初对账　　**(微课视频：WZ080504.htm)**

① 在“期初余额明细表”窗口中，单击“对账”按钮，进入“期初对账”窗口，如图 8-11 所示。

科目		应付期初		总账期初		差额	
编号	名称	原币	本币	原币	本币	原币	本币
1123	预付账款	-20,000.00	-20,000.00	-20,000.00	-20,000.00	0.00	0.00
2201	应付票据	23,400.00	23,400.00	23,400.00	23,400.00	0.00	0.00
2202	应付账款	49,842.00	49,842.00	49,842.00	49,842.00	0.00	0.00
	合计		53,242.00		53,242.00		0.00

图 8-11　期初对账

② 查看应付系统与总账系统的期初余额是否平衡。

提示：

- 当完成全部应付款期初余额录入后，应通过“对账”功能将应付系统期初余额与总账系统期初余额进行核对。
- 应付系统与总账系统的期初余额的差额应为零，即两个系统的客户往来科目的期初余额应完全一致。
- 当第一个会计期已结账后，期初余额只能查询不能再修改。

6. 备份账套(略)

全部实验完成后，将账套输出至“8-1 应付款初始化”文件夹中。

实验二　单据处理与票据管理

实验目的

1. 了解应付单据的类型和作用。
2. 了解付款单据的类型和作用。
3. 掌握单据的增加、修改、删除、审核、核销。
4. 理解核销的意义，掌握核销的操作。
5. 掌握票据的增加、结算等操作。

实验内容

1. 录入应付单据、付款单据、商业承兑汇票。
2. 修改应付单据、付款单据。
3. 删除应收单据。
4. 核销收款单据。
5. 审核应收单据、收款单据并制单。
6. 商业承兑汇票贴现并制单。
7. 商业承兑汇票结算并制单。
8. 账套备份。

实验准备

引入“8-1 应付款初始化”账套数据。

实验资料

1. 2018 年 1 月 3 日，向大为公司签发并承兑商业承兑汇票一张(No.56561)，用以结算前期欠款。票据面值为 23 400 元，到期日为 2018 年 1 月 23 日。

要求：填制商业承兑汇票、审核付款单、生成凭证并核销应付款。

2. 2018 年 1 月 5 日，从北京无忧公司采购芯片 200 个，原币单价为 420 元，增值税税率为 17%(采购专用发票号码：668800)。

要求：填制采购专用发票，审核并生成凭证。

3. 2018 年 1 月 8 日，从杰信公司采购机壳 500 个，原币单价为 42 元，增值税税率为 17%(采购专用发票号码：668908)。收到物流公司运费专用发票一张(发票号：1881)，运费 80 元，税率 11%，价税合计 88.8 元，用现金支付。

要求：填制采购专用发票，审核并生成凭证。填制运费专用发票，审核并生成凭证。用现金支付运费并核销应付。

4. 2018 年 1 月 10 日，从大为公司采购摄像头 1000 个，原币单价为 78 元，增值税税率为 17%(采购专用发票号码：3451) 。

要求：填制采购专用发票，审核并生成凭证。

5. 2018 年 1 月 12 日，以转账支票支付向北京无忧公司购买芯片的部分货税款 50 000 元。

要求：填制付款单，审核并生成付款凭证。核销部分应付。

6. 2018 年 1 月 15 日，以电汇方式向大为公司支付 100 000 元，核销部分购买摄像头的货税款 91 260 元，余款 8740 元作为预付款。

要求：填制付款单，审核并生成付款凭证。部分核销应付款，部分形成预付款。

7. 2018 年 1 月 23 日，将 2018 年 1 月 3 日向大为公司签发并承兑的商业承兑汇票(No. 56561)进行结算。

8. 备份账套。

实验要求

以账套主管“001 周健”的身份进行单据处理与票据处理操作。

实验指导

1. 业务 1

(1) 填制商业承兑汇票　　**(微课视频：WZ080601.htm)**

① 在应付款管理系统中，执行“票据管理”命令，打开“查询条件选择”对话框。单击“确定”按钮，进入“票据管理”窗口。

② 单击“增加”按钮，进入“商业汇票”窗口。按业务资料输入各项信息，单击“保存”按钮，如图 8-12 所示。

提示：

- 保存一张商业票据之后，系统会自动生成一张付款单。这张付款单还需经过审核之后才能生成记账凭证。

- 由票据生成的付款单不能修改。
- 在“票据管理”功能中可以对商业承兑汇票和银行承兑汇票进行日常业务处理，包括票据的填制、结算、贴现、背书、转出、计息等。
- 商业承兑汇票不能有承兑银行，银行承兑汇票必须有承兑银行。

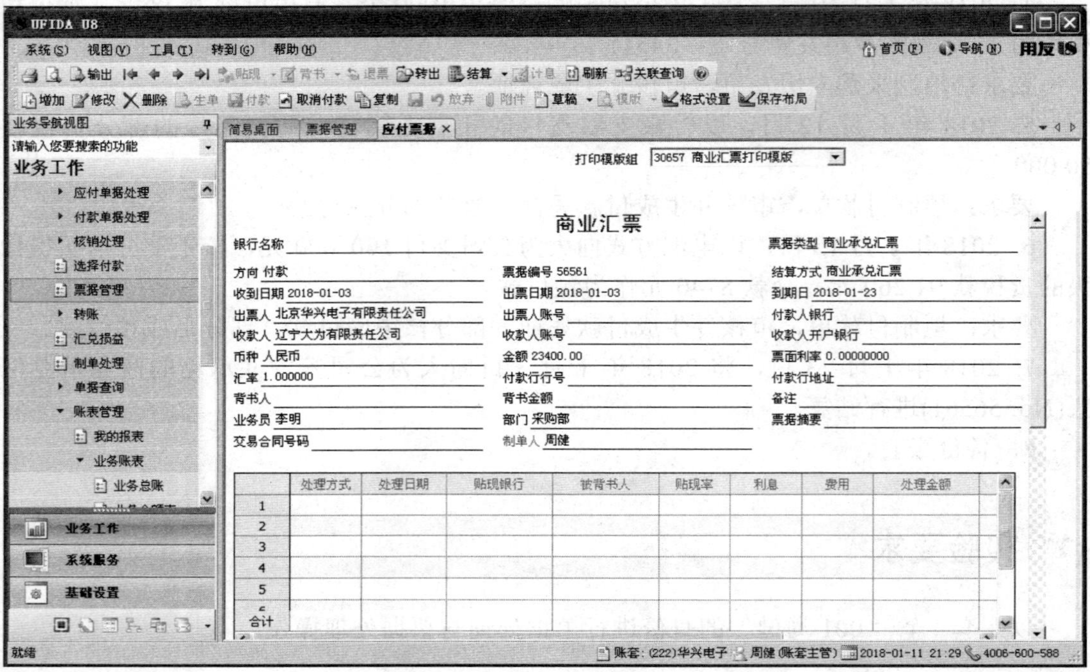

图 8-12 填制商业承兑汇票

(2) 审核商业承兑汇票生成的付款单 **(微课视频：WZ080602.htm)**

① 在应付款管理系统中，执行“付款单据处理”|“付款单据审核”命令，打开“付款单查询条件”对话框。

② 单击“确定”按钮，进入“收付款单列表”窗口。

③ 单击“全选”按钮，再单击“审核”按钮，审核付款单。

(3) 付款单制单 **(微课视频：WZ080603.htm)**

① 在应付款管理系统中，执行“制单处理”命令，打开“制单查询”对话框。

② 选中“收付款单制单”复选框，单击“确定”按钮，进入“收付款单制单”窗口。

③ 单击“全选”按钮，再单击“制单”按钮，生成记账凭证。

④ 修改凭证类别为“转账凭证”，再单击“保存”按钮，结果如图 8-13 所示。

(4) 核销应付 **(微课视频：WZ080604.htm)**

① 在应付款管理系统中，执行“核销处理”|“手工核销”命令，打开“核销条件”对话框。

② 在“供应商”栏中录入“大为”，单击“确定”按钮，进入“单据核销”窗口。

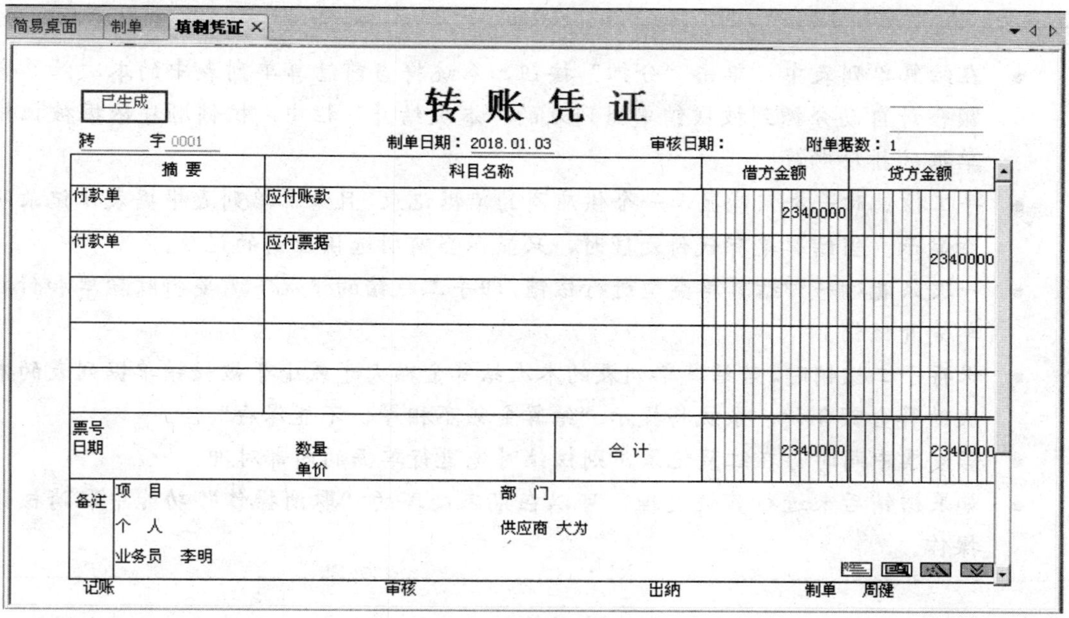

图 8-13 生成转账凭证

③ 在窗口上方的付款单的“本次结算”栏中录入“23 400”，在窗口下方的其他应付单的“本次结算”栏录入“23 400”，如图 8-14 所示。

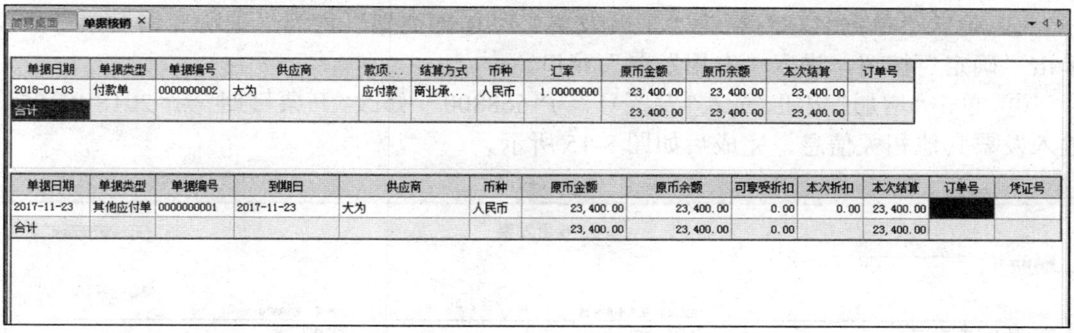

单据日期	单据类型	单据编号	供应商	款项...	结算方式	币种	汇率	原币金额	原币余额	本次结算	订单号
2018-01-03	付款单	0000000002	大为	应付款	商业承...	人民币	1.00000000	23,400.00	23,400.00	23,400.00	
合计								23,400.00	23,400.00	23,400.00	

单据日期	单据类型	单据编号	到期日	供应商	币种	原币金额	原币余额	可享受折扣	本次折扣	本次结算	订单号	凭证号
2017-11-23	其他应付单	0000000001	2017-11-23	大为	人民币	23,400.00	23,400.00	0.00	0.00	23,400.00		
合计						23,400.00	23,400.00	0.00		23,400.00		

图 8-14 核销

④ 单击“保存”按钮，再单击“退出”按钮退出。

提示：

- 在保存核销内容后，“单据核销”窗口中将不再显示已被核销的内容。
- 单据核销窗口中显示的是款项类型为应付款和预付款的记录，而款项类型为其他费用的记录不允许在此作为核销记录。
- 核销时，款项类型为应付款的记录默认本次结算金额为该记录上的原币金额；款项类型为预付款的记录默认的本次结算金额为空。核销时可以修改本次结算金额，但是不能大于该记录的原币金额。

- 在结算单列表中，单击“分摊”按钮，系统将当前结算单列表中的本次结算金额合计自动分摊到被核销单据列表的“本次结算”栏中。核销顺序依据被核销单据的排序顺序。
- 手工核销时一次只能显示一个供应商的单据记录，且结算单列表根据表体记录明细显示。当结算单有代付处理时，只显示当前所选供应商的记录。
- 一次只能对一种结算单类型进行核销，即手工核销的情况下需要将收款单和付款单分开核销。
- 保存手工核销时，若结算单列表的本次结算金额大于或小于被核销单据列表的本次结算金额合计，系统将提示“结算金额不相等，不能保存”。
- 若发票中同时存在红蓝记录，则核销时先进行单据的内部对冲。
- 如果核销后未进行其他处理，可以在期末处理的“取消操作”功能中取消核销操作。

2. 业务 2　**(微课视频：WZ080701.htm)**

① 在应付款管理系统中，执行“应付单据处理”|“应付单据录入”命令，打开“单据类别”对话框。

② 确认“单据名称”栏为“采购发票”，“单据类型”栏为“采购专用发票”后，单击“确定”按钮，进入“专用发票”窗口。

③ 单击“增加”按钮，录入“发票号”为“668800”，修改“开票日期”为“2018-01-05”；输入发票其他相关信息，完成后如图 8-15 所示。

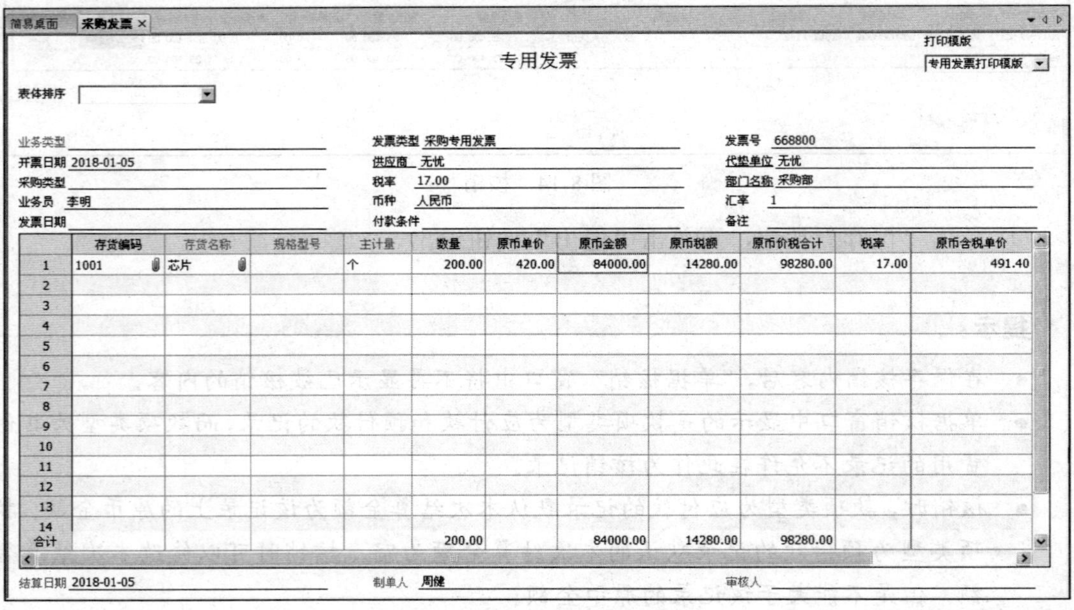

图 8-15　填制采购专用发票

提示：

- 采购发票与应付单是应付款管理系统日常核算的单据。如果应付款系统与采购系统集成使用，采购发票在采购管理系统中录入，则在应付系统中可以对这些单据进行查询、核销及制单等操作，此时应付系统需要录入的只限于应付单。
- 如果没有使用采购系统，则所有发票和应付单均需在应付系统中录入。
- 在不启用供应链的情况下，在应付款系统中只能对采购业务的资金流进行会计核算，即可以对应付款、已付款，以及采购情况进行核算；而其物流的核算，即存货入库成本的核算还需在总账系统中手工进行结转。
- 已审核的单据不能修改或删除，已生成凭证或进行过核销的单据在单据界面中不再显示。
- 在录入采购发票后可以直接进行审核，在直接审核后系统会提示："是否立即制单"，此时可以直接制单。如果录入采购发票后不直接审核，则可以在审核功能中审核，再到制单功能中制单。
- 已审核的单据在未进行其他处理之前应取消审核后再进行修改。

④ 单击"审核"按钮，系统弹出"是否立即制单？"信息提示框。

⑤ 单击"是"按钮，生成凭证。修改凭证类别，单击"保存"按钮，如图 8-16 所示。

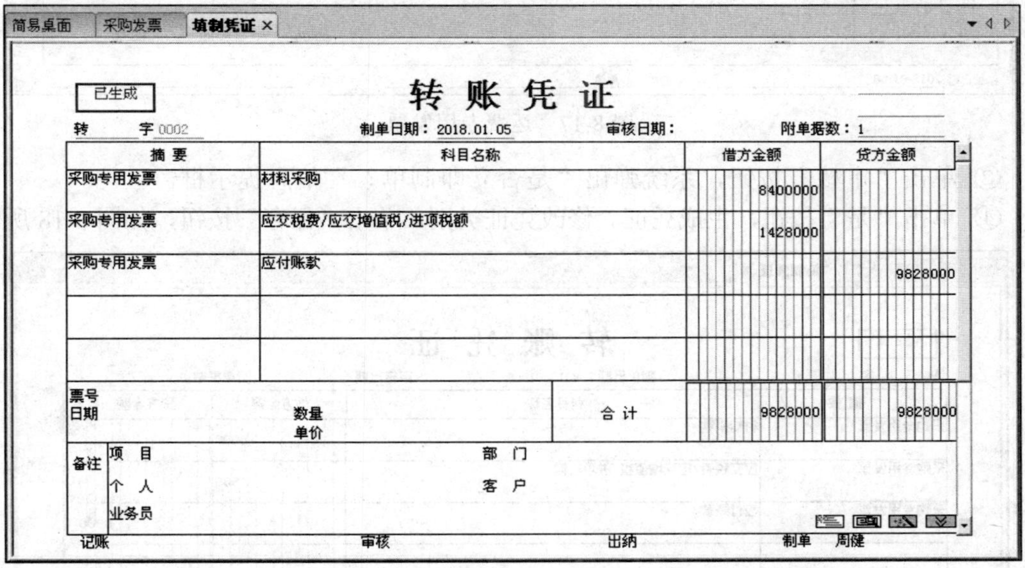
简易桌面 采购发票 填制凭证

已生成

转账凭证

转 字 0002 制单日期：2018.01.05 审核日期： 附单据数：1

摘要	科目名称	借方金额	贷方金额
采购专用发票	材料采购	8400000	
采购专用发票	应交税费/应交增值税/进项税额	1428000	
采购专用发票	应付账款		9828000
票号 日期	数量 单价 合计	9828000	9828000

备注 项目 部门 个人 客户 业务员

记账 审核 出纳 制单 周健

图 8-16 采购专用发票生成凭证

3. 业务 3

(1) 填制购买机壳的采购专用发票，审核并生成凭证 **(微课视频：WZ080801.htm)**

操作指导略。

(2) 填制运费发票、审核并生成凭证 **(微课视频：WZ080802.htm)**

① 在供应商档案中，增加"物流公司"作为第三方物流统称。相关信息如下：供

应商编码为“04”；供应商简称为“物流公司”；税率为“11%”；属性为“服务”；分管部门为“采购部”；专管业务员为“李明”。

② 在应付款管理系统中，执行“应付单据处理”|“应付单据录入”命令，选择采购专用发票，录入运费相关信息，单击“保存”按钮，如图 8-17 所示。

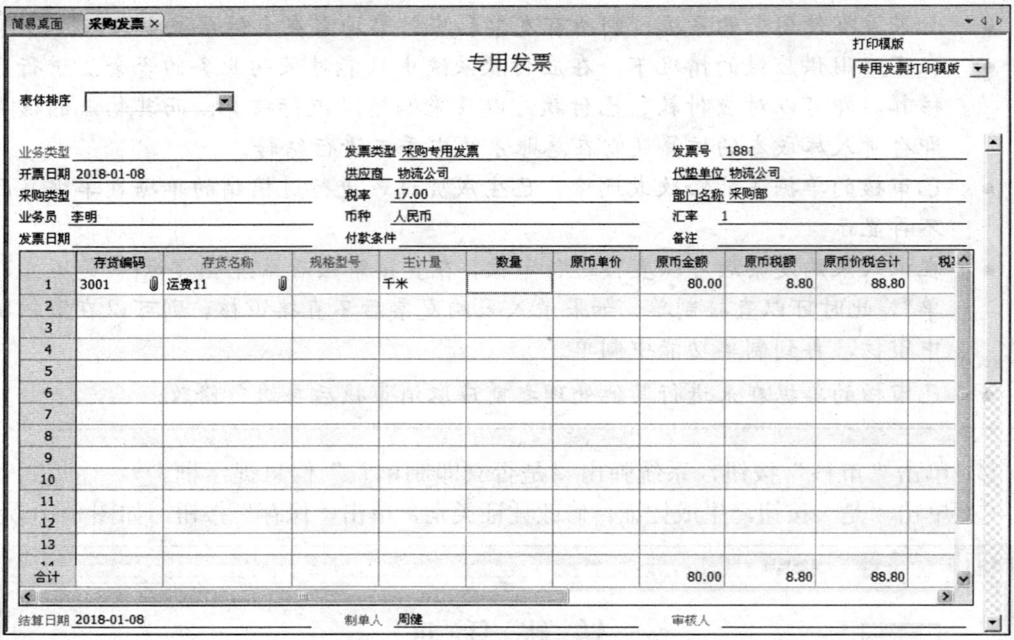

图 8-17　运费专用发票

③ 单击“审核”按钮，系统弹出“是否立即制单？”信息提示框。

④ 单击“是”按钮，生成凭证。修改凭证类别，单击“保存”按钮，如图 8-18 所示。

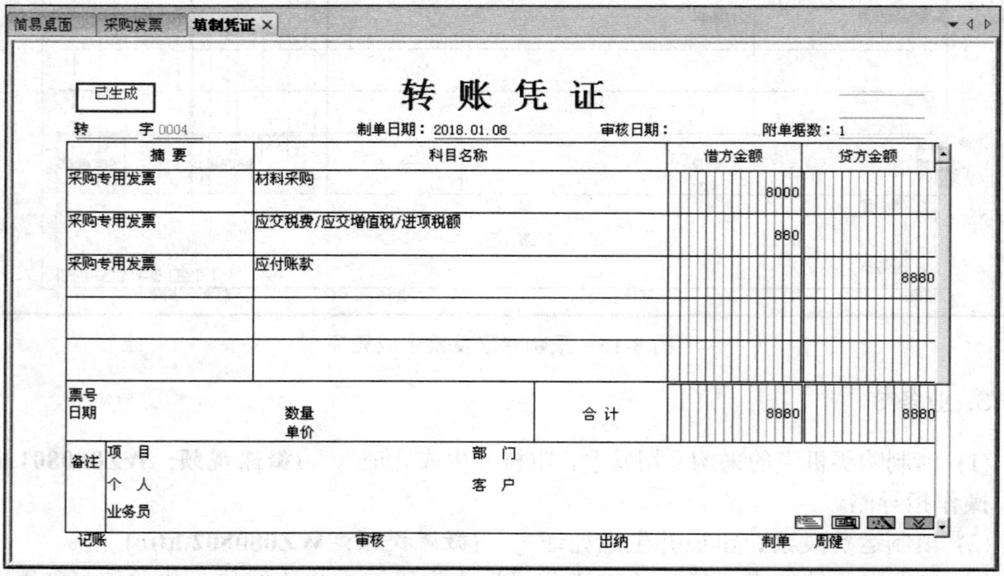

图 8-18　运费发票生成凭证

(3) 用现金支付运费并核销应付　　**(微课视频：WZ080803.htm)**

① 执行“付款单据处理”|“付款单据录入”命令，进入“付款单”窗口。

② 录入付款单相关信息，单击“保存”按钮，如图 8-19 所示。

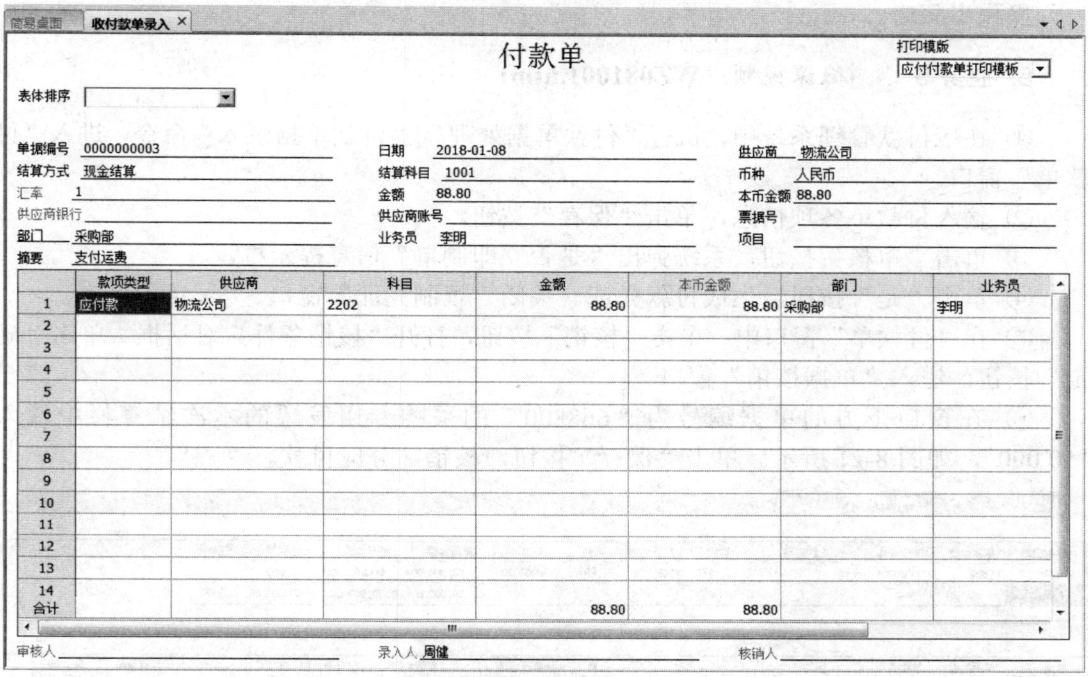

图 8-19　付款单

③ 单击“审核”按钮，系统弹出“是否立即制单”信息提示框。

④ 单击“是”按钮，生成付款凭证。

借：应付账款　　　　　　　88.8

　　贷：库存现金　　　　　　　88.8

(4) 核销应付　　**(微课视频：WZ080804.htm)**

① 关闭填制凭证窗口，在付款单窗口中单击“核销”按钮，打开“核销条件”对话框。

② 单击“确定”按钮，进入“单据核销”窗口。

③ 在窗口下方的采购专用发票本次结算栏中输入“88.8”，如图 8-20 所示。

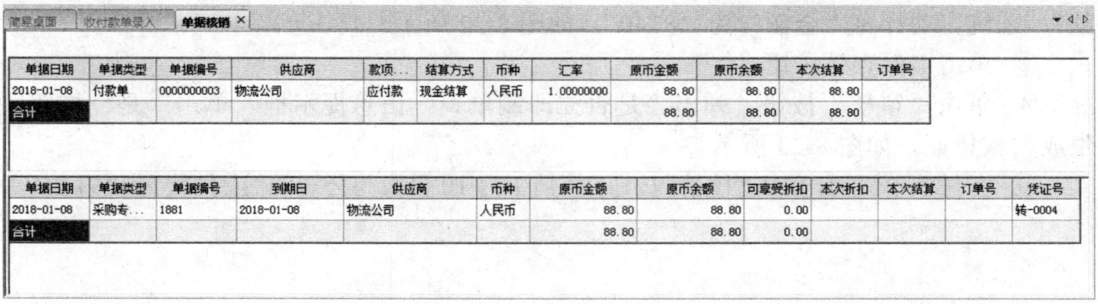

图 8-20　核销运费

④ 单击“保存”按钮。

4. 业务 4　　(**微课视频：WZ080901.htm**)

操作步骤略。

5. 业务 5　　(**微课视频：WZ081001.htm**)

① 在应付款管理系统中，执行“付款单据处理”|“付款单据录入”命令，进入“付款单”窗口。

② 输入付款单各项信息，单击“保存”按钮。

③ 单击“审核”按钮，系统弹出“是否立即制单”信息提示框。

④ 单击“是”按钮，生成付款凭证。关闭“填制凭证”窗口。

⑤ 在“付款单”窗口中，单击“核销”按钮，打开“核销条件”对话框。单击“确定”按钮，进入“单据核销”窗口。

⑥ 在窗口下方的单据编号为“668800”的采购专用发票的本次结算栏中输入“50 000”，如图 8-21 所示。单击“保存”按钮，核销部分应付款。

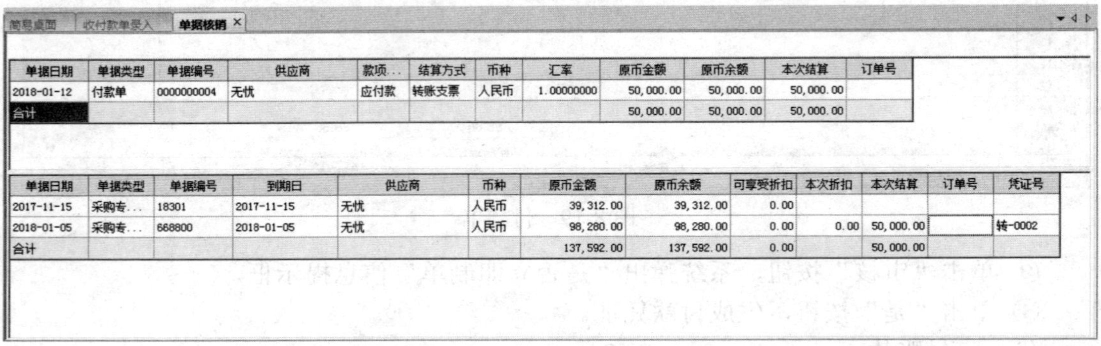

单据日期	单据类型	单据编号	供应商	款项...	结算方式	币种	汇率	原币金额	原币余额	本次结算	订单号
2018-01-12	付款单	0000000004	无忧	应付款	转账支票	人民币	1.00000000	50,000.00	50,000.00	50,000.00	
合计								50,000.00	50,000.00	50,000.00	

单据日期	单据类型	单据编号	到期日	供应商	币种	原币金额	原币余额	可享受折扣	本次折扣	本次结算	订单号	凭证号
2017-11-15	采购专...	18301	2017-11-15	无忧	人民币	39,312.00	39,312.00	0.00				
2018-01-05	采购专...	668800	2018-01-05	无忧	人民币	98,280.00	98,280.00	0.00	0.00	50,000.00		转-0002
合计						137,592.00	137,592.00	0.00		50,000.00		

图 8-21　核销部分应付款

6. 业务 6　　(**微课视频：WZ081101.htm**)

① 在应付款管理系统中，执行“付款单据处理”|“付款单据录入”命令，进入“付款单”窗口。

② 输入付款单表头中的各项信息。在付款单表体第 1 行的“款项类型”中选择“应付款”，输入“金额”为“91 260”；在付款单表体第 2 行的“款项类型”中选择“预付款”，系统自动计算“金额”为“8740”，如图 8-22 所示。

③ 单击“保存”按钮。

④ 单击“审核”按钮，弹出“是否立即制单？”信息提示框。单击“是”按钮，生成付款凭证，如图 8-23 所示。

⑤ 在付款单界面，单击“核销”按钮，核销 1 月 10 日大为公司的“应付款”为“91 260”。

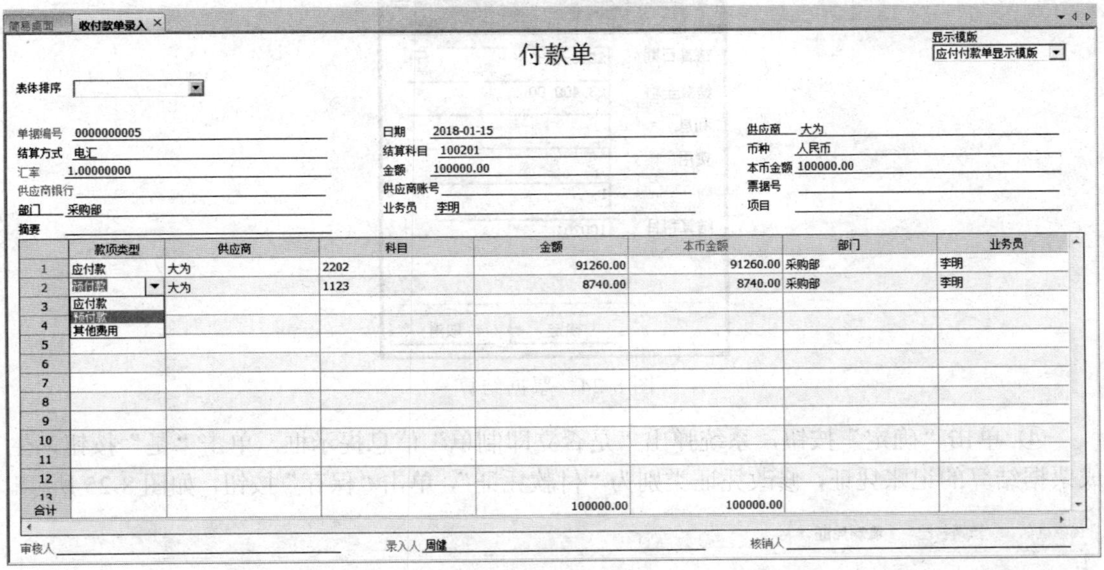

图 8-22　付款单部分为应付，部分为预付

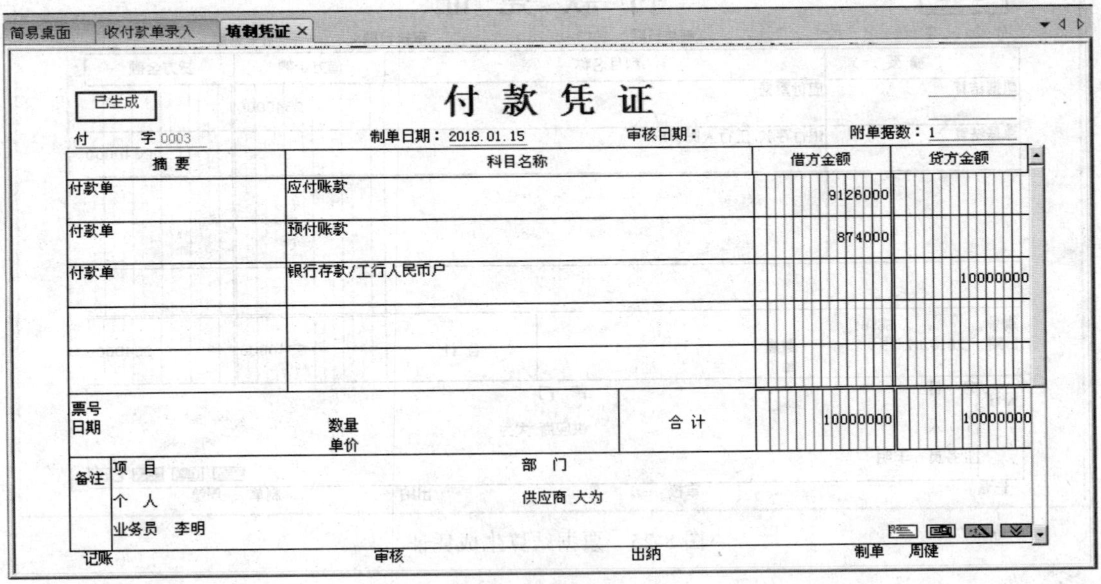

图 8-23　付款单生成凭证

7. 业务 7　　(微课视频：WZ081201.htm)

① 在应付款管理系统中，执行“票据管理”命令，打开“查询条件选择”对话框。单击“确定”按钮，进入“票据管理”窗口。

② 双击选中向大为公司签发并承兑的商业承兑汇票(No.56561)。单击“结算”按钮，打开“票据结算”对话框。

③ 修改“结算日期”为“2018-01-23”，录入“结算金额”为“23 400”；在“结算科目”栏录入或选择“100201”，如图 8-24 所示。

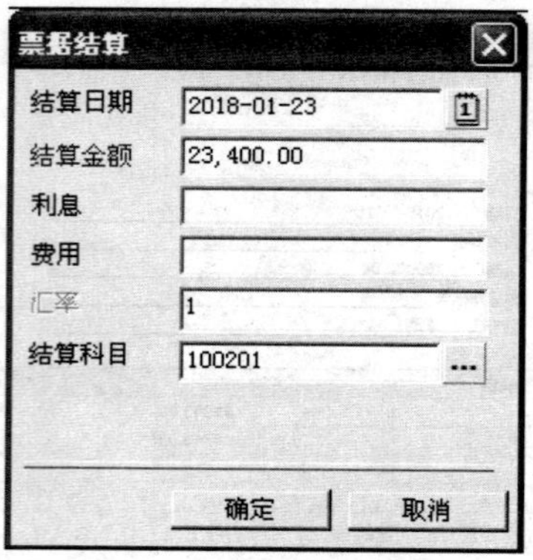

图 8-24　票据结算

④ 单击“确定”按钮，系统弹出“是否立即制单”信息提示框。单击“是”按钮，生成票据结算的记账凭证，修改凭证类别为“付款凭证”，单击“保存”按钮，如图 8-25 所示。

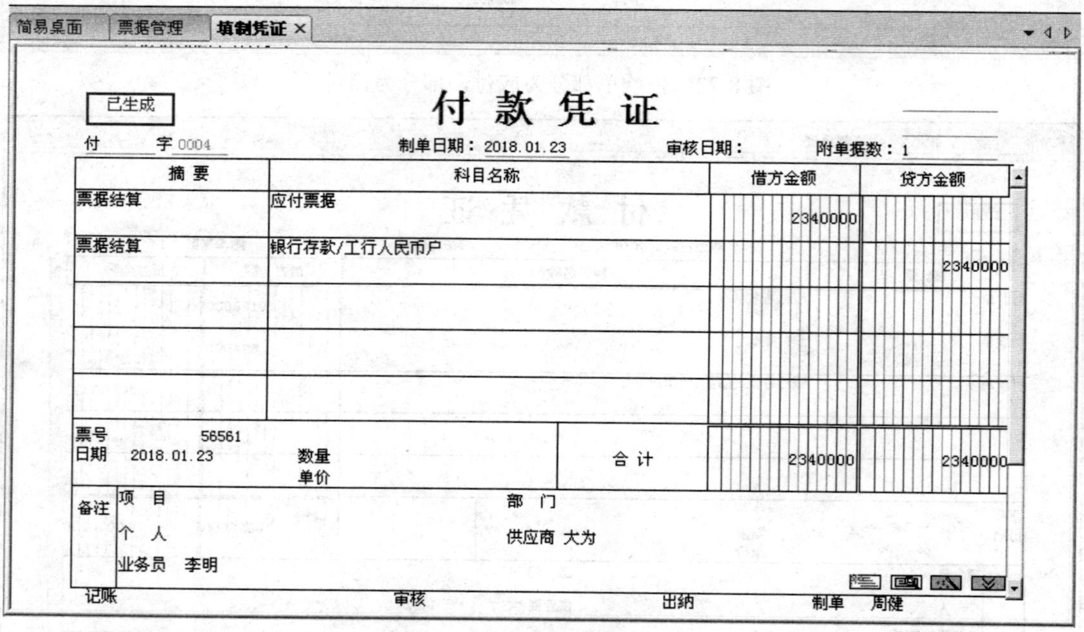

图 8-25　票据结算生成凭证

提示：

- 当票据到期付款时，执行票据结算处理。
- 进行票据结算时，结算金额应是通过结算实际支付的金额。
- 票据结算后，不能再进行其他与票据相关的处理。

8. **账套备份(略)**

全部实验完成后，将账套输出至“8-2 单据处理与票据处理”文件夹中。

实验三　转账处理、账表查询及其他处理

实验目的

1. 了解转账处理的类型。
2. 掌握账证查询的方法。
3. 了解取消操作。

实验内容

1. 转账处理并制单：应收冲应收、预收冲应收、红票对冲。
2. 账证查询。

实验准备

1. 将系统日期更改为“2018-01-31”。
2. 引入“8-2 单据处理与票据管理”账套数据。

实验资料

1. 应付冲应付

2018 年 1 月 25 日，经三方同意将 2017 年 11 月 18 日形成的应向“天津杰信公司”支付的货税款 10 530 元转为向大为公司的应付账款。

2. 预付冲应付

2018 年 1 月 25 日，经双方同意，用给大为公司的预付款 8740 元冲抵 25 日转入大为公司的 10 530 元中的部分应付款。

3. 单据查询

(1) 查询 1 月份的采购专用发票
(2) 查询 1 月份的收付款单
(3) 查询并删除 1 月 25 日辽宁大为公司预付冲应付业务生成的凭证

4. 进行统计分析

(1) 对供应商进行付款账龄分析
(2) 查询 2018 年 1 月的业务总账

(3) 查询科目明细账

5. 取消操作

取消辽宁大为公司预付冲应付的操作。

6. 月末结账

在应付款系统中，完成 2018 年 1 月的结账。

7. 账套备份

实验要求

以账套主管“001 周健”的身份进行转账处理、账表查询及其他处理。

实验指导

1. 应付冲应付　　**(微课视频：WZ081301.htm)**

① 在应收款管理系统中，执行“转账”|“应付冲应付”命令，进入“应付冲应付”窗口。

② 输入“日期”为“2018-01-25”；选择转出供应商为“03 天津杰信科技有限公司”，转入供应商为“02 辽宁大为有限责任公司”。

③ 单击“查询”按钮。系统列出转出户“杰信”未核销的应付款。

④ 在单据日期为“2017-11-18”的采购专用发票的并账金额处输入“10 530”，如图 8-26 所示。

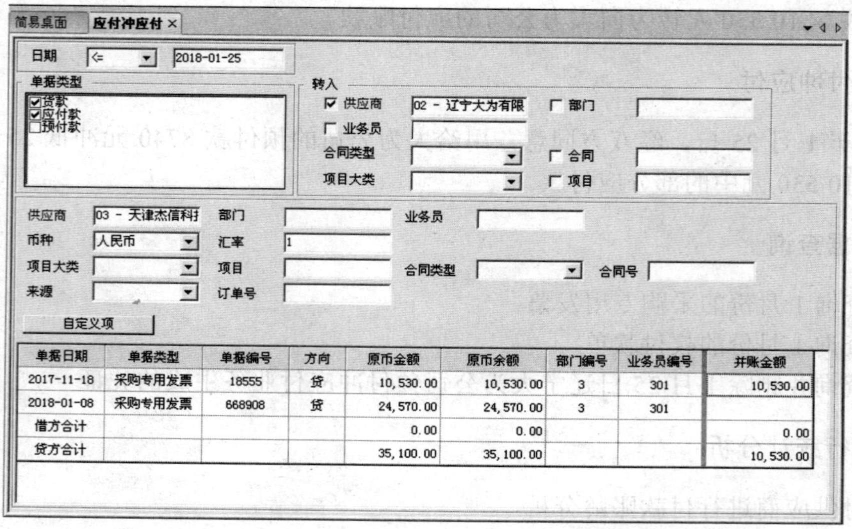

图 8-26　应付冲应付

⑤ 单击“保存”按钮。系统弹出“是否立即制单？”信息提示框。单击“是”按钮，生成凭证，如图 8-27 所示。

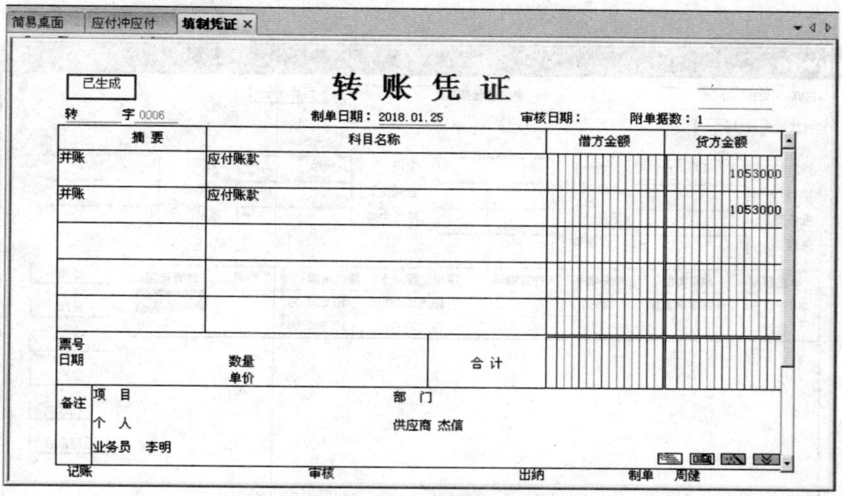

图 8-27　应付冲应付生成凭证

提示：

- 每一笔应付款的转账金额不能大于其余额。
- 每次只能选择一个转入单位。

2. 预付冲应付　　(微课视频：WZ081401.htm)

① 执行“转账”|“预付冲应付”命令，进入“预付冲应付”窗口。

② 单击“预付款”选项卡，选择“供应商”为“大为”。单击“过滤”按钮，系统列出该供应商的预付款，输入“转账金额”为“8740”，如图 8-28 所示。

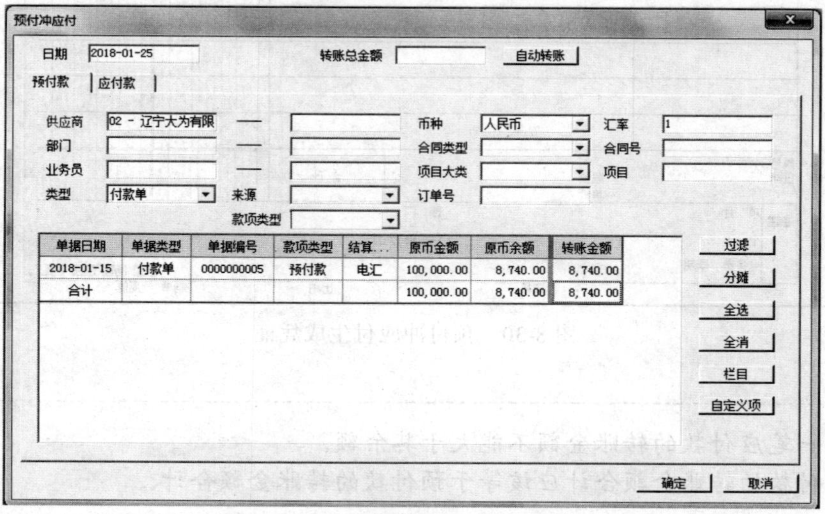

图 8-28　预付冲应付—预付款

③ 单击“应付款”选项卡。单击“过滤”按钮，系统列出该供应商的应付款，在单据日期为“2017-11-18”的采购专用发票一行输入应付转账金额为“8740”，如图 8-29 所示。

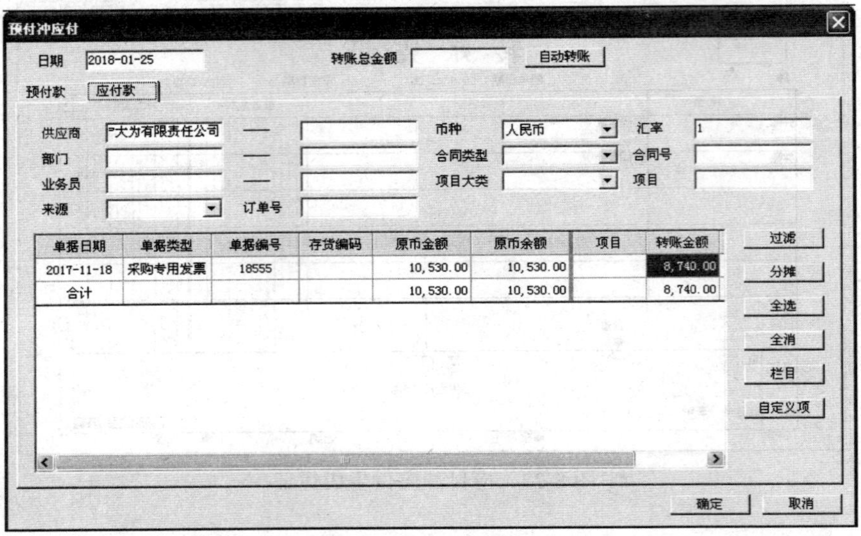

图 8-29 预付冲应付—应付款

④ 单击“确定”按钮，系统弹出“是否立即制单？”信息提示框，单击“是”按钮，生成凭证，如图 8-30 所示。

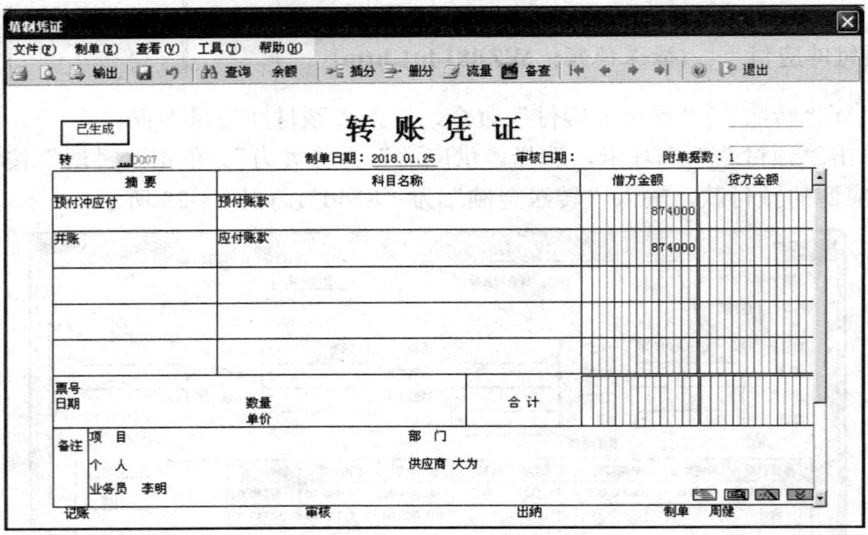

图 8-30 预付冲应付生成凭证

提示：

- 每一笔应付款的转账金额不能大于其余额。
- 应付款的转账金额合计应该等于预付款的转账金额合计。

3. 查询业务账表

(1) 查询 1 月份的采购专用发票　　**(微课视频：WZ081501.htm)**

① 在应付款管理系统中，执行“单据查询”|“发票查询”命令，打开“发票查询”对话框。

② 单击“发票类型”栏后的“参照”按钮，选择“采购专用发票”。

③ 单击“确定”按钮，进入“发票查询”窗口，如图 8-31 所示。

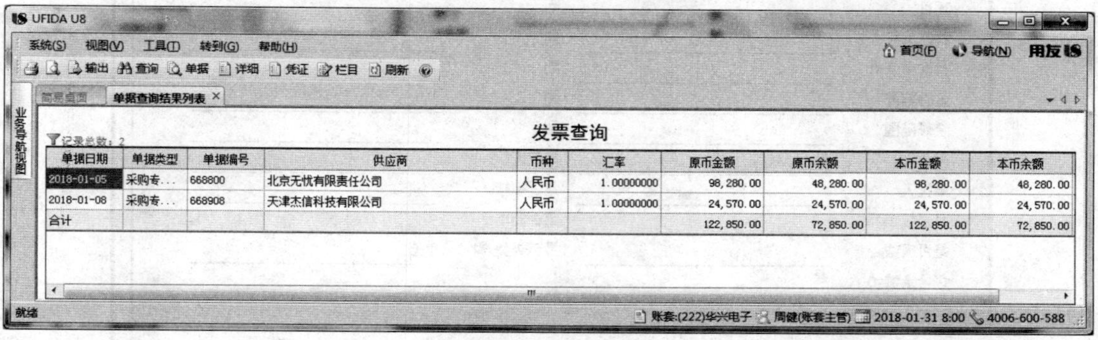

图 8-31　发票查询

④ 单击“退出”按钮退出。

提示：

- 在“发票查询”功能中可以分别查询“已审核”“未审核”“已核销”及“未核销”的发票，还可以按“发票号”“单据日期”“金额范围”或“余额范围”等条件进行查询。
- 在“发票查询”窗口中，单击“查询”按钮，可以重新输入查询条件；单击“单据”按钮，可以调出原始单据卡片；单击“详细”按钮，可以查看当前单据的详细结算情况；单击“凭证”按钮，可以查询单据所对应的凭证；单击“栏目”按钮，可以设置当前查询列表的显示栏目、栏目顺序、栏目名称、排序方式，并可以保存设置内容。

(2) 查询 1 月份的收付款单　　**(微课视频：WZ081502.htm)**

① 在应付款管理系统中，执行“单据查询”|“收付款单查询”命令，打开“收付款单查询”对话框。

② 在“收付款单查询”对话框的下方将“包含余额=0”选为“是”，如图 8-32 所示。

③ 单击“确定”按钮，进入“收付款单查询”窗口，如图 8-33 所示。

④ 单击“退出”按钮退出。

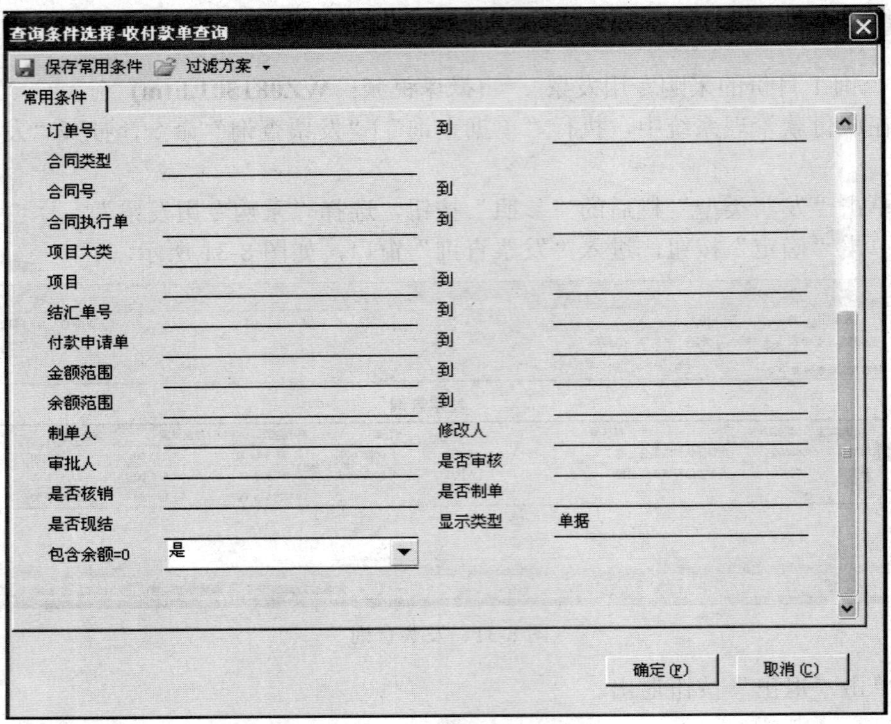

图 8-32　设置查询条件

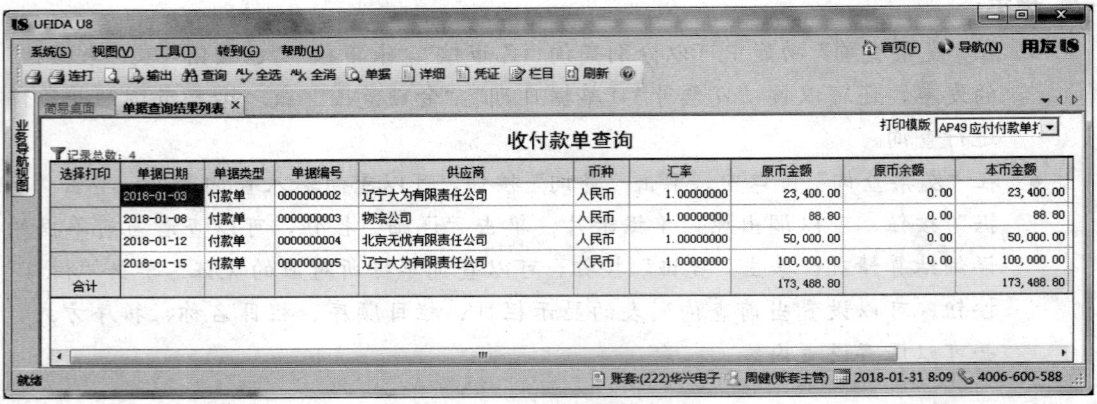

图 8-33　收付款单查询

提示：

- 在“收付款单查询”功能中可以分别查询“已核销”“未核销”“应付款”“预付款”及“费用”的收付款情况。还可以按“单据编号”“金额范围”“余额范围”或“单据日期”等条件进行查询。
- 在“收付款单查询”窗口中，也可以分别单击“查询”“详细”“单据”及“凭证”等按钮，查询到相应的内容。

(3) 删除 1 月 25 日辽宁大为公司预付冲应付业务生成的凭证　**(微课视频：WZ081503.htm)**

① 在应付款管理系统中，执行“单据查询”|“凭证查询”命令，打开“凭证查询条件”对话框。

② 单击“确定”按钮，进入“凭证查询”窗口。

③ 选中“2018-01-25”，预付冲应付记录行，单击“删除”按钮，系统弹出“确定要删除此凭证吗？”信息提示框，如图 8-34 所示。

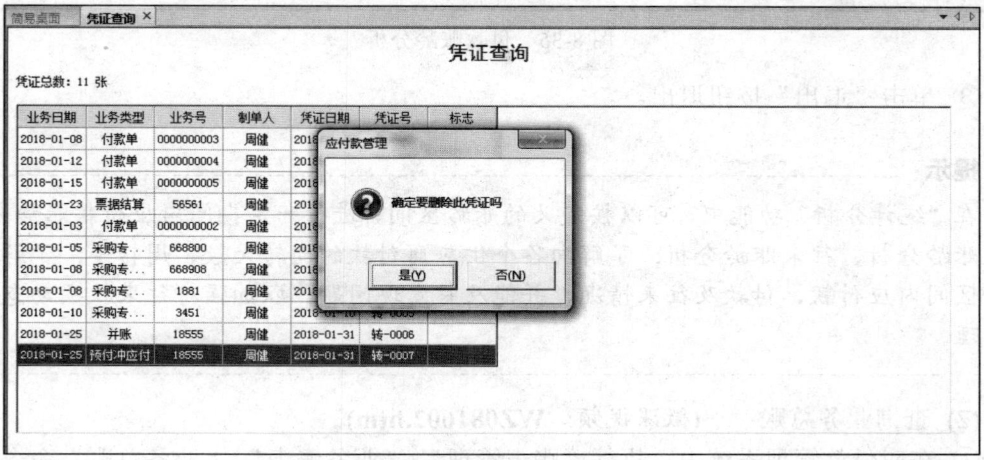

图 8-34　查询凭证并删除

④ 单击“是”按钮，该记录行被删除。

提示：

- 在“凭证查询”功能中，可以查看、修改、删除或冲销由应付款系统生成并传递到总账系统中的记账凭证。
- 如果凭证已经在总账系统中记账，又需要对形成凭证的原始单据进行修改，则可以通过冲销方式来冲销凭证，然后对原始单据进行其他操作后再重新生成凭证。
- 一张凭证被删除(或被冲销)后，它所对应的原始单据及相应的操作内容可以重新制单。
- 只有未在总账系统中审核的凭证才能删除。如果已经在总账系统中进行了出纳签字，应取消出纳签字后再进行删除操作。

4. 进行统计分析

(1) 付款账龄分析　**(微课视频：WZ081601.htm)**

① 在应付款管理系统中，执行“账表管理”|“统计分析”|“付款账龄分析”命令，打开“付款账龄分析”对话框。

② 单击“确定”按钮，进入“付款账龄分析”窗口，如图 8-35 所示。

付款账龄分析

供应商		金额	预付款		账期内		1-30		31-60		61-90	
编 号	名 称		金额	%	金额	%	金额	%	金额	%	金额	%
01	北京无忧有限责任公司	50,000.00					50,000.00	100.00				
02	辽宁大为有限责任公司	123,400.00	8,740.00	7.08			91,260.00	73.95	23,400.00	18.96		
04	物流公司	88.80			88.80	100.00						
合计：	数量	4			1	25.00	2	50.00	1	25.00		
合计：	金额	173,488.80	8,740.00	5.04	88.80	0.05	141,260.00	81.42	23,400.00	13.49		

图 8-35　付款账龄分析

③ 单击“退出”按钮退出。

提示：

在“统计分析”功能中，可以按定义的账龄区间，进行一定期间内应付款账龄分析、付款账龄分析、往来账龄分析；了解向各个供应商付款的周转天数、周转率；了解各个账龄区间内应付款、付款及往来情况，并能及时发现问题，以加强对往来款项动态的监督管理。

(2) 查询业务总账　　**(微课视频：WZ081602.htm)**

① 在应付款管理系统中，执行“账表管理”|“业务账表”|“业务总账”命令，打开“应付总账表”对话框。

② 单击“确定”按钮，进入“应付总账表”窗口，如图 8-36 所示。

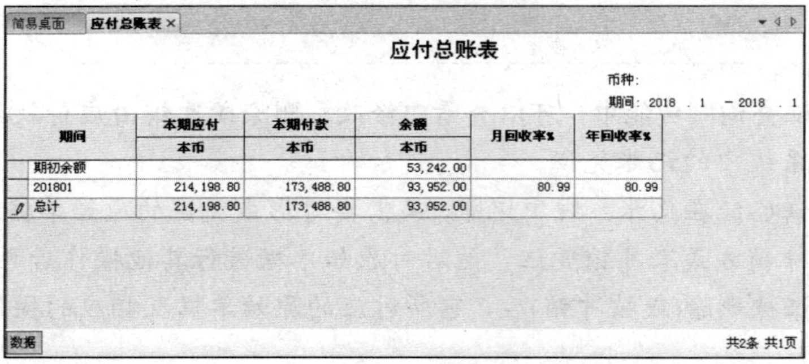

应付总账表

期间	本期应付	本期付款	余额	月回收率%	年回收率%
	本币	本币	本币		
期初余额			53,242.00		
201801	214,198.80	173,488.80	93,952.00	80.99	80.99
总计	214,198.80	173,488.80	93,952.00		

图 8-36　应付总账表

③ 单击“退出”按钮退出。

提示：

- 通过业务账表查询，可以及时地了解一定期间内期初应付款结存汇总情况，应付款发生、付款发生的汇总情况，累计情况及期末应付款结存汇总情况；还可以了解各个供应商期初应付款结存明细情况，应付款发生、付款发生的明细情况、累计情况及期末应付款结存明细情况，能及时发现问题，加强对往来款项的监督管理。

- 业务总账查询是对一定期间内应付款汇总情况的查询。在业务总账查询的应付总账表中不仅可以查询“本期应付”款，还可以查询“本期支付”应付款及应付款的“余额”情况。

(3) 查询科目明细账　　**(微课视频：WZ081603.htm)**

① 在应付款管理系统中，执行“账表管理”|“科目账查询”|“科目明细账”命令，打开“供应商往来科目明细账”对话框。

② 单击“确定”按钮，进入“科目明细账”窗口，如图 8-37 所示。

年	月	日	凭证号	科目 编号	科目 名称	供应商 编号	供应商 名称	摘要	借方 本币	贷方 本币	方向	余额 本币
				1123	预付账款	01	无忧	期初余额			借	20,000.00
2018	01	15	付-0003	1123	预付账款	02	大为	付款单	8,740.00		借	8,740.00
2018	01			1123	预付账款	02	大为	本月合计	8,740.00		借	8,740.00
2018	01			1123	预付账款	02	大为	本年累计	8,740.00		借	8,740.00
				1123	预付账款			合　计	8,740.00		借	28,740.00
				1123	预付账款			累　计	8,740.00		借	28,740.00
				2201	应付票据	02	大为	期初余额			贷	23,400.00
2018	01	03	转-0001	2201	应付票据	02	大为	付款单		23,400.00	贷	46,800.00
2018	01	23	付-0004	2201	应付票据	02	大为	票据结算	23,400.00		贷	23,400.00
2018	01			2201	应付票据	02	大为	本月合计	23,400.00	23,400.00	贷	23,400.00
2018	01			2201	应付票据	02	大为	本年累计	23,400.00	23,400.00	贷	23,400.00
				2201	应付票据			合　计	23,400.00	23,400.00	贷	23,400.00
				2201	应付票据			累　计	23,400.00	23,400.00	贷	23,400.00
				2202	应付账款	01	无忧	期初余额			贷	39,312.00
2018	01	05	转-0002	2202	应付账款	01	无忧	采购专用发票		98,280.00	贷	137,592.00
2018	01	12	付-0002	2202	应付账款	01	无忧	付款单	50,000.00		贷	87,592.00
2018	01			2202	应付账款	01	无忧	本月合计	50,000.00	98,280.00	贷	87,592.00
2018	01			2202	应付账款	01	无忧	本年累计	50,000.00	98,280.00	贷	87,592.00
2018	01	03	转-0001	2202	应付账款	02	大为	付款单	23,400.00		借	23,400.00

图 8-37　单位往来科目明细账

③ 单击“退出”按钮退出。

提示：

- 科目账查询包括科目明细账查询和科目余额表查询。
- 科目明细账查询可以查询供应商往来科目下往来供应商的往来明细账。细分为科目明细账、供应商明细账、三栏明细账、部门明细账、项目明细账、业务员明细账等。
- 科目余额表查询可以查询应付受控科目各个供应商的期初余额、本期借方发生额合计、本期贷方发生额合计及期末余额。细分为科目余额表、供应商余额表、三栏余额表、部门余额表、项目余额表、业务员余额表、供应商分类余额表及地区分类余额表。

5. 取消操作　　**(微课视频：WZ081701.htm)**

① 在应付款管理系统中，执行“其他处理”|“取消操作”命令，打开“取消操作

条件”对话框。

② 操作类型选择“预付冲应付”，单击“确定”按钮，进入“取消操作”窗口。

③ 双击“选择标志”栏或单击“全选”按钮，如图 8-38 所示。

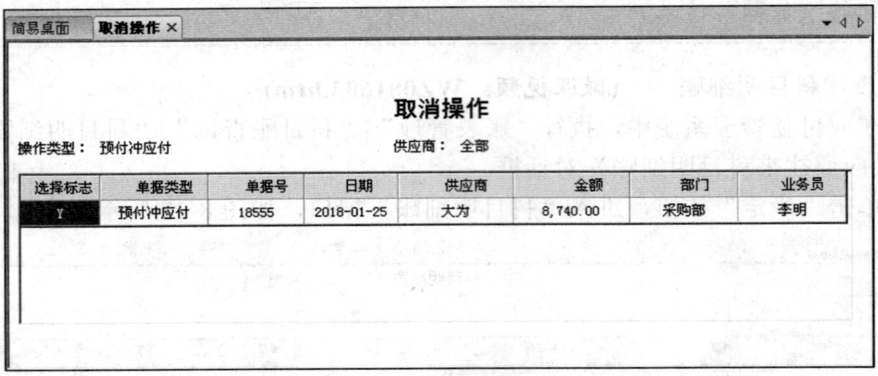

简易桌面
取消操作 ×
取消操作
操作类型： 预付冲应付
供应商： 全部
选择标志
单据类型
单据号
日期
供应商
金额
部门
业务员
Y
预付冲应付
18555
2018-01-25
大为
8,740.00
采购部
李明

图 8-38 取消操作

④ 单击“OK 确认”按钮。该记录不再显示。

提示：

- 取消操作类型包括取消核销、取消转账、取消汇兑损益、取消票据处理、取消并账等几类。
- 取消操作必须在未进行后序操作的情况下进行，如果已经进行了后序操作则应在恢复后序操作后再取消操作。

6. 月末结账 (微课视频：WZ081801.htm)

① 执行“期末处理”|“月末结账”命令，打开“月末处理”对话框。

② 双击 1 月的结账标志栏。单击“下一步”按钮，屏幕显示各处理类型的处理情况。

③ 在处理情况都是“是”的情况下，单击“完成”按钮，结账后，系统弹出提示“1 月份结账成功”。

④ 单击“确定”按钮。系统在 1 月份的“结账标志”栏中标识“已结账”字样。

提示：

- 如果当月业务已经全部处理完毕，应进行月末结账。只有当月结账后，才能开始下月的工作。
- 进行月末处理时，一次只能选择一个月进行结账，若前一个月未结账，则本月不能结账。
- 在执行了月末结账后，该月将不能再进行任何处理。

7. 账套备份(略)

全部完成后，将账套输出至“8-3 转账处理、账表查询及其他处理”文件夹中。

巩固提高

判断题：

1. 一张付款单可以核销多笔应付，也可以转为预付。（　　）
2. 核销时付款单上的结算金额必须大于等于应付单据上的结算金额。（　　）
3. 应付票据保存后直接生成付款单。（　　）
4. 只能针对逾期账龄区间进行设置。（　　）
5. 单据审核日期即为登录应付款管理系统的日期。（　　）
6. 如果本月的付款单还有未审核的，则不能结账。（　　）

选择题：

1. 应付款管理系统的控制科目包括(　　)。

A. 应付票据　　B. 应付账款　　C. 其他应付款　　D. 预付账款

2. 应付款管理系统的付款单据是指(　　)。

A. 采购发票　　B. 付款单　　C. 应付单　　D. 应付票据

3. 应付款管理系统的期初余额可以哪种单据形式录入？(　　)

A. 采购发票　　B. 应付单　　C. 付款单　　D. 凭证

4. 针对应付票据，系统提供以下哪些功能？(　　)

A. 背书　　B. 计息　　C. 转出　　D. 贴现

5. 如果应付款管理系统不与采购管理系统集成使用，则应付款管理系统中的应付单据包括(　　)。

A. 采购发票　　B. 付款单　　C. 应付单　　D. 应付票据

6. 应付款管理系统中可以取消的操作包括(　　)。

A. 核销　　B. 转账处理　　C. 坏账处理　　D. 制单处理

问答题：

1. 应付款系统的主要功能有哪些？
2. 应付单据包括哪几种类型？各用来记录什么？
3. 核销分为哪几种情况？
4. 应付现结制单的含义是什么？
5. 应付转账处理包括哪几种类型？
6. 应付款管理系统生成的凭证在总账系统中可以进行哪些操作？

附录 1

企业会计信息化工作规范

第一章　总　　则

第一条 为推动企业会计信息化，节约社会资源，提高会计软件和相关服务质量，规范信息化环境下的会计工作，根据《中华人民共和国会计法》《财政部关于全面推进我国会计信息化工作的指导意见》(财会〔2009〕6 号)，制定本规范。

第二条 本规范所称会计信息化，是指企业利用计算机、网络通信等现代信息技术手段开展会计核算，以及利用上述技术手段将会计核算与其他经营管理活动有机结合的过程。

本规范所称会计软件，是指企业使用的，专门用于会计核算、财务管理的计算机软件、软件系统或者其功能模块。会计软件具有以下功能：

(一) 为会计核算、财务管理直接采集数据；

(二) 生成会计凭证、账簿、报表等会计资料；

(三) 对会计资料进行转换、输出、分析、利用。

本规范所称会计信息系统，是指由会计软件及其运行所依赖的软硬件环境组成的集合体。

第三条 企业(含代理记账机构，下同)开展会计信息化工作，软件供应商(含相关咨询服务机构，下同)提供会计软件和相关服务，适用本规范。

第四条 财政部主管全国企业会计信息化工作，主要职责包括：

(一) 拟订企业会计信息化发展政策；

(二) 起草、制定企业会计信息化技术标准；

(三) 指导和监督企业开展会计信息化工作；

(四) 规范会计软件功能。

第五条 县级以上地方人民政府财政部门管理本地区企业会计信息化工作，指导和监督本地区企业开展会计信息化工作。

第二章 会计软件和服务

第六条 会计软件应当保障企业按照国家统一会计准则制度开展会计核算，不得有违背国家统一会计准则制度的功能设计。

第七条 会计软件的界面应当使用中文并且提供对中文处理的支持，可以同时提供外国或者少数民族文字界面对照和处理支持。

第八条 会计软件应当提供符合国家统一会计准则制度的会计科目分类和编码功能。

第九条 会计软件应当提供符合国家统一会计准则制度的会计凭证、账簿和报表的显示和打印功能。

第十条 会计软件应当提供不可逆的记账功能，确保对同类已记账凭证的连续编号，不得提供对已记账凭证的删除和插入功能，不得提供对已记账凭证日期、金额、科目和操作人的修改功能。

第十一条 鼓励软件供应商在会计软件中集成可扩展商业报告语言(XBRL)的功能，便于企业生成符合国家统一标准的 XBRL 财务报告。

第十二条 会计软件应当具有符合国家统一标准的数据接口，满足外部会计监督需要。

第十三条 会计软件应当具有会计资料归档功能，提供导出会计档案的接口，在会计档案存储格式、元数据采集、真实性与完整性保障方面，符合国家有关电子文件归档与电子档案管理的要求。

第十四条 会计软件应当记录生成用户操作日志，确保日志的安全、完整，提供按操作人员、操作时间和操作内容查询日志的功能，并能以简单易懂的形式输出。

第十五条 以远程访问、云计算等方式提供会计软件的供应商，应当在技术上保证客户会计资料的安全、完整。对于因供应商原因造成客户会计资料泄露、毁损的，客户可以要求供应商承担赔偿责任。

第十六条 客户以远程访问、云计算等方式使用会计软件生成的电子会计资料归客户所有。

软件供应商应当提供符合国家统一标准的数据接口供客户导出电子会计资料，不得以任何理由拒绝客户导出电子会计资料的请求。

第十七条 以远程访问、云计算等方式提供会计软件的供应商，应当做好本厂商不能维持服务的情况下，保障企业电子会计资料安全以及企业会计工作持续进行的预案，并在相关服务合同中与客户就该预案做出约定。

第十八条 软件供应商应当努力提高会计软件相关服务质量，按照合同约定及时解决用户使用中的故障问题。

会计软件存在影响客户按照国家统一会计准则制度进行会计核算问题的，软件供应商应当为用户免费提供更正程序。

第十九条 鼓励软件供应商采用呼叫中心、在线客服等方式为用户提供实时技术支持。

第二十条 软件供应商应当就如何通过会计软件开展会计监督工作，提供专门教程和相关资料。

第三章 企业会计信息化

第二十一条 企业应当充分重视会计信息化工作，加强组织领导和人才培养，不断推进会计信息化在本企业的应用。

除本条第三款规定外，企业应当指定专门机构或者岗位负责会计信息化工作。

未设置会计机构和配备会计人员的企业，由其委托的代理记账机构开展会计信息化工作。

第二十二条 企业开展会计信息化工作，应当根据发展目标和实际需要，合理确定建设内容，避免投资浪费。

第二十三条 企业开展会计信息化工作，应当注重信息系统与经营环境的契合，通过信息化推动管理模式、组织架构、业务流程的优化与革新，建立健全适应信息化工作环境的制度体系。

第二十四条 大型企业、企业集团开展会计信息化工作，应当注重整体规划，统一技术标准、编码规则和系统参数，实现各系统的有机整合，消除信息孤岛。

第二十五条 企业配备的会计软件应当符合本规范第二章要求。

第二十六条 企业配备会计软件，应当根据自身技术力量以及业务需求，考虑软件功能、安全性、稳定性、响应速度、可扩展性等要求，合理选择购买、定制开发、购买与开发相结合等方式。

定制开发包括企业自行开发、委托外部单位开发、企业与外部单位联合开发。

第二十七条 企业通过委托外部单位开发、购买等方式配备会计软件，应当在有关合同中约定操作培训、软件升级、故障解决等服务事项，以及软件供应商对企业信息安全的责任。

第二十八条 企业应当促进会计信息系统与业务信息系统的一体化，通过业务的处理直接驱动会计记账，减少人工操作，提高业务数据与会计数据的一致性，实现企业内部信息资源共享。

第二十九条 企业应当根据实际情况，开展本企业信息系统与银行、供应商、客户等外部单位信息系统的互联，实现外部交易信息的集中自动处理。

第三十条 企业进行会计信息系统前端系统的建设和改造，应当安排负责会计信息化工作的专门机构或者岗位参与，充分考虑会计信息系统的数据需求。

第三十一条 企业应当遵循企业内部控制规范体系要求，加强对会计信息系统规划、设计、开发、运行、维护全过程的控制，将控制过程和控制规则融入会计信息系统，实现对违反控制规则情况的自动防范和监控，提高内部控制水平。

第三十二条 对于信息系统自动生成且具有明晰审核规则的会计凭证，可以将审核规则嵌入会计软件，由计算机自动审核。未经自动审核的会计凭证，应当先经人工审核再进行后续处理。

第三十三条 处于会计核算信息化阶段的企业，应当结合自身情况，逐步实现资金管理、资产管理、预算控制、成本管理等财务管理信息化。

处于财务管理信息化阶段的企业，应当结合自身情况，逐步实现财务分析、全面预算管理、风险控制、绩效考核等决策支持信息化。

第三十四条 分公司、子公司数量多、分布广的大型企业、企业集团应当探索利用信息技术促进会计工作的集中，逐步建立财务共享服务中心。

实行会计工作集中的企业以及企业分支机构，应当为外部会计监督机构及时查询和调阅异地储存的会计资料提供必要条件。

第三十五条 外商投资企业使用的境外投资者指定的会计软件或者跨国企业集团统一部署的会计软件，应当符合本规范第二章要求。

第三十六条 企业会计信息系统数据服务器的部署应当符合国家有关规定。数据服务器部署在境外的，应当在境内保存会计资料备份，备份频率不得低于每月一次。境内备份的会计资料应当能够在境外服务器不能正常工作时，独立满足企业开展会计工作的需要以及外部会计监督的需要。

第三十七条 企业会计资料中对经济业务事项的描述应当使用中文，可以同时使用外国或者少数民族文字对照。

第三十八条 企业应当建立电子会计资料备份管理制度，确保会计资料的安全、完整和会计信息系统的持续、稳定运行。

第三十九条 企业不得在非涉密信息系统中存储、处理和传输涉及国家秘密，关系国家经济信息安全的电子会计资料；未经有关主管部门批准，不得将其携带、寄运或者传输至境外。

第四十条 企业内部生成的会计凭证、账簿和辅助性会计资料，同时满足下列条件的，可以不输出纸面资料：

(一) 所记载的事项属于本企业重复发生的日常业务；

(二) 由企业信息系统自动生成；

(三) 可及时在企业信息系统中以人类可读形式查询和输出；

(四) 企业信息系统具有防止相关数据被篡改的有效机制；

(五) 企业对相关数据建立了电子备份制度，能有效防范自然灾害、意外事故和人为破坏的影响；

(六) 企业对电子和纸面会计资料建立了完善的索引体系。

第四十一条 企业获得的需要外部单位或者个人证明的原始凭证和其他会计资料，同时满足下列条件的，可以不输出纸面资料：

(一) 会计资料附有外部单位或者个人的、符合《中华人民共和国电子签名法》的可靠的电子签名；

(二) 电子签名经符合《中华人民共和国电子签名法》的第三方认证；

(三) 满足第四十条第(一)项、第(三)项、第(五)项和第(六)项规定的条件。

第四十二条　企业会计资料的归档管理，遵循国家有关会计档案管理的规定。

第四十三条　实施企业会计准则通用分类标准的企业，应当按照有关要求向财政部报送 XBRL 财务报告。

第四章　监　　督

第四十四条　企业使用会计软件不符合本规范要求的，由财政部门责令限期改正。限期不改的，财政部门应当予以公示，并将有关情况通报同级相关部门或其派出机构。

第四十五条　财政部采取组织同行评议，向用户企业征求意见等方式对软件供应商提供的会计软件遵循本规范的情况进行检查。

省、自治区、直辖市人民政府财政部门发现会计软件不符合本规范规定的，应当将有关情况报财政部。

任何单位和个人发现会计软件不符合本规范要求的，有权向所在地省、自治区、直辖市人民政府财政部门反映，财政部门应当根据反映开展调查，并按本条第二款规定处理。

第四十六条　软件供应商提供的会计软件不符合本规范要求的，财政部可以约谈该供应商主要负责人，责令限期改正。限期内未改正的，由财政部予以公示，并将有关情况通报相关部门。

第五章　附　　则

第四十七条　省、自治区、直辖市人民政府财政部门可以根据本规范制定本地区具体实施办法。

第四十八条　自本规范施行之日起，《会计核算软件基本功能规范》(财会字〔1994〕27 号)、《会计电算化工作规范》(财会字〔1996〕17 号)不适用于企业及其会计软件。

第四十九条　本规范自 2014 年 1 月 6 日起施行，1994 年 6 月 30 日财政部发布的《商品化会计核算软件评审规则》(财会字〔1994〕27 号)、《会计电算化管理办法》(财会字〔1994〕27 号)同时废止。

附录 2

综合实验

实验一　系统管理与基础设置

实验准备

正确安装用友 U8V10.1 版软件，将系统日期修改为"2017 年 1 月 31 日"。

实验要求

- 增加用户。
- 建立账套(不进行系统启用的设置)。
- 设置用户权限。
- 801 号操作员在企业应用平台中分别启用"总账""应收款管理""应付款管理""固定资产"及"薪资管理"和"计件工资"，启用日期为 2017 年 1 月 1 日。
- 设置部门档案、人员类别、职员档案、供应商分类、供应商档案、客户档案。
- 备份账套。

实验资料

1. 操作员及其权限(如表 1 所示)

表 1　操作员及其权限

编　号	姓　名	口　令	所属部门	角　色	权　限
801	陈琴	C01	财务部	账套主管	账套主管的全部权限
802	齐瑞	C02	财务部		总账、公用目录设置
803	田丽	C03	财务部		总账系统中出纳签字(GL0203)及出纳(GL04)的所有权限

2. 账套信息

账套号：800
单位名称：尚勤股份有限公司
单位简称：尚勤公司
单位地址：北京市东四环路 588 号
法人代表：王伟
邮政编码：100055
税号：100011010255889
启用会计期：2017 年 1 月
企业类型：工业
行业性质：2007 年新会计制度科目
账套主管：陈琴
基础信息：对供应商进行分类
分类编码方案如下。
科目编码级次：4222
供应商分类编码级次：123
部门编码级次：122

3. 部门档案(如表 2 所示)

表 2　部门档案

部门编码	部门名称
1	办公室
2	财务部
3	人事部
4	供销中心
401	采购部
402	销售部
5	生产车间

4. 人员类别

在职人员分为企业管理人员、销售人员和生产人员。

5. 人员档案(如表3所示)

表3 人员档案

人员编码	人员姓名	性别	人员类别	行政部门	是否业务员
001	王伟	男	企业管理人员	办公室	是
002	刘淼	男	企业管理人员	办公室	
003	陈琴	女	企业管理人员	财务部	
004	齐瑞	女	企业管理人员	财务部	
005	田丽	女	企业管理人员	财务部	
006	邱宁	女	企业管理人员	采购部	是
007	马红	女	销售人员	销售部	是
008	刘辉	男	生产人员	生产车间	

6. 供应商分类(如表4所示)

表4 供应商分类

类别编码	类别名称
1	主料供应商
2	配件供应商

7. 供应商档案(如表5所示)

表5 供应商档案

供应商编码	供应商名称/简称	所属分类	税号	分管部门	专管业务员
01	发达公司	1 主料供应商	110287346578901	采购部	邱宁
02	金鑫集团	2 配件供应商	110548357210879	采购部	邱宁

8. 客户档案(如表6所示)

表6 客户档案

客户编码	客户名称/简称	税号	分管部门	专管业务员
01	北进公司	430432432894444	销售部	马红
02	南达公司	225832700549999	销售部	马红

实验二　总账系统初始化

实验准备

已经完成了实验一的操作。将系统日期修改为“2017 年 1 月 31 日”，由 801 号操作员注册进入企业应用平台进行操作。

实验要求

- 设置会计科目。
- 指定会计科目。
- 设置凭证类别。
- 设置选项。
- 输入期初余额。
- 设置结算方式。
- 设置项目目录。
- 账套备份。

实验资料

1. 会计科目

(1) “1001 库存现金”为现金总账科目、“1002 银行存款”为银行总账科目。

(2) 增加会计科目(如表 7 所示)

表 7　增加的会计科目

科 目 编 码	科 目 名 称	辅助账类型
100201	建行存款	日记账、银行账
122101	职工个人借款	个人往来
660201	差旅费	部门核算
660202	办公费	部门核算
660203	工资	部门核算
660204	福利费	部门核算
660205	折旧费	部门核算
660206	其他	

(3) 修改会计科目

“1121 应收票据”“1122 应收账款”“2203 预收账款”科目辅助账类型为“客户往来”(受控系统为应收系统)。

“2201 应付票据”“2202 应付账款”“1123 预付账款”科目辅助账类型为“供应商往来”(受控系统为应付系统)。

“1605 工程物资”科目及所属明细科目辅助账类型为“项目核算”。

2. 凭证类别(如表 8 所示)

表8 凭证类别

类别名称	限制类型	限制科目
收款凭证	借方必有	1001，1002
付款凭证	贷方必有	1001，1002
转账凭证	凭证必无	1001，1002

3. 选项

不允许修改、作废他人填制的凭证；出纳凭证必须由出纳签字；可以使用应收、应付系统的受控科目。

4. 期初余额

库存现金：5000 元(借)
建行存款：150 000 元(借)
应收账款：20 000 元(借)北进公司
预付账款：20 000 元(借)发达公司
职工个人借款——王伟：3000 元(借)
固定资产：850 000 元
累计折旧：98 000 元
库存商品：50 000 元(借)
短期借款：100 000 元(贷)
长期借款：300 000 元(贷)
实收资本：600 000 元(贷)

5. 结算方式

结算方式包括现金结算、现金支票结算、转账支票结算及其他结算。

6. 项目目录

项目大类为“工程”；核算科目为“工程物资”及明细科目；项目内容为“住宅楼”和“写字楼”，其中“写字楼”包括“1 号楼”和“2 号楼”两项工程。

实验三　总账系统日常业务处理

实验准备

已经完成了实验二的操作。将系统日期修改为“2017 年 1 月 31 日”。

实验要求

- 由 801 号操作员设置常用摘要并审核凭证；由 802 号操作员对除设置常用摘要、审核凭证和出纳签字以外的业务进行操作；由 803 号操作员进行出纳签字。
- 设置账套参数。
- 填制凭证。
- 审核凭证。
- 出纳签字。
- 修改第 2 号付款凭证的金额为 51 000 元。
- 删除第 1 号收款凭证并整理断号。
- 设置常用凭证。
- 记账。
- 查询已记账的第 1 号转账凭证。
- 银行对账。
- 定义转账分录。
- 生成机制凭证。
- 对账。
- 冲销第 1 号付款凭证。

实验资料

1. 常用摘要(如表 9 所示)

表 9　常用摘要

摘 要 编 码	摘 要 内 容
1	报销办公费用
2	支取现金
3	报销差旅费

2. 2017 年 1 月发生如下经济业务

(1) 1 月 8 日，以现金支付修理费 860 元。

借：管理费用——其他　　860

　　贷：库存现金　　860

(2) 1 月 8 日，以建行存款 31 800 元支付销售部广告费。

借：销售费用　　30 000

　　应交税费——应交增值税——进项税额　　1800

　　贷：银行存款——建行存款(转账支票 1122)　　31 800

(3) 1 月 12 日，销售给前进公司库存商品一批，货税款 58 500 元(其中货款 50 000 元，税款 8 500 元)已存入银行。

借：银行存款——建行存款　　58 500

　　贷：主营业务收入　　50 000

　　　　应交税费——应交增值税——销项税额　　8500

(4) 1 月 22 日，王伟借差旅费 3 000 元。

借：其他应收款——职工个人借款——李明　　3000

　　贷：库存现金　　3000

3. 常用凭证

摘要：从建行提现金；凭证类别：付款凭证；科目编码：1001 和 100201。

4. 银行对账期初数据

单位日记账余额为 391 000 元，银行对账单期初余额为 300 000 元，有银行已付而企业未收的未达账(2016 年 12 月 20 日)91 000 元。

5. 2017 年 1 月的银行对账单(如表 10 所示)

表 10　银行对账单

日　　期	结算方式	票　　号	借方金额	贷方金额	余　　额
2017-01-08	转账支票	1122		30 000	249 000
2017-01-12	转账支票	1234	58 500		250 000

6. 期末转账的内容

(1)“应交税费——应交增值税——销项税额”贷方发生额转入“应交税费——未交增值税”。

(2)“期间损益”转入“本年利润”。

实验四 编制报表

实验准备

在完成上述实验的基础上，由 801 操作员进入“UFO 报表”进行编制报表的操作。

实验要求

- 设计利润表的格式。
- 按新会计制度设计利润表的计算公式。
- 生成自制利润表的数据。
- 将已生成数据的自制利润表另存为“1 月份利润表”。
- 利用报表模板按新会计制度科目生成资产负债表。
- 保存“资产负债表”。

实验资料

1. 表样内容(如图 1 所示)

	A	B	C	D
1	利 润 表			
2				
3	单位名称：　　　　年　　月			
4	项　　目	行　数	本 月 数	本年累计数
5	一、营业收入	1		
6	减：营业成本	2		
7	营业税金及附加	3		
8	销售费用	4		
9	管理费用	5		
10	财务费用(收益以“－”号填列)	6		
11	资产减值损失	7		
12	加：公允价值变动净收益(净损失以“－”号填列)	8		
13	投资净收益（净损失以“－”号填列）	9		
14	其中对联营企业与合营企业的投资收益	10		
15	二、营业利润	11		
16	加：营业外收入	12		

(续表)

	A	B	C	D
17	减：营业外支出	13		
18	其中：非流动资产处置损失	14		
19	三、利润总额	15		
20	减：所得税费用	16		
21	四、净利润(净亏损以"－"号填列)	17		

图1 表样内容

2. 报表中的计算公式(如表11所示)

表11 计算公式

位置	单元公式	位置	单元公式
C5	fs(6001,月,"贷",,年)	D4	?C5+select(?D5,年@=年 and 月@=月+1)
C6	fs(6401,月,"借",,年)	D5	?C6+select(?D6,年@=年 and 月@=月+1)
C7	fs(6403,月,"借",,年)	D7	?C7+select(?D7,年@=年 and 月@=月+1)
C8	fs(6601,月,"借",,年)	D8	?C8+select(?D8,年@=年 and 月@=月+1)
C9	fs(6602,月,"借",,年)	D9	?C9+select(?D9,年@=年 and 月@=月+1)
C10	fs(6603,月,"借",,年)	D10	?C10+select(?D10,年@=年 and 月@=月+1)
C11	fs(6701,月,"借",,年)	D11	?C11+select(?D11,年@=年 and 月@=月+1)
C12	fs(6101,月,"借",,年)	D12	?C12+select(?D12,年@=年 and 月@=月+1)
C13	fs(6111,月,"借",,年)	D13	?C13+select(?D13,年@=年 and 月@=月+1)
C14		D14	
C15	C5-C6-C7-C8-C9-C10-C11+C12+C13	D15	?C15+select(?D15,年@=年 and 月@=月+1)
C16	fs(6301,月,"贷",,年)	D16	?C16+select(?D16,年@=年 and 月@=月+1)
C17	fs(6711,月,"借",,年)	D17	?C17+select(?D17,年@=年 and 月@=月+1)
C18		D18	
C19	C15+C16-C17	D19	?C19+select(?D19,年@=年 and 月@=月+1)
C20	fs(6801,月,"借",,年)	D20	?C20+select(?D20,年@=年 and 月@=月+1)
C21	C19~C20	D21	?C21+select(?D21,年@=年 and 月@=月+1)

实验五 薪资管理

实验准备

已经完成了"总账系统初始化"的操作，将系统日期修改为"2017年1月31日"。

由 801 号操作员注册进入 800 账套的薪资管理系统。

实验要求

- 建立工资账套。
- 基础设置。
- 工资类别管理。
- 设置基本人员工资账套的工资项目。
- 设置人员档案。
- 设置计算公式。
- 录入并计算 1 月份的工资数据。
- 扣缴所得税。
- 银行代发工资。
- 分摊工资并生成转账凭证。

实验资料

1. 800 账套工资系统的参数

工资类别有两个，工资核算本位币为“人民币”，不核算计件工资，自动代扣个人所得税，进行扣零设置且扣零到元，人员编码长度采用系统默认的 10 位。工资类别为“基本人员”和“退休人员”，并且总人员分布在各个部门，而退休人员只属于人事部门。

2. 人员附加信息

人员的附加信息为“学历”和“技术职称”。

3. “基本人员”的工资项目(如表 12 所示)

表 12 工资项目

工资项目名称	类 型	长度/位	小数/位	增 减 项
基本工资	数字	8	2	增项
职务补贴	数字	8	2	增项
交通补贴	数字	8	2	增项
奖金	数字	8	2	增项
缺勤扣款	数字	8	2	减项
缺勤天数	数字	8	2	其他

4. 银行名称

银行名称为“建设银行”。账号长度为 11 位，录入时自动带出的账号长度为 8 位。

5. 工资类别

基本人员和退休人员(注：如果在建立工资账套后已经设置了“基本人员”的工资类别，此处只需设置“退休人员”的工资类别，否则，两处工资类别均需在此进行设置)。

6. 基本人员档案(如表 13 所示)

表 13 基本人员档案表

职员编号	人员姓名	学历	职称	所属部门	人员类别	银行代发账号
0000000001	王伟	大学	经济师	办公室(1)	企业管理人员	11020138001
0000000002	刘淼	大学	经济师	办公室(1)	企业管理人员	11020138002
0000000003	陈琴	大学	会计师	财务部(2)	企业管理人员	11020138003
0000000004	齐瑞	大专	助理会计师	财务部(2)	企业管理人员	11020138004
0000000005	田丽	大专	助理会计师	财务部(2)	企业管理人员	11020138005
0000000006	邱宁	大学		采购部(401)	企业管理人员	11020138006
0000000007	马红	大专		销售部(402)	销售人员	11020138007
0000000008	刘辉	大专		生产车间(5)	生产人员	11020138008

7. 计算公式

缺勤扣款＝基本工资÷22×缺勤天数
销售人员的交通补贴为 500 元，其他人员的交通补助为 200 元。

8. 个人所得税

按“实发工资”扣除“3 500”元后计税。

9. 2017 年 1 月有关的工资数据(如表 14 所示)

表 14 工资数据表

人员编号	人员姓名	所属部门	人员类别	基本工资/元	职务补贴/元	奖金/元	缺勤天数
001	王伟	办公室(1)	企业管理人员	4 000	2 000	800	
002	刘淼	办公室(1)	企业管理人员	3 000	1 500	700	2
003	陈琴	财务部(2)	企业管理人员	4 000	1 500	800	
004	齐瑞	财务部(2)	企业管理人员	2 500	900	1 000	
005	田丽	财务部(2)	企业管理人员	2 500	500	1 200	
006	邱宁	采购部(401)	企业管理人员	2 500	800	1 100	
007	马红	销售部(402)	销售人员	2 200	800		
008	刘辉	生产车间(5)	生产人员	2 200	800		

10. 分摊构成设置

按工资总额的 14%计提福利费，按工资总额的 2%计提工会经费，如表 15 所示。

表 15　分摊构成设置

计提类型名称	部门名称	人员类别	项目	借方科目	贷方科目
应付工资	人事部、财务部、采购部	企业管理人员	应发合计	管理费用——工资(660203)	应付职工薪酬——应付工资(221101)
	销售部	销售人员	应发合计	销售费用(6601)	应付职工薪酬——应付工资(221101)
	生产部	生产人员	应发合计	生产成本	
应付福利费	人事部、财务部	企业管理人员	应发合计	管理费用——福利费(660204)	应付职工薪酬——应付福利费(221102)
	采购部、销售部	经营人员	应发合计	销售费用(6601)	应付职工薪酬——应付福利费(221102)
工会经费	人事部、财务部	企业管理人员	应发合计	管理费用——其他(660206)	应付职工薪酬——工会经费(221103)
	采购部、销售部	采购人员	应发合计	销售费用(6601)	应付职工薪酬——工会经费(221103)

实验六　固定资产系统

实验准备

已经完成了“总账系统初始化”的操作，将系统日期修改为“2017 年 1 月 1 日”。由 801 号操作员注册进入 800 账套的“固定资产”。

实验要求

- 建立固定资产子账套。
- 基础设置。
- 录入原始卡片。
- 修改固定资产卡片。
- 增加固定资产。
- 计提本月折旧并制单。
- 生成增加固定资产的记账凭证。

实验资料

1. 800账套固定资产系统的参数

固定资产账套的启用月份为“2017年1月”，固定资产采用“平均年限法”计提折旧，折旧汇总分配周期为一个月；当“月初已计提月份＝可使用月份-1)”时将剩余折旧全部提足。固定资产编码方式为“2-1-1-2”；固定资产编码方式采用手工输入方法，编码方式为“类别编码+序号”；序号长度为“5”。要求固定资产系统与总账进行对账；固定资产对账科目为“1601 固定资产”；累计折旧对账科目为“1602 累计折旧”；在对账不平衡的情况下允许固定资产月末结账。

2. 部门对应折旧科目(如表16所示)

表16 部门对应折旧科目

部门名称	贷方科目
办公室	管理费用——折旧费(660205)
财务部	管理费用——折旧费(660205)
采购部	销售费用(6601)
销售部	销售费用(6601)
生产车间	制造费用(5101)

3. 固定资产类别(如表17所示)

表17 固定资产类别

类别编码	类别名称	使用年限/年	净残值率/%	计提属性	折旧方法	卡片样式
01	房屋及建筑物				平均年限法(一)	通用样式
011	行政楼	30	2	正常计提	平均年限法(一)	通用样式
012	厂房	30	2	正常计提	平均年限法(一)	通用样式
02	机器设备				平均年限法(一)	通用样式
021	办公设备	5	3	正常计提	平均年限法(一)	通用样式

4. 固定资产增减方式(如表18所示)

表18 固定资产增减方式

增加方式	对应入账科目	减少方式	对应入账科目
直接购入	银行存款——建行存款(100201)	出售	固定资产清理(1606)
投资者投入	实收资本(4001)	投资转出	长期股权投资(1511)
捐赠	营业外收入(6301)	捐赠转出	固定资产清理(1606)
盘盈	以前年度损益调整(6901)	盘亏	待处理固定资产损溢(190102)
在建工程转入	在建工程(1604)	报废	固定资产清理(1606)

5. 固定资产原始卡片(如表 19 所示)

表 19 固定资产原始卡片

卡片编号	00001	00002	00003
固定资产编号	01100001	01200001	02100001
固定资产名称	1 号楼	2 号楼	电脑
类别编号	011	012	021
类别名称	行政楼	厂房	办公设备
部门名称	人事部	生产车间	财务部
增加方式	在建工程转入	在建工程转入	直接购入
使用状况	在用	在用	在用
使用年限/年	30	30	5
折旧方法	平均年限法(一)	平均年限法(一)	平均年限法(一)
开始使用日期	2011-01-08	2011-03-10	2011-06-01
币种	人民币	人民币	人民币
原值/元	400 000	443 000	7 000
净残值率/%	2	2	3
累计折旧/元	45 000	51 500	1 500
对应折旧科目	管理费用——折旧费	制造费用	管理费用——折旧费

6. 修改固定资产卡片

将卡片编号为“00003”的固定资产(电脑)的折旧方式由“平均年限法(一)”修改为“年数总和法”。

7. 新增固定资产

2017 年 1 月 15 日直接购入并交付销售部使用一台电脑，预计使用年限为 5 年，无税单价为 5000 元，增值税税率为 17%，净残值率为 3%，采用“双倍余额递减法”计提折旧。

实验七 应收款系统

一、初始设置

实验准备

已经完成了“总账系统初始化”的操作，将系统日期修改为“2017 年 1 月 8 日”。由 801 号操作员注册进入 800 账套的“应收款管理”。

实验要求

- 设置系统参数。
- 设置科目。
- 坏账准备设置。
- 账龄区间设置。
- 报警级别设置。
- 录入期初余额。

实验资料

1. 800 账套应收款系统的参数

坏账处理方式为“应收余额百分比法”，启用客户权限，并且按信用方式根据单据提前 7 天自动报警。

2. 基本科目

应收科目为“1122 应收账款”，销售收入科目为“6601 主营业务收入”，应交增值税科目为“22210102 应交税费——应交增值税——销项税额”，销售退回科目为“6601 主营业务收入”，商业承兑科目为“1121 应收票据”。

3. 结算方式科目

现金支票结算方式科目为“1001 库存现金”，转账支票结算方式科目为“100201 建行存款”。

4. 坏账准备

提取比率为“0.3%”，坏账准备期初余额为“0”，坏账准备科目为“1231 坏账准备”，坏账准备对方科目为“6701 资产价值损失”。

5. 账龄区间

总天数分别为 120 天和 240 天。

6. 报警级别

A 级时的总比率为 20%，B 级时的总比率为 30%，总比率在 30%以上为 C 级。

7. 期初余额(如表 20 所示)

表 20 期初余额情况

单据名称	方向	开票日期	客户名称	销售部门	科目编码	价税合计/元
其他应收单	正	2016-12-22	北进公司(01)	销售部(402)	1122	20 000

二、日常业务处理

实验要求

- 录入应收单据(其他应收单)并在审核后制单。
- 录入收款单据并在审核后制单。
- 核销收款单据。
- 填制商业承兑汇票并制单。
- 应收冲应收暂不制单。
- 处理坏账发生业务并制单。
- 取消对同达公司的核销操作。
- 将未制单的单据制单。

实验资料

(1) 2017 年 1 月 15 日，向“北进公司”销售产品，形成应收款共计 80 000 元，向“南达集团”销售产品，形成应收款共计 50 000 元。

(2) 2017 年 1 月 20 日，收到“北进公司”转账支票一张，还款共计 75 000 元。

(3) 2017 年 1 月 22 日，收到“南达公司”签发并承兑的商业承兑汇票一张(No.6902)，面值为 40 000 元，到期日为 2014 年 5 月 20 日。

(4) 2017 年 1 月 22 日，经三方同意将 1 月 15 日形成的应向“南达公司”收取的应收款余款 10 000 元转为向“北进公司”的应收账款。

(5) 2017 年 1 月 31 日，将 1 月 15 日形成的应向“北进公司”收取的应收账款的余款 5 000 元转为坏账。

实验八 应付款系统

一、初始设置

实验准备

已经完成了“总账系统初始化”的操作，将系统日期修改为“2017 年 1 月 8 日”。由 801 号操作员注册进入 800 账套的“应付款管理”。

实验要求

- 设置系统参数。
- 基础设置。
- 报警级别设置。
- 录入期初余额。

实验资料

1. 800 账套应付款系统的参数

启用供应商权限，并且按信用方式根据单据提前 7 天自动报警。

2. 基本科目

应付科目为“2202 应付账款”，预付科目为“1123 预付账款”，采购科目为“1401 材料采购”，采购税金科目为“22210101 应交税费——应交增值税——进项税额”，商业承兑科目为“2201 应付票据”。

3. 结算方式科目

转账支票结算方式科目为“100201 建行存款”。

4. 报警级别

A 级时的总比率为 30%，B 级时的总比率为 40%，总比率在 40%以上为 C 级。

5. 期初余额(开票日期为 2016 年，如表 21 所示)

表 21 期初余额

单据名称	方向	开票日期	结算方式	供应商名称	采购部门	科目编码	金额/元
预付款单	正	2016-12-23	转账支票	发达公司(01)	采购部(401)	1123	20 000

二、日常业务处理

实验要求

- 录入应付单据(其他应付单)并审核暂不制单。
- 修改应付单据并审核。
- 录入付款单据并在审核后制单。

- 核销大发公司的付款单据。
- 填制商业承兑汇票并制单。
- 预付冲应付并制单。
- 查询并删除凭证。
- 取消对大发公司的转账操作。
- 将未制单的单据制单。

实验资料

(1) 2017 年 1 月 15 日，从“发达公司”采购原材料 15 吨，单价为每吨 600 元，增值税税率为 17%，原材料已验收入库，货税款尚未支付。

(2) 2017 年 1 月 15 日，从“发达公司”采购原材料 15 桶，单价为每桶 1 000 元，增值税税率为 17%，原材料已验收入库，货税款尚未支付。

(3) 2017 年 1 月 18 日，发现 2017 年 1 月 15 日从“发达公司”采购原材料 15 吨的单价应为每吨 590 元。

(4) 2017 年 1 月 22 日，以转账支票向“发达公司”支付采购原材料 15 吨的货税款 8 000 元。

(5) 2017 年 1 月 22 日，向“发达公司”签发并承兑商业承兑汇票一张(No.58891)，面值为 30 000 元，到期日为“2017 年 6 月 20 日”。

(6) 2017 年 1 月 28 日，经双方同意，将向发达公司 2017 年 1 月 15 日购买原材料 15 桶货税款的余款 2 354.5 元与预付款冲抵。

(7) 删除 1 月 22 日填制的签发并承兑商业承兑汇票的记账凭证。

(8) 取消对发达公司的转账操作。

教学资源使用说明

欢迎使用《用友 U8 财务管理系统原理与实验(U8 V10.1)(微课版)》。

为便于教学和自学，本教程提供了以下资源：

- 用友 U8 V10.1 软件(教学版)
- 实验账套备份
- 微课操作视频
- PPT 教学课件

上述资源分两部分存放在百度网盘上(均为压缩文件)，读者可通过 http://www.tupwk.com.cn/downpage，输入书名或书号搜索到具体网盘链接地址，也可以手工输入链接地址，具体如下：

- 第一部分：http://pan.baidu.com/s/1o7ZhEm2
- 第二部分：http://pan.baidu.com/s/1pLg7l0J

实验账套备份所用数据库版本为 SQL Server 2000。

微课视频可通过浏览器(htm 格式文件)或 Flash 播放器播放(swf 格式文件)。

读者还可通过扫描下方二维码下载 PPT 课件和微课视频。

读者若因链接问题出现资源无法下载等情况，请致电 010-62784096，也可发邮件至服务邮箱 wkservice@vip.163.com。

任课老师可加入“会计信息化教师俱乐部”QQ 群(群号 228595923)，进行会计信息化教学交流。